프랑스역사
다이제스트100

18
프랑스역사
다이제스트100

초판 1쇄 펴낸 날 | 2020년 9월 11일

지은이 | 김복래
펴낸이 | 홍정우
펴낸곳 | 도서출판 가람기획

책임편집 | 박진홍
편집진행 | 양은지
디자인 | 이유정
마케팅 | 김에너벨리

주소 | (04035) 서울시 마포구 양화로7안길 31(서교동, 1층)
전화 | (02)3275-2915~7
팩스 | (02)3275-2918
이메일 | garam815@chol.com

등록 | 2007년 3월 17일(제17-241호)

이 도서의 국립중앙도서관 출판예정도서목록(CIP)은 서지정보유통지원시스템 홈페이지(http://seoji.
nl.go.kr)와 국가자료종합목록 구축시스템(http://kolis-net.nl.go.kr)에서 이용하실 수 있습니다.
(CIP제어번호 : CIP2020034444)

18
프랑스역사
다이제스트100

FRANCE

김복래 지음

가람
기획

머리말

본서는 갈로-로마 시대부터 현대에 이르기까지 프랑스 역사 속에서 가장 중요한 사건 100가지를 소개하고 있다. 과연 어떤 사건이 더 중요한가는 사람마다 판단 기준이 다르겠지만, 앞서 언급했던 사건과 성격이 너무 유사하거나 중복되는 사건들은 가급적 배제하고, 무엇보다 세계사라는 커다란 흐름 속에서 육각형의 나라 프랑스와 프랑스인들의 특성을 잘 반영해 주는 흥미로운 사건들을 연도별로 배정했다. 물론 버나드 쇼는 "우리 인간이 역사를 통해 아무것도 배우지 않는다는 사실은 역사를 보면 알 수 있다"라고 신랄하게 꼬집은 바가 있지만, 적어도 우리 한국에도 시사점(교훈)이 될 만한 사건들, 또 국내에서 사건이 발생할 때마다 사람들 사이에서 자주 회자되거나 기억되는 프랑스 사건들을 선별하려고 노력했다. 기존의 역사서와는 달리, 본서는 사건 중심의 서술이다 보니 우선적으로 사건 발생일에 초점을 맞추어서 역사의 현장을 생생히 기술한 다음에 보다 심층적인 분석을 하는 방식을 택했다. 마치 오늘 벌어진 사건인 양 역사적인 그 날로 돌아가서 망자들을 마음껏 취재하고 싶은 욕심도 있었지만 시대를 거슬러 올라갈수록 정보(사료)도 빈약할뿐더러, 소설적인 상상력의 빈곤이나 역사 왜곡에 대한 두려움 때문에 그러지 못한 것이 아쉽다.

"날개를 펼칠 때까지는 얼마나 높이 날 수 있는지 아무도 모른다"라는 나폴레옹의 공감 어록처럼 처음 집필을 시작할 때는 책의 분량이나 내용에 대해서 별로 감이 없었다. 그런데 막상 쓰다 보니까 엄청난 분량의 원고를 탈고하게 되었다. 내용을 보다 간결하게 압축시키는 과정에서 그 원인을 곰곰이 생각해보니까 사건을 정리·요약하는 재주의 부족함 외에도, 한정된 지면에 너무나 많은 콘텐츠들을 채우려는 과욕도 한몫했던 것 같다. 그러나 보다 근본적인 요인은 세계사에서 프랑스가 차지하는 위상이나 프랑스사의 방대함, 그 다양성에 있는 것이 아닐까?

프랑스인들은 프랑스가 자유와 평등을 주창한 '인권의 나라'라는 것에 대하여 상당한 자부심을 지니고 있다. 1789년 혁명 이후 "모든 인간은 법적으로 자유롭고 평등하게 태어났다"라고 천명했으며, 이 선언문은 전 세계를 주유하게 되었다. 옛 프랑스 식민지였던 세네갈의 한 지도자의 불만 어린 전언에 따르면 "프랑스인들은 언제나 만인을 위한 빵과, 만인을 위한 자유, 또 만인을 위한 사랑을 설파한다. 그러나 이 만인을 위한 빵과 자유, 사랑도 반드시 '프랑스적'이지 않으면 안 된다"는 것이 프랑스인들의 기본적인 전제다. 왜냐하면 프랑스적인 것은 인권을 비롯해서 인류의 보편적인 가치에 속하기 때문이다. 그래서 혹자는 거만한 수탉coq이 프랑스의 상징이며, 오늘날도 '자유의 공여자'임을 자처하는 프랑스인의 성격에 가장 잘 어울리는 동물이라고 생각한다.

독자분들께서는 100선의 프랑스 역사 스토리텔링 속에서 그러한 '프랑스성frenchness'을 느끼실 수 있을 것이다. 처음 집필 의뢰를 받은 지 벌써 2년의 세월이 흘렀다. 그동안 학기 중에는 강의가 없는 시간이나 주말, 그리고 좀 더 시간적 여유가 있는 방학을 이용해서 100층의 이야기 탑을 차곡차곡 쌓아올렸다. 동양에서 역사는 미래를 비추는 '거울'이란 말이 있고, 프랑스에서 거울은 비추기 전에 좀 더 오래 생각한다는 말이 있다(장 콕토). 길다면 길고, 부족하다면 부족한 시간이지만 2년이란 기간은 유구한 프랑스 역사를 성찰하기에 나름 적절했다고 본다. 오랫동안 기다려주시고, 코로나19라는 초유의 사태에도 불구하고 출판을 기꺼이 허락해 주신 가람기획의 모든 일동에게 감사드린다.

김복래

차례

제1장

갈로-로마 시대: 프랑스의 기원

FRANCE

우리의 조상은 골인:
신화와 역사의 진실과 오해 사이에서

그때 세계는 –
BC 770 주의 동천 춘추 시대 시작
BC 492 그리스 · 페르시아 전쟁
BC 390 브렌누스의 로마 약탈
BC 264 포에니 전쟁 시작

프랑스라는 나라는 언제부터 시작되었을까? 프랑스 역사는 기원전 600년 경 그리스 식민주의자들이 프랑스의 오래된 항구도시 마르세유Marseilles에 정착한 것에서 시작된 것으로 알려져 있다. 고대 그리스인들에 이어, 기원전 121년에는 로마인들이 프랑스 남부의 일부를 장악했다. 로마인들은 이 지역을 '프로빈키아Provincia(속주)'라고 불렀는데, 오늘날 프랑스 남부의 꽃 프로방스Provence에 해당한다. 드디어 기원전 58년에 로마의 명장 줄리어스 시저 Julius Caesar(BC 100-44)가 나머지 지역을 무력으로 정복했다.

프랑스의 문화는 역사적으로 ①켈트 ②갈로-로마Gallo-Roma ③프랑크Frank 문화에서 지대한 영향을 받았다. 여기서 '갈로-로마문명'이란 고대 로마제 국의 지배하에 있던 갈리아 지역의 로마화된 문화를 가리킨다. 시저가 직접 저술했다는《갈리아 전기》에 등장하는 갈리아인은 라틴어로 '켈트인'을 가 리킨다. 고대 그리스와 로마인의 '문명인'에 대비되는 야만족keltoi에 해당된 다. 역시 라틴어 지명인 갈리아는 불어로 '골Gaule'이라 칭한다. 그래서 프랑 스인들의 옛 조상을 불어로 골루아Gaulois, 즉 골인(人)이라 한다. 고대에 그들 이 거주했던 지역은 현재 프랑스와 벨기에 일부, 서독과 북부 이탈리아 지역

갈로-로마 시대의 골

세 개의 골 지역

벨지크

리요네즈

아키텐

나르보네즈

트루아 골Trois Gaules(세 개의 골 지역)은 아키텐, 리요네즈, 벨지크이다.

까지 아우르는 매우 광대하고 너른 영토였다. 정복자인 로마인의 골 지배는 486년에 수아송Soissons이 프랑크족에게 완전히 무너질 때까지, 장장 오백 년 동안이나 계속되었다. 이 기나긴 식민지 통치 기간 중에 골인들은 자신들의 정체성과 언어를 잃었고, 갈로-로마에 흡수·통합되었다. 오늘날 우리가 알고 있는 프랑스인들은 이처럼 로마와 골의 연합에서 탄생한 것이며, 라틴어와 지역 켈트어가 합쳐져 오늘날 프랑스의 공용어(국어)인 '불어'가 완성되었다.

고대 로마 문명의 영향을 많이 받은 프랑스의 혼성적인 문화의 본질을 이해하기 위해서, 기원전 53년의 골을 방문해보자. 갈로-로마 시대에 골 지역은 로마 행정에 의해 나르보네즈Narbonnaise, 리요네즈Lyonnaise, 아키텐Aquitaine, 벨지크Belgique(벨기에) 등 4개의 속주로 편성되었다. 그리고 파리가 아닌 리용이, 즉 라틴어로 '루그두눔lugdunum'이 골의 수도가 되었다.

그렇다면 골인들은 실제로 어떤 사람들이었을까? 4세기경에 로마 역사가인 암미아누스 마르켈리누스Ammianus Marcellinus(330~391/400)는 그들이 흰 피부에 밝은 색 눈동자와 머리털을 지녔으며, 장신이었다고 그들의 용모를 기술했다. 골인들은 매우 공격적이었다. 걸핏하면 자기들끼리 싸움질을 일삼았다. 한창 싸움판이 벌어질 때 누군가 자기 여편네를 큰소리로 불러내면, 이 부부의 엽기적인 힘겨루기가 다른 부족과의 전투를 모두 합친 것보다 대단했다. 특히 목이 굵은 아내가 이를 갈면서, 자기 남편을 향해 팔뚝을 휘두르며 거친 발길질 세례를 날리면, 그것은 마치 투석기의 꼬인 밧줄에 의해 공중으로 날아간 화살이나 돌덩이보다 훨씬 더 가공할만한 위력을 발휘했다고 한다. 기원전 1세기경에 그리스 역사가인 디오도로스 시켈로스Diodorus Siculus도 역시 골인들이 하얀 피부에 블론드 장발에다 콧수염을 길렀으며, 기골이 장대하고 항상 석회수로 머리를 감았다고 기술했다.

그러나 머리와 수염을 기른 텁수룩한 골인들이 숲속의 허름한 나무 오두막에 살면서 야생 멧돼지나 사냥하고, 자연과 미신을 숭상하는 그런 야만적인 전사들은 아니었다. 고대 그리스와 로마 작가들의 편파적인 기술과는 달리, 현대 고고학은 골인들이 제법 진보된 문명을 지니고 있었다는 사실을 보여준다. 그들은 고대의 '나무 통'과 '비누'를 발명했을 정도로 손재간이 뛰어난 장인이기도 했는데, 깨지기 쉬운 토기 항아리인 피토스pithos와는 달리, 튼튼한 나무 통은 음식물(음료)을 보관하고 운반하기에 매우 편리했다. 골인들은 수공업과 농업기술을 전파했던 반면에, 로마인들은 골인에게 포도와 올리브라는 새로운 문명작물을 소개해주었다. 그래서 갈로-로마 시대의 시골에서는 나무와 진흙으로 지어진 골의 소박한 농가와 돌과 기와로 된 세련된 로마식 빌라Villa rustica를 동시에 볼 수 있었다.

그리스인들로부터 배타적인 선민사상, 즉 '헬레네스Hellenes(문명인)와 바르바로이Barbaroi(야만인)'이라는 이분법을 그대로 물려받았던 로마인들은 자신들이 이민족에게 '평화'와 '문명화'된 생활을 제공했다는 자부심을 느꼈다. 결국 켈트 문화는 유럽 본토에서 급격히 쇠퇴하기 시작했고, 골의 원주민 문화는 지배층 로마 문화에 거의 흡수·동화되었다.

그런데 고대에 아예 증발해버린 줄로만 알았던 이 켈트의 정체성과 과거의 유산이 프랑스를 위시한 유럽의 근대 또는 탈근대의 정치학에서 화려한 재기에 성공을 거두었다. 중세나 르네상스기만 해도 골인에 대한 기억은 단지 고전에 관심이 많은 소수 지식인들의 전유물에 불과했다. 그런데 민족주의가 맹위를 떨치던 19세기에 이르면, 이 골의 정체성은 고도로 정치화될 뿐만 아니라, 프랑스 대중들로부터 거의 '묻지 마' 식의 전폭적인 지지와 사랑을 받게 된다.

앞서 언급한 대로 프랑스에서는 이른바 세 가지 인종적 정체성이 서로 힘겨루기를 해왔다. 첫째는 철기시대의 켈트족, 즉 골의 정체성을 들 수가 있고, 두 번째는 기원전 1세기경에 골을 정복했던 로마의 정체성, 셋째는 프랑크 정체성을 들 수가 있다. 게르만어를 사용하는 프랑크 부족이 로마제정말기에 골에 침입해서 5세기경 메로빙거 왕조를 수립했다. 이 프랑크 정체성은 1789년 프랑스 대혁명이 발발하기 전까지, 프랑스 왕가와 귀족에 의해 독점되어왔다. 프랑스 귀족들은 그들의 뿌리와 기원을 프랑크 국왕 클로비스 1세(466-511)의 치세기까지 소급했다. 귀족층은 그들 계급의 지배와 특권의 정당성의 기원을 대다수 평민들을 복속시킨 '정복자'의 권리에서 찾았다. 이처럼 인종적 차이성에 근거한 계급론은 당연히 인종주의적 성격을 띠게 된다.

그래서 프랑스 귀족 출신의 작가인 앙리 드 불랭비예Henri de Boulainvilliers (1658-1722)는 자신의 역사서에서 프랑스에는 두 가지 인종이 존재한다고 주장했다. 첫째는 프랑크족의 후손인 귀족이며 둘째는 갈로-로마계의 후손인 대다수의 평민들, 즉 '제3신분층'이라는 것이다. 블랭비예는 이러한 시대착오적인 인종 개념을 신분의 사회적 이동, 부르주아 평민(골인)이 국왕에 의해 귀족계급에 편입되는 것을 반대하는 논리적 근거로 삼기도 했다. 이처럼 경직된 인종적 이원론 내지 차별주의가 프랑스 혁명을 발발시킨 요인 중 하나가 되었다고 본다. 그래서 혁명 중에 '골의 정체성'은 귀족에 대립되는 반(反)개념으로 사용되었을 뿐 아니라, 인종적 갈등을 대표하게 되었다. 나중에 민중적인 민족주의가 형성되는 과정에서 골의 정체성은 새로운 '통합'의 주제로도 부상했다.

《제3신분이란 무엇인가》라는 소책자의 저자인 엠마뉘엘 시이예스Emmanuel Sieyès(1748-1836)는 "이제 골과 로마의 후예들로 구성된 제3신분층이 소위 정복자의 후예임을 자처하는 자(귀족)들을 모조리 독일 프랑코니아Franconia의 숲으로 되돌려 보낼 필요가 있다"라고 주장했다. 이처럼 새로운 공화국을 건설한다는 미명하에, 혁명가들은 프랑크인들에게서 인종적 정체성의 정당성을 제거해버렸다. 마치 전기를 발생시키려면 양극이 모두 필요하듯이, 그들은 역설적이게도 고대 골인과 로마인의 식민주의 관계라는 모순된 유산 속에서, 새로운 '전통'을 주조 내지 발명할 필요성을 느꼈다. 혁명가들은 고대 로마공화정에서 민주주의 전통이라는 매력적인 선례를 찾아냈다. 사실상 혁명정부가 양산해낸 수많은 근대적 정치용어들은 고대 로마의 유산으로부터 풍부한 영감을 받은 것이다. 실제로 제5집정관 정부Directoire시대에 접어들면서 위원들은 법률을 제정할 때, 로마의 붉은 토가 의상을 걸쳤다고 한다. 로마가 이처럼 혁명의 제도적 모델의 원천이 되었다면, 골인들은 '민족공동체'라는 따뜻한 감성을 제공했다. 바로 그때부터 프랑스 역사상 최초로 "우리의 조상은 골인"이라는 정치적 구호가 목소리를 내기 시작했다.

그래도 19세기 초까지만 해도 프랑스 역사가들은 '프랑스의 기원'에 대하여, 메로빙거 국왕들을 집중적으로 조명했다. 그런데 그 오래된 전통이 프랑스 역사가·정치가인 프랑수아 기조François Guizo(1787-1874)와 《골의 역사Histoire des Gaulois》(1870)(3권)의 저자인 아메데 티에리Amédée Thierry(1797-1873) 같은 소위 '1830년대 세대'에 의해 일거에 뒤집어진다. 특히 저널리스트 출신 역사가인 티에리는 프랑스 역사가 공통의 기원과 정체성을 갖고 있다는 믿음, 즉 "우리는 하나의 조상으로부터"라는 신념을 대중에게 전파했다. 티에리는 골인의 전형적인 이미지를 고착화시킨 장본인이다. 골인들의 역사적 발자취에 대한 과학적 정보는 미약했지만, 기조나 티에리 모두 프랑스 민족의 머나먼 '기원'을 찾아서 대장정의 역사기행을 펼쳤다.

흥미롭게도 골인들은 19세기 프랑스의 회화 속에서 거칠고 야만적인 이미지를 훌훌 벗어버리고, 다시 새롭게 정의로운 레지스탕스 전사로 태어난다. 프랑스 화가 프랑수아 제라르François Gérard(1770-1837)의 〈호전적 용기 또는 골의 용기Le Courage guerrier ou le courage gaulois〉라는 작품을 감상해보자. 이 작품은 많은 적들에 둘러싸인, 외로운 골의 전사의 놀라운 투지와 용기를 다소 과장적으로 표현하고 있다. 최후의 방어수단인 방패를 떨어뜨리고 오직 칼만을 손에 쥔 채 적들의 창에 그대로 노출된 그의 벗은 상반신(심장)은 전사의 불요불굴한 도전정신을 나타낸다. 이 골의 전사는 나라를 위해 기꺼이 희생할 각오가 되어있는 프랑스 민중의 굳은 애국심을 형상화하고 있다. 그 당시에 봇물처럼 쏟아져 나온 역사서나 웅장한 역사기념물들, 또 과거의 국가유산에 대한 근대적 국민 의식의 성장 등은 향후 '합일unité'과 '불가분성indivisibilité'이라는 프랑스 공화국의 기본 원리의 대중적인 보급에 크게 기여했다. 또한 프랑스 정치가 쥘 페리Jules Ferry(1832-1893)의 교육개혁에 따른, 세계 최초의 '의무교육'의 실시 덕분에 프랑스의 초등학생들은 학교에서 골의 역사를 정식으로 배우게 되었다. 제3공화국의 프랑스 역사 교과서는 "우리들의

프랑수아 제라르François Gérard(1770-1837)의 〈골의 용기〉(1830)(베르사유궁 소장)

조상인 골족은"으로 시작되었다. 그 결과, 오늘날 아랍계 이민자 가정의 아이들조차도 프랑스 아이들과 똑같이 '우리의 조상은 골'이라는 내용을 학교에서 배우고 있는 실정이 아닌가?

과거에는 역사가 '승자'의 관점에서 쓰인 모종의 '합의' 내지 '거짓'이라는 정서가 팽배했지만, 요즘은 역사가 망자의 명예 회복을 위한 '패자부활전'이나 사회적 약자인 '을'들을 위한 복수전의 양상으로 치닫는 경향이 있다. 그래서 골이라는 과거의 전통이 근대, 또는 탈근대의 정치학의 기제에서 중요한 역할을 담당하고 있다. 이 '골의 정체성'은 과연 홉스봄의 '만들어진 전통invented tradition'일까? 아니면 베네딕트 앤더슨Benedict Anderson이 말하는 '상상의 공동체imagined communities'에 속하는 것일까? 자, 골의 영웅들 중에서도 용맹과 저항정신의 아이콘인 두 명의 전사들을 소개하기로 한다. 브렌누스와 베르셍제토릭스란 역사성과 신화성을 동시에 지닌 상징적 인물들인데 한 명은 정복자이고, 또 다른 한 명은 패장이다. 그러나 세계사적인 흐름에서 볼 때는 둘 다 루저(패자)에 속한다.

2

브렌누스의 로마 약탈
(BC 390)

그때 세계는 –
BC 431 펠로폰네소스 전쟁
BC 403 중국, 전국 시대
BC 334 알렉산더 대왕의 동방 원정 시작

브렌누스Brennus는 세노네스Senones족의 족장이다. 그는 '알리아 전투'(BC 390)에서 로마인들을 패배시키고 의기양양하게 로마에 입성했다. 브렌누스의 이 유명한 '로마 약탈'사건은 410년 고트족에 의해 로마가 함락되기 전까지, 근 8백 년 동안에 비(非) 로마군에 의해 로마가 점령된 유일한 사례였다. 브렌누스의 무용담은 프랑스인들의 가슴속에 그들의 조상이 지녔던 군사적 무용의 가치를 일깨우는 계기가 되었다. 그의 이름에는 '까마귀'란 뜻도 있는데, 일설에 의하면 켈트의 전쟁신인 브렌난Brennan이 '축복받은 까마귀'의 형상으로 대표되었기 때문에 그가 이 이름을 취했다는 설도 있다.

기원전 390년에 브렌누스는 새로 정착할 땅을 얻기 위해, 부대와 아녀자들을 이끌고 알프스를 넘어 로마를 공격하는 대모험을 감행했다. 골인들이 고대 에트루리아의 한 도시를 완전히 포위하자 이에 다급해진 에트루리아인들이 로마에 급히 구원을 요청했다. 그러나 당시에 로마는 한낱 작은 도시국가에 불과했기 때문에, 에트루리아의 이 지원 요청설을 부인하는 사가들도 있다. 로마는 지원군을 보내는 대신, 골인과 에트루리아인 간의 협상을 중재할 3명의 밀사를 파견했다. 그런데 양군의 협상이 결렬되자, 뜻밖에도 이 로마

골인이 곧 쳐들어 올 것이라고 고자질하는 거위

의 밀사들이 에트루리아 군의 선봉에 나서 싸우는 일이 발생했다. 골인들은 로마에 즉각 해명을 요구했으나 골인들이 위협적인 존재라고 판단한 로마인들은 그들의 이웃의 편에 서기로 결심했다. 그러자 브렌누스가 이끄는 골인 부대는 에트루리아의 도시를 유유히 함락시킨 후에 로마를 향해 진군했다. 이 소식을 듣고 놀란 로마의 원로원은 긴급히 군대를 소집하기 위해, 로마의 민중들에게 "자, 무기를 들라!"며 각성을 촉구했다.

기원전 390년 7월 18일, 두 군대가 드디어 알리아Allia 강 근처의 도시에서 15km 정도 떨어진 지점에서 마주쳤다. 이것이 바로 골인과 로마인의 첫 번째 역사적인 대결(알리아 전투)이었다. 그런데 전투가 미처 개시되기도 전에, 로마인들은 적들이 우레 같은 함성으로 부르는 종교적 떼 창(?)에 그만 기가 꺾였다. 수적으로 훨씬 우세한 골인들이 공격을 감행하자 로마 군인들은 그야말로 패닉 상태에 빠졌다. 그것은 로마에게 전면적인 재앙을 의미했다. 그래서 로마력에서 7월 18일, 즉 '알리아의 날Dies Alliensis'은 불길한 날이 되었다. 결국 생존자들은 에트루리아의 도시인 베이Veii쪽으로 혼비백산해서 달아났고, 로마의 우익 군대만이 겨우 귀환할 수가 있었다. 로마는 풍전등화의 위기 상황이었다. 당시 로마군은 최후의 보루인 카피톨리노 언덕으로 후퇴했다. 곧이어 입성한 골인들은 이 카피톨리노 언덕을 제외한 나머지 로마 시가를 완전히 점령했다. 골인들은 야음을 틈타서 이 카피톨리노 성마저 함락시키려고 했지만, 뜻하지 않은 기적이 발생한다. 밤에 거위들이 요란스럽

게 울며 소란을 피워 잠자는 로마 군을 깨우는 통에, 그들은 가까스로 적의 공격을 제지할 수가 있었다. 전설에 의하면 로마 집정관 마리우스 만리우스 카피톨리누스 Marcus Manlius Capitolinus(BC ?-384)가 여신 주노의 신성한 거위로부터 골인의 침공을 경고받았다고 하는데. 프랑스 역사가들은 설욕을 당한 로마인들이 나중에 지어낸 얘기(허구)로 보고 있다.

로마인들은 골인의 사기를 저하시킬 요량으로, 아직도 그들의 식량이 고갈되지 않았다는 것을 보여주기 위해 적진에 일부러 빵을 던지는 등 여러 가지 교란작전을

저울 위에 자신의 무기를 던지는 브렌누스

펼쳤다. 그러나 골의 포위는 7개월 동안이나 계속되었기 때문에 점점 굶주림과 약탈의 강도가 심해졌다. 결국 로마인들은 백기를 들었고, 양 진영은 항복과 철수 문제를 놓고서 상호 교섭을 벌였다. 적장 브렌누스는 당시로서는 어마어마한 몸값인 천 리브르의 금(327kg)을 받는다는 조건부로 철수를 약속했다. 그때 골인들은 어디선가 커다란 저울을 직접 날라가지고 왔다. 금의 무게를 속이려는 상대방의 술수를 눈치챈 로마인들이 브렌누스에게 "도대체 무슨 권리로 우리를 속이려 하느냐?"면서 거세게 항의했다. 고대의 로마사가인 리비우스Titus Livius(BC 59-AD 17)에 의하면, 브렌누스는 "정복자의 권리로!"라고 쩌렁쩌렁한 목소리로 외쳤다고 한다. 그는 저울 위에 자신의 육중한 칼과 칼 끈을 내려놓으면서 "Vae victis!"라는 말까지 덧붙였는데, 그 유명한 문장의 의미는 "패자는 비참하도다!" 또는 "정복된 자에 화가 있으리라!"라는 정도다.

그런데 이 무게에 대한 논쟁이 너무 지연되는 바람에, 추방당한 로마의 전 독재관인 마르쿠스 푸리우스 카밀루스Marcus Furius Camillus(BC 446-365)가 비밀리에 군대를 모을 수 있는 시간을 벌게 되었다. 골인들이 승리의 전리품을 쌓아놓고 한바탕 잔치를 벌이는 사이에, 카밀루스는 "골인들이 항상 패배한 적들을 괴멸시키는 습성이 있다"는 것을 시민들에게 환기시키면서 로마로 귀환했다. 브렌누스의 방약무인한 태도에 대한 일종의 화답으로, 카밀루스도 역시 문제의 저울 위에 자신의 무기를 내려놓으면서 "Non auro, sed ferro, recuperanda est patria"라고 말했다고 한다. 그것은 "금이 아니라 철로 나라가 회복될 것이다"라는 뜻이다.

로마의 거리에서 치열한 시가전이 벌어졌는데, 거리가 너무 비좁은 관계로 양측은 도시를 버리고, 로마의 외각에서 그 이튿날까지 혈전을 벌였다. 《플루타르코스 영웅전》의 저자인 고대 그리스 철학자 플루타르코스에 따르면, 골인들은 전투가 시작되고 처음으로 로마 밖으로 내쫓겼다. 그들은 로마 교외에서 약 8마일 정도 떨어진 도로에서 거의 전멸되었다. 독재자 무솔리니의 딸과 혼인했던 이탈리아의 정치가이자 외교관인 갈레아초 치아노Galeazzo Ciano(1903-1944) 백작은 "승리는 백 명의 아버지를 갖게 되지만 패배하면 고아가 된다"라는 의미심장한 경구를 후세에 남겼다. 즉, 승리하면 백 명이 모두 '내 덕'이라고 주장하지만, 패배하면 모두 '내 탓'이 된다는 의미이다. 알리아 전투에서 승리한 덕분에 비록 후세까지도 프랑스인들에게 '골의 영웅'이란 대접을 받고는 있지만, 브렌누스는 결국 전략의 부재로 인해 로마군에게 무릎을 꿇고 말았다. 브렌누스와 골의 나머지 생존자들은 간신히 북부 이탈리아 쪽으로 퇴각했으며, 브렌누스는 거기서 쓸쓸한 최후를 맞이했다고 전해진다. 최종적인 승자가 된 로마의 영웅 카밀루스는 로마 건국의 아버지인 전설적인 로물루스에 이어, '제2의 로물루스', 또는 '제2의 건국자'로 칭송을 받았다. 그러나 이 전대미문의 약탈 사건은 로마의 역사에서 엄청난 충격이 아닐 수가 없었다. 그래서 로마인들은 항상 '골의 위협'을 염두에 두게 되었고, 이는 후일 북부 이탈리아 정복에 이어 로마의 오랜 숙원인 전체 골 지역의 정복 사업으로 이어지게 된다.

베르생제토릭스Vercingetorix:
켈트족의 불운한 패장인가,
시대를 거스른 혁명가의 시조인가?

DIGEST

3

FRANCE

그때 세계는 –
BC 221 진(秦), 중국 통일
BC 73 로마, 검노 스파르타쿠스의 난
BC 58 갈리아 전쟁
BC 57 신라 건국
BC 27 로마, 제정 시작

고대 로마의 영웅들에게는 그들을 '전설'로 만들어 준 이민족 출신의 영웅이 존재한다. 가령 로마 장군 스키피오Scipio Africanus(기원전 235-183)에게는 고대 카르타고의 명장 한니발Hannibal(247-183/181)이 있고, 로마공화정 말기에 제1차 삼두정치의 2인인 폼페이우스Pompeius(BC 106-48)와 크라수스Crassus(BC 115-53)에게도 역시 트라키아 출신의 검투사 스파르타쿠스Spartacus(BC ?-71)가 있었다. 그리고 줄리어스 시저Julius Caesar(BC 100-44)에게는 바로 켈트인 연합군의 최고사령관인 베르생제토릭스Vercingetorix(기원전 82-46)가 있지 않았던가?

오늘날 프랑스인의 선조 격인 골인들은 수적 우세에도 불구하고, 서로 연합해서 침입자들에게 대항하지 못한 채 기원전 52년까지 계속 혼란과 분열만을 거듭하고 있었다. 이 위태로운 시국에 나타난 구국용사가 바로 베르생제토릭스였다.

다음 그림은 역사화가 리오넬 르와이예Lionel Royer(1852-1926)의 작품이다. 오늘날 현대인들이 마치 줌렌즈를 통해서 자신이 보고 싶은 부분만을 확대해서 클로즈업하듯이, 화가 르와이예는 과거의 사건을 매우 드라마틱 하게

프랑스화가 리오넬 르와이예Lionel Royer(1852–1926)의 〈줄리어스 시저의 발밑에 무기를 던지는 베르생제토릭스 Vercingetorix jette ses armes aux pieds de Jules César〉(1899)란 작품이다.

재편성해서 우리 관객들에게 보여주고 있다.

"사실과 이론이 일치하지 않을 때는 사실을 바꿉시다!"라는 프랑스식 고전적인 해학에서도 알 수 있듯이, 프랑스인들은 냉혹한 현실이나 실재보다는 '이상(理想)'을 더욱 선호하는 편이다. 그것이 아마도 오늘날 프랑스인들이 엄격한 프로이드 정신분석학을 사랑하는 한 가지 이유가 될 수 있을 것이다. 화가는 백마 탄 늠름한 기상의 베르생제토릭스가 붉은 토가 의상을 걸친 시저에게 투항하는 장면을 감동적으로 묘사하고 있다. 유명한 알레지아Alésia 전투의 패배를 그린 작품인데, 오히려 패장인 베르생제토릭스가 화면의 중심에 떡하니 버티고 있다. 그의 위풍당당한 풍채가 오른쪽 구석에 앉아있는 시저(승자)를 신체적으로나 도덕적으로 단연 압도하고 있지 않은가? 그래서 얼핏 보면, 누가 승자이고 패자인지 구분이 안 갈 정도다.

베르생제토릭스의 열성팬으로 잘 알려진 나폴레옹 3세(1808-1873)도 이 켈트 영웅의 패배를 도리어 '행복한 패배heureuse défaite'라며 잔뜩 치켜세운 바가 있다. 프랑스를 고대 로마의 식민지로 만들어준 이 역사적 굴욕의 사건이 이처럼 프랑스식으로 '이상화'되는 것이다. 달리 말하자면, 로마 군인처럼 지루하게(?) 적을 이기기보다는, 차라리 위대하고 쿨하게 지는 편이 훨씬 더 고급하고 멋지다는 것이다. 그래서 비록 싸움에 이겼을지는 몰라도 로마의 침략자들은 자기 조상의 영토를 지키려는 의인들을 부당하게 공격한 제국 주의자의 부도덕한 이미지로 그려져 있다.

기원전 52년 시저가 이끄는 로마군단에 패한 베르생제토릭스는 프랑스에서 최초로 '자유정신'을 구현한 레지스탕스(저항) 운동의 첫 번째 영웅으로 기억되고 있다. 지난 프랑스 대선에서 낙선한 공화당의 우파 후보 프랑수아 피용François Fillon(1954-)이 선거 유세 중에 (현 프랑스 대통령인 마크롱을 시저에 암묵적으로 비유하면서) 자신을 베르생제토릭스와 동일시했을 만큼, 그의 사후 2천 년이 지난 오늘날에도 베르생제토릭스의 인기는 실로 뜨겁다. 그의 이름은 '백 개 전투의 승리자'를 의미한다고 한다.

이 갈리아 전쟁(기원전 58-51)에서 베르생제토릭스는 아마도 시저 다음으로 가장 유명한 셀럽이 아니었을까? 시저의 기록에 의하면, 그는 아베른(프랑스의 오베르뉴 지방)의 귀족 켈티루스Celtillus의 아들이었다. 그의 아버지 켈티루스는 한때 골 전체를 장악했으나 그가 왕이 되려 한다는 의중을 간파한 동료 골인들에 의해 살해당했다고 한다. 당시 골인은 이미 지중해 연안의 그리스인 식민도시의 영향을 받고 있어서, 문화적으로 미개한 상태에 있지는 않았다. 그들의 국제(國制)는 '귀족정'이고 드루이드 신관이 폭넓게 활약하고 있었으나 강력한 국가조직을 형성하지는 못하고 여러 부족으로 분열되어 있었다. 부하를 양성하고 심복을 다스릴 줄 안다는 점에서 뛰어난 무장이자 전략가였던 시저는 처음부터 이 광대한 골의 세계에 진출할 야욕을 품고 있었다. 수적으로 압도적인 골인들을 상대로 시저는 고대 중국이 즐겨 쓰던 이른바 '이이제이(以夷制夷)'를 이용해 그들을 서로 이간시키고 분열을 조장했다. 그러나 시저의 지위가 로마에서 위태롭다는 정보를 입수한 골인들은 "기회는 이때다"하면서 대규모의 반기를 들었다.

공통의 적 로마에 대항해서 일어난 골 연합군의 최고지휘관이 베르생제토릭스다. 그는 그동안 분열해있던 골의 부족들을 최초로 통합시킨 유능한 지도자였다. 빈민들을 모아 군대를 만들고 다른 부족들과는 동맹을 맺은 그는

제르고비 전투에서 베르생제토릭스의 승리를 찬양한 프랑스 교과서

기원전 52년 제르고비Gergovie 고원의 요새를 점령하는 쾌거를 거두었다. 이 제르고비 전투에서 수천 명의 로마인과 동맹군이 사망했고 시저의 로마군단은 퇴각하지 않을 수 없었다. 그러나 도중에 베르생제토릭스와 싸워 이겨 그를 다시 알레지아에서 역으로 포위했다. 시저에게 이 알레지아 전투는 그때까지 쌓아 온 노력이 수포로 돌아가느냐 아니냐를 가리는 중대한 기로였다. 시저는 외부로부터 식량보급을 완전히 차단시켜 적들을 굶주리게 한 다음 그들에게 항복을 받아낼 요량으로, 대략 8만 명가량이 억류되어 있는 적 진영에 방벽을 빙 둘러 쌓았다. 식량은 금세 동이 났고, 이에 다급해진 베르생제토릭스는 우선 여성과 아이들만이라도 진지 밖으로 나가게 해달라고 간청했지만 시저는 이를 아주 매몰차게 거절했다. 그러나 이번에는 베르생제토릭스를 구원하러 온 다른 골 연합군에게 시저가 다시 포위당했다. 시저는 앞뒤 공격을 받게 되어 진퇴양난에 빠졌으나, 알레지아의 적루 주위에 쌓은 이중의 방벽을 이용해서, 여러 날 동안 골인의 공격에 견디고 드디어 알레지아 적루를 함락해서 반란군의 지휘자인 베르생제토릭스를 생포했다.

사가들은 시저의 명성과 부가 이 골 지역을 완전히 진압한 후에 이루어졌다고 본다. 만일 시저와 그의 군대가 방어전에 실패했다면, 당시 도주가 거의 불가능한 상황이었기 때문에 그들은 전멸하거나 구사일생으로 살아남았다 해도 노예가 되었을 것이다. 당시에 정복은 철저한 대량학살이었기 때문이다. 시저가 여기서 승리한 후로는 커다란 반란이 다시 일어나지 못했고 다음 해 말(기원전 51)에는 골이 완전히 시저의 수중에 들어갔다. 그는 자신이 정복한 이민족에게 제멋대로(?) 과세했다. 여러 해에 걸친 전투에서 그와 부하들과의 유대는 훨씬 공고해졌고 전리품과 과세에 의해 군자금은 풍요해졌다. 그 자신의 기록에 따르면 한꺼번에 무려 5만 3천명이나 되는 많은 포로들을 노예로 팔았다고 한다! 그러나 골의 패배가 흉사(凶事)였다고 생각하는 이는 별로 없었다. 로마는 골 지역에 도로와 다리 등 각종 문명의 이기를 건설했고, 3세기 동안의 '평화'를 선물로 가져왔기 때문이다. 이제부터 고대사는 비로소 지중해 주변에서 내륙까지 광범위하게 그 무대의 영역을 널리 확장한 셈이다. 이상의 골 평정이 시저 개인의 생애에 미친 영향도 중대하지만 그것이 또 로마사에, 아니 더 나가서 세계사에 미친 영향도 대단했다. 지역의 넓이로 따지면 알렉산더 대왕의 동방원정에 미치지는 못하지만 아시아의 헬레니즘이 세계사의 한 에피소드로 끝나버린 반면에 로마의 경우는 강력한 문화적 전통이 없는 골인의 세계에 서양문화의 원류라는 그리스·로마 문화가 뿌리를 내리게 되어 여기서 서구문화의 형성이 시작된 것이다.

그렇다면 베르생제토릭스의 가혹한 운명은 과연 어떻게 되었을까? 베르생제토릭스는 시저가 완전히 승리를 거둘 때까지 고대 로마의 최초 국가 감옥인 툴리아눔Tullianum 카르케르(지하감옥)에 줄곧 갇혀 있다가, 6년 후 로마에서 공개적으로 처형당했다. 시저는 적장 베르생제토릭스를 오랜 군사 원정 후에 얻은 승리의 전리품인 양 공공연히 전시했다고 한다. 베르생제토릭스도 역시 시저의 마차 뒤에 꽁꽁 묶인 채로 끌려 나갔다가 처형되었다. 혹자는 로마가 패장들을 이처럼 잔인하게 다루는 풍습이 없었기 때문에 그의 처형이 이례적이라는 주장을 펼치기도 한다. 아마도 그의 존재감이나 후환을 막기 위해 죽였을 거라는 설이 유력하다.

우루과이의 언론인이자 작가인 에두아르도 갈레아노Eduardo Galeano(1940-2015)에 따르면, 역사는 결코 "안녕"이란 작별을 고하지 않으며, 언젠가 "다시 보자"는 여운을 남긴다고 한다. 아닌 게 아니라 베르생제토릭스는 역사의 뒤안길로 사라졌으나, 나폴레옹 3세의 치세 하에 위대한 골 문명을 대표하는 인물로 재조명되기 시작했다. 스스로 '낭만주의자'임을 자처한 나폴레옹 3세는 그가 손수 집필했다는 《줄리어스 시저의 역사Histoire de Jules César》(1865-1866)에서 자신의 독재 권력을 정당화하고, 소위 '시저리즘Caesarism' (황제정치주의)이 프랑스 국민에게 행복을 가져왔다는 것을 증명해 보이고자 노

프랑스 부르고뉴 지방의 알리즈-생트-렌느 Alise-Sainte-Reine에 세워진 베르생제토릭스의 동상. 알리즈-생트-렌느는 이전에 알레지아의 골 요새였다고 추정되는 언덕에 자리하고 있으며 매년 여름마다 베르생제토릭스를 기리는 축제가 열린다. 골인의 야성적인 헤어스타일에 나폴레옹 3세의 얼굴을 하고 있는 이 동상은 프랑스 건축가 에메 미예Aimé Millet(1819-1891)의 작품으로 알려져 있다.

력했다. 그가 주장하는 요지는 이랬다. "우리는 베르생제토릭스를 존중하면서도 그의 패배를 결코 통탄해서는 안 된다. 나라의 독립을 위해 싸운 골 최고사령관의 진지한 열정은 기억하되, 단 오늘날 프랑스의 문명과 제도, 언어 등 그 모든 것이 로마군의 승리로부터 유래했다는 사실을 상기할 필요가 있다. 또한 우리는 패배자의 자손이 아니라 정복자의 자손임을 명심하도록 하자!"

나폴레옹 3세는 1865년 알제리에서도 일장 연설을 펼쳤다. 그는 과거의 골인들처럼 식민지의 알제리인들에게도 새로운 질서와 문명의 부활을 제공하겠다고 약속하면서, 베르생제토릭스의 운명적인 패배처럼 그들의 패배도 역시 승리와 번영을 향해 열려있다는 역설적인 논지의 주장을 펼쳤다. 비록 나폴레옹 3세가 로마의 정복자인 시저를 미개한 땅에 문명을 가져다준 위대한 전도사로 찬양하기는 했지만, 적어도 그의 연구는 골에 대한 일반인의 관

심을 불러일으키는데 상당히 기여한 것으로 평가된다.

1865년에 나폴레옹 3세는 프랑스 국민들의 애국심을 고취시킨다는 미명하에, 당시 알레지아 전투가 벌어졌던 지역이라고 추정되는 곳에 7미터 높이의 베르생제토릭스 동상을 세우도록 명했다. 유럽 전역에 '민족주의'가 맹위를 떨치던 시기에, 이처럼 베르생제토릭스는 프랑스의 '민족국가Etat-Nation' 만들기에 제 몫을 담당했다. 요컨대, 나폴레옹 3세는 베르생제토릭스가 필요했던 것이다. "우리는 침략자(독일)에 맞서 함께 싸울 것이다." 그는 과거의 영웅을 이용해서 프랑스 국민에게 강력한 정치적 메시지를 보내고 싶어 했지만 결과가 그리 썩 좋지는 않았다. 1871년의 보불 전쟁에서 그는 독일의 철혈재상 오토 본 비스마르크Otto Von Bismarck(1815-1898)에게 결정적으로 패했고 실각했다. 그러나 보불전쟁 당시나 그 후에도 베르생제토릭스는 여전히 조국을 수호하는 국가 영웅으로 추앙을 받았다. 비록 시저에게 졌지만 그는 침략적인 로마제국 주의에 대항해서, 골 전쟁을 이끈 위대한 지도자로 재평가를 받는 것이다.

프랑스인들은 대체로 승자에게 별로 감흥을 받지 않는 경향이 있다고 한다. 그들은 건방진 승자보다는 오히려 훌륭한 패자를 지지한다. 이와 같은 정신세계의 연장선상에서 프랑스인들은 베르상제토릭스의 패배를 '고귀한 패배'였노라고 적극 옹호하는 것이 아닐까? 왜냐하면 그는 승패와는 상관없이, 혁명의 나라 프랑스에서 '자유'를 위해 투쟁했던 첫 번째 저항 투사이기 때문이다. 오늘날 프랑스 국가의 모토는 삼색기에도 그려진 자유(청색)와 평등(흰색) 그리고 우애(붉은색)다. 그래서 베르생제토릭스는 초등생을 위한 프랑스 역사 교과서에서 도덕적인 호연지기의 기상을 지닌 첫 번째 국민적 지도자로 당당히 소개되고 있다.

⚜

사자들이 자신들의 역사가들을 갖기 전까지는 모름지기 모든 사냥의 역사가
언제나 사냥꾼을 높이 칭송하게 되리라.

- 나이지리아의 소설가 치누아 아체베Chinua Achebe(1930-2013)

로마 지배하의 문화적 기억들:
로마인이 된다는 것

그때 세계는 −
280 진(晉), 중국 통일
313 로마, 크리스트교 공인(밀라노 칙령)
325 니케아 공의회
395 로마, 동·서로 분열
476 서로마 제국 멸망
486년경 프랑크 왕국 건국

"로마의 역사는 호수와 같다" 19세기 독일의 역사학자 랑케(1836-1916)의 명언이다. 랑케는 '고대의 모든 역사가 한 호수로 흘러들어가는 강들과 같이 로마의 역사 속으로 흘러들어가며, 근대의 모든 역사는 로마의 역사로부터 다시 흘러나온다'라고 설명했다. 로마는 고대 문명, 특히 그리스 문명을 이어받아 그 모든 성과를 종합함으로써 서양문명의 뿌리를 전달해 준 매개자다.

로마인들은 왜 영토를 확장하는 일에 그토록 열중하였는가? 첫째, 로마의 지배층인 귀족집단은 개인의 영달이나 출세, 계급의 이익을 위해 전쟁을 원할 이유가 있었다. 정복 사업은 진정한 남성, 즉 로마 사회의 엘리트가 되는 것을 의미했다. 군사적 성공과 사회적 신분 상승, 또 정치적인 권력의 획득은 모두 서로 긴밀하게 연결되어 있었다. 두 번째는 경제적 이익이다. 로마인들은 정복 전쟁을 통해 막대한 전쟁 배상금을 얻어내고, 속주로부터 보통 수확의 1/10에 해당하는 공납과 세금을 받을 수가 있었다. 전승에서 얻은 막대한 이익은 엄청난 금액의 공공지출을 가능하게 하여 수많은 도로와 건축물이 건설되었으며, 병사 개개인은 전리품을 취할 수가 있었다.

장장 200년간 '로마의 평화Pax Romana'라는 태평성대를 구가했던 로마는

네덜란드 태생의 영국 화가 로렌스 알마–타데마Lawrence Alma-Tadema(1836–1912)의 〈클로디우스 황제의 선포〉(1867)라는 작품이다. 로마 황제가 된 클로디우스는 로마 원로원에서 연설을 했는데, 이 연설문을 프랑스사가들은 '갈로–로마 문명의 출생증명서'로 보고 있다.

제국 내 서로 다른 민족들의 '다양성'을 인정하는 가운데 제국의 '단일성'을 유지해나갔다. 즉 피정복민은 로마제국의 구성원으로써 이득을 누리면서 제국에 통합되어갔다. 기원전 49년에 현재 북 이탈리아 포po 지역의 골 주민들에게도 시민권이 확대되었다. 서기 48년 프랑스 리용 출신의 황제 클라우디우스Claudius 1세(BC 10-AD 54) 때에는 골의 엘리트 계층에게도 행정관이나 로마 원로원이 될 수 있는 시민권을 허락했다. 그리하여 정복 이후 100년이 지난 클라우디우스 시대에는 원로원에 들어갈 수 있는 최소한 부를 축적한 부유한 골인들이 대거 등장했다. 비록 고대에는 GDP 같은 측정 방법이 없었지만, 현대식으로 치면 수백만 장자들이 생겨난 셈이다. 클라우디우스는 이탈리아 밖에서 태어난 최초의 황제였다. 이렇게 속주의 주민들에게 시민권의 확대가 시작되었다. 당시 원로원은 황제의 결정을 비판했고, 로마 정치인이자 철학자인 세네카Lucius Annaeus Seneca(BC 4-AD 65)도 역시 클라우디우스의 골의 엘리트 통합정책을 신랄하게 비난했으나 이것은 매우 중요한 전환점을 이룩했다. 이제 로마 시민권이 '제국균형의 도구'가 된 것이다.

212년 카라칼라Caracalla(188-217)황제는 이른바 '안토니우스 칙령Constitutio Antoniniana'에 의해, 제국 내 모든 자유민에게 부와 빈곤에 상관없이 모두 시민권을 부여했다. 이처럼 로마의 '시민권확대'는 로마제국의 강력한 유인력이 되었다. 따라서 속주의 도시 엘리트들은 로마의 생활양식을 기꺼이 받아들였고 라틴어를 사용했다. 속주의 도시들은 로마의 모델에 따라서 바둑판 모양으로 질서정연하게 지어졌고, 엘리트 계층이 거액을 출자해서 지은 거대한 기념물들, 극장과 목욕탕, 광장과 개선문 등이 곳곳에 건설되었다. 정복 이후 150년이 지난 후 로마인들은 골의 도시들에 8000에서 13000마일의 도로를 건설했다. 이 도로들은 중세 시대에도 사용되었고, 로마제국이 멸망한 후에도 골의 경제단위가 되었다.

골의 수도인 루그두눔Lugdunum(리용)은 켈트어로 '언덕의 요새'를 의미한다. 즉 로마인이 오기 전에 루그두눔은 언덕 위에 성벽으로 둘러싸인 요새에 불과했다. 그것은 골의 부족에 만연했던 끊임없는 전쟁의 상징이었다. 로마의 초대 황제 아우구스투스(BC 63-AD 14)는 요새와 벽들을 허물고, 그것을 개방된 궁전으로 바꾸었다. 시작부터 그것은 '법의 통치'에 따른 도시였다. 장장 250년 동안 도시는 성벽이 필요 없었다. 왜냐하면 로마화된 골에는 '평화'가 오래 지속되었기 때문이다. 이제 루그두눔 시민들은 시, 연극, 코미디, 음악회 등 다양한 문화행사에 참석할 수가 있었다. 당시 2만 5천에서 5만 정도의 인구를 소지했던 루그두눔에서는 5만 명의 관객을 한꺼번에 수용할 수 있는 대형극장시설도 있었다. 그리하여 이제 골의 언어와 문화적 정체성은 새로운 지배층인 로마 문화와 융합되어, 일종의 '하이브리드(잡종)'문화가 되었다. 이처럼 갈로-로마문명은 골의 전통문화와 로마문화의 융합으로 탄생했다. 갈로-로마문화는 사회의 전 계층에 스며들었다. 영국의 고대 사가이며 고고학자인 그렉 울프Greg Woolf는 서기 1세기경에 골 사회의 전 계층에서 대대적인 '로마취미의 내면화'가 발생했다고 주장했다. 로마의 가치척도에 따라서, 취미의 차별화가 신분상의 차별을 표시하게 되었다. 골의 시민들은 로마인에 동화되기 위해 극장의 경기를 관람하고 최대의 휴양시설인 공중목욕탕도 부지런히 드나들었다. 당시의 공중목욕탕은 단순히 온수가 공급되는 수영장의 개념이 아니라, 각종 다양한 오락시설과 스포츠, 레크리에이션의 장소이자 치료실과 도서실까지 겸비한 거대한 사교의 장이었다.

원래 골인들은 켈트계 방언을 사용했다. 그런데 양자 모두 인도유럽어라는 공통의 기원을 지니고 있었지만 정복자인 로마인들은 피정복민의 언어를 알아듣지 못했다. 현재 골 언어는 거의 흔적도 남아있지 않다. 당시 골 지역에 여러 학교들이 세워졌는데, 그 일차적 목표는 학생들에게 라틴어를 가르치는 것이었다. 시간이 차츰 경과할수록 많은 골의 단어들이 라틴어로 대체되었고, 사람들은 라틴어와 켈트어를 서로 섞어 사용하는 경우가 비일비재했다. 이제 라틴어는 '엘리트의 언어'가 되었다. 골의 언어로 비명을 기록하는 골인들도 있었지만 그들은 그리스 알파벳을 쓰는 대신에 라틴어 알파벳을 사용했다.

특히 피정복민을 순화시키는 기제로서 사용된 종교와 행정 부문에서 로마의 영향력은 두드러졌다. 1세기까지 골에 있었던 드루이드종교는 클라우디우스 황제 때 폐지되었고, 그 후로 기독교가 유입되었다. 로마인들은 드루이드사제들이 만물에 정령이 있다고 믿는 애니미즘과 윤회설을 믿었으며 인신공양을 했다고 기록했다. 종교에 관한 한 로마인들은 관대한 편이었지만 드루이드의 경우에는 잔인한 인신공양을 한다는 이유로 폐지시켰다. 이처럼 드루이드교의 금지와 로마종교의 혼합적인 성격이 결국 켈트종교를 사라지게 한 요인이 되었으며, 로마인들은 또한 '황제숭배'를 의무화시켰다. 그래서 골 지역에서도 '황제숭배'가 우세한 종교가 되었다. 비엔나에는 아우구스투스의 신전을 세웠고, 프랑스의 도시 님므Nimes에는 '메종 카레Maison Carrée'라는 신전을 지었는데 이는 갈로-로마 시대 건축예술의 정수를 보여준다.

로마인들은 골인들이 상당히 미신에 사로잡혀 있다고 여겼다. 골인들은 이제 로마식 명칭을 갖게 된 자신들의 토속 신들을 숭배했다. 이처럼 로마화된 골인들의 종교는 그리스·로마 신격을 토착 켈트신과 동일시하는 이른바 '제설혼합주의Syncretism'의 성격을 지니게 된다. 말의 수호여신인 에포나

리용의 야외극장. 기원전 15년경에 로마황제 아우구스투스의 명으로 지어진 극장으로 1만 명을 수용할 수가 있다.

Epona는 켈트 신격 그대로 로마의 만신전에 추가되었다. 동방의 밀의종교도 골에 유입되어 오르페우스교, 미트라교, 키벨레교, 이시스 교 등이 유행했으나, 5-6세기부터 골 곳곳에 점조직 형태로 기독교 공동체가 만들어졌고, 각 공동체마다 주교를 세웠다. 모든 공공의 장소들은 새로운 시민들의 만남의 장소였고, 이는 제국의 '로마화'의 성공을 잘 예시해주고 있었다. 골 지역의 로마화는 시골보다는 도로와 교량이 발달한 도시를 중심으로 활발하게 이루어졌으나 로마화에는 어느 정도 한계가 있었다. 특히 멀리 떨어진 속주나 인구의 가장 빈곤층들은 심지어 시민권을 얻은 후에도 여전히 그들의 고대 신앙이나 전통의상을 간직했다.

로마의 지배 하에서 로마인이 된다는 것은 과연 무엇을 의미하는가? 로마는 방대한 제국이었기 때문에 피정복민과의 협업이 없이 그 광대한 영역을 통치하기란 거의 불가능했다. 로마인들은 속주를 통치하기 위해, 제국에 충성을 바치는 지역의 중개자가 반드시 필요하다는 사실을 누구보다 잘 알고 있었다. 그래서 속주의 자유민들을 로마화시키고, 즉 로마문화와 생활양식에 그들을 동화시킨 후에 로마시민권을 부여했던 것이다. 이처럼 보편적인 로마시민권은 피정복민들의 통합의 기초가 되었으며, 제국의 단합을 다지는 열쇠가 되었다. 로마의 시민권은 과거에 배타적이던 아테네 시민권과는 매우 차원이 달랐다. 가령 아테네 민주정은 작은 영토에서 법 앞에 평등한 제한된 수의 시민들이 주체가 되어 시행되었으나 1-3세기경의 로마는 민주정도 아니었고, 출생이나 부에 의해 사회계급이 결정되었기 때문에 시민들 간의 '평등'을 기본원칙으로 내세운 것도 아니었다. 그러나 로마제국의 '유일성' 내지 위대성은 지배적인 인종집단이 없는 세계적인 국가로 발전했다는 점이다. 로마제국이 그렇게 오랫동안 '통합'을 유지할 수 있었던 비결은 바로 개방성과 다문화주의의 실천에 있다고 할 수 있다. 통제보다 오히려 '개방성'이 국가통합에 더욱 효율적이라는 것을 보여준 고전적인 사례다. 그렇다면 '팍스 로마나(로마의 평화)'는 진실로 평화로운 시기였는가? 이 시기 평화의 본질은 무엇보다 로마 군사력의 절대적인 우위에 기초한 것이다. 로마의 강력한 군대가 주변의 경쟁세력들을 굴복시킴으로써 창출된 이 '질서'는 불만의 표출을 억제할 수 있을 때는 유지되지만, 로마의 힘이 미약해졌을 때는 상당히 심각한 혼란을 불러올 수밖에 없었다. 한편 이 평화의 시기는 평민들, 특히 지주층의 강도 높은 착취구조에 시달리는 속주의 소토지 보유농들에게는 그야말로 가장 혹독한 시기였다.

갈로-로마 시대의 '로마화'에 대한 19세기 프랑스역사가들의 평가는 다음과 같다. 프랑스 고고학자이자 역사가인 로랑 올리비에Laurent Olivier(1958-)에 의하면, 19세기의 프랑스 역사가들은 로마화에 대하여 '독립적인 선사시대에서 역사시대로의 이행'이라는 매우 긍정적인 평가를 내렸다. 그들에게 로마화란 골인들이 어두운 암흑기의 야만상태에서 벗어나 찬란한 문명세계로 진입하는 것을 의미했다. 고대 그리스 · 로마인들이 지녔던 '문명인과 야만인'의 이분법적인 견해를 그대로 견지했던 것으로 보인다. 한편 CNRS의 연구소장인 안느-마리 티에스Anne-Marie Thiesse의 주장에 따르면, 19세기 역사가들은 갈로-로마라는 혼성적인 문명을 골인의 원기왕성한 '활력'과 로마인의 정연한 '질서'가 결합한 것으로 간주했다. 19세기의 프랑스역사책을 펼쳐보면, "문명화된 로마인들이 골을 문명화시켰다. 로마인들은 골의 농촌문화를 도시문화로 전환시키는데 지대한 공헌을 했다"고 적고 있다. 그런데 19세기 학자들은 왜 이처럼 이구동성으로 동시대의 이데올로기적인 해석을 내렸던 것일까? 당시 사회지도층은 과거 1세기에 골인들이 문명화되었던 것처럼 19세기 프랑스인들을 문명화시키기를 원했으며, 학자들은 그러한 지배층의 열망을 그들의 역사관에 반영했기 때문이다. 나폴레옹 3세도 역시 《시저의 역사Histoire de Jules César》(1865-1866)에서 로마화를 '진보'로 간주했다.

그러나 오늘날 학자들의 포스트 모던적 시각에서 바라본다면, 로마화란 강력한 제국에 의한 '소수문화의 무력 진압' 내지는 아예 철저한 분쇄 현상으로까지 간주된다. 이점에 대하여 고고학자 로랑 올리비에는 당시 강력한 로마군대에 맞선 민간인들의 고통을 특히 주목할 필요가 있다고 주장한다. 현재 프랑스 중부 상트르 지역의 도시 부르주Bourges에 해당하는 아바리쿰Avaricum의 포위전에서는 수만 명의 골인들의 대학살이 일어났다. 줄리어스 시저 자신의 증언에 의하면, 수개월 전 프랑스 오를레앙 지역에서 골인들에 의해 학살당한 로마상인들의 죽음을 복수하기 위해 로마군은 남녀노소를 불문하고 모든 골인들을 닥치는 대로 죽였다. 프랑스 베이락Vayrac마을의 도르도뉴 강 근처에 있는 우젤로두눔Uxellodunum 포위전에서도 시저는 무기를 든 골인의 양 손을 모두 자르게 했다. 올리비에에 따르면 그것은 골의 역사에서 엄청난 인명손실이었다. 즉 로마화는 결코 행복한 사건이 될 수 없다는 것이 그의 명백한 지론이다. 로마의 정복 이전의 골에는 60개나 되는 부족들이 흩어져 거주하고 있었던 것으로 추정된다. 그렇지만 그들이 과연 '골 문화'라고 부를만한, 독자적인 통일된 문명세계를 형성하고 있었던가? 고고학적 성과에도 불구하고 여기에 대해서는 반(反) 로마적이고, 반(反)제국주의적 시각을 가진 학자들조차도 회의적이다.

앞서 인용한 그렉 울프는 명저 《로마인이 된다는 것Becoming Roman: the origins of provincial civilization in Gaul》(1998)에서 어떻게 갈로-로마사회가 제국의 취미와 신념의 규범들에 따라 변모해가는 지를 면밀히 관찰했다. 울프도 역시 기존의 로마화에 대한 담론이 19세기 제국주의적 경험의 부산물로 지나치게 단순화되었다고 지적한다. 로마인이 된다는 것은 로마의 제국주의도 골의 모방주의도 아니며, 그것은 여유 있는 동화의 과정도 아니었다. 골의 로마세계로의 통합은 이전보다 훨씬 높은 강도의 '사회적 차별'을 의미한다. 제국에 골을 통합시킨다는 것은 첫째 로마와 골을 중재해주는 연결고리의 역할을 담당하고, 둘째 사회적 하층민, 즉 골의 평민들을 엄격하게 통제할 수 있는 갈로-로마귀족이란 새로운 식민지 지배층을 탄생시키는 것이다.

　로마의 문명화된 에토스는 골인들의 토착문화에 어떤 방식으로 작용했을까? 과연 로마의 에토스란 무엇인가? 울프는 그것이 단일하게 정의될 수 있는 문화가 아니라, 물질적이고 행동적인 '문화표적물'의 종합세트라고 정의했다. 골인들이 로마문화와 조우했을 당시에 이미 로마의 에토스는 심각한 분열을 겪고 있었다. 이러한 상황에서 로마인이 된다는 것은, 이미 만들어진 기성제품의 통일된 로마문화를 수동적으로 받아들이고 맹목적으로 추종하는 것이 아니다. 그래서 도시의 도무스(로마저택)의 생활양식과 로마식 식탁용 식기류의 사용, 종교생활의 기념화monumentalization, 또 로마가 전해준 '신의 선물' 포도주의 사회적인 함의 등등 이 모든 문화적 표적물들이 로마인과 골인의 총체적 관계를 나타낸다고 보기는 어렵다. 울프에 따르면, 여기서 더 중요한 골자는 골인들이 로마문화가 실제로 무엇인지를 결정하는 과정에 참여하는데 필수적인 일종의 '문화적 권능cultural competence'을 획득하는 것이라고 한다. 그는 갈로-로마의 '문화적 저항'이라는 개념을 부적절한 비평으로 간주했다. 어떻게 로마인이 되는 문화적 과정이 당시 로마인과 골인들의 실제상황에 대한 성찰이 될 수 있겠는가? 미국의 전 대통령 버락 오바마에 의하면, 식민주의가 저지른 가장 최악의 과오는 우리의 과거에 대한 우리의 시야 내지는 관점을 흐리게 만든 것이다. 이처럼 식민주의에 대한 논쟁은 사실상 무기한이며 종지부가 없는 셈이다.

"콜로세움이 존재하는 한 로마는 영원히 존재하리라.
그런데 만일 로마가 무너지면 세계도 무너진다."

- 신학자 성(聖) 비드(672/673-735)

DIGEST100SERIES

제2장
중세 시대:
교황 시대의 낮과 밤

FRANCE

클로비스의 개종
(496년 12월 25일)

그때 세계는 –
427 고구려, 평양성 천도
439 북위, 화북 통일(남북조 시작)
476 서로마제국 멸망
486 프랑크왕국 건국
494 부여, 고구려에 복속
500년경 인도, 힌두교 성립

'프랑스 국가의 창시자'로 알려진 클로비스 1세Clovis I(465-511)는 프랑스 역사에서 가장 중요한 인물 중 하나다. 그는 5세기에 가장 성공적인 야만족 국가인 메로빙거 왕조를 건국함으로써, 갈로-로마의 유산과 게르만 문명의 융합이라는 역사적 위업을 일구어냈다.

그렇게 찬란했던 로마제국의 수명도 476년에 용병대장 오도아케르Flavius Odoacer(433-493)에 의해 종말을 고했다. 서로마 제국이 멸망하자 사나운 게르만족들이 사방에서 활개를 치게 되었다. 그때 골을 점령한 프랑크 족이 있었다. 이 프랑크족은 하나의 단일 부족이 아니라 여러 부족들로 나누어져 있었는데, 그 중에서 '살리족'과 '리푸아리족'이 가장 중요했다. 그들이 거주했던 땅은 '프란키아Francia'라고 불렸다. 우리가 알고 있는 '프랑스France'라는 국명도 바로 여기서 유래했다. 살리족은 족장들이 이끄는 여러 집단으로 나누어져 있었는데, 그중 하나가 메로빙거 사람들이었다. 이 메로빙거라는 이름은 부족장인 '메로베치Merovech' 또는 불어 '메로베Mérovée'에서 유래했다고 한다. 메로베와 그의 후계자인 쉴데릭 1세Childéric I(437-481)는 프랑스의 솜므Somme 강까지 그들의 지배 영역을 넓혔다.

481년에 쉴데릭의 아들인 클로비스가 15세의 나이에 살리족의 젊은 지도자가 되었다. 그의 수도는 현재 벨기에 지역의 투르네Tournai였다. 그는 리푸아리 족의 공주와 혼인함으로써 리푸아리 족과 동맹을 맺었는데 그의 생애는 이처럼 "동맹이냐 정복이냐?"를 가리는 적들과의 전쟁으로 점철되어 있었다. 클로비스 시대에 많은 게르만 부족들이 니케아 공의회(325)에서 '이단'으로 판정받은 아리우스파(삼위일체설과 예수의 신성성을 부정)를 신봉했다. 특히 아리우스파의 주교인 울필라스Ulfilas(311-383)는 이교도인 고트족을 아리우스파로 개종시켰다. 그래서 클로비스가 왕위를 계승했을 때 아리우스파가 골 지역을 지배하고 있었다.

493년에 그는 부르군트(부르고뉴)왕국의[1] 공주였던 클로틸드Clotilde(474/474 -545)와 두 번째로 혼인했다. 전설에 의하면 클로틸드의 숙부이자 부르군트의 왕인 군도발트는 그녀의 부모를 잔인하게 살해하고 왕위를 차지했다. 딱한 처지의 그녀에게 호감을 느낀 클로비스는 사자를 보내서 그녀의 의향을 타진했고 아리따운 클로틸드는 그의 청혼을 기쁘게 받아들였다. 두 사람은 수아송에서 혼인식을 거행했다. 클로틸드는 매우 독실한 가톨릭 신자였다. 클로틸드는 클로비스에게 가톨릭으로 개종할 것을 요청했으나 그는 거의 요지부동이었다. 클로비스는 번개 신 토르나 지혜의 신 오딘을 믿었던 이교도였고 그의 전처도 역시 이교도로 둘 사이에는 이미 테오데릭Theuderic이란 아들이 하나 있었다. 둘 사이에서 첫 번째 아들이 태어났을 때 클로비스는 클로틸드를 기쁘게 해줄 요량으로 그 아이의 세례식을 허락했다. 그런데 세례식을 마친 후 갑자기 아이가 병들어 죽자 그는 이를 자신이 신봉했던 신들의 분노로 받아들였다. 그러나 오히려 클로틸드는 주님이 아기의 영혼을 곧장 데려가서 영원한 복을 누리게 한 것으로 여겨 기뻐했다고 한다. 두 번째 아들이 태어났을 때도 클로틸드는 아이가 세례를 받을 수 있도록 청했고 클로비스는 마지못해 이를 수락했다. 그런데 두 번째 아이마저도 중병에 걸리자

---

1 부르군트 왕국이란 중세 초기 부르군트인의 정착지인 오늘날의 프랑스 부르고뉴, 이탈리아 사보이아 일대에 존재했던 왕국들을 지칭한다.

톨비악 전투(496년)

그는 무척 우려했다. 그러나 클로틸드는 이교도의 신들이 아이에게 그 어떠한 영향력도 행사하지 못할 것이며, 주님이 자신의 기도를 허락해서 아이를 살려줄 것이라고 남편을 안심시켰다. 과연 아이가 소생하자 클로비스의 이교 신앙은 크게 흔들렸다.

클로비스는 톨비악Tolbiac에서 알라만Alaman족들과[2] 대적하게 되었다(496년). 그들을 토벌하러 나섰다가 오히려 거의 전멸당할 위기에 처했던 클로비스는 자기 조상들이 믿었던 이교도 신들에게 구원을 요청했다. 그러나 아무런 응답이 없자 그는 위기의 순간에 하늘을 향해 큰소리로 외쳤다. "오, 클로틸드의 신이시여! 나는 그동안 나의 신들을 애타게 불렀으나 아무런 소용이 없었소. 만일 나한테 승리를 허락해 준다면 기꺼이 세례를 받겠나이다!" 그러자 전세는 다시 역전되었고, 그는 그 기회를 놓치지 않고 공격하여 대승을 거두었다. 클로비스는 이 톨비악 전투에서 승리를 거둔 후 귀환해서 예수의 생애에 대한 얘기를 난생처음으로 듣게 되었다. 한 가톨릭 사제가 예수가 과연 어떻게 십자가에 못 박히게 되었는지를 설명해 주자 그는 불같이 화를 냈다. "내가 만일 프랑크 군사들과 함께 그 장소에 있었더라면 유태인들을 당장에 따끔히 혼내 주었을 텐데!"라며 용맹한 무장답게 주먹을 불끈 쥐었다고 한다.

이 톨비악 전투의 승리 이후, 496년 성탄절에 클로비스는 랭스의 성당에서 그의 부하 3천 명과 더불어 주교 레미기우스로부터 집단 세례를 받았다. 레미기우스는 클로비스를 세례반으로[3] 인도해서 "왕이시여, 그대의 머리를 숙

---

2 게르만인의 한 부족. 3세기 무렵 다뉴브강과 라인강 상류 지방에서 형성되었으며, 민족 대이동 때 알자스 지방에 살았으나 프랑크 왕국에 정복당했다.

3 세례용 물을 담은 큰 돌 주발.

이시오. 그리고 그동안 그대가 숭배했던 모든 것을 다 태워버리시오" 그 후 모든 프랑스 국왕들이 랭스에서 대관식을 거행하게 되었다. 그러나 클로비스의 세례식은 유사 이래 랭스에서 벌어진 사건 중에서 가장 커다란 이벤트였을 것이다. 496년으로부터 506년에 이르기까지, 클로비스 세례식의 정확한 연도에 대해서는 학자들 사이에서도 의견이 분분하다.

클로비스의 개종이 주는 역사적 의미는 다음과 같다. 첫째, 클로비스의 개종으로 '교회와 국가의 동맹'이 이루어졌다. 당시 골

메트르 드 생 질Maître de Saint Gilles(15–16세기)의 〈클로비스의 세례〉(1500). 그림 속 장소는 원래 세례식이 거행되었다고 알려진 랭스Reims 성당이 아니라, 파리에 있는 생트 샤펠Sainte Chapelle교회다.

지역의 가톨릭교회는 위기의 상태였다. 아리우스파를 신봉하는 서고트족은 가톨릭을 탄압했고 교회는 분열을 겪고 있었다. 그래서 이 프랑크 정복자의 개종은 '성인들의 새로운 천년 왕국'을 예고하는 상서로운 일로 여겨졌다. 이 사건은 게르만족이 가톨릭을 받아들이는 계기가 되었을 뿐 아니라 교회와 국가 간의 타협과 분쟁의 시발점으로 인식되고 있다. 그동안 교회와 국가의 권력은 서로 타협하고 대립하는 역사를 겪어 왔는데, 그 시작은 330년에 콘스탄티누스 황제(272-337)가 로마에서 비잔틴으로 수도를 천도한 때부터였다고 할 수 있다. 250년 동안이나 박해를 받아왔던 교회는 콘스탄티누스 황제의 개종으로 로마제국의 보호를 받는 종교가 되었다. 이렇게 권력의 맛(?)을 본 로마교회는 점점 세속화되었고 권력 밑으로 들어가 백성 위에 군림하기 시작했다. 그러나 로마를 중심으로 한 정치·군사 권력이 동방으로 이동하고 476년에 서로마 제국이 패망하자 로마교회는 다른 힘의 보호가 강력히 필요했고 그래서 프랑크 왕국과 제휴하게 된 것이다.

둘째, 클로비스는 확고한 정치적 목표를 지니고 있었다. 그의 개종은 두 번째 처인 클로틸드의 열성적인 포교 덕분으로 알려져 있다. 물론 종교적인 동기도 배제할 수는 없지만, 클로비스는 새로운 백성들을 다스리기 위해 기독교로의 개종이 정치적으로 이롭다는 전략적 판단을 하고 있었다. 클로비스의 치세기(481-511)는 로마제국의 멸망 시기에 해당한다. 그렇기 때문에 클로비스의 세례는 로마제국의 잔해 위에 세워진 첫 번째 가톨릭 국가의 탄생을 가져온 것으로 그 의미가 크다. 콘스탄티누스가 첫 번째 기독교 로마 황제였던 것처럼, 그도 역시 야만적인 침입자(게르만)들 가운데서 첫 번째 가톨릭 군주가 되었다. 그는 개종을 통해 이단을 신봉하는 다른 프랑크 군주들과 자신을 차별화시킬 수 있었을 뿐 아니라, 고트족과의 전투에서도 가톨릭계의 갈로-로마 귀족들의 지원을 얻을 수가 있었다. 특히 아리우스파를 신봉하는 게르만족을 물리친 그의 공로는 교회의 절대적인 지지를 얻게 되었을 뿐 아니라 대외적으로도 클로비스와 프랑크 왕국의 위상을 높여주었다. 동로마 제국도 그를 '기독교의 보호자'로 칭송하고 그에게 로마 특권 계급의 지위와 콘술의 칭호를 부여했다. 때문에 클로비스의 골의 정복을 아리우스 이단들의 질곡으로부터 골 지역을 구원한 일종의 '해방전쟁'으로 보기도 한다. 그동안 프랑크인들은 이 갈로-로마인들을 피정복민으로 다스려왔다. 갈로-로마 백성들은 별도의 법 체제를 지니고 있었고 게르만 영주들에게는 세금을 바쳐야 했다. 그러나 클로비스는 적어도 그들의 충성심을 얻기 위해 어느 정도 '통합'의 노력을 기울였던 것으로 보인다. 인생 말기에 클로비스는 남부 프랑스 지역을 장악한 서고트족을 공격하기 위해, 프랑크족에 이어 부르고뉴인과도 동맹을 맺었고, 심지어 비잔틴제국과도 손을 잡았다. 507년 투르 근처에서의 부이예Vouillé 전투의 승리는 유럽 역사의 전환점이 되었다. 그는 피레네까지 이르는 서고트의 땅을 모두 차지했다. 처음으로 일인의 국왕이 영국해협에서 피레네, 비스케이 만, 라인 강까지 이르는 독립 국가를 통치하게 되었다. 508년에 클로비스는 전략 도시 '파리'를 새로운 왕국의 수도로 삼았다. 게르만족과 골 지방에 거주하고 있던 로마인들 간의 융합을 위해 기독교를 적극적으로 지원하는 한편, 게르만족의 관습법을 중심으로 이루어진

클로비스와 부인 클로틸드. 프랑스 화가 앙투안-장 그로Antoine-Jean Gros(1771-1835)의 1811년 작품이다.

살리크 법전Lex Salica의 성문화(508)로 로마와 프랑크족의 문화를 적절히 혼합한 형태로 왕국을 운영했다. 또한 교회와 국가 간의 관계를 정립하기 위해 오를레앙 종교회의를 소집했다. 그는 511년 11월 27일 파리에서 45세를 일기로 세상을 떠났다.

셋째, 프랑스 국왕들은 반드시 클로비스가 가톨릭으로 개종한 랭스성당에서 즉위하도록 정해졌다. 그는 로마 가톨릭 사제에 의해 성유를 바른 최초의 국왕이었기 때문에 '교회의 장자'로 불리게 되었고, 프랑스 왕좌에 오른 그의 후계자들도 역시 그러한 명칭을 물려받았다. 동고트 왕국과는 달리, 클로비스의 프랑크 왕국이 '유럽 역사의 시작'으로 자리 잡을 수 있었던 이유는 바로 여기에 있다. 랭스의 주교인 앵크마르Hincmar(806-882)는 자기의 전임자였던 성 레미기우스에 대한 전기를 썼다. 그는 랭스 성당의 명성과 권위를 높이기 위해, 클로비스의 세례식 때 하얀 비둘기(성령)가 성유병을 주둥이로 직접 물고 왔다고 기술했다. 앵크마르는 클로비스, 랭스 대성당, 왕정 간의 삼중 연결고리를 맺었고, 물론 클로비스의 세례가 유럽 전역의 기독교 전파의 원인이 된 것은 아니었지만[4] 클로비스가 '주의 기름 부음을 받은 자'라는 믿음에 더욱 신빙성을 가미했다.

---

4 미국 사학자 버나드 바크라치Bernard Bachrach는 오히려 클로비스의 개종이 아리우스파를 신봉했던 많은 프랑크 족장들을 이반시켰을 뿐 아니라, 수년간 그의 군사적 위상을 약화시키는 역효과를 가져왔다고 주장했다.

1996년 클로비스의 개종을 기리는 기념식에서 랭스의 대주교 제라르 드푸 아Gérard Defois는 그의 개종을 가리켜 "면밀하고 책임감 있는 개종의 상징"이 라 평가했다. 그러나 프랑스 역사가 에르네스트 라비스Ernest Lavisse는 "클로 비스의 개종이 그의 잔인한 성격을 바꾸지 못했고, 온화하고 평화적인 복음 의 도덕이 그의 심장에 와닿지는 않았다"라고 평가했다. 또 다른 사가도 역 시 "북구의 신 오딘 대신에 그리스도에게 간구했지만 그는 눈곱만큼도 변하 지 않았다"라고 냉정히 평가했다. 그래서 많은 이교적 영향이 교회에 그대로 유입되었다. 기독교로 개종한 후 클로비스는 콘스탄티누스 대제와 마찬가지 로 그의 통치권 강화를 위해 왕위를 노리는 경쟁자들을 모조리 죽여 없앴을 뿐 아니라 6촌에 해당하는 모든 친척들을 절멸시켜버렸다. 개종한 후에도 그 는 명색만 기독교인이었지 옛날 이교도 시절과 크게 달라진 점이 없었다. 클 로비스는 파리에 새로 짓기로 한 교회의 규모가 어느 정도인지를 누군가 물 어보자, 전투용 도끼를 자신이 할 수 있는 한 가장 멀리 던진 다음에 '거기까 지'라고 답했다. 이렇게 지어진 교회(현재의 판테온 신전)는 파리의 수호 성녀 주느비에브St. Genevieve의 유해를 거두었고, 클로비스와 그의 아내 클로틸드 와[5] 그들의 후손들도 이곳에 차례대로 안장되었다. 클로비스의 생애는 음모, 간계, 잔학으로 시종일관되어 있었으나 사후에 그를 잔인한 전사에서 평판 좋은 성인으로 만드는 '신화화' 작업이 시작되었다.

앞서 얘기한 대로 프랑스 국왕과 귀족들은 그들의 기원과 국가(왕정)의 탄 생이 클로비스 1세(466-511)의 치세기인 5세기로부터 유래했다고 생각했 다. 즉 귀족은 그들 지배의 정당성의 기원을 대다수 평민(골인)들을 복속시 킨 정복자의 권리에서 찾았다. 제5공화국의 초대 대통령 샤를 드골Charles de Gaulle(1890-1970)도 "나에게 프랑스 역사는 프랑스라는 이름을 후세에 물려 준 프랑크족, 즉 다시 말해서 프랑스 국왕으로 선택받은 클로비스와 더불어 시작된다"라고 언급했다. 그러나 모든 사람이 드골처럼 생각했던 것은 아니

---

5 클로비스는 개종 이후에 아내 클로틸드의 복수를 위해 부르군트 왕국(부르고뉴)을 공격하여 쳐부순 후에 그들에게 조공을 바치도록 했다.

었다. 1905년 이래 교회와 국가, 즉 성속(聖俗)이 분리된 프랑스에서는[6] 많은 사람들이 국가가 종교행사에 직접 관여 내지 참관하는 것을 소리 높여 비평했다. 그래서 클로비스의 세례식을 기리는 '1500주년 기념식'은 상당한 논쟁을 불러일으켰다. 랭스의 시의회가 교황의 방문 기간 중에 사용될 연단 비용을 내겠다는 계획을 발표하자, 한 단체가 이 결정을 '위헌'이라고 뒤집어버렸다. 급진좌파들도 교회가 프랑스에 도덕적이고 세속적인 권위를 다시 세우려 한다며 이를 성토했다. 클로비스를 프랑스의 극우정당 국민전선(FN)과 근본주의적 가톨릭 집단의 상징으로 만든 것도 이 기념식을 딜레마에 빠지게 한 원인이 되었다. 또한 일부 학자들도 역사적인 관점에서 이 기념식을 비판했다. 클로비스의 세례가 프랑스를 가톨릭 국가로 바꾸지 않았다는 것이 그들의 주장이다. 왜냐하면 그의 개종 이전에 이미 갈로-로마계 주민들은 가톨릭교도였기 때문이다. 그들은 클로비스의 세례가 결코 프랑스 국가의 탄생을 의미하지 않으며, 프랑스의 건국은 843년 샤를마뉴 대제의 왕국 분할에 맞추어져야 한다고 주장했다. 즉 프랑스 왕국의 시조는 클로비스가 아니라, 서 프랑크의 국왕(843-877)이자 신성로마제국의 황제(875-877)였던 대머리왕 샤를 2세Charles II le Chauve(823-877)라는 것인데, 이는 우리나라의 건국절에 대한 소모적인 논쟁을 연상시키는 대목이다.

참고로 후일 리푸아리 족에 기원을 두고 있는 카롤링거 왕조가 이 메로빙거 왕조를 계승하게 된다. 카롤링거 왕조 하에 프랑크 족은 거대한 제국을 형성하는데 샤를마뉴 대제 치세(768-814)하에 전성기를 이루게 된다. 이 제국은 9세기 중반에 서 프랑크 왕국(프랑스), 동 프랑크 왕국(독일)으로 나뉜다. 프랑크인들의 왕국을 의미한 프랑키아Francia는 항상 통일된 것은 아니었다. 프랑크 관습에 의하면 왕의 사후 왕국은 아들들에게 분할되어 양도된다. 그래서 프랑키아는 정치적 실체라기보다는 지리적 용어로 이해하는 편이 타당하다. 그러나 프랑크인들은 왕국이 분할된 후에도 자신들을 여전히 하나의 왕국의 일원으로 생각했다.

---

6   프랑스 제3공화정 정부는 1905년 '정교분리법'을 제정했다.

샤를마뉴 대제의 대관식
(800년 12월 25일)

그때 세계는 -
727 혜초, 《왕오천축국전》저술
756 이슬람 후우마이야 왕조 성립

800년 성탄절 아침에 키가 무척 크고 건장한 남성이 로마의 성 베드로 성당의 계단을 위풍당당하게 걸어 올라갔다. 50대 중반을 훌쩍 넘긴 나이에도 불구하고 원기가 넘쳐흘렀던 그는 프랑크 왕국 카롤링거 왕조의 2대왕인 바로 샤를마뉴Charlemagne(742-814)였다. 다년간의 전쟁으로 다져진 탄탄한 근육질을 자랑하는 그가 가장 좋아했던 소일거리는 사냥과 수영이었다고 한다. 샤를은 평소에는 프랑크족의 전통의상을 선호했으나 이날만큼은 특별히 교황 레오 3세Leo III(795-816)의 요청을 받아들여 로마풍의 고전 의례복을 착용했다. 그러나 그의 흰 피부색과 금발, 푸른색 눈과 장신의 체구는 그가 늙고 병든 로마제국을 대신해서 유럽사의 갱신을 떠맡게 된 북방 게르만족의 후예임을 잘 나타내주고 있었다.

이후에 벌어질 일을 조금이라도 예상했다면 샤를은 아마도 성탄절 미사에 참석하지 않았을지도 모른다. 그러나 독실한 가톨릭 신자인 그는 교황의 부름에 응하지 않을 수가 없었다. 그는 뜻밖에도 이 날 교황 레오 3세에 의해 신성로마제국의 황제로 추대되었다. 그러자 성당을 꽉 채운 로마 백성들로부터 열렬한 환호성이 터져 나왔다. "오! 샤를, 신에 의해 황제의 관을 쓰게

독일화가 프리드리히 카울바흐Friedrich Kaulbach(1822-1903)의 〈샤를마뉴대제의 대관식〉(1903). 여기서 흥미로운 점은 교황 레오 3세는 레오 10세의 얼굴을 하고 있고 샤를마뉴 대제는 프랑스의 첫 번째 르네상스형 군주인 프랑수아 1세(1494-1547)의 얼굴로 그려져 있다.

되었다. 가장 경건한 아우구스투스, 평화를 가져오는 위대한 황제여!" 이러한 포고가 세 차례 크게 낭독된 후에, 그는 프랑크 부족의 왕인 동시에 '황제와 아우구스투스'로 불리게 되었다. 그의 불어식 이름인 샤를마뉴Charlemagne에는 '대제'라는 의미가 포함되어 있다. 이 샤를마뉴의 대관식은 1806년까지도 존속했던 '신성로마제국'을 탄생시켰다. 이는 사실상 로마제국의 멸망 이후 존재하지 않았던 진정한 유럽 사회로 나아가는 진일보를 내디딘 것이다.

영국의 사학자 · 법학자인 제임스 브라이스 경James Bryce(1838 - 1922)은 이 샤를마뉴의 대관식을 만일 발생하지 않았다면 세계사가 달라졌을 만큼 중세에서 가장 중요한 사건으로 평가했다. 서구에서 로마제국의 재 성립이 그만큼 역사의 흐름에 지대한 영향을 끼쳤다는 의미다. 샤를마뉴의 대관식이 이처럼 중요한 이유는 샤를마뉴가 로마교회를 복원시켰다는 데 있다. 이후로 교회와 서방의 권력관계가 강화된 반면에, 동로마와 서로마제국 간의 관계는 악화되었다. 그러나 동 · 서로마의 분리는 새로운 유럽의 탄생을 가능케 했다고 본다. 내부적으로는 교황과 황제라는 두 개의 이원적 권력구조가 갈등을 일으키는 가운데 교황에게 판정승이 돌아가자 '십자군 원정'이라는 소란한 시대로 진입하게 된다. 유럽을 지배한 교황권의 전성 속에서 장원 제도, 농노제도, 교회 제도와 더불어, 이른바 기독교 신앙의 공동체로 집약되는 중세 유럽의 '봉건사회'가 성립된다.

역사가들은 주로 샤를마뉴의 대관식이 갖는 '상징주의'적인 성격을 논하는 편이지만, 교황 레오는 황제만이 해줄 수 있는 강력한 군사적 보호가 절실하게 필요했다. 샤를도 역시 제국 내의 다양한 게르만 부족들을 통일시키고, 자신의 권위와 위상을 세우며 로마제국의 법과 인프라를 복원시키는 데 교회의 도움이 반드시 필요했다. 즉 대관식을 통해 양측은 각자가 원하는 대로 '무력'과 '권위'를 얻은 셈이다. 자, 대관식이 거행되기 전에 발생한 교황 습격사건으로 돌아가 보자.

799년 교황의 정적들이 로마시의 거리에서 말을 타고 가던 교황을 난데없이 습격하는 사건이 발생했다. 그는 바닥에 사정없이 내동댕이쳐졌는데, 무장 폭도들이 일제히 달려들어 그의 혀와 눈을 뽑으려고 시도했다. 그는 하마터면 실명할 뻔했고 그 자리에 쓰러져 의식을 잃었는데 다행히 왕의 순찰사인 2명의 미시 도미니치missi dominici에 의해 가까스로 구조되었다. 당시 스포레토Spoleto공이 교황에게 은신처를 제공했고, 나중에 교황은 샤를의 야영지가 있는 파더보른Paderborn(독일 도시)으로 피신했다. 거기서 교황은 샤를로부터 최고의 예우와 영접을 받았고 이 두 사람의 역사적 만남은 〈샤를마뉴와 교황 레오〉라는 중세 서사시의 중요한 모티브가 되었다.

샤를은 폭도들을 체포했으나 그들은 오히려 교황이 간통죄에다 위증죄를 범했다면서 교황을 고발했다. 샤를은 아무런 결정도 내리지 않은 채 교황을 로마까지 호위해 주었다. 800년 11월 그는 로마에 가서 12월 1일 양측 대표단이 참석한 가운데 심의회를 친히 주재했다. 교황은 자신에게 씌어 진 죄목들에 대하여 무오(無誤)함을 선서했고, 결국 그의 적들은 추방되었다. 교황 레오 3세는 원래 평민 출신이었다. 그의 교황선출은 795년에 이루어졌는데, 바로 그날은 그의 전임자인 교황 하드리아누스 1세(?-795)의 시신이 매장된 날이었다. 그는 교황으로 선출되자마자, 오직 귀족 출신만이 교황이 되어야 한다고 주장하는 강경한 반대파의 조소와 반대에 부딪히게 되었다. 그래서 막다른 궁지에 몰린 레오가 교황으로서 첫 번째 개시했던 행동은 샤를에게 베드로 성당의 열쇠와 로마시의 기장(旗章)을 보낸 것이었다. 샤를은 이에 대한 답례로 축하 서신과 함께 아시아계 아바르 족들로부터 포획한 많은 보물을 교황에게 보냈다. 이러한 뜻밖의 부의 횡재 덕분에 교황은 교회와 자선기관의 자비로운 기증자가 될 수 있었다. 당시 샤를이 보냈던 서신의 내용은 지극히 공손하고 애정이 넘쳐흘렀으며, 정신과 세속적인 힘의 '제휴' 내지는 '협업'의 개념을 내포하고 있었다고 한다. 샤를이 이처럼 교회수호의 의지를 적극적으로 표명하게 된 계기는 이미 랑고바르드의 왕 데시데리우스 Desiderius를 물리쳐달라는 전임 교황 하드리아누스 1세의 요청을 수락했기 때문이었다.

대관식의 배후 동기는 두 당사자의 입장에 따라 달라진다. 교황 레오 3세에게 대관식은 자신을 위기에서 구출해 준 프랑크 왕에게 보답할 수 있는 절호의 기회였다. 또한 동로마 제국의 첫 번째 여제인 이레네Empress Irene(797-802)의 즉위는 사실상 의미가 없었다. 교황은 그녀의 치세를 거부했고, 프랑크인들도 게르만족의 전통인 살리카 법에 따라서 여제인 이레네를 인정하지 않았으니 양측이 보기에 로마 제위는 공석이나 다를 바가 없었다.[7] 교황의 입장에서 볼 때 샤를마뉴의 황제 직은 동로마로부터 자신의 약화된 교황권을 지킬 수 있는 유일한 방법이었다. 한편 샤를마뉴의 입장에서 본다면 대관식은 그가 이미 쟁취한 권력의 '신성화'인 동시에 권력과 명성 면에서 동로마 황제와 대등해질 수 있는 좋은 기회이기도 했다. 그는 대관식을 통해 황제가 되려는 개인적인 야심을 충족시키는 동시에, 가장 불요불굴의

---

[7] 이레네 여제는 샤를마뉴와 자신의 혼인을 주선했다는 말이 있으나 이러한 계획은 그녀의 총신 중 하나인 아에티오스Aetios에 의해 좌절되고 말았다. 그러나 이 혼담 일화는 동로마 제국의 귀족이자 기독교 연대기 작가인 성 테오파네스 고해자Theophanes the Confessor(758/760-817/818)만이 언급했을 따름이다. 802년에 귀족들이 모의해서 그녀를 폐위시키고 재무대신 니케포루스Nikephoros를 옹립했다. 이레네는 레스보스 섬으로 유배되었고 거기서 털실 잣는 일로 생계를 유지하도록 강요당하다가 그 이듬해 사망했다고 전해진다.

적인 색슨족을 자신의 제국에 용이하게 흡수시킬 수가 있었다. 804년에 드디어 색슨 왕국도 굴복시킴으로써 샤를마뉴는 유럽 영토 거의 전부를 차지하는 거대한 프랑크 왕국을 이루었다. 만일 그가 신성로마제국의 황제가 되지 않았다면 아마도 중세의 역사는 매우 달라졌을 것이다. 그런데도 그가 대관식을 원치 않았다는 주장에 대해서는 후일 많은 논쟁이 있었다. 그의 전기 작가인 프랑크 역사가 아인하르트Einhard(775-840)는 교황 레오가 전적으로 대관식을 주도했으며 샤를마뉴는 이를 원치 않았노라고 기술했다. 정말 샤를마뉴는 눈곱만큼도 원치 않았던 것일까? 아인하르트는 샤를마뉴의 전기를 기술하면서 다른 로마 작가들, 특히 《황제열전De vita Caesarum》으로 유명한 수에토니우스를 모델로 삼았다. 아인하르트는 샤를마뉴를 로마 황제로서 위대한 덕목과 자질을 구비한 인물로 기술하고 싶어 했다. 그런데 제공된 권력을 매우 쿨하게 거절할 줄 아는 것이 고대 황제의 미덕 중 하나였다. 즉 권력을 사양하는 겸손한 자가 그 권력을 취할 정당한 자격이 있다는 것이다. 우리는 이처럼 사료가 말해주는 것과 말해주지 않은 것을 항상 유념해서 해독(解讀)할 필요가 있다.

역사와 문화의 아이콘으로서 샤를마뉴 대제는 '프랑스와 독일 왕정의 시조'이며, 더 나아가 '유럽의 아버지'라는 위대한 별명을 지니고 있다. 물론 살아생전에 그는 프랑크인이었겠지만 그의 사후에 그의 정체성은 그 자신을 압도적으로 능가하고 있다. 독일이나 프랑스에서는 저마다 카알 또는 샤를마뉴가 자기들의 시조라고 주장하는데, 프랑스의 경우는 프랑크족을 의미하는 'Franc'과 프랑스인을 의미하는 'Français'가 어원적으로 유사하다는 점에 착안해서 동일한 혈통과 연속성을 주장하고 있다. 그러나 우리가 알고 있는 '민족국가'라는 개념은 샤를마뉴 시대에는 사실상 존재하지 않았고, 그의 치세는 프랑스나 독일이란 나라가 생기기 훨씬 이전의 일이었다. 그는 현재 독일의 아헨에서 태어났으며 게르만 방언을 사용했고, 프랑크족은 근대 프랑스 영토를 침입했던 게르만족의 일파였다. 그래서 어찌 보면 샤를마뉴 대제의 프랑스적 정체성은 독일사의 하층 구조의 기반 위에 세워진 일종의 누각처럼 보이기도 한다. 독일인들이 그를 위대한 '카알 대제'라고 부르며 독일의 정통성을 주장하는 근거는 독일인들이 나름 상당한 애착을 갖고 있는 '신성로마제국'이란 역사적 유산에 있다.

이 신성로마제국은 962년 오토 1세(912-973)가 황제로 대관하고 '샤를마뉴의 후계자'를 자처하면서 서유럽 제위(帝位)가 부활했고, 이후 8세기 동안이나 제국이 지속되었다. 그런데 일부 역사학자들은 샤를마뉴 대관식을 신성로마제국의 기원이라고 여긴 반면에, 또 다른 학자들은 오토 1세의 대관이 그 시작이라고 보았다. 어쨌든 샤를마뉴의 제국은 영토적인 유사성이나 군사적 힘, 행정개혁 등에 비추어볼 때 신성로마제국의 선구라고 할 수 있다. 그런데 공교롭게도 이 신성로마제국은 1806년 프랑스인들의 황제인 나폴레옹 보나파르트Napoléon Bonaparte(1769-1821)가 '라인동맹Confédération du Rhin'을[8] 결성함과 동시에 신성로마황제 프란츠 2세가 무력한 제국의 해체를 선언하면서 완전히 멸망했다. 결국 이 유명무실한 제국의 몰락은 과연 프랑스와 독일의 정체성이 과거와 현재에 무엇이었는지를 보여줌과 동시에, 양 국민에게는 상대방의 정체성이 라인 강 건너에 자리하고 있는 '타자'의 개념에 입각해있다는 사실을 잘 일깨워 준 셈이다.

⚜

신성로마제국은 신성하지도 않고, 로마도 아니며, 제국도 아니다.

- 프랑스 철학자 볼테르Voltaire(1694-1778)

8　라인 동맹은 프랑스의 속국으로 프로이센(독일) 및 러시아와 프랑스 사이의 '완충지대' 역할을 수행할 목적으로 1806년 나폴레옹이 독일의 중소영방 국가들을 부추겨서 결성한 동맹체제다. 나폴레옹의 꼭두각시였으며, 1815년 빈 회의 체결 이후 해체되었다.

베르당 조약
(843년 8월 11일)

그때 세계는 –
828 장보고, 청해진 설치
829 잉글랜드 왕국 성립
875 당, 황소의 난

843년에 베르당Verdun 조약은 서(西)프란키아West Francia(843-877)라는 왕국을 탄생시켰는데 그것이 근대 프랑스의 선구라고 할 수 있다. 이 조약이 중요한 이유는 첫째, 카롤링거 왕조를 해체시키고 둘째는 프랑스와 독일이 각기 다른 인종, 문화, 정치의 독립체로 분리되는 계기를 제공했기 때문이다. 샤를마뉴 대제의 유산은 그 손자들에 의해 분리되고 말았는데, 그 최초의 분리가 행해진 것이 이 베르당 조약이 체결되었을 때다. 840년 샤를마뉴의 아들 경건왕 루이Louis le Pieux(778-840)가 사망하자, 그의 세 아들들 간에 치열한 상속 전쟁이 벌어졌다. 장남인 로테르 1세Lothaire I(795-855)가 형제들 간의 균등상속을 무시한 채 대부분의 영토를 독차지하려고 하자 대머리왕 샤를(823-877)과 독일왕 루이Louis II le Germanique(806-876)(또는 루트비히 2세)가 서로 손을 잡고 배다른 맏형 로테르를 맹공격했다. 841년 퐁트네Fontenay에서 골육 간의 전쟁이 벌어졌는데, 무려 4만 명의 전사자가 나왔을 정도로 피비린내 나는 세기의 전쟁이었다. 842년 스트라스부르에서 샤를과 루이는 그들의 군대 앞에서 각기 로마어와 게르만어로 "서로 연합해서 로테르를 끝까지 물리치겠노라!"라고 굳은 맹세를 했다. 이에 놀란 로테르는 황급히 평화

베르당 조약(843)

를 요청했고, 형제간의 골육상쟁은 일단 이 베르당 조약으로 마무리되었다. 대머리왕 샤를은 서프랑크 왕국을, 삼남인 독일왕 루이는 동 프랑크 왕국을 차지했으며, 로테르는 제국의 궁정이 있는 아헨과 교황청이 있는 로마 롬바르디아 평야와 네덜란드, 알자스 · 로렌 지역, 부르고뉴를 포함하는 중심부를 차지하는 동시에 신성로마제국의 타이틀까지 보유하게 되었다. 하지만 카롤링거 왕가의 후예들은 그 뒤로도 계속 영토 쟁탈전을 벌여 870년에는 동 프랑크의 루이와 서 프랑크의 샤를이 '메르센 조약Traité de Meerssen'을 맺고 로테르의 왕국에서 로트링겐 일대를 탈취했다. 이때의 동 프랑크, 서 프랑크, 로테르의 왕국은 지금의 독일, 프랑스, 이탈리아의 판도와 비슷하다. 이때에는 황제의 호칭을 동 프랑크에서 소유하고 있었으나 황제의 관을 로마 교황에게서 받는 원칙만은 지켜지고 있었다.

베르당 조약은 장자상속제보다는 '분할상속'을 원칙으로 했던 프랑크족의 오랜 관행을 따른 것이고, 메르센 조약은 로테르의 영토를 더욱 쪼개어 대

대머리왕 샤를의 초상화. 독일 프랑크푸르트에 서 태어나서 54세를 일기로 프랑스의 아브리외 Avrieux에서 사망했다.

머리왕 샤를, 독일왕 루이와 그의 아들인 루이 2세에게 각각 나누어주었다. 이 메르센 조약으로 인해 그렇게 힘겹게 얻은 샤를마뉴의 대제국은 해체되었다. 이 기간 중에 노르만인, 마자르인, 사라센인 등이 침입해서 프랑크 왕국의 혼란을 더욱 가중시켰다. 특히 서 프랑크 왕국은 사나운 바이킹 족의 침입에 시달렸는데, 대머리왕 샤를의 사후에 그의 왕국은 말더듬이 왕 루이 2세Louis II le Bègue(846-877/879)에게 계승되었다.

참고로, 샤를의 별명이 '대머리'인데, 그는 원래 대머리가 아니라 머리숱이 엄청 많았다고 한다. 처음에 '왕국'이 없다는 것이 그만 '머리'로 와전되어 엉뚱하게도 대머리란 별명을 얻게 되었다는 것이다. 이 대머리왕 샤를은 조부인 샤를마뉴대제의 유업을 계승하여 많은 법령집을 남겼는데, 이는 서프랑크 왕국의 정치 · 사회 발전에 중요한 역할을 했다. 847년에 그는 '메르센 법령Capitulaire de Meerssen'을 공표했는데, 이것이 바로 프랑스 봉건 제도féodalité의 서곡을 알리는 중대한 사건이었다. 샤를은 왕국의 모든 자유민들을 소집해서 그들로 하여금 왕이든지 아니면 다른 제후든지 그들의 영주를 자발적으로 선택하도록 했다. 그리고 그는 죽기 전에 '퀴에르지 법령Capitulaire de Quierzy'을 공표해서, 그때까지 세습이 아니었던 영주 직을 세습화시켜 봉건 제도의 법적인 토대를 마련했다. 그래서 이 대머리왕 샤를을 프랑스 왕가의 시조로 보는 프랑스 학자들도 적지 않다.

카페왕조의 성립
(987년 5월 21일)

그때 세계는 –
936 고려의 후삼국 통일
960 송 건국
962 오토 1세 신성로마제국 황제 대관
962 아프가니스탄, 가즈니 왕조 성립

프랑스 카페왕조(987-1328)는 중세 봉건시대에 초기 왕권을 구축·신장시킴으로써 프랑스 민족국가의 기틀을 마련했다. 여기서 프랑스의 봉건 제도라 함은 중세 초기(5-12세기)에 서유럽의 사회·경제·정치적 조건들을 총칭하는 일종의 '역사적 구성물'이다. 이 봉건 제도라는 용어가 17세기 초인 후세에 발명되었기 때문이다. 프랑스에서 봉건 제도가 노르만에 의해 처음 시행된 것은 그들이 프랑스에 최초로 정착했던 900년 정도로 보고 있다. 중세의 봉건 제도는 영주와 농노로 이루어진 장원(莊園)을 기초 단위로 하여, 각 장원의 통치자인 영주(기사)는 쌍무적 계약관계를 통해 상위 영주(대영주)의 가신(家臣)이 되고 대영주 또한 더 상위 영주로 이어져 궁극적으로 국왕(또는 황제)과 쌍무적 계약관계를 맺어 계층적 가신 관계가 형성된 체제다. 이 봉건 제도는 매우 단순하고 초보적이지만 국왕이 모든 땅을 차지했던 시대에는 매우 효율적인 제도였다. 대략 4분지 1정도는 국왕이 직접 보유하고, 일부는 교회에 기증하며, 나머지는 엄격한 통제 하에 영주나 기사에게 토지를 임대하는 형식이다. 다음 도표는 어떻게 이 봉건 제도가 중세에 작동했는지를 잘 보여준다.

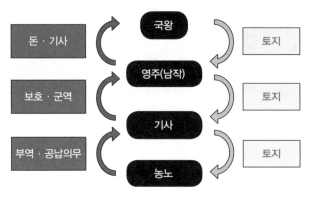

국왕→영주(남작)→기사→농노들

　이른바 카페왕조의 창시자인 위그 카페Hugues Capet(939-996)는 프랑크 공작이며 파리 백(伯)인 위그Hugues le Grand와 독일 황제 오토 1세의 누이 사이에서 차남으로 태어났다. 961년 그는 프랑크 공작이 되어 이 지역의 너른 봉토를 차지하는 동시에 네우스트리아Neustria의[9] 귀족들에게도 강력한 행정권을 행사했다. 970년에 그는 푸아투와 아키텐 공인 윌리엄 4세의 누이인 아델라이드와의 혼인을 통해 자기세력을 더욱 확장시킬 수가 있었다. 그의 권력은 이제 허울뿐인 카롤링거 왕조 출신의 서프랑크 국왕인 로테르Lothair(941-986)를 능가하게 되었다. 985년 5월, 미래의 교황인 실베스테르 2세Silvester II(946-1003)는 벌써부터 위그 카페를 가리켜, 실질적인 ‘국왕’이라고 불렀다. 이처럼 유력한 카페가문과 허약해진 카롤링거 왕조 사이에서 왕위쟁탈전이 벌어지는 가운데 로테르가 사망했고 그의 아들 루이 5세가 즉위했지만 그도 역시 일 년 만에 후사도 없이 죽어버렸다. 987년 5월 21일 위그 카페가 만장일치로 국왕에 선출되어 드디어 카페왕조의 서막이 올랐다. 그의 권력은 파리, 오를레앙, 샤르트르, 투렌, 앙주 지역의 봉토와 도시들로 크게 확장되었으나 그의 권위에 호시탐탐 도전할 수 있는 강력한 봉신(封臣)들이[10] 대부분 프랑스의 나머지 지역을 차지했다. 사실상 그의 세력은 파리를

9　6세기의 프랑크 왕국의 서부 지방으로 대략 지금의 프랑스 북부·서북부에 해당한다.
10　봉건 군주에게서 영지를 받은 제후들을 가리킨다.

위그 카페의 선출(987년 5월 21일)

중심으로 우리나라의 경기도에 해당하는 '일 드 프랑스Ile-de-France'지역에 한 정되었고, 프랑스는 13세기까지도 봉신들의 난립 상태에 빠졌다. 원래 그의 '카페Capet'라는 성(姓)의 기원은 그의 행정관할 지역의 수도원에 보관된 성인 마르탱Saint Martin의 제의(祭衣) '샤프chape'에 유래했다고 전해진다. 그의 대관 이후 루이 5세의 삼촌인 로렌 공 샤를(953-993)이 왕권을 주장하는 일이 발생 했다. 비록 불발이 되기는 했지만 그의 권력은 이처럼 그와 경쟁관계에 있는 세속 영주나 성직자들로부터 끊임없이 도전을 받았다. 당시에 군주란 것은 사실상 봉건영주들을 대표하는 일종의 선거후에 지나지 않았기 때문이다, 이때의 서 프랑크 측의 국경은 베르당 조약 때의 그것과 비슷했다.

로베르 2세의 파문

이 카페왕조에는 세 개의 유력한 가문이 있었다. 카페Capet, 발루아Valois, 부르봉Bourbon가문이며, 발루아 가문은 다시 오를레앙Orléans과 앙굴렘

장–폴 로랑스Jean-Paul Laurens(1838–1921)의 〈경건왕 루이의 파문L'excommunication de Robert le Pieux〉(1875)

Angoulême 가문으로 나누어진다. 위그 카페는 자신의 새 왕조를 더욱 공고하게 하려고 차남인 로베르 2세Robert II(972-1031)를 대관시켜 공동으로 통치했다. 이 로베르 2세에게는 항상 '경건왕 루이'라는 별명이 따라다녔는데, 그 이유는 그가 독실한 가톨릭교도였기 때문이다. 그는 하루도 거르지 않고 매일 아침·저녁으로 경건한 미사를 올림으로써 자신의 궁정을 '종교적 은신처'로 만들었다. 그가 경건왕이란 별칭을 얻게 된 것은 이교도를 무자비하게 탄압했던 그의 '불관용' 때문이기도 했다. 그는 유태인들에게 개종을 강요하고, 그리스도의 무덤 내지 부활 장소라고 알려진 예루살렘의 '성묘교회'를 파괴하는 음모를 획책했다는 이유로 오를레앙의 유태인들에 대한 폭동을 사주하기도 했다. 또 과거에 이교도들을 화형에 처했던 로마제정의 잔인한 관습을 다시 복원시켰다. 위의 그림은 공화주의의 가치를 열렬히 찬양했던 반교권주의 화가 장–폴 로랑스Jean-Paul Laurens(1838-1921)의 〈경건왕 루이의 파문〉이란 작품이다. 화가 로랑스는 중세의 불확실한 일화를 주제로 선정해서 모든 형태의 '종교적 비타협'을 시각적으로 고발했다. 988년에 젊은 로베르는 부친의 강요로 35세의 미망인이었던 이탈리아 왕녀 출신의 로잘라Rozala와 혼인을 했으나 결혼생활 3~4년 만에 이혼을 선언했다. 이혼당한 로잘라는 자신의 플랑드르 영지로 돌아갔지만 로베르는 로잘라의 지참금인 영국

해협의 전략적 요충지인 몽트레이Montreuil항을 반환하지 않은 채 계속 자신이 관리했다. 프랑스 역사가들은 이 시기를 기점으로 해서 로베르가 아버지에게 대항했던 것으로 보고 있다. 혈기왕성한 그는 단독 통치를 원했던 것이다. 게다가 연상의 미망인 로잘라와의 사이에서는 상속자가 태어나지 못했기 때문에 연로한 위그 카페와 국왕의 자문관들은 로베르의 이혼을 반대할 명분이 없었다. 996년에 로베르는 사촌인 부르고뉴의 왕녀이자 블루아 백작 오도 1세의 미망인인 베르트 드 부르고뉴BertheBerthe de Bourgogne와 결혼했으나, 소위 '근친상간'이란 이유로 교황 그레고리오 5세에 의해 일시적으로 파문당했다. 결국 교황 실베스테르 2세와 교섭한 끝에 혼인 무효가 선언되었다. 화가 로랑스는 대각선의 구도와 놀란 국왕의 손에서 바닥으로 떨어진 왕홀과 가는 초 같은 상징물들을 통해서 침묵과 공허 속에 내려진 파문의 극적인 순간을 더욱 극대화하고 있다.

다시 카페왕조의 시조인 위그 카페로 돌아가 보자. 996년 10월에 그는 투르 근처의 전장에서 사망했다. 아마도 그는 자기 후손들과 비교해 볼 때 그리 대단치 않은 인물이었을지도 모른다. 그러나 그는 중세의 무훈시에서 '프랑스 왕가의 상징'으로 오래 기억되고 있다. 그가 세운 카페왕조는 1328년까지 프랑스를 통치했는데, 12세기 말까지도 카페왕조의 권위는 매우 분권화되어있었다. 그러한 주된 원인은 1066년 영국 정복 이후, 영국 국왕으로 통치했던 소위 노르만 공(公)들 때문이었다. 그들은 프랑스의 노르망디, 앙주, 아키텐 지역을 장악하고 있었다. 아라곤의 연합왕국들도 주기적으로 프랑스 남부지역을 침공했다. 카페왕조에서 위대한 국왕으로 칭송받는 필리프 오귀스트 국왕Philippe II Auguste(1165-1223)이 1204년에 영국의 존 실지왕John the Lackland of England(1199-1216)에게서 노르망디 지역을 회복했을 뿐 아니라 알비 십자군 전쟁(1209-1229) 당시 랑그독 지방의 영토의 상당 부분을 프랑스에 병합시켰고 아라곤의 피터 2세Peter II of Aragon(1178-1213)를 패배시켰다. 루이 8세Louis VIII(1187-1226), 루이 9세Louis IX(1214-1270), 필리프 3세Philippe III(1245-1285), 또 필리프 4세Philippe IV(1268-1314)와 같은 그의 후손들은 필리프 오귀스트와 똑같이 국력의 팽창과 왕권 강화 정책을 추진했다. 마지막으로 필리프 4세의 아들들은 모두 후사를 남기지 않고 사망했기 때문에 카페왕조는 역사적으로 막을 내리고 발루아 왕조에게 그 바통을 넘겨주게 된다. 아울러 카페왕조의 마지막 직계 자손인 샤를 4세Charles IV(1294-1328)의 죽음은 영국과 프랑스 간의 기나긴 백년전쟁(1337-1453)의 단초를 제공했다.[11]

✤

청춘의 꽃 19세의 나이에 접어든 로베르 국왕, 나이가 너무 많다는 이유로 첫 번째 아내 로잘라와 일방적으로 이혼했다.

- 랭스의 수도승 리셰르 드 랭스Richer de Reims의 《역사》중에서(996-998)

---

11 프랑스 왕위 계승권 다툼은 샤를 4세(재위 1322~1328)가 직계 없이 6년 만에 사망하면서 시작된다. 샤를 4세의 뒤를 이을 후보로 그 여동생의 아들이자 영국왕인 에드워드 3세가 있었고 사촌인 발루아 백작 필리프가 있었다. 에드워드 3세는 영국왕이란 것도 있고 기존 살리카법에서 여성이 포함된 가계로의 상속을 부정하던 것도 있고 해서 결국 필리프가 필리프 6세로 즉위해서 발루아 왕조의 시대를 열었다.

알비 십자군 전쟁
(1209-1229)

그때 세계는 -
1206 델리 술탄 왕조 성립
1206 칭기즈칸 몽고 통일
1215 영국 대헌장(마그나 카르타) 제정
1231 몽골의 1차 침입
1234 금 멸망

옆의 그림은 19세기 자유주의 사상가이자 프랑스 7월 왕정의 정치가로 알려진 프랑수아 기조François Guizot(1787-1874)의 《프랑스사》(1883)에 나오는 삽화로, 1209년부터 알비 십자군을 이끌었던 무적의 용장 시몽 드 몽포르Simon de Monfort(1175-1218)의 극적인 죽음을 묘사하고 있다. 1213년 툴루즈의 남쪽 교외에 있는 뮈레Muret에서 시몽 드 몽포르는 스페인의 아라곤 왕Peter II the Catholic(1178-1213)과 그의 처남인 툴루즈의 백작 레이몽 6세Raymond VI de Toulouse(1156-1222)의 연합군을 패주시켰다. 수적으로 우세한 전투였음에도 불구하고 아라곤 왕은 패전하여 그만 목숨까지 잃었다. 1215년에 툴루즈는 이처럼 함락되었으나 툴루즈의 백작들이 다시 봉기하여 그들의 수도

시몽 드 몽포르의 최후(1218년 6월 25일)

를 탈환했다. 1218년에 십자군이 다시 툴루즈를 두 번째 공격했을 때, 시몽드 몽포르는 날아오는 커다란 돌맹이에 맞아 눈과 뇌장, 이, 이마, 턱 등이 산산이 부서지고 피와 더러움으로 얼룩진 채 땅에 떨어져 그 자리에서 즉사했다.

현재 타른Tarn 주(州)의 주도(州都)인 알비Albi는 툴루즈나 몽토방과 더불어, 남부 프랑스 랑그독Languedoc 지방의 주요 도시 중 하나이다. 오늘날 알비의 주민들을 '알비주아Albigeois'이라고 칭하는데, 원래 이 명칭은 중세의 이단인 '카타리파' 신도들을 지칭했던 용어였다. 그 당시 로마 가톨릭교회는 고대 로마 시대의 벽돌로 차곡차곡 쌓아올려진 유서 깊은 고도(古都) 알비를 랑그독 지방에 창궐했던 '이단의 본산지'로 파악했던 것 같다. 중세 천년에는 이처럼 많은 이단 종파들이 득세했는데, 특히 11-13세기에 극성을 부렸다. 우리가 교과서를 통해 알고 있는 대외적인 십자군 운동의 주요 공격 목표가 주로 이교도(이슬람)였다면, 대내적인 '제2의 십자군' 운동, 즉 대규모의 이단색출 작전에서는 그 공격 상대가 첫째로 '유태인'이었고, 둘째로는 로마 가톨릭교회의 정통교의를 부정하는 그리스도 신자들이었다. 십자군 시대에 그 절정에 달했던 로마 교황권에 도전했던 이단 종파는 크게 두 가지로 얘기된다. 하나는 '리옹의 빈자들'이란 별칭이 붙은 발도파, 즉 12세기 피에르 발도Pierre Valdo(1140-1217)가 창시한 엄격한 성서 중심의 기독교 분파이다. 또 다른 하나는 12-13세기에 일어난 카타리파(청순파)이다.

그렇다면 이 알비 십자군 원정을 불러일으킨 이단 카타리 종파와 그 원리는 무엇인가? 그것은 라틴어와 오크어langue d'oc로[12] 표기된 전례문과 가톨릭 신학자들의 논쟁 보고서나 종교 심문 기록 등을 통해 알려져 있다. 카타리파는 원시 기독교에서 유래했으며, 그노시스파나 마니교(보고밀파)의 영향을 받았다. 카타리파는 스스로 '좋은 기독교인'이라고 칭했고, 이를 믿는 평신도들은 '좋은 남성들' '좋은 여성들' 또는 '신의 친구들'이라고 불리었다. 카타리파는 초기 교회로 돌아갈 것을 주장한 신교도들과 마찬가지로 초기 기독

---

12 오크어는 프랑스의 루아르강 남부에서 사용되었던 방언이다.

교인들의 '순수' 내지 '청순'으로 돌아가기를 원했다. 교회의 무질서는 정신적 분열을 야기했으므로, 이 새로운 종교는 로마교황청에 대항하여 반(反)성직자적 복음주의를 내세웠다. 예수는 가난한 자와 힘없는 자들을 위해 온 것이다. 그러니 지나치게 많

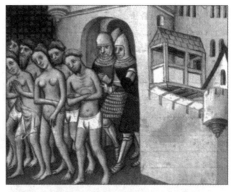

1209년 카르카손 시(市)에서 쫓겨나는 카타리파 교도들

은 부를 축재한 교회는 진정한 예수의 교회일 수가 없다. 이 카타리파는 로마 가톨릭교회에게 심각한 도전이 아닐 수 없었다. 우리가 비록 통계수치를 정확하게 알 수는 없지만, 랑그독인의 35-40%가 이단에 가담한 것을 보면 그 당시 새로운 종교에 대한 열정은 대단한 것이었다. 1147년 성 베르나르St. Bernard de Clairvaux(1090-1153)가 남프랑스에 도착했을 때 가톨릭교회들은 거의 버려진 상태였고 도시의 명사들은 대부분 이단을 신봉하고 있었다. 이 카타리파는 육식을 금지하고 장기간 단식하고, 결혼을 기피하고 자살을 찬양하는 등 다른 이단에서 볼 수 없는 과격한 경향을 지니고 있었는데 무슨 이유에서인지 이 운동에는 시민뿐만 아니라 봉건귀족까지 가담해있었다. 어떤 역사가는 툴루즈 주민의 70%가 이단이었다고 추정한다. 이 카타리파의 열기는 비단 랑그독 지방뿐 아니라 전 유럽에 널리 퍼졌다.

교황 이노센트 3세Innocent III(1161-1216)는 시토회 소속인 교황의 특사 피에르 드 카스텔노Pierre de Castelnau가 카타리파에 의해 암살을 당하자 이를 핑계로 랑그독의 전체 주민들과 알비 자작을 포함한 통치자들에 대항해서 전쟁을 선포했고, 그러한 까닭에서 이 전쟁은 '알비 십자군 전쟁'이란 정식 명칭을 얻게 되었다. 20년 동안이나 지속되었던 이 종교전쟁은 전투 참가자들의 잔인성과 극도의 만행으로 후세에 잘 알려져 있다. 그런데 이러한 이단 운동이 하필이면 왜 교황권의 극성기에 창궐하였을까? 그것은 첫째 교황권에 대한 강력한 도전장이었다. 어떤 권력도 그 극성기에는 자체의 모순과 결

프랑스 화가 장 폴 로랑Jean-Paul Laurens(1838-1921)의 〈교황과 심문관〉(1882)

함 때문에 반동을 초래하듯이 이 이단 운동도 실제는 교황권에 대한 반동이었다. 즉 카타리파도 발도파도 사도적 '청빈'을 이상으로 삼고 로마 가톨릭에서 존중하는 전승(傳承) 대신에 '성서'를 신앙의 원천으로 하였으며 또 성서에 없는 지옥이나 연옥에 관한 것은 모조리 부정했다. 그들은 가톨릭적인 위계질서 없이 다만 '완성자'와 '평신도'로만 구분되어 있었다. 이러한 점에서 볼 때 그들의 이단 운동은 곧 가톨릭교회의 봉건영주식 지배, 전통주의, 권위주의를 정면에서 반대한 것이며 중세 말기의 새로운 이단으로 유명한 영국의 종교개혁가 존 위클리프John Wycliffe(1320-1384)나 체코의 신학자 얀 후스Jan Hus(1370-1415)의 교의를 생각하게 한다. 둘째는 도시의 발달과 영향력 때문이었다. 셋째는 과다한 종교적 열정을 원동력으로 꼽을 수가 있다. 당시 사회 환경을 보면 십자군 병사들이나 상인이니 하는 매개자 외에도 그 무렵 전통적인 교회의 손길이 뻗치지 못한 신생 도시들이 이 이단 전파에 큰 역할을 했다. 즉 도시의 밀집 생활은 대중적 의사전달이 용이하고 군중 심리를 조장하기 좋은 곳인데 도시의 이런 특성이 이단의 전파를 도와주었던 것이다. 더구나 그 시대에 십자군 운동에 의한 종교적 열정이 만연되어 있었음을 감안해 볼 때, 이 광신적인 종교 열정의 또 다른 배출구가 역설적으로 이단 운동의 형태로 나타났다고 볼 수 있다. 사실 이단 운동은 이미 십자군 시대 초기에 교회에서 행한 조직적 선동이 환기시킨 종교적 열정과 결코 무관하지 않다.

'피에 굶주린 호랑이'라는 불명예스러운 별명이 따라다녔던 도미니크 교단의 성직자 베르나르 기Bernard Gui(1261/1262-1331)의 《종교심문관의 교과서》는 과연 교황의 대리자들이 그 당시 이단 종파들을 어떻게 대했는지를 잘 보여준다. "이 마니교도(카타리 교도를 지칭)의 개종은 진지하고 거의 위장됨이 없다. 그들은 가톨릭으로 개종할 때 모든 진실을 털어놓으며 그들의 공범자를 고발한다. 그 점이 우리에게는 커다란 득이 되었다."

'제 눈에 안경'이란 말도 있듯이, 모든 진실은 보는 이의 눈(입장)에 달려있다. 그런데 모든 역사는 승자들의 역사이다. 왜냐하면 패자들의 기록은 인멸되어버리기 때문이다. 그러나 아무리 승리의 월계관을 쓴 자들이 역사를 기록한다고 해도 소위 '좋은 사람들'(카타리교를 믿는 열렬한 신자들)의 역사를 그들과 싸우고 그들을 송두리째 인멸시켜버린 사람들의 편파적인 기록을 통해 기술하는 데는 한계가 있다. 카타리파나 그 사상에 대하여 명백한 정의를 내리려면 무엇보다 그것을 우선적으로 역사나 정치적 상황 속에 놓고 분석할 필요가 있다. 몇몇 사가들은 이 카타리파가 15, 16세기에 로마 가톨릭교회에 대항했던 '신교의 전신'이라고 주장하기도 한다. 그러나 카타리파의 이단 운동이 내린 씨앗은 그보다 훨씬 극적인 영향을 초래했다. 그 결과 프랑스 남부에서 현란하게 꽃을 피웠던 '오크 문명'의 생활양식이 거의 완전히 소멸되었고, 또 프랑스 왕국은 그동안 독자적 세력을 구축하고 있던 남프랑스 지역을 비로소 자기 영역으로 통합시킬 수가 있었다.

이 알비 십자군 전쟁에 관해서는 당대에 두 가지 중요한 사료가 있는데, 그 견해가 완전히 극과 극이다. 첫 번째 사료는 프랑스 북부 출신으로 전쟁을 직접 목도했던 시토회 수사 피에르 데 보 드 세르네Pierre des Vaux de

Cernay(?-1218)가 저술한《알비의 역사Historia albigensis》인데, 알비 십자군 원정과 총사령관인 시몽 드 몽포르에 대하여 대단히 우호적이다. 두 번째 사료는 남부 프랑스의 무명작가들이 쓴《카타르 전쟁의 노래》라는 서사시인데 시몽 드 몽포르와 십자군에 대하여 매우 날선 비판을 가하고 있다. 알비 십자군의 총대장 몽포르란 인물은 어떤 인물인가? 그에 대해서는 위의 두 가지 사료에서도 알 수 있듯이 이중적 평가가 따른다. 전자에게 프랑스 국왕의 가신 몽포르는 '기독교의 옹호자'이며 '교회의 아들'인 반면에, 후자에게는 이단 대량학살의 '형리 집행인'인 동시에 랑그독 지방에서 행해진 잔인한 혈투의 주범으로 낙인이 찍히게 된다. 현대의 문화 사가들이 이 알비 십자군을 '오크 문명의 파괴자'로 보는 관점에 따라서 현재에는 그에 대한 부정적 평가가 지배적이다. 그러나 주군과 가신 간의 선서serment에 대한 존중과 기독교 신앙에 대한 변함없는 충성심이 지배적인 가치였던 그 당시 상황을 돌이켜보면, 당시 십자군 기사들에게 맡겨진 사명은 이러한 중세적 가치관의 실천이라고 볼 수 있다. 특히 전투가 막바지에 이르렀을 때 몽포르는 끊임없이 남프랑스의 영주들에게 배신을 당했다. 그가 도착했을 때는 복종하던 영주들이 그가 자리를 뜨면 즉시 반란을 일으켰던 것이다. 그는 이러한 반역행위에 대하여 철저히 보복 응징했다. 그 당시에는 폭력이 난무하던 시대였고, 소위 오늘날 우리가 일컫는 '인도주의적 가치'가 부재하던 시대였다. 민간인과 군인의 구별이 거의 없었던 만큼 전쟁에 패한 주민들은 모두 무차별 학살당하는 경우가 많았다. 더욱이 약탈은 승리한 군대의 '완벽한 권리'로 인정되었고, 용병들은 약탈을 통해 생계를 유지하던 판국에 대량살육을 저지하기는 매우 어려웠다. 그 당시 전군의 대표였던 교황의 특사 아르노-아모리Arnaud-Amaury(1160-1225)는 다음과 같이 유명한 말을 남겼다. "모두 다 죽여라. 신은 그의 백성을 알리라." 그에게 십자군의 결성 목표는 오로지 이단제거라는 한 가지 목표, 즉 체계적인 집단학살이었다. 십자군의 도덕적 권위의 상징이었던 교황의 특사 역시 이단들에게 용서와 자비를 베푸는 어떤 명령도 내리지 않았기 때문에, 몽포르가 이단의 옹호자였던 적들에게 잔인했던 것은 어찌 보면 당연한 일이었다. "나는 그들과 쉴 새 없이 싸우리라. 만일 전쟁의 불행이 이단들을 진실로 이끈다면, 우리는 그 어떤 전쟁이라도 불사해야 한다. 죄인들에게 어떤 자비도 베풀어선 안 된다. 내가 볼 때 카타리파는 사라센인보다도 더 흉악한 자들이다. 모두 박살 내야 한다." 이는 이단과 전쟁을 선포한 교황 이노센트 3세의 고상한(?) 언행인데, 4세기가 지난 1569년에 교황 비오 5세Pius V(1504-1572) 역시 카트린 드 메디치Catherine de Médicis(1519-1589)에게 똑같은 내용의 서신을 썼다. 즉 로마 가톨릭에 대항하는 위그노 교도(프랑스의 신교도)들을 하나도 남김없이 타도해야 한다는 것이었다.

시몽 드 몽포르가 이끄는 알비 십자군이 랑그독 지방을 마구 유린했던 당시로 되돌아가 보자. 몽포르의 사망 이후 십자군은 1224년에 툴루즈에서 퇴각했으나 이교도들에게 다시 반격을 가하기 위해 새로 즉위한 사자왕 루이 8세Louis VIII le Lion(1187-1226)가 직접 참전을 했다. 결국 1229년에 툴루즈 백작 레이몽 7세는 모Meaux에서 항복 조약에 드디어 서명했다(일명 파리조약). 1233년에 교황 그레고리오 9세Gregorio IX(1145-1241)는 이단을 완전히 몰아내기 위해, 도미니크 수사들을 교황 직속의 이단 심문관으로 임명했다. 비록 전쟁은 끝났지만 십자군의 목표였던 이단 근절에는 실패했기 때문이다. 무제한의 권력을 부여받은 이 심문관들은 이단색출을 위해 남부 프랑스 지역을 샅샅이 헤집고 다녔다. 그런데 1242년에 대심문관들이 몽세귀르Montségur에서 파견된 무장 기사단에 의해, 툴루즈와 카르카손의 중간지역인 아비뇨네Avignonet에서 피살되는 사건이 발생했다. 두 번째 반란이 남부 프랑스 지역 전체를 동요시켰다. 그리하여 이를 보복하기 위해 출동한 십자군이 추방당한 카타리 공동체의 근거지인 몽세귀르를 공격했다. 성은 드디어 9달 만에 함락되었다(1244). 3월 16일에 200명 이상의 카타리 교도들이 화형에 처해졌으며, 그 후 화형대는 카타리 순교자들의 상징이 되었다. 일명 '카타리 성'으로 알려진 케리비Quéribus성은 카타리파의 마지막 보루였는데 1255년에 함락되었다. 결국 루이 8세의 후계자인 성왕 루이 9세Louis IX(1214-1270)는 카타리파가 끝까지 저항했던 남프랑스의 고지대와 '명예와 지위를 박탈당한' 오크 영주들의 영지를 점령함으로써 이 지역의 패권을 장악할 수가 있었다. 1271년에 마지막 툴루즈 백작의 무남독녀이면서 프랑스 국왕과 형제 간인 알퐁스 드 푸아티에와 결혼한 잔느Jeanne de Toulouse(1220-1271)가 후계자 없이 사망하자, 툴루즈 백령은 프랑스 왕국에 정식으로 병합되었다.

그렇다면 알비 십자군의 원정의 정치적 목적은 무엇인가? 당시 로마교황청과 프랑스 국왕들에게 카타리파는 그들의 양대 권력을 침해하는 유해요소로 비쳤다. 필리프 2세(1165-1223), 즉 필리프 오귀스트 국왕Philippe II Auguste은 강력한 왕국을 건설하기 위해 봉건영주들의 세력을 약화시키고 성직자와 부르주아 같은 다른 계급들과 손을 잡았던 최초의 국왕이었다. 그는 남부 프랑스의 방만하고 불온한 정세와 결코 무관할 수가 없었다. 이 지역은 과거에 이단 아리우스파를 신봉했던 전통이 있었을 뿐 아니라 유럽의 같은 봉건체제하에서도 아직 '로마법'의 지배를 받고 있었다. 사실상 랑그독 지방의 통치자였던 툴루즈의 백작들은 그의 가신들이었는데 만일 이 불온한 오크의 영주들이 교회의 보호에서 해방된다면, 주군과 가신이 서로 성실하게 보호하고 봉사하기로 맹세한 '선서'에서도 해방되는 셈이었다. 한편 툴루즈 백작은 프랑스의 최대 경쟁상대인 영국왕의 가신이기도 했다. 툭하면 등을 돌려대고 반항하는 봉건영주들의 지방분권주의를 누르고, 아직은 좀 시기 상조일지 모르나 소위 '중앙집권'을 추구하던 프랑스 국왕들에게 이 시기의 자유분방한 오크의 지방 문화는 마치 눈엣가시 같은 존재였다. 그래서 이단을 타도하기 위한 북부 프랑스 기사들의 군사 원정은 종교전쟁인 동시에 프랑스판 '남북전쟁' 같은 것이어서, 이단이 아니었던 툴루즈 백작은 물론이고, 북프랑스 세력의 남하를 싫어했던 아라곤 왕도 카타리파에 가담해서 싸웠다. 오늘날 카타리(불어로 카타르) 지역은 관광명소가 되었으나, 이 카타리파는 사랑의 연가를 열정적으로 노래하는 음유시인 투르바두르troubadour를[13] 낳은 남프랑스 문화와 함께 소멸되었다. 필리프 2세의 뒤를 이어 프랑스 왕위에 오른 루이 8세는 비록 이 전쟁의 막판에 참가했다가 병들어 죽었으면서도 프랑스 국왕의 권한을 남프랑스까지 확장시키게 되었다. 그래서 평정된 랑그독 지역에서는 가령 종전의 로마법 대신에 북프랑스의 봉건 제도의 '장자상속법'

---

13 트루바두르는 11-12세기에 흥성한 남프랑스의 오크어 음유시인이다.

이 이식되기 시작했다. 민중문화사가 뮈샹블레R. Muchembled(1944-)에 의하면 신명 재판, 십자군, 이단 심문, 종교전쟁, 후일 절대왕정의 기초가 성립되는 시기를 전후로 더욱 기승을 부리게 될 '마녀사냥'도 역시 로마 가톨릭교회(종교권)와 절대왕정(세속권)이 서로 결탁 공모한 '민중문화'(마술 또는 이단문화)의 억압책이었다. 18세기 이래 계몽주의 철학자 볼테르Voltaire(1694-1778)가 가톨릭교회의 광신과 비(非)이성을 향해 외쳤던 종교적인 톨레랑스tolérance(관용)와 자유의 전통, 소외된 과거를 탐구하는 '역사인류학'이란 새로운 연구 방법론의 대두, 또한 20세기 말에 등장한 종교적 신비주의의 대중적 유행 덕분에 이 카타리파는 역시 이교라는 이유로 가톨릭으로부터 철저히 소외당했던 드루이드 종교와 더불어 매력적인 탐구영역으로 각광을 받고 있다. 물론 이러한 세기말적인 현상은 과거에 서구인의 정신을 지배하던 로마 가톨릭교회의 전면적인 몰락과 쇠퇴를 배경으로 하고 있다.

당신이 아무리 진실을 침묵시키고 지하에 매장시킨다 해도,
그것은 다시 자라날 것이다.

- 프랑스 소설가 에밀 졸라Emile Zola(1840-1902)

탕플기사단의 몰락:
자크 드 몰레의 화형식(1314년 3월 18일)

그때 세계는 -
1279 남송 멸망, 원의 중국 통일
1299 오스만튀르크 제국의 성립
1302 프랑스 삼부회 소집
1315 원, 과거제 실시
1376 최영, 왜구 토벌(홍산대첩)

1314년 3월 18일 파리의 시테 섬, 노트르담 대성당 앞의 광장에서 호기심 많은 군중들이 지켜보는 가운데, 탕플기사단Templiers(성전기사단)의 23번째 마지막 총장(總長) 자크 드 몰레Jacques de Molay(1243-1314)의 화형식이 거행되었다. 이제 일흔을 넘긴 몰레는 그 자신과 동료 간부 3명에게 불어닥친 이 엄청난 비극이 '음모의 산물'임을 알고 있었다. 당시 목격자들의 증언에 따르면, 서서히 산 채로 타들어가는 극심한 고통의 순간에도 그의 얼굴에는 전혀 두려움이 없었다. 또한 마지막 임종의 순간에 활활 타오르는 불길을 뚫고서 몰레의 그 유명한 '저주'의 목소리가 들렸다는 얘기가 전해진다. "신은 누가 잘못을 했고 무슨 죄를 지었는지 잘 알고 계신다. 그래서 우리를 부당하게 선고한 자들에게는 불행이 닥치리라. 신은 반드시 우리의 죽음을 복수해 줄 것이다. 우리에게 대항한 모든 자들은 우리로 인해 고통을 받으리라!"

마치 '신의 징벌'같은 그 저주의 탓인지 허수아비 교황 클레멘스 5세Pope Clement V(1264-1314)는 몰레가 처형된 지 불과 33일 만에 죽었다.[14] 이 탕플기사단 사건의 주범인 미남왕 필리프 4세Philippe IV(1268-1314)도 역시 7개월이 지난 후 사냥을 하다가 뇌졸중 발작을 일으켜 몇 주 만에 사망해버렸다. 이 모든 비극적인 죽음은 필리프 후계자들의 공통된 숙명이기도 했다. 필리프 4세의 아들들은 워낙 재위 기간이 짧은 데다 후사도 없이 사망했기 때문에, 마침내 300년 이상이나 존속되었던 카페왕조의 명맥은 끊어지게 되었다. 탕플 기사단에 대하여 비교적 우호적인 사가들은 이 자크 드 몰레의 죽음을 서유럽의 문명화 기운의 소진(消盡)으로 보기도 한다. 어쨌든 이 탕플기사단의 몰락 이후 프랑스는 영국과의 백년전쟁이라는 커다란 국가적 재앙

탕플기사단의 총장 자크 드 몰레Jacques de Molay(1243-1314)의 화형식

의 소용돌이 속으로 서서히 진입하게 된다.

문제의 탕플기사단은 기독교 역사상 가장 논란의 대상이 되었던 기사단이었다. 이 기사단의 기원은 정확하지 않지만, 1118년 샹파뉴 출신의 기사 위그 드 팽Hugues de Payens(1070-1136)이 예루살렘 성지를 수호하고 그곳을 방문하는 순례자들을 사라센인의 공격으로부터 보호하기 위해 설립한 것으로 알려져 있다. 이 기사단의 원래 명칭은 '솔로몬 성전과 그리스도의 가난한 기사들Pauvres Chevaliers du Chist et du Temple de Salomon'이었고, 바로 이 솔로몬 성전에서 탕플(성전) 기사단이란 명칭이 유래했다. 이 탕플 기사단은 종교적인 군사조직이었고, 기사단원들은 성직자와 군인의 완전한 결합체였다. 즉, 그

---

14 교황 클레멘스 5세는 1314년 4월 20일에 사망했다. 사인은 장암으로 알려져 있는데, 그의 주치의들은 환자의 고통을 경감시키려고 잘게 부순 에메랄드 조각을 먹였다고 한다. 그가 사망한 후 갑자기 한밤중에 천둥과 번개가 몰아치는 통에 화재가 발생했다고도 하고, 장례식장에 세워둔 촛대가 쓰러지는 바람에 그의 시신의 장딴지를 태웠다는 설도 있다. 고인의 유언에 따라서 교황의 시신은 고향 근처에 있는 교회에 안장되었다.

리스도를 위해 싸우는 성(聖) 전사인 탕플 기사단은 세속 생활의 온갖 유혹을 물리친 채 오로지 봉사 생활에만 전념했으며, 후세에 남긴 최대 유산도 봉사 생활이었다. '새로운 기사단의 찬미'라는 유명한 서신(1130)에서 시토회의 창립자인 성 베르나르St Bernard de Clairvaux(1090-1153)는 "이제껏 속세에서 알려지지 않았던 기사도의 신종(新種)"이라며 그들을 극찬해 마지않았다.

이 탕플 기사단은 예루살렘 성지순례 도중에 신변보호와 안전을 우려하는 돈 많은 영주나 부르주아 계급의 통 큰 기부와 신탁 덕분에[15] 그야말로 단기에 막대한 부를 축적할 수가 있었다. 곧이어 유럽 전역에 탕플 기사관(騎士館)이 설립되었다. 후일 왕명에 의한 '기사단 체포령'이 내려졌을 즈음에는 그 수가 약 9천 개에 달했고, 프랑스에만 천 700개나 있었다고 한다. 1140년에 탕플 기사단은 그들의 본부를 파리에 두었다. 13세기 초에 그들은 도처에 수많은 영지와 성채들을 보유해서 이른바 기독교 제일의 금융기관이 되었다, 오늘날의 국제적 헤지펀드처럼 그들이 축적한 부와 권력은 가히 국가적 위상에 견줄 만했고 이는 당연히 국왕들의 시기와 우려의 대상이 되었다.

탕플 기사단이 몰락의 길을 걷게 된 결정적 전환점은 1291년이다. 즉 십자군 원정의 쇠퇴를 가져온 아크레Acre 시(市)의[16] 함락 때부터였다. 원래 탕플 기사단은 십자군과 불가분의 관계에 있었는데 그만 성지를 잃자 그들의 입지도 자연 축소될 수밖에 없었다. 당시 프랑스 국왕 필리프 4세가 탕플 기사단의 최대 채무자(債務者)였다는 사실은 기사단의 최대 비극이었다. 그런데 때마침 탕플 기사단이 비의적 의식을 행한다는 소문이 나돌자, 필리프 4세는 그것을 빌미로 교황 클레멘스 5세와 손을 잡고서 탕플 기사단의 부와 권력을 몰수할 계획을 세웠다. 이 탕플 기사단이 이미 상당한 부채를 진 국왕에게 더 이상 추가 대출을 허용하지 않았기 때문이란 설도 있다. 1307년 10월 13일 금요일 새벽, 날랜 기습공격에 의해 프랑스에 있는 탕플 기사단이 전원

---

15 1099년 제1차 십자군으로 예루살렘이 유럽인들의 손에 들어가자 많은 순례자들이 성지를 찾게 되었으나, 성지로 향하던 도중 곳곳에 들끓는 비적 떼와 노상강도에게 살해당하는 일이 정기적으로 발생했고 때로는 수백 명 규모의 순례자들이 떼죽음을 당하기도 했다.

16 이스라엘 북서부의 지중해에 면한 항구 도시로 자주 십자군의 격전지가 되었음.

체포되었다.

14세기 초에 정적(政敵) 기소의 기본 정석은 상대방에게 이단이나 흑마에 연루되었다는 혐의를 뒤집어씌우는 것이었다. 필리프 4세는 '이단'을 선택했다. 그런데 여기서 중요한 것은 교황이 아니라 바로 국왕 자신이 탕플 기사단을

화형식에 처해진 탕플기사들

이단으로 기소했다는 점이다. 클레멘스 5세는 당시 프랑스 아비뇽으로 옮긴 교황청에서 선출된 최초의 교황이었기 때문에 그는 단지 국왕의 입김에 좌우되는 '바지사장'격에 불과했다. 탕플 기사단의 죄목은 그들이 은밀히 거행하는 심야의 제식에서 그리스도를 부정하고, 십자가 위에 침을 뱉으며 우상을 숭배하고 남색을 행한다는 것이었다. 그러나 탕플 기사단의 총장이었던 자크 드 몰레가 필리프 4세의 심기를 건드렸던 주된 원인은 이랬다. 탕플 기사단과 그 경쟁상대인 '구호기사단ordres hospitaliers'을 하나로 일원화하자는 국왕의 제의를 그가 "기사단 간의 경쟁이 기독교 공화국의 최선을 이끈다"라며 이를 단칼에 거절했기 때문이었다. 원래 권력욕의 화신이었던 국왕은 두개의 유력한 기사단을 자신의 지휘권 하에 두어, 소위 '전쟁왕'이라는 명성과 권위를 세우려는 야욕이 있었다. 이 탕플 기사들로부터 허위자백을 얻어내기 위해 '고문'이 무시무시한 역할을 했다. 만일 형사 피고인이 결백하다면, 신이 그의 편이기 때문에 어떠한 고통(고문)도 감내할 수 있다는 것이 당시의 지배적 이데올로기였다. 결국 모진 고문에 못 이겨 몰레와 성(聖) 전사 간부들은 자백을 했고 종신형에 처해졌다. 수년간의 옥중생활 끝에 그들은 고문에 의한 자백을 재차 부인했지만, 다시 이단에 빠졌다는 죄목으로 파리에서 집단 화형식을 당했다. 탕플 기사단의 재산은 구호기사단에게로 넘어갔으며, 필리프 4세가 탕플 기사단에 진 빚도 무효화되었고, 100여 개의 탕플 기

사관에 축적된 재산도 역시 모두 압류되었다. 필리프 4세의 압박을 받은 교황 클레멘스 5세가 1312년에 조직을 해산시키면서 탕플 기사단은 공식적으로 사라졌다.

지금으로부터 700년 전에 탕플 기사단이 해체되었다는 사실에 거의 모든 역사가들이 동의한다. 그러나 이러한 용두사미(?)의 결말이 일반 대중들이 원하는 내러티브는 아니었다. 혹자는 기사단이 지하조직으로 숨어들었다고 주장했고, 혹자는 심지어 오늘날까지도 여전히 그들이 음성적으로 존재한다고 믿고 있다. 16세기에 이르러 소위 국왕과 교황을 향한 '자크 드 몰레의 저주'란 흥미로운 얘깃거리가 등장했다. 16세기에는 마녀사냥이 극성을 부리던 시기였고, 독일 학자 하인리히 코르넬리우스 아그리파Heinrich Cornelius Agrippa(1486-1535)는 그의 저서 《비의철학》에서 탕플 기사단을 악마의 주술을 행하는 사악한 집단으로 묘사했다. 종교개혁 당시에 구교도를 몹시 증오했던 신교도들은 탕플 기사단을 교황에 대항한 반도(叛徒)이거나, 가톨릭의 대표적인 부패 사례로 꼽았다. 17세기 영국의 성직자인 토마스 풀러Thomas Fuller(1608-1661)도 탕플 기사단을 적폐로 보았지만 초기 과학의 보루인 영국 학술원은 탕플 기사단을 옹호했다. 18세기에는 계몽주의와 프리메이슨이[17] 등장했던 시기였다. 이 프리메이슨은 중세 기사의 상징과 전통을 부활시켰다. 탕플 기사단과 프리메이슨 간의 이처럼 허위적인 연결고리는 예수가 최후의 만찬 때 사용했다고 전해지는 신비의 '성배(聖杯)'를 찾는 기사들의 전설에서 유래했다고 본다. 그러나 탕플 기사단을 둘러싼 허다한 음모론의 실체는 대부분 '근대적 발명품'에 속한다.

그 대표적인 사례가 바로 헨리 링컨Henry Lincorn, 마이클 베이전트Michael Baigent, 리처드 레이Richard Leigh가 쓴 《성혈과 성배》(1982)였다. 그것은 기독교의 기원과 그리스도 전설에 관련된 내용을 조사한 모조 역사 책으로, 이 책이 발간된 이후로 많은 사람들이 탕플 기사단의 전설에 관심을 갖기 시작

---

17 프리메이슨은 '자유 석공모임'이라는 뜻으로 16세기 말에서 17세기 초에 발생한 인도주의적 박애주의를 지향하는 우애단체 혹은 취미 클럽이다.

자크 드 몰레의 심문

했다. 특히 인터넷이 시작된 1990년대에는 그 대중적 열기가 더욱 고조되었다. 뒤이어 댄 브라운Dan Brown의 《다빈치코드》(2003)는 필리프 4세의 기습이 있기 전, 탕플 기사단의 전(前) 총장 베르트랑 드 블랑슈포르Bertrand de Blanchefort가 스페인의 요새로 떠났으며 자크 드 몰레 역시 체포되기 직전에 각종 보물을 배에 실어 스코틀랜드로 보냈다는 것에서부터 시작되고 있다. 그래서 문제작 《성혈과 성배》의 3인의 작가들은 그들이 공들여 유행시킨 탕플 기사단의 전설을 《다빈치코드》가 절도했다는 이유로 '표절' 소송까지 벌였지만 결국 패소했다. 물론 이 탕플 기사단을 단지 대출업무에 특화된, 지루한 독신남들로 보는 것보다는 성스러운 고대 비밀의 수호자로 보는 편이 훨씬 더 매력적이기는 하다. 그러나 누군가 역사에 대해서 거짓을 얘기한다면, 그것은 그 당시 사람들이 실제로 어떻게 행동을 했는지, 또한 우리가 어떻게 오늘날 현재에 도달했는지에 대해서도 허위의 생각을 제공하는 결과가 될 것이다.

그렇다면 마지막으로 중세 역사의 뒤안길로 사라졌다가 현대인의 대중문화 속으로 화려하게 복귀한 이 탕플 기사단은 과연 '유죄'였을까? 동서고금을 막론하고, 모든 단체에는 개인적 일탈이나 불건전한 전통이 하나둘씩은 있기 마련이다. 그러나 당시 이단에 대한 기소는 대부분 사실무근인 경우가 많았다. 많은 사가들은 프랑스 국왕의 목적이 다른 데 있다고 보았다. 필리프 4세는 실질적으로 카페왕조의 마지막 국왕이었다. 당시에는 국가권력이 강해지고, 그 권력을 중앙집권화하려는 세속 군주들의 욕망이 강하게 꿈틀거리던 시기였다. 그러한 국왕의 입장에서 볼 때, 1만 5000명의 건장한 남성들로 이루어진 독립적인 국제기관 탕플 기사단은 명백히 왕권에 대한 위협이자 도전이었다. 프랑스 근대사가인 알랭 드뮈르제Alain Demurger는《탕플기사단의 삶과 죽음》(1998)이란 저서에서, 탕플 기사단의 몰락을 왕권에 대한 교권의 우위를 주장했던 교황 보니파시오 8세Bonifacius VIII(1235-1303)와 필리프 4세간의 대립과 갈등의 연장선으로 보았다. 비록 필리프 4세는 이단이라는 명목하에 탕플 기사단을 처단했지만 그 주된 요인은 기사단 자체의 치명적인 오류에 있다기보다는 필리프 국왕 자신이 병적인 종교심으로 인해 겪는 내면의 고통과 심각한 재정난이란 이중고에서 온 것이었다. 사실상 탕플 기사단은 구호 기사단과는 달리, 그 이전에는 한 번도 이단으로 기소된 적이 없었다.

⚜

종교심문에서 방어는 죄수에게 거의 아무런 도움도 되지 않는다.
왜냐하면 단지 '의심'만으로도 충분히 기소의 사유가 되기 때문이다.
그리고 죄수가 돈이 많으면 많을수록 위험은 더욱 커지기 마련이다.

- 영국의 역사가 · 순교학자 존 폭스John Foxe(1516/17-1587)

아비뇽의 유수
(1309-1377)

그때 세계는 –
1302 프랑스 삼부회 소집
1336 일본, 무로마치 막부 성립
1370 티무르 왕조 성립
1388 이성계, 위화도회군

이탈리아의 인문주의자이자 시인인 프란체스코 페트라르카Francesco Petrarca(1304-1374)는 소위 아비뇽 교황청 시절의 교황들에 대하여 다음과 같이 날 선 비판을 남겼다. "나는 지금 서구의 바빌론 격인 프랑스에 거주하고 있지. 여기는 갈릴레이의 가난한 어부의 후계자들이 통치를 하고 있는 모양인데, 이상하게도 그들은 자신의 참된 기원을 망각하고 있다네!"[18] 1309년부터 1377년까지 프랑스 출신의 7명의 교황들이 로마가 아닌 프랑스 아비뇽의 교황청에 거주하는 일이 발생했다. 페트라르카는 앞서 인용한 서신 속에서 아비뇽에 대한 자신의 개인적 혐오감과 더불어 교황들이 영원한 도시 로마로 속히 돌아오기를 바라는 염원도 함께 담았다. 페트라르카는 향후에 작가, 비평가, 이단, 종교개혁자들이 교황을 공격할 수 있는 '비장의 무기(풍자)'를 제공했는데, 그것은 문제의 아비뇽 교황들을 바빌론에 억류되어 약 70년간 포로 생활을 했던 이스라엘인들의 구슬픈 처지에 빗댄 것이었다. 나중에 마

---

18 페트라르카는 유년시절을 프랑스의 아비뇽과 근처의 카르팡트라Carpentras에서 보냈다. 그의 가족이 클레멘스 5세를 따라 그곳으로 이사했기 때문이다.

르틴 루터Martin Luther(1483-1546)도 역시 아비뇽 교황청의 이미지를 기원전 598년 고대 바빌로니아에 구금되었던 유태인들의 노예생활에 비유했다. 이 아비뇽 교황청의 시대는 사실상 교권의 추락을 대표하고 있다. 왜 교황들이 하필이면 아비뇽에 거주하게 되었는지 그 유래를 살펴보려면, 우리는 교황 보니파시오 8세Bonifacius VIII(1235-1303)와 필리프 4세간의 대립 시대로 잠시 거슬러 올라갈 필요가 있다.

교권의 우위를 확립하기 위해서 교황 보나파시오는 프랑스 국왕 필리프 4세와 사사건건 대립했다. 필리프 4세가 전비 충당을 위해 교회에 세금을 부과하자 보나파시오는 반발했고 두 사람의 갈등은 1302년 11월에 교황이 발표한 유명한 칙서 '우남 상크탐Unam Sanctam'에서 절정에 달했다. 그것은 '모든 피조물은 로마교황의 권위에 복종해야 한다'는 것이었다. 그러나 군비확장을 위해 '삼부회'까지 소집했던 필리프 4세는 눈 하나 깜빡하지 않고 자신의 무자비한 심복인 기욤 드 노가레Guillaume de Nogaret와 교황의 적들의 도움을 받아, 1303년 9월 7일 로마 남동쪽에 있는 작은 마을 아나니Anagni를 습격해서 교황을 체포했다. 바로 그 전날 교황 역시 필리프 4세의 파문을 준비하고 있었다! 이것이 바로 '아나니 습격사건'이다. 68세의 교황은 며칠 후에 성난 시민들에 의해 용케 풀려났지만, 구금되어 있는 동안에 폐위 종용은 물론이고 거의 고문에 가까운 학대를 받았던 것으로 추정된다. 소문에 의하면 교황은 기욤 드 노가레에게 뺨까지 얻어맞았다고 한다. 보니파시오는 로마로 다시 돌아갔지만, 엄청난 수치심과 쇼크로 인해 1월 12일 사망하고 말았다. 그의 후임이었던 교황 베네딕트 9세(1240-1304)도 죽자, 필리프 4세는 교황 선거에 압력을 행사해서 프랑스 보르도 출신의 클레멘스 5세(1264-1314)를 교황으로 추대했다.

클레멘스는 교황 대관식을 위해 로마로 가라는 추기경들의 탄원을 물리치고, 1304년 11월 4일 프랑스 리용에서 대관을 거행했다. 그가 그렇게 했던 이유는 바로 국왕의 명령 때문이었다. 클레멘스 5세는 로마로 복귀하려 했지만, 교황청이 프랑스에 있어야 한다는 국왕의 요구에 따라 프로방스와 가스코뉴 지방을 배회하다가 결국 1309년에 아비뇽에 정착했다. 그는 교황청

교황 보나파시오 8세의 체포

을 아비뇽으로 옮긴 후 추기경단에서 이탈리아의 영향력을 축소시키기 위해 프랑스 출신의 추기경들을 임명했다. 놀랄 것도 없이 다음 교황들, 즉 요한 22세John XXII(1244-1334), 베네딕트 12세Benedict XII(1285-1342), 클레멘스 6세Clement VI(1291-1352), 이노센트 6세Innocent VI(1282-1362), 우르바노 5세 Urban V(1310-1370), 그레고리오 11세Gregory XI(1329-1378)는 전원 프랑스 출신이었고, 7명의 아비뇽 교황들이 임명했던 추기경 총 134명 가운데 111명이 프랑스인들이었다.

그런데 클레멘스가 아비뇽을 선택했던 것은 기이한 일이었다. 왜냐하면 페트라르카 같은 동시대인들이 지적했듯이, 당시에 아비뇽은 매우 불결하고 비위생적이며 방탕한 도시로 소문이 나 있었기 때문이다. 그러나 도시는 바다와의 접근성이 용이했고, 로마교황청의 가신인 나폴리의 앙주 가문에 속해있었기 때문에 그때까지만 해도 아비뇽은 프랑스의 '일부'는 아니었다. 물론 교황은 1348년에 아비뇽을 완전히 매입했지만 어쨌든 그는 명목상 로마의 '교황령'안에 거주했던 셈이다.

우리는 로마의 교황 부재 현상을 '교황청의 바빌론 유수'라고 일컫는다. 그

아비뇽 교황청

러나 그 이전에 교황들이 로마의 밖에 거주했던 선례가 전무했던 것은 아니었다. 중세에 교황들은 공무로 인한 장기 여행, 말라리아 같은 질병이나 혹서, 또는 로마 귀족들의 정치적 음모 때문에 로마를 비우는 경우가 적지 않았다. 그리고 아비뇽의 교황들이 프랑스 국왕에 의해 선출된, 단지 졸(卒)에 불과하다는 것은 약간 오해의 소지가 있다. 가령, 아비뇽의 초대 교황 클레멘스 5세는 필리프 4세와 공모해서 탕플 기사단을 숙청했을뿐더러, 보니파시오 교황과 필리프 4세의 갈등에서 국왕의 범죄를 사면해준 것으로 비난을 받았다. 또 교황 요한 22세는 족벌정치로, 클레멘스 6세는 주연을 즐기고 새 교황청 건물을 짓는 데 많은 돈을 허비하고 소위 자신의 건강을 증진시킨다는 명목으로 난삽한 성생활을 즐긴 것으로도 악명이 높았다. 그러나 그들의 업적도 있었다. 클레멘스 5세는 오를레앙과 페루지아 대학을 설립하는데 기여했고, 요한 22세는 로마교황청을 재정비하고 새로운 교구들을 설립했으며 지식을 널리 증진시킨 공로가 있다. 또한 교회법을 성문화하고 멀리 중국까지 많은 선교활동을 후원했고 토마스 아퀴나스를 시성했다. 클레멘스 6세는 흑사병이 아비뇽을 덮쳤을 때 환자들을 돌보았고, 또 유태인들이 무서운 전염병을 초래했다는 미신적 공포 때문에 그들을 공격하려는 성난 군중들을 제지시켰다. 물론 프랑스 국왕들이 교황들의 세속적인 결정에 영향력을 행사한 것은 사실이지만 그들은 모두 합법적으로 선출된 교황이었다. 비록 국왕의 영향권 아래에 있었지만 그들은 '독립'을 유지하려고 노력했다. 그들은 프랑스인이지만 교황이었고, 또 그들이 로마로 돌아가려는 노력을 완전히 포기했던 것은 아니었다. 그들은 로마 가톨릭교회의 상황을 개선하고 기독교 왕국의 평화를 유지하려고 노력했으며, 교황령의 행정조직을 효율적으로 재정비하고 이를 중앙집권화시킨 업적이 있다. 그러나 결과적으로 이 아비뇽 교황청의 시대는 교황권의 실추에 결정적인 영향력을 미쳤다고 본다. 당시에 많은 기독교인들이 흑사병으로 인해 불어닥친 실존적 문제들로 이미 신앙의 위기에 직면해있었고, 그래서 결국 교회와 신도들 간의 간극은 더욱 벌어지게 되었다.

시에나의 카트리나Catherine of Siena(1347-1380)와 스웨덴의 비르지타Bridget of Sweden(1303-1373)같은 성녀들은 교황 그레고리오 11세를 로마로 제발 돌아가도록 설득시킨 장본인들로 알려져 있다. 프랑스 추기경들의 심각한 반대에도 불구하고, 1377년 1월 17일 그는 교황령 수호를 명분으로 드디어 로마에 돌아갔다. 그러나 교황은 로마에 체류하는 동안 적대감의 팽배로 다시 아비뇽으로 돌아갈 것을 심각하게 고려했으나 1378년 3월에 사망했고, 아비뇽 유수의 시대는 이렇게 공식적으로 끝났다.

마지막 아비뇽 교황 그레고리오가 선종한 후에, 그의 후임으로 로마 출신의 교황 우르바노 6세Urban VI(1318-1389)가 선출되었다. 그러자 이탈리아에서 물러난 13명의 프랑스 추기경들이 첫 번째 대립 교황인 클레멘스 7세 Clement VII(1342-1394)를[19] 옹립하는 일이 발생했다. 우르바노 6세는 로마에 머물렀고, 클레멘스 7세는 아비뇽으로 돌아가는 바람에 로마 가톨릭교회의 교황 계승을 둘러싼 '대분열Great Schism'(1378-1417)의 시대가 다시 막을 올렸다. 이제 두 교황은 서로를 적(敵) 그리스도로 칭하며 극렬하게 대립했다. 게다가 공교롭게도 이 시기는 백년전쟁의 시대라서, 말 그대로 전 유럽이 프랑스 교황(친불/반영)과 로마교황(반불/친영)의 두 패로 세력이 갈라지게 되었다.

⚜

"모든 길은 아비뇽으로 통한다."

- 교황 클레멘스 5세, 1305년,
각종 음모와 암투의 소굴인 로마에서 한적한 평화의 도시 아비뇽에 도착하면서

---

19 프랑스 출신 추기경인 제네바의 로베르Robert de Genève.

12 백년전쟁
(1337-1453)

그때 세계는 –
1347 전 유럽에 흑사병 창궐
1368 명 건국
1392 고려 멸망, 조선 건국
1443 훈민정음 창제
1453 비잔틴제국 멸망
1453 오스만제국, 콘스탄티노플 점령

프랑스와 영국 양국 간에 장장 14-15세기에 걸쳐 간헐적이고 지루한 분쟁이 발생했다. 그러나 1823년까지만 해도 이 전쟁을 아무도 '백년전쟁'이라고 부르는 사람은 없었다. 전통적으로 백년전쟁은 1337년에 발생해서 1453년 카스티용Castillon 전투에서 프랑스가 승리한 후 종결되었다고 알려져 있으나, 막상 계산을 해보면 전쟁은 116년간 치러졌다는 것을 알 수가 있다. 그리고 전쟁의 기원은 이보다 300년 전인 1066년으로 한참 거슬러 올라간다. 정복왕 윌리엄William I(1028-1087)이 영국을 정복하고 노르만 왕조를 세웠을 때, 그는 영국왕인 동시에 노르망디 공으로써 프랑스 국왕의 가신이기도 했다. 결국 노르만 왕가의 성립은 '혼인'에 의한 양국의 복잡한 가계도의 판을 짜는 계기가 되었다. 즉 양국의 후예들은 똑같은 영토에 대한 상속권을 끊임없이 주장하게 되었던 것이다.

프랑스의 관점에서 본다면, 이 백년전쟁은 프랑스 영토에 대한 영국과의 교전의 종식을 의미한다. 그러나 1558년까지도 프랑스의 항구도시 칼레를 소유했던 영국은 1800년에 영국왕 조지 3세George III(1738-1820)가 공식적으로 그 타이틀을 포기할 때까지 계속 프랑스의 왕위 계승권을 주장했다.

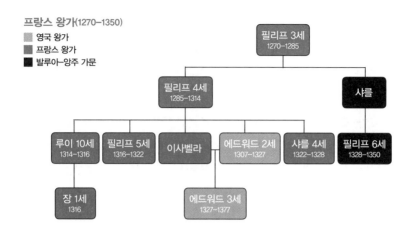

프랑스 왕가(1270-1350)
- 영국 왕가
- 프랑스 왕가
- 발루아-앙주 가문

필리프 3세 1270-1285

필리프 4세 1285-1314

샤를

루이 10세 1314-1316

필리프 5세 1316-1322

이사벨라

에드워드 2세 1307-1327

샤를 4세 1322-1328

필리프 6세 1328-1350

장 1세 1316

에드워드 3세 1327-1377

프랑스 왕가 가계도(1270-1350)

전쟁의 원인은 표면상 '왕위 계승권'에 대한 분쟁이었지만 기옌, 플랑드르, 스코틀랜드를 둘러싼 영국과 프랑스 군주 간의 이해관계 충돌에서 촉발되었고, 보다 깊은 원인은 14세기 유럽의 인구, 경제, 사회적인 위기에 있었다. 정복과 재정복, 공격과 후퇴, 휴전과 재발의 연속이었던 이 백년전쟁은 휴전에 의해 다음 세 개의 국면으로 나누어진다. 에드워드 전쟁(1337-1360), 캐롤라인 전쟁Caroline War(1369-1389), 그리고 랭커스터 전쟁Lancastrian War(1415-1453)이다.

에드워드 전쟁은 백년전쟁의 제1기로, 영국왕 에드워드 3세Edward III (1312-1377)가 프랑스 아키텐 지방에 대한 주권을 유지하고, 더 나아가 프랑스 왕위까지 노리고 일으킨 전쟁이었다. 아키텐 공(公)을 겸했던 에드워드 3세는 아키텐 공작으로서는 프랑스 국왕의 가신이었다. 1337년 5월 필리프 6세Philippe VI(1293-1350)는 에드워드 3세가 프랑스 국왕의 가신으로서의 의무를 존중하지 않는다는 이유로, 그에게서 아키텐 지방의 일부인 기옌에 대한 권리를 박탈해버렸다. 그러자 에드워드 3세는 필리프 4세Philip IV(1268-1314)의 외손인 자신이 바로 프랑스 국왕임을 주장하는 도전장을 필리프 6세에게 보냄으로써, 드디어 두 군주 간의 전쟁의 서막이 올랐다.

좀 더 부연 설명을 하자면, 1328년 카페왕조의 마지막 국왕인 샤를 4세

Charles IV(1294-1328)(필리프 4세의 삼남)가 직계 없이 사망하자 프랑스 귀족들은 샤를 4세의 사촌인 발루아 백작 필리프를 프랑스 국왕 필리프 6세로 추대하여, 이른바 발루아 왕조(1328-1589)의 시대가 열리게 되었다. 당시 귀족들이 샤를의 조카(그 누이인 이사벨라의 아들)인 에드워드 3세를 지지하지 않았던 이유는 그가 모계에 의한 상속자라기보다는 '영국인'이었기 때문에 프랑스 수장으로는 적합하지 않다고 보았다. 에드워드가 영국왕으로 즉위했을 때 그의 나이는 불과 15세였다. 에드워드는 독립을 요구하는 스코틀랜드인들과 갈등을 겪고 있었는데 자신의 주군이기도 한 필리프 6세의 지원을 기대했지만 오히려 프랑스왕은 스코틀랜드 편을 들었다. 또한 필리프 6세는 노르만 수부들이 영국 배를 공격하는 것을 방조했을 뿐 아니라 기엔 지방에서는 에드워드 가신들의 반란을 부추겼을 정도였다.

당시 프랑스 국왕은 의심할 여지없이 서유럽의 첫째 가는 통치자였다. 그는 신성로마제국 황제를 훨씬 능가하는 존재였고, 1309년 이후로 아비뇽에 있던 교황청도 한동안 지배하였다. 1330년대 프랑스 인구는 1천8백만에서 2천만 명에 달했고 이는 섬나라 영국의 거의 4~5배에 해당했다. 비록 14세기의 기록이 흑사병의 초기 발생 후에 작성된 것이라는 점을 감안하더라도 영국은 대략 3백7십만에서 5~7백만 정도의 인구과소지역으로 경작지보다는 숲과 황야가 더 많았다. 이 작고 가난한 나라에서 유일하게 가치 있는 재산은 양모였다. 이처럼 영국에게는 인력이나 국력 면에서 모두 불리한 전쟁이었지만 영국에게는 그 유명한 '석궁'이 있었다. 덕분에 에드워드 3세와 그 아들 흑태자는 프랑스 전역을 휩쓸며 오베로슈 Auberoche(1345), 크레시Crécy(1346), 칼레 등지에서 대승을 거두었다. 전투에서 에드워드는 100~300명 정도의 군사를 잃었던 반면에 필리프 측에서는 13,000~14,000명의 사상자가 나왔다. 프랑스가 입은 중요한 인명 손실은 블루아 백(伯), 로렌 공(公), 플랑드르 백(伯) 외에도 보헤미아 국왕인 얀 루쳄부르스키Jan Lucembursky(1327-1377)를 잃은 것이었다. 보헤미안 국왕 얀은 거의 실명한 상태였으나 용감하게 싸우다 죽었고, 에드워드 흑태자는 그의 방패를 취함으로써 고인에 대한 명복을 빌었다. 에드워드 흑태자는 용맹을 떨쳐

크레시전투에서 프랑스를 위해 장렬히 싸우다 전사한 보헤미안 국왕의 죽음을 애도하는 에드워드 흑태자Edward of Woodstock(1330-1376)

서 부군의 가장 훌륭한 지휘관이 되었고 1356년 푸아티에 전투에서도 승리를 거두었다. 크레시 전투의 승리 이후 에드워드 3세는 북으로 진군해서 칼레를 포위했다. 도시는 그다음 해에 함락되었고 영국의 주요한 기지가 되었다. 이후 1558년 프랑스군에 의해 탈환되기까지 칼레는 약 200년 동안 영국의 지배를 받았다.

칼레의 시민

이 용감한 칼레 시민들의 이야기는 높은 사회적 신분에 상응하는 도덕적 의무를 의미하는 '노블레스 오블리주noblesse oblige'의 대표적인 사례로 손꼽힌다. 이 이야기는 중세의 연대기 작가 장 르 벨Jean Le Bel(1290-1370)이 먼저 기술했고, 뒤이어 연대기작가이자 시인인 장 프루아사르Jean Froissart(1337-1405)가 다시 재작업을 했다. 불어권의 에노Hainaut 백령(현 벨기에) 출신의 장 프루아사르는 그 당시에 무슨 일이 일어났는지를 다음과 같이 들려준다. 칼레의 시민들은 기근 등의 악조건 속에서도 1년간 영국군에게 대항했으나 프랑스의 필리프 6세가 그들을 구원해 준다는 아무런 희망도 없는 위기의 상황에서 결국 항복을 선언하게 되었다.[20] 처음에 에드워드 3세는

---

20 당시 칼레에는 약 7,000-8,000명 정도의 시민이 있었는데, 필리프 6세에 의한 지원이 부족했기 때문에 시민들에 의한 저항이 시작되었다. 칼레는 당시 요새화되었기에 쉽사리 점령할 수 없었고, 에드워드 3세는 주변을 약탈하고 프랑스 군의 보급을 막는 작전으로 칼레를 고립시키는 전술을 택했다.

1년 동안이나 저항한 칼레의 시민들을 모두 죽이려 했으나, 단 6명의 지도자가 자진해서 목숨을 내어놓는다면 칼레 시민들을 살려주겠다는 제안을 했다. 에드워드 3세는 6명의 칼레 시민 대표들에게 목에 올가미를 걸고 도시와 성의 열쇠들을 가지고 나오라고 명했다. 그러자 칼레 시에서 가장 부유한 시민인 유스타슈 드 생 피에르Eustache de Saint Pierre가 제일 먼저 용기를 내어 나섰고 나머지 5명이 그의 뒤를 따랐다. 생 피에르는 이 용감한 시민들을 데리고 칼레 시의 정문까지 나갔다. 막 사형이 집행되려는 순간, 다행히 왕비 에노의 필리파Philippa of Hainault가 그들을 처형한다면 임신 중인 아이에게 불길한 일이 닥칠 것이라고 부군을 설득해서 6명은 극적으로 풀려나게 된다. 결국 이들의 용기 있는 행동 덕분에 모든 칼레의 시민들은 목숨을 건지게 되었다. 이 이야기는 패배 시에 더욱 그 진가를 발하는 프랑스 '영웅주의'의 상징이 되었다. 1890년대, 즉 보불 전쟁에서 패한 지 20년이 지난 후 프랑스 조각의 거장인 오귀스트 로댕Auguste Rodin(1840-1917)은 칼레 시의 주문으로 이 고인이 된 영웅들의 비장한 순간을 자신의 걸작 〈칼레의 시민〉(1889)속에 영원히 담았다.

그러나 이 감동적인 영웅담은 후대에 왜곡되고 과장된 것이다. 칼레 항복을 기록한 당대의 문건들은 모두 20여 개가 있는데, 여기서는 모두 시민대표들의 행위가 '항복'을 나타내는 연극과도 같은 의식이었다고 적고 있다. 에드워드 3세는 당초부터 그들을 처형하려는 의도가 없었고, 시민대표들 또한 생명의 위협을 느끼지 않은 상태에서 일종의 '항복 의례rituel de capitulation'의 장면을 연출했다는 얘기다. 그 무렵에는 죄인들이 자신의 잘못을 참회하는 의미로 광장에서 공개적으로 행진하는 종교의례가 있었는데, 칼레 시민대표들의 퍼포먼스는 여기서 비롯된 것으로 추정된다. 그런데도 르 벨이나 프루아사르 같은 연대기 작가들은 어떻게 이 칼레의 시민들을 영웅으로 미화시킬 수가 있었을까? 프랑스 중세사가 장-마리 모에글랭Jean-Marie Moeglin(1955-)에 의하면, 그것은 일종의 연대의식이나 애국심 때문에 가능했다고 한다. 중세의 연대기 작가들은 그들의 동향인이나 친구들을 극찬하는 경향이 있었고, 르 벨이나 프루아사르, 왕비 필리파는 모두 벨기에의 에노Hainaut 가문

오귀스트 로댕Auguste Rodin(1840~1917)의 〈칼레의 시민〉(1889). 이 여섯 명의 대표들은 자랑스럽고 영웅적인 모습이 아니라 머리를 깎고, 자루 같은 옷을 입고, 교수형을 당할 때 쓰일 올가미를 목에 두르고, 칼레성의 열쇠를 손에 든 채, 맨발로 영국왕 앞으로 나아가고 있는 침울하고 지친 모습이다.

과 밀접한 연관성이 있었다.[21] 모에글랭 교수는 한동안 사람들의 기억 속에서 잊힌 칼레의 영웅들이 어떻게 16세기에 완벽한 애국자들로 변신했는지를 잘 증명해 주었다. 그런데 1766년 프랑스 역사가 루이-조르주 드 브레퀴뉘Louis-Georges de Bréquigny(1714-1795)는 이러한 신화화 작업에 의구심을 표명했다. 그는 여러 기록들을 파헤친 결과, 런던탑에서 영국왕 에드워드 3세가 칼레의 영웅 시민 생 피에르에게 심지어 '보상'을 내리는 문서를 발견했다. 그 당시 영국인들을 정착시키기 위해 주요한 칼레 시민들은 이미 내쫓긴 상태였고, 항복 이후에 칼레 시에 억류되어 있던 생 피에르는 영국인이 되었다. 과연 생 피에르와 그의 5명의 동료 시민들은 적과 공모한 협력자 내지 반역자인가? 아니면 영웅들인가? 오늘날 역사가들은 그것이 불어로 '아망드 오노라블amende honorable', 즉 잘못을 인정하고 용서를 비는 형벌에 해당하는 항복 의례라는 것을 알고 있다. 칼레 시를 대표하여 항복 사절로 나간 6인 대표는 이미 영국군과 항복조건 협상이 완료된 후, 단순히 항복 의식을 행하기 위해 나갔을 뿐이었다. 후대의 회의주의자들은 이 브레퀴뉘의 기록을 자주 인용했지만 그들 중 어느 누구도 칼레의 시민들이 프랑스의 위대한 영웅으로 등극하는 것을 막지는 못했다. 특히 19세기에 민족주의가 발호하자 역사

---

21 당시에 왕비는 프루아사르의 후원자였다.

**오를레앙의 구국처녀
잔 다르크**

교과서들은 앞을 다투어 칼레의 시민대표들을 외세에 저항하며 동료 시민들의 목숨을 구한 애국적인 민족영웅으로 부각시켰다. 즉, 칼레의 시민의 자기희생적인 영웅담은 후대의 필요성에 의해 재창조된 신화였던 셈이다.

다시 백년 전쟁으로 돌아가 보자. 1350년 중반 흑사병의 창궐로 인해 전쟁이 중단되었고 1357년 보르도에서 휴전이 협정되었다. 이후 런던에서 1358년, 1359년 두 차례 조약이 조인되었다. 런던 조약이 파기되자 에드워드 3세는 다시 프랑스를 공격했다. 예전만큼 성과가 훌륭하지는 않았지만 그는 그래도 프랑스에 브레티니Brétigny 조약을 강제할 수 있었다. 그러나 '검은 월요일'(1360년)이라고 불리는 무서운 폭풍이 영국군을 덮쳐 병력의 상당수가 상실되었고 에드워드 3세는 평화 협상에 임해야 했다. 이후 9년간 평화가 지속되었다가 백년전쟁 제2기인 캐롤라인 전쟁이 개전했다.

캐롤라인 전쟁Caroline War은 백년전쟁의 제2기로, 1369년-1389년에 해당한다. 캐롤라인 전쟁이라는 이름은 브레티니 조약 이후 다시 전쟁을 일으킨 프랑스 국왕 샤를 5세Charles V(1338-1380)의 이름을 딴 것이다. 1369년 샤를 5세가 영국 국왕 에드워드 3세의 아들 흑태자를 파리로 소환했다. 흑태자는 거부했고, 이에 샤를 5세가 전쟁을 선포했다. 샤를은 에드워드 전쟁 말기 브레티니 조약으로 잃었던 영토들을 회복하기 시작했고 상당한 성공을 거두었다. 그 후계자인 광인 왕 샤를 6세Charles VI(1368-1422)는 흑태자의 아들 리처드 2세Richard II(1367-1400)와 1389년 휴전했다. 이번 휴전은 비교적 오래 지속되었으며 1415년 제3기인 랭커스터 전쟁은 1415년 영국왕 헨리 5세Henry V(1386-1422)가 노르망디를 공격하면서 시작되었다.

헨리 5세가 죽은 뒤 그 동생인 베드포드 공작 랭커스터의 존John of Lancaster (1389-1435)이 영국군의 최고 전성기를 이끌었고, 영국왕이 파리에서 대관식까지 거행했다. 그러나 그 시점 이후 프랑스의 구국 처녀 잔 다르크Jeanne d'Arc(1412-1431)의 활약으로 프랑스의 역공이 시작되었고 1429년 샤를 7세 Charles VII(1403-1461)가 랭스의 성당에서 대관식을 가졌다. 1453년 영국이 보르도를 상실하면서 전쟁이 사실상 끝났다. 이후 영국왕가의 프랑스 영지는 칼레밖에 남지 않았는데, 이마저도 1558년 프랑스에 함락된다.

백년전쟁의 의의는?

프랑스 왕위 계승권, 프랑스 내 영국령의 문제와 플랑드르 지방의 모직물 공업에 대한 지배권을 둘러싼 대립에서 시작된 백년전쟁은 첫째 프랑스와 영국의 '국가적 정체성'을 수립하는데 결정적 역할을 수행했다. 둘째 영국은 유럽 대륙, 즉 프랑스에 있던 영지를 거의 상실하게 되었다. 셋째, 이 백년전쟁은 중세가 끝나고 무언가 새로운 것의 출발점이라는 점에서 중요한 의미를 지닌다. 오늘날 우리는 (민족)국가를 당연한 것으로 여기지만 중세유럽에는 국가란 것이 존재하지 않았다. 대신에 왕, 공작, 남작 등 여러 타이틀을 지닌 봉건귀족들이 대부분의 토지들을 다스렸고, 그들은 자자손손에게 토지를 물려주었다. 가끔 어떤 타이틀을 놓고서 서로 권리를 주장하다가 전쟁이 발생하는 경우가 있었는데, 1337년 영국과 프랑스의 전쟁 사유가 그랬다. 이 백년전쟁은 프랑스와 영국 양국에서 민족적 감정 내지 의식의 본질적인 의미를 규정하는 사건이었다. 당시 영국 상류층은 프랑스에 대한 강한 문화적 친밀감을 갖고 있었고 중세 불어는 그들에게 선택의 언어였다. 왜냐하면 불어는 기본적인 법의 언어였을 뿐 아니라 불어 사용은 바로 귀족계급(신분)의 표식이었기 때문이다. 노르만정복과 더불어 통일된 국가가 된 영국과는 달리, 프랑스는 아직도 통일된 국가를 달성하지 못한 상태였다. 프랑스 국왕은 오직 파리 근방의 자기 영지만을 지배했고, 프랑스의 대귀족들은 그들의 영지를 마치 독립 국가인 양 다스렸다. 비단 왕가뿐만 아니라 많은 귀족 가문들이 양국에 걸쳐 거대한 영지를 소유하고 있었는데, 토지는 그들 수입의 원천이자 권위의 상징이기도 했다. 그러나 전쟁이 진행됨에 따라서 그들은 양국을 지배하는 봉건적 모델이 영지 합병에 매우 비효율적이라는 사실을 깨닫게 되었다. 그래서 대귀족들은 '프랑스의 영지냐, 영국의 영지냐?'를 점진적으로 선택하게 되었고, 더 이상 양다리를 걸치는 일이 불가능해졌다. 만일 프랑스 왕이 되기를 원한다면 영국에 있는 영지는 포기해야 했고, 또 영국왕이 되기를 원한다면 이제 프랑스 영지는 포기해야만 했다. 또한 영국에 대한 프랑스의 문화적 지배와 종속관계도 점차로 소실되었다. 즉, 노르만계의 프랑스인은 파리의 프랑스인과 점점 확연히 차별화되었고 종국에는 분리되었다. 처음에는 군주 간의 분쟁이었지만 차츰 시간이 경과함에 따라 양국의 평민들 사이에서도 통치자에 대한 충성심을 넘어서는 일종의 '국민적 합일'의 감정이 싹트기 시작했다. 또한 양국의 귀족과 평민들도 역시 자신들을 영국인, 또는 프랑스인으로 간주하기 시작한 결과, 상대편을 그들의 '적'으로 보았던 것이다. 그래서 전쟁이 계속되어감에 따라 양 국민 사이에 민족의식이 앙양되어 싸움은 점차 민족국가 간의 전쟁으로 변모해갔다. 특히 잔 다르크의 출현은 프랑스인들의 민족의식과 애국심을 크게 불러일으켜 프랑스 민족국가 형성의 중요한 기틀을 마련했다. 그래서 기나긴 전쟁이 끝난 후 영국과 프랑스는 백년전쟁을 국민적 긍지의 상징으로 보았다. 전쟁에서 영국은 많은 승리를 거두었지만 프랑스를 정복하는 데는 실패했다. 전쟁이 끝나갈 무렵에 영국은 프랑스에 있는 영토를 거의 다 잃어버렸을 뿐 아니라, 전쟁은 영국에 재정적 파탄을 안겨주었다.

전쟁 말기에 유럽 사회는 많이 변화되었다. 백년전쟁 초기에 군대는 중무장한 기사들로 이루어진 중세 식 군대였으나 그 유명한 아쟁쿠르Agincourt 전투(1415)에서 이른바 전투의 거장들로 알려진 기사들의 전성기는 막을 내리게 된다. 영국의 석궁 사수들은 최고급의 갑옷을 입은 프랑스 기사들을 많이 죽였다. 그래서 기사도적 가치를 지닌 중세 기사들은 가버리고, 전문적인 직업군인들이 그 자리를 대신하게 되었다. 또한 화약무기들이 위력을 발휘하게 되어 점점 전쟁의 주 무기가 되었다. 이 백년전쟁은 새로운 유럽 시대의 문을 열었다고 할 수 있다.

⚜

봉건질서의 몰락은 그것이 더 이상 변화하는 시간의 요구에 부응하지 못했고, 또한
봉건질서가 국가들의 질서로 점진적으로 대체되었기 때문이다.

- 영국의 중세사가 크리스토퍼 올맨드Christopher Allmand(1936-)

잔 다르크의 화형식
(1431년 5월 30일)

그때 세계는 -
1405 명, 정화의 항해 시작(~1433)
1414 콘스탄츠 공의회(~1418)
1453 오스만제국, 콘스탄티노플 점령

영국군이 장악한 노르망디 지방의 루앙Rouen의 구 시장 광장에서 프랑스의 구세주였던 농가의 처녀가 이단으로 몰려 화형식에 처해졌다. 그때 그녀의 나이는 불과 19세였다. 화장용 장작더미에 불이 붙여지기 전에 그녀는 커다란 목소리로 하늘을 향해 기도를 올렸다. 그녀는 모든 사람들에게 축복과 용서를 구했고, 곧 죽게 될 자신을 위해 기도해 줄 것을 부탁했다. 그녀는 죽기 전까지 이러한 화해와 용서의 기도를 계속 이어갔다. 그러자 거기에 모여 있던 재판관들이나 심지어 무뚝뚝한 영국군조차도 감동해서 눈물을 뚝뚝 흘렸다. 잔이 시종일관 의연한 자세로 장렬한 최후를 맞이하는 것을 목도한 사람들 중에서는 신의 존재를 느끼거나 진실한 신앙고백을 하는 이들도 나왔다. 1920년에 잔은 성인으로 시성 되었고,[22] 2차대전 중에도 비시 정권과 프랑스 레지스탕스는 잔 다르크를 민족적 상징으로 내세웠다.

잔 다르크Jeanne d'Arc(1412-1431)는 1412년 프랑스 북부의 동레미Domremy

---

22 1920년 5월 16일 교황 베네딕토 15세는 잔 다르크를 성인으로 시성했고, 또한 성인이 된 잔 다르크는 생 드니나 투르의 성인 마르탱, 생 루이 9세, 리지유의 테레사 수녀와 더불어 프랑스의 공동수호성인으로 추대되었다.

라는 작은 마을에서 농가의 딸로 태어났다. 잔은 비록 읽고 쓰는 교육을 받지는 못했지만 신앙심이 깊은 어머니는 그녀의 마음속에 가톨릭교회의 사랑과 가르침을 심어주었다. 1424년 잔이 12세가 되던 어느 여름날의 일이다. 교회의 종소리가 그칠 무렵 잔은 혼자서 들판을 거닐고 있는데, 어디선가 천사들의 아름다운 합창이 울려 퍼지는 소리를 들었다. 그때 난생처음으로 그녀의 앞에 눈부신 광휘에 휩싸인 천사장 성 미카엘

잔 다르크의 화형식

과 성녀 카트린, 또 성녀 마거릿이 차례대로 거룩한 모습을 드러내는 것이 아닌가! 그들은 조금도 두려워 말라고 부드럽게 속삭이면서, 잔의 머리 위에서 이렇게 일러주었다. "시농 성으로 가라. 오를레앙을 구하라!" 그들은 그녀가 앞으로 취할 행동지침을 자상히 일러주었는데, 그것은 프랑스 땅을 마구 유린하는 영국 군들을 몰아내고 프랑스 왕세자를 랭스로 데려가서 대관식을 거행하라는 명이었다. 군사적 훈련을 받은 적도 없었지만, 잔은 당시 왕세자였던 샤를 7세Charles VII(1403-1461)의 테스트를 거쳐 신임을 얻었고 갑옷과 말, 칼, 프랑스 왕가의 문장이 수놓인 군기를 하사받았다. 신하들은 그녀의 의도를 의심했지만 뒷조사를 할수록 잔 다르크는 완벽했다. 그리하여 프랑스 동부의 로렌 지방의 무지한 농가의 처녀는 남장을 하고 전투에 임해 영국군을 거침없이 물리쳤고, 사기가 오른 프랑스는 단숨에 전세를 역전시켰다. 덕분에 1453년 샤를 7세는 영국군으로부터 칼레를 제외한 나머지 프랑스 전역을 재탈환하는데 성공하게 된다.

그녀의 군사 지도력이 어느 정도였는지는 지금도 역사학계 내에서는 의견

이 분분하다. 단순히 병사들 앞에서 깃발을 휘두르며 사기를 북돋아준 역할을 수행했을 뿐이라는 의견도 많지만, 최근 들어서는 군 통솔력과 수준급의 전략가였다는 주장이 대두되고 있다. 잔 다르크의 영웅적인 활약으로 프랑스군은 오를레앙에서 크게 승리했다. 이후 대부분의 전투에서도 승승장구했다. 결국 왕세자였던 샤를 7세가 프랑스의 국왕으로서 대관식을 치를 수 있게 되었다. 그러나 얼마 후 잔 다르크는 마리니에 있는 부르고뉴군과 격전을 벌이다가 포로로 사로잡혔다. 이윽고 현상금과 맞바꾸어 적군인 영국 측에 넘겨졌다. 하지만 잔 다르크 덕분에 왕좌에 오른 샤를 7세는 배은망덕하게도 그녀를 구할 생각이 없었다. 이미 프랑스에서 그녀의 인기가 너무 치솟았기 때문이었다. 그녀는 귀족이나 왕가의 혈통이 아니면서도 십대에 일약 국제적인 셀럽이 된 경우로, 이는 중세 유럽에서 그야말로 전무후무한 경우였다. 이 일로 인해 샤를 7세는 훗날 많은 프랑스 역사학자들의 비난의 대상이 되었다. 이처럼 불가사의하고 용렬한 그의 태도는 왜란 초 서울을 버리고 파천했던 조선의 무능한 국왕 선조(1552-1608년)와도 일맥상통하는 데가 있다. 선조 역시 전쟁을 치르면서 이순신 같은 무장의 인기가 높아지고 자신의 위세가 실추되자, 겨우 전함 12척으로 적의 함대 133척을 격멸시킨 이순신 장군의 위대한 승리인 명량대첩을 두고도 "사소한 적을 잡은데 불과하다"라며 이를 평가절하했다.

잔 다르크에 대한 종교 재판이 시작되었다. 절대적으로 불리한 입장에서 잔은 홀로 자신을 변호했다. 제대로 된 교육을 받은 적이 없는 18살의 소녀가 연륜 있는 주교들과 신학자들로 구성된 심판관들과 그들의 끈질긴 유도신문에 맞서 펼친 변론은 놀라울 정도로 논리적이고 이성적이었다. 배석한 종교심판관들이 그녀에게 자신이 정말 신의 은총을 입었다는 사실을 알고 있었는지를 물어보았을 때, 잔은 다음과 같이 놀라운 대답을 했다. "만일 내가 신의 은총을 입지 않았다면 신은 나를 놓을 것입니다. 그러나 내가 신의 은총을 입었다면 신이 나를 지킬 것입니다. 신이시여, 내가 죽음과 함께 싸울 때는 부디 제 옆에 함께 있어 주시기를!" 이 학문적인 질문 뒤에는 사실상 무서운 함정이 숨어있었다. 당시 교회의 교리에 따르면 그 누구도 신의 은총에

대한 확신을 가질 수가 없다. 만
일 잔이 "예"라고 대답했다면, 그
녀는 자신이 이단임을 스스로 인
정하는 셈이 되고, 또 만일 "아니
요"라고 이를 부인했다면 그녀는
자신의 죄를 스스로 고백하는 결
과가 되는 것이다. 후일 공증인
부아기욤Boisguillaume의 증언에
따르면, 잔에게 이런 질문을 던진
사람들은 그녀의 대답을 듣고 모
두 어안이 벙벙했다고 한다. 셰익
스피어에 버금간다는 20세기의
풍자 작가 버나드 쇼는 이 법정

원체스터 추기경에게 심문을 받는 잔 다르크

대화의 기록을 매우 흥미롭게 여겨, 자신의 극 중에 이를 그대로 번역해 넣
기도 했다. 하지만 법정은 예정된 각본대로 잔에게 사형을 선고했고 1431년
5월 30일 루앙의 구 시장 광장에서 군중이 보는 앞에서 그녀는 장대에 밧줄
로 묶여져 화형을 당했다. "루앙! 루앙! 나는 여기서 이렇게 죽어야만 하는
걸까? 오 루앙이여, 나의 (무고한) 죽음으로 인해 장차 네가 받게 될 고통이
나는 두렵다." 영국군은 군중이 그 유해를 가져가지 못하도록 시체를 세 번
이나 불에 태워 잿더미로 만든 후에 센 강에 내다 버렸다. 당시 처형 간수는
잔이 화형에 처해진 이후 자신이 언제 천벌을 받을지 몰라 매우 두려운 나날
을 보냈다고 고백했다. 그런데 1867년 잔의 것으로 추정되는 재가 파리의 한
약재상에서 발견되었다. 이 재는 현재 시농에 있는 잔 다르크 박물관에 보관
되어 있다. 그것은 정말 잔 다르크의 유해일까? 당시에 마녀 화형식은 많이
행해졌지만, 시체를 세 번씩이나 태우는 경우는 아주 드물기 때문에 이를 잔
의 것으로 보려는 견해도 있다.

《허클베리 핀》의 저자 마크 트웨인에 따르면, 잔 다르크는 생애에 다섯 가
지 중요한 위업을 달성했다. 첫째는 온갖 역경을 뚫고 오를레앙 성의 포위

를 풀었다는 것이며, 둘째는 파타이 전투에서의 승리, 셋째는 쉴리-쉬르-루아르 지역에서의 화해다. 그때 잔은 프랑스 원수 리시몽Richemont을 다시 복직시켰는데, 그는 잔이 처형된 후 자신의 군대를 이끌고 나가 1433년 파리의 재탈환에 성공하여, 샤를 7세가 영국군을 프랑스 영토에서 완전히 몰아내는 데 지대한 공을 세우게 된다. 넷째는 샤를 왕세자의 대관식을 위한 '무혈 행진'으로, 트웨인은 이를 역사상 가장 비범한 군사작전 중 하나로 보았다. 오를레앙의 포위를 푼 후 잔은 왕세자를 호위하여 기앙Gien에서 랭스까지 오랜 행군을 지속했는데, 단지 '신의 여전사' 잔 다르크라는 이름이 주는 위세만으로도 적군을 압도하여, 단 한 방울의 피도 흘리지 않고 영국군이 점령한 요새와 도시를 무사히 통과할 수가 있었다. 마지막으로 트웨인은 1429년 7월 17일 랭스 성당에서 거행된 샤를 7세의 대관식을 '외교의 걸작품'으로 당당히 손꼽았다. 샤를은 이처럼 신성한 성유를 바르는 도유식을 행함으로써 역대 이스라엘 왕들과 성웅 다비드와의 연결고리를 맺게 되며, 정식으로 프랑스 국왕으로 축성되어, 1430년 12월 16일 파리의 노트르담에서 임시로 거행된 영국왕 헨리 6세(1421-1471년)의 대관식을 보란 듯이 선취할 수가 있었다.

잔 다르크와 민족주의, 그리고 페미니즘

근대적 개념의 국민 내지 민족의 개념은 15세기 프랑스에서 출발했다. 잔의 출현 이전에 사람들은 그들 자신을 '프랑스인'이기보다는 노르망디인, 알자스인 또는 부르고뉴인이라고 생각했다. 아직 프랑스라는 국가는 지상에 존재하지 않았고 사람들은 그들의 고장이나 교회에 충실했을 뿐, 왕이나 국가에 대한 충성심은 별로 없었다. 가령 지방의 영주가 불어 대신에 말이 거의 안 통하는 영어로 말한다고 해서 평민들의 신상이나 형편이 크게 달라질 일은 없었다. 그런데 잔은 '우리와 그들'이라는 경계를 바꾸어버렸다. "그들은 우리의 땅에 있다. 우리는 프랑스인이다. 그런데 그들은 아니다. 그러니 우리의 영토에서 그들을 몰아내야 한다." 생전에 잔은 해방전쟁에 참여하기를 주저하는 사람들을 하나로 규합시켰고, 그녀의 죽음은 그들의 전투의

지를 더욱 확고하게 만들었다. 1456년 샤를 7세가 요청했던 두 번째 사후 재판에서 잔은 완전히 누명을 벗을 수가 있었고, 이후로 그녀는 프랑스의 '합일'과 '민족 정체성'의 상징이 되었다. 중세의 여류작가 크리스틴 드 피장 Christine de Pizan(1364-1430)은 잔을 성서에 나오는 여성 해방자에 비유하면서 그녀의 심장이 어떤 남성의 심장보다 용감하고 위대하다는 찬사를 보냈다. 잔 다르크는 사후에 자신의 의지와는 상관없이 '민족주의의 상징'이 되었다.

프랑스는 베르생제토릭스, 클로비스, 샤를마뉴 등 프랑스 땅 그 자체를 상징하는 막강한 권력의 히어로들을 많이 보유하고 있음에도 불구하고, 권력과 리더십의 상징으로 한 여성을 선택했다. 왜 여성이 프랑스의 롤 모델이 되었을까? 프랑스의 구세주는 여성이며, 프랑스 국가 la France도 여성형이다. 왜 프랑스는 조국보다 '모국'이란 말을 더욱 선호하게 되었을까? 본래 어머니, 즉 모국을 상징하는 대지는 주민들에게 삶의 기반을 제공해 준다. 중세에는 아기 예수에게 모유를 주는 성모마리아의 초상화가 매우 인기가 높았다. 또한 따뜻한 생명의 모유는 '피'를 상징하는데, 피는 민족주의라는 이데올로기에서 중요한 부분을 차지하고 있다. 그래서 잔은 종종 '자연의 딸'로도 묘사되었다. 그러나 잔 다르크는 과연 여성이기 때문에 이처럼 국민적 영웅으로 선택을 받은 것일까? 잔은 실제로 여성적이기보다는 오히려 중성에 가까우며, 여성성보다는 프랑스 지도층의 기본 덕목인 기사도나 용맹 등으로 자신의 진가를 인정받았다. 그녀는 남성의 세계에서, 즉 남장을 하고 군대, 정치, 신앙의 영역에서 맹활약을 펼치지 않았던가?

혁명 이래 프랑스는 모국, 그리고 프랑스를 의인화한 여성 마리안느 Marianne와 밀접한 연관성이 있다.[23] 혁명가들이 군이 여성과 마리안느를 선택한 것은 남성 지도자들이 주축이 된 '앙시앵 레짐 Ancien Régime(구제도)'과 극적인 대비를 이루기 위한 의도된 목적이 숨어있다. 물론 시간이 경과함에 따라 잔 다르크에 대한 숭배도 변화했고 그녀에 대한 민족주의관도 역시 일관적이지는 않다. 원래 잔은 프랑스 민족주의자들이 원하는 것을 얻기 위한 일

---

23 마리안느는 프리지아 모자, 골의 수탉 coq gaulois과 함께 프랑스 혁명의 3대 상징물 중 하나다.

프랑스공화정의 국민적 상징 마리안느의 흉상

종의 '도구'였다. 초기에 혁명적인 공화국들이 여성의 모습을 한 '자유와 이성의 알레고리'인 마리안느를 전면적으로 내세우자, 왕당주의자들은 교회와 프랑스 왕정을 위해 싸웠던 잔다르크를 '진정한 프랑스'를 대표하는 '반(反)공화주의'의 상징으로 추대했다. 그러나 열렬한 애국자이며 평민의 딸인 잔은 1802년 프랑스 혁명을 위해 목숨을 바쳐 싸운 한미한 신분의 지원병(혁명력 2년의 군인들)의 원형으로 공화주의자들에게서도 대환영을 받았다.

1860년대부터 교회는 프랑스의 상징을 땅에 대한 애착과 종교적 헌신으로 삼았다. 또한 교회가 잔을 성인으로 시성하자, 좌파나 우파 공화주의자들도 그들의 소기 목적을 달성하기 위해 잔을 필요로 했다. 그래서 19세기에 잔은 열띤 토론의 주제가 되었고, 그녀의 생애에 대한 낭만주의적이고 공화주의적인 저서나 그림들이 넘쳐났다. 잔은 좌익이나 우익에게, 즉 양 날개에 모두 적합했던 인물이었다. 초기에 왕당주의 역사가들은 잔을 위대한 위인으로 기술하지는 않았다. 잔의 서사적 무용담에 새로운 생명과 활력을 불어넣은 것은 프랑스의 민중사가인 쥘 미슐레Jules Michelet(1798-1874)와 좌파 역사가들이었다. 또한 잔을 '민중의 딸'로 부각시킨 것도 역시 좌파들이었다. 미슐레는 모국을 언급하면서 잔이 '프랑스의 정신'이라고 명명했다. 이처럼 잔의 숭배 사상을 다시 부활시킨 것은 교회가 아니라 공화주의자들의 공로가 컸다. 공화주의자들의 지론에 따르면, 강한 여성이 곤경의 시기에 흙에서 일어났다. 즉, 보다 나은 혁명의 세상을 위해 야만인들(왕당주의자와 영국인)의 수중에서 위기에 빠진 나라를 구원했다는 것이다. 물론 민족주의자들은 이를 거부했지만 좌파들은 교회와 성직자들이 무고한 잔을 기소하고 화형 시키는 데 전적으로 책임이 있고, 왕(샤를 7세)도 역시 그녀를 영국군에게 팔아넘기는데 일조했다고 믿었다. 1880-1890년대의 프랑스에서는 '민족' 또는 '국가'란 무엇인가를 다시 정의할 필요성이 제기되었는데, 이때부터 잔 다르크 숭배와 베르생제토릭스에 대한 신화화가 본격적으로 진행되었다. 사후 거의 4세기 동안에 그녀는 거의 반전설적인 인물이 되었다.

오늘날에도 잔 다르크 모시기(?) 경쟁은 치열하다. 좌파는 잔이 '농민의 딸'이기에 좋아하고, 종교 성향이 강한 우파는 '순결' 내지 '동정' 등 전통적 가치를 표상하는 가톨릭 성녀이기에 잔을 좋아한다. 이처럼 보수와 진보를 가리지 않고 구국의 여 전사로 널리 추앙받는 잔 다르크지만, 그녀는 물론 페미니스트는 아니었다. 훌륭한 여성적 리더십을 보여주는 인물이기는 해도, 결코 남성 중심의 정치질서에 대하여 비판적 태도를 드러내지는 않았기 때문이다. 요즘 페미니스트들은 여성들이 남성 중심적인 사회에서 남성이 수립한 언어를 사용하고 법과 질서를 따라야 하는 한, 남성의 '타자'일 뿐 진정한 여성 주체는 아니라는 주장을 한다. 그녀의 트레이드마크인 '남장 여인'이란 것도 페미니스트로서 어떤 대외적 퍼포먼스의 수단이 아니라, 남존여비 사상이 강했던 옛날에 자신을 남자로 속이기 위한 일종의 고육지책에 불과하다. 잔이 단지 '여자'라는 이유만으로 공적 영역에 참여할 모든 권리를 박탈당했던 당시 상황의 부조리를 똑똑히 인식했다기보다는, 오히려 남성적 특성을 체현함으로써 남성적 질서를 수용했다고 보아야 한다는 것이다. 그러나 근대적인 시각에서 중세 시대에 태어난 잔이 진정한 페미니스트인지 아닌지 그 여부를 따지는 것은 다분히 현대인의 시대착오적인 발상이다. 그녀는 남성과 동등한 능력을 가졌다는 것을 증명해 보였지만, 결코 남성과 똑같이 되려고 하지는 않았다. 이는 그녀가 비록 페미니스트는 아니었다고 할지라도, 성적 차이를 강조하는 페미니스트들이 제시하는 '여성 주체'와 닮아 있다고 볼 수 있지 않을까? 잔은 오로지 종교적인 전통 안에서 신에게서 받은 막중한 사명과 소임을 다했을 뿐이다. 그것은 결국 신 앞에서는 누구나 다 평등하고, 어떠한 사회계층도 신의 소명을 받을 수 있다는 종교적인 믿음과 신뢰를 군중들의 마음속에 심어준 것이었다. 그래서 잔은 15세기 프랑스 최초의 여성 시인 크리스틴 드 피장에서 오늘날 현재에 이르기까지 가장 용감하고 능동적인 여성으로 널리 추앙받고 있다. 그래서 시원적 민족주의자인 잔은 아이러니하게도 가톨릭교회에 의해 순교를 당한 성인이며, 여성적인 연대의식이 없는 페미니스트요, 또 민주적인 대의를 위해 싸운 왕당주의자이자 프랑스의 위대한 정신적 지도자라 하겠다.

신의 의지에 반하거나 죄를 짓느니 차라리 죽는 것이 낫다.

- 잔 다르크Jeanne d'Arc(1412-1431)

무모한 샤를Charles le Téméraire의
비극적 최후(1477년 1월 5일)

그때 세계는 –
1485 경국대전 시행
1492 에스파냐, 그라나다 정복
     콜럼버스, 서인도에 도착

1476년 3월 그랑송에서 패배한 부르고뉴 공작, 일명 '무모한 샤를Charles le Téméraire'(1433-1477)은 모라Morat에서도 그만 패하고 말았다. 분노가 치밀 대로 치민 그는 로렌 공 르네 2세René II(1451-1508)를 다시 공격했고 10월에 낭시를 포위했다.[24] 그 해 겨울은 매우 혹독했다. 1477년 1월 5일 전쟁에서 샤를의 용병들은 모두 뿔뿔이 흩어졌으나 그는 용감하게 끝까지 공격을 감행했다. 이틀 후에 사람들은 강가에서 그의 차디찬 알몸뚱이 시체를 발견했다. 그러나 그가 찼던 값진 보석들은 모두 도난을 당했고 이미 시체의 반이 늑대들에 의해 먹힌 상태였다. 얼굴도 전혀 형체를 알 수 없이 일그러졌지만 오직 그의 의사만이 평소에 그가 길렀던 긴 손톱과 전쟁에 의한 오랜 상흔을 보고 훼손된 시체가 바로 그의 것임을 확인할 수가 있었다. 무모한 샤를의 죽음 이후, 독립을 열정적으로 추구하던 '부르고뉴의 꿈'은 완전히 사라졌다. 그의 사망은 국왕 루이 11세Louis XI(1423-1483)의 궁극적인 승리를 의미했다.

---

24 로렌 공은 초기에 무모한 샤를과 손을 잡았으나, 비밀리에 프랑스 국왕 루이 11세와 동맹을 구축했다. 그는 일단 낭시에서 철수했으나 다시 날랜 스위스 용병들을 고용해서 샤를을 공격했고 낭시 전투에서 그를 전사시켰다.

낭시전투 이후 발견된 샤를의 시체. 프랑스화가 오귀스트 페이앙-페랭Auguste Feyen-Perrin(1826-1888)의 작품 (1865)

결국 루이는 자신의 지성과 돈의 위력을 이용해서 새로운 형태의 강력한 왕정의 창시자로 우뚝 설 수가 있었다.

루이가 프랑스 왕좌에 올랐을 때, 부르고뉴 공은 당시 무모한 샤를의 부친인 필리프 3세Philip III(1396-1467)였다. 그는 성지에 십자군을 보내기 위해 매우 열심이었지만 이런 기획을 하려면 막대한 자금이 필요했다. 루이 11세는 피카르디나 아미앵 같은 부르고뉴의 영지들을 넘겨받는 조건으로 필리프 3세에게 금화 40만 크라운을 지급했다. 그러나 자신이 물려받을 세습영지를 박탈당했다고 생각한 무모한 샤를은 이러한 거래에 몹시 진노했다. 그는 국왕 루이의 동생인 베리 공 샤를이 이끄는, 이른바 '공익 연맹'이라 불리는 귀족들의 반란에 가담했다.[25] 루이 11세는 반도들에게 대항했지만 싸움은 지지부진했고, 결국 정치적 편의에 따라 불리한 평화조약을 체결하게 되었다.

1467년 무모한 샤를이 샤를 1세로 부르고뉴 공이 되었을 때, 그는 자신의 독립적인 왕국을 꿈꾸었다. 그러나 루이 11세는 강력한 중앙집권 정부를 추

---

25 공익연맹은 루이 11세의 중앙집권정책에 대항해서 봉건귀족들이 결성한 동맹이다.

진했기 때문에 부르고뉴 공국은 더 이상 과거처럼 독자적으로 행동할 수가 없었다. 부르고뉴는 당시 많은 문제점에 봉착하고 있었다. 특히 리에주Liège 주민들이 부르고뉴 공에 대항해서 반란을 일으켰는데 국왕 루이는 비밀리에 리에주 주민들과도 동맹을 맺었다.

1468년 10월 9일 루이와 샤를은 페론Péronne에서 만났다. 국왕 루이는 부르고뉴 공이 전쟁을 포기할 것을 설득하기 위해 방문한 것이었다. 그런데 양인이 협상을 하는 도중에 리에주 시민들이 샤를에 대항해서 다시 봉기했고, 부르고뉴 지사를 살해했다는 사실이 알려졌다. 국왕의 은밀한 사주로 리에주뿐만 아니라 플랑드르까지 반란을 일으키자 샤를은 이를 명백한 '음모'로 여겨 분노해 마지않았다. 그는 페론의 성문을 굳게 닫아걸었고 국왕은 이제 꼼짝없이 그의 인질이 된 것이다. 샤를의 조신들은 분기탱천한 샤를이 혹시라도 국왕을 치지 않을까 우려해서 그를 진정시키려고 무진 애를 썼다. 결국 볼모로 잡힌 루이는 페론에서 매우 굴욕적인 조약을 체결했다. 그는 샤를의 선친으로부터 얻었던 많은 부르고뉴의 영토들을 포기해야 했다. 또 샤를을 도와서 이전의 동맹이었던 리에주의 반란을 같이 토벌할 것을 서약해야만 했다. 루이는 곧 수백 명의 리에주 시민들이 집단 살해된 리에주의 공성 현장을 눈으로 목도했다. 그러나 일단 위험한 샤를의 영지를 벗어나자마자 간교한 루이는 조약이 '무효'임을 선언했고 그의 세력들을 다시 규합했다. 루이의 목적은 마지막으로 한 번 더 부르고뉴를 완전히 제압하는 것이었다. 중앙 집권적 왕정을 꿈꾸는 루이에게 부르고뉴 공처럼 오만불손하고 지나치게 막강한 가신은 그야말로 눈에 가시가 아닐 수 없었다.

10년 동안 서로 대립하던 루이와 샤를 이 두 사람은 서로 화해하기 어려운 기질을 지니고 있었다. 샤를 7세의 아들인 루이는 항상 검소한 복장에다 기묘한 짧은 털 모자를 착용하고 있었다. 매우 총명하고 현실주의적인 성격의 루이는 음모나 모의 따위를 하도 좋아해서, 그의 정적들은 그를 '세계의 거미aragne universelle'라는 별칭으로 불렀다. 반면에 무모한 샤를은 왕국에서 가장 부유한 부르고뉴 공령의 주인으로 매우 사치스러운 의상과 값비싼 보석류를 좋아했다. 그도 역시 총명하고 무모할 정도로 용맹한 다혈질 성격이며,

폭력적일 정도로 독선적이고 권위적인 인물이었다. 그래서 샤를은 '무모한'이란 별칭을 얻게 되었다. 그는 플랑드르에서 부르고뉴까지 부유한 영토들을 하나로 통합해서, 자신의 독립적인 왕국을 건설할 계획을 꿈꾸고 있었다.

루이는 봉건영주들과의 분쟁을 끝내고 싶어 했다. 그는 자기 부친과 마찬가지로 대부분의 통치 기간을 프랑스 '내부의 적(敵)'으로 여겨지던 부르고뉴 공작과의 정치적 분쟁을 해결하는 데 소요했다. 루이는 그러한 소기의 목적을 달성하기 위해 당시에 가장 날래고 강하기로 유명한 스위스 용병대를 고용했다. 그래서 샤를과 스위스 용병 간의 싸움이 발생했는데, 아까 언급한 대로 그랑송에서 스위스군은 부르고뉴 군을 패배시켰고 무모한 샤를은 낭시 전투에서 비참한 최후를 맞이했다. 그래서 루이는 그의 불공대천의 원수의 파멸을 흐뭇하게 지켜볼 수가 있었다. 무모한 샤를의 비극적인 죽음은 부르고뉴 전쟁의 종말과 또 하나가 된 프랑스의 탄생을 의미했다. 결국 이 사건을 계기로 지방분권적인 봉건 제도를 선호하는 다른 영주들도 역시 왕권 앞에 무릎을 꿇을 수밖에 없었다.

루이는 무역박람회 등을 열어 무역과 상업을 장려하고 도로를 건설하고 유지·보수하는 것으로 왕국을 번영케 했고 부르주아 관리들을 기용해서 왕국의 행정을 체계적으로 조직하고 재정비해나갔다. 이러한 의미에서 볼 때 루이 11세는 프랑스 혁명 때까지 존속될 근대 프랑스 정부의 기본적인 틀을 구축한 셈이었다. 그래서 그는 중세로부터 프랑스를 탈출시킨, 첫 번째 근대적 군주로 평가받는다. 그는 교활한 간지와 전쟁 등 모든 수단을 총동원해서 프랑스의 독립적인 봉건 영주들을 차례대로 제압시켰다. 플레시-레-투르 Plessis-lez-Tours 성에서 임종을 맞이할 무렵에 그는 프랑스를 통일시켰고 강력한 왕정의 토대를 마련했다. 그러나 워낙 비밀이 많고 은둔형의 인간인지라 그의 죽음을 슬퍼하는 사람은 별로 없었다. 모름지기 군주란 목적을 위해서는 수단과 방법을 가리지 않아야 한다고 주장했던 마키아벨리도 역시 《군주론》의 13장에서 루이가 자신의 보병대를 폐지하고 스위스 용병들을 기용했다면서 그를 신랄하게 공격했다.

제3장
르네상스 시대
(1494-1610)

FRANCE

마리냥 전투
(1515년 9월 13-14일)

그때 세계는 –
1510 3포 왜란
1517 루터의 종교개혁 시작
1526 무굴제국의 성립

젊고 열정적인 21세의 국왕 프랑수아 1세Francis I(1494-1547)는 이탈리아의 밀라노를 정복하려는 전투의지를 불태웠다. 그는 우선 영국 국왕 헨리 8세 Henry VIII(1491-1547)의 중립을 사고, 합스부르크왕가의 카를 5세Karl V(1500-1558)에게도 중립을 유도했다. 그는 베네치아와도 동맹을 맺고, 독일 용병들을 고용할 자금을 마련하기 위해 선왕 루이 12세의 금 식기를 녹이도록 명했다. 그러나 스위스군은 알프스로 진입하는 두 군데의 중요한 통로를 막고 있었다. 그때 한 산사람이 나타나서 노새가 다니는 좁은 길을 프랑스군에게 가르쳐주었다. 거의 2km에 달하는 구불구불한 산길이었다. 프랑수아 1세는 오솔길을 넓히고 다리도 놓아서 닷새 만에, 즉 8월 15~20일 사이에 보병, 기병, 포병대까지 전 군대를 모두 무사히 이동시키는데 성공했다.

밀라노에서 그리 멀지 않은 마리냥Marignan(이탈리아어로 마리냐노Marignano)에서[1] 전투가 개시되었다. 프랑수아가 군대를 배치시킨 그곳은 도랑이나 늪

---

[1] 마리냥 전투는 캉브레 동맹 전쟁이라 불리는 이탈리아 전쟁(1494-1559)시기에 프랑스와 구스위스 연방 사이에 벌어진 전투다. 밀라노에서 남동쪽으로 16km 거리에 오늘날에는 멜레냐노Melegnano 라고 불리는 이탈리아 도시 인근에서 1515년 9월 13-14일에 일어났으며 프랑스군이 승리했다.

마리냥 전투에서 프랑수아 1세

지대도 없이 매우 광활한 들판이었다. 그는 수하에 프랑스군 만 명, 독일 용병 2만 명, 3천 명의 기병과 단단한 청동으로 만든 대포 한 대를 거느리고 있었다. 이탈리아 측에서는 4만 5천 명의 기병과 긴 장창을 든 2만 명의 스위스 군이 있었다. 9월 13일 오후 4시에 스위스 군이 프랑스 대포를 빼앗아 그들의 적인 프랑스 군을 향해 역방향으로 쏘려고 필사적으로 달려들었다. 그러자 프랑스 전위부대는 뒤로 후퇴했으나, 프랑수아 1세는 거침없이 역공을 가했다. 양군이 서로 뒤섞여 피아를 구분하기 어려울 정도로 접전이 치열했다. 짙은 안개와 어두움이 찾아오자 전투는 중단되었다. 프랑수아 1세는 "엉덩이는 안장 위에, 창은 주먹에 쥐고le cul sur la selle, la lance au poing"라는 자신의 구호를 그대로 실천했다. 그는 베네치아에 은밀한 전갈을 보냈고 이른 새벽 4시에 다시 전투가 개시되었다. 아침 8시경 프랑스군의 좌익진영이 와해될 즈음에 베네치아 기병대가 지원군으로 도착했다. 프랑스 대포는 놀라운 위력을 발휘해서 스위스 용병들을 대량 살상했고, 특히 프랑스 기병대의

파리를 방문한 카를 5세를 영접하는 프랑수아 1세(1540년). 16세기의 파리는 인구 35만 명(1550년)으로 당시 유럽에서 가장 큰 도시였다.

활약이 대단했다. 오전 11시경에 또 베네치아의 보병대가 도착하자 이미 많은 사상자를 낸 스위스군은 어쩔 수 없이 후퇴하기 시작했다. 총 16,000명의 사상자 가운데, 14,000명이 모두 스위스 군이었다.

'프랑스 기병대의 승리'로 기념되는 이 마리냥 전투는 청동 대포의 새로운 중요성을 각인시켜준 전쟁이었다. 특히 프랑스의 '첫 번째 르네상스 군주'라고 일컬어지는 프랑수아 1세는 그때까지 불패를 자랑하던 스위스 군대를[2] 쳐부순 덕분에, 자신의 치세(1515-1547)를 화려하게 개막할 수가 있었다. 그는 외교적인 대승리를 거두어 1516년 스위스와 영구 평화조약을 맺었고 교황 레오 10세(1475-1521)와는 1515년 12월 볼로냐 조약을 체결하여 주교나 수도원장 같은 고위 성직자 임명권을 확보했다. 그 덕분에 이탈리아의 도시국가 밀라노를 점령할 수가 있었다. 이 승리는 그의 군사 활동의 가장 큰 성공을 보여주었다. 그의 군사적 능력이 매우 뛰어난 것처럼 보였지만 사실상 이것이 그가 유일하게 대승을 거둔 전투이기도 하다.

16세기의 전환기에 프랑스는 이탈리아의 몇몇 도시국가들을 탈취하기 위해서, 합스부르크-발루아 전쟁을 벌였다. 1559년까지 지속된 이 전쟁은 프랑스에 이탈리아의 르네상스를 도입하는 결정적인 도화선이 되었다. 이 프랑스판 르네상스는 프랑수아 1세의 화려한 궁정문화로 잘 요약된다. 프랑수

---

2 스위스가 정확하게 언제부터 용병을 국가사업으로 운영했는지는 알 수 없지만, 13세기부터 스위스 용병은 유럽 최강으로 정평이 나있었다. 내륙국인데다 국토의 대부분이 산악지대였기 때문에 무역과 산업이 발달할 기틀이 없었고 이에 따라 가난했던 스위스는 용병업으로 생계를 꾸렸다.

아 1세와 그의 아들 앙리 2세 Henri II(1519-1559)는 끊임없이 이탈리아에 개입했으나, 표면상 밀라노 공국을 얻기 위한 이 전쟁은 사실상 유럽의 헤게모니 제패와 거대한 상권의 루트를 장악하기 위한 프랑수아 1세와 부르고뉴 공 무모한 샤를의 증손자였던 카를 5세간의 대립이 주요한 골자였다. 카를은 상속받은 부르고뉴 공국을 자신의 오스트리아 제국과 스페인 왕국에 병합시켰다. 1528년경에 프랑수아는 파리를 자신의 중요한 거주지로 정하고, 프랑스의 정치·문화·경제 중심지로서의 수도 파리의 위상을 더욱 강화시켰다. 이처럼 근대국가의 기반을 마련한 프랑수아 1세는 국가의 모든 공문서를 라틴어 대신에 '불어'로 작성하도록 했다. 그러나 프랑스는 앙리2세의 사망 이후, 국론을 분열시키고 국토를 온통 피로 물들이게 될 종교전쟁의 징후로 이미 동요와 균열의 조짐을 보이고 있었다.

⚜

"파리는 도시가 아니라 하나의 세계다."

- 프랑수아 1세

성 바르텔레미의 학살
(1572년 8월 24일)

그때 세계는 –
1536 칼뱅의 종교개혁
1555 아우크스부르크 화의
1571 오스만 제국, 레판토 해전 패배
1590 도요토미 히데요시, 일본 통일
1592 임진왜란 발발

1572년 8월 24일 동이 트기 전에 모든 것이 쥐 죽은 듯이 조용했다. 8월 23일 자정을 알리는 파리의 생제르맹Saint-Germain-l'Auxerrois교회의 종소리를 신호탄으로 해서 프랑스 칼뱅파의 신교도, 즉 위그노들에 대한 대규모 학살이 시작되었다. 신교도 앙리 드 나바르Henri de Navarre(1553-1610)(후일 앙리4세)와 구교도인 마그리트 드 발루아Marguerite de Valois(1553-1615)의 결혼식에 참석한 위그노들은 그때 루브르 궁에 모여 다들 휴식을 취하고 있었다. 바로 그전에 기즈 공 앙리Henri de Guise(1550-1588)수하의 병사들이 위그노의 수장인 가스파르 드 콜리니Gaspard de Coligny(1519-1572)제독을 침대에서 이미 암살한 상태였다. 그들은 콜리니 제독의 시체를 창밖으로 바닥에 쿵 던져버렸다. 나중에 화가 난 폭도들은 그의 나신을 난도질해서 머리와 손발을 자른 다음 훼손된 몸뚱이를 파리의 거리마다 질질 끌고 다니다 센 강에 버렸다. 콜리니의 숙소에서 마침 걸어 나오던 기즈 공은 "이것은 국왕의 명령이다"란 소리를 엿 듣게 되었다. 2백 명의 귀족들이 루브르 궁 근처에서 살해된 후 거리의 남성, 여성들은 말할 것도 없고 심지어 어린아이들까지도 죽임을 당했으며 곳곳에서 약탈이 자행되었다. 그래서 온통 피 빛으로 물든 센 강의 거친 물결이 거대한 시체더미를 마치 포효하듯 삼켜버렸다.

"역사상 가장 잔인한 범죄는 종교의 이름으로 자행됐다" 경건한 신앙인인 파스칼조차도 이렇게 말했을 정도로 종교전쟁은 예나 지금이나 잔혹하기 이를 데 없다. 수도 파리에서 발생했던 이 동족상잔의 비극은 거의 일 주간이나 계속되었다. 그러나 이 참혹한 학살은 프랑스 도처에 전염병처럼 전파되어 가을까지 지속되었으므로, 프랑스 사가 쥘 미슐레Jules Michelet는 "성 바르텔레미의 축일은 단지 한 날

콜리니의 죽음. 병사들의 그의 시신을 창밖으로 던지려하고 있다.

이 아니라, 한 철"이었다고 평가했다. 이 잔인한 유혈극은 신교도들에 대한 민중들의 증오를 폭발시켜, 파리에서 3천 명의 위그노 교도들이 값없는 죽임을 당했고 다른 지방의 도시에서는 무려 8천 명의 사상자가 나왔다. 이 광기 어린 피의 계절을 우리는 '성 바르텔레미의 학살사건'이라고 부른다. 결국 '다르다'는 것을 거부하는 인간의 본능적 태도가 권력과 결합하면서 빚어낸 어처구니없는 참사였다. 이를 계기로 프랑스를 '신교도의 왕국'으로 만들려고 했던 위그노들의 부질없는 희망은 산산이 부서졌다. 이 사건은 종교개혁 시대에 일어난 가장 끔찍했던 사건으로 회자되고 있다. 9월 29일에 신교도였던 앙리 드 나바르는 값없는 죽임을 당하지 않기 위해, 로마 가톨릭으로 개종하기 위한 제단 앞에 마침내 역사적인 무릎을 꿇었다.

그 당시에 과연 무슨 일이 일어났던 것인가? 16세기 중반의 유럽에서는 독일 신학자 마르틴 루터Martin Luther(1483-1546)에 의한 종교개혁운동이 불길처럼 번져나갔다. 참고로, 로마제국의 멸망 이래 유럽 역사에서 가장 평가

위그노 화가 프랑수아 뒤부아François Dubois(1529~1584)가 그린 〈성 바르텔레미의 학살〉

하기 어려운 복잡한 운동으로 평가받는 이 16세기 종교개혁에 대해서는 다음 세 가지의 상반된 주장들이 존재한다. 첫째는 이스트라반도(현재의 크로아티아) 출신의 루터교 신학자인 마티아스 플라키우스 일리리쿠스Matthias Flacius Illyricus(1520-1575)로부터 시작되어 현재까지 내려온 신교도 학자들의 해석이다. 그들은 종교개혁에 대하여 매우 우호적이며 종교개혁은 '필수적'이었다는 것이 그들의 주장이다. 둘째로 로마 가톨릭 학자들은 당연히 정반대 입장이다. 이탈리아 사학자인 카이사르 바로니우스Caesar Baronius(1538-1607) 추기경은 로마 가톨릭교회를 옹호하는 입장에서 종교개혁자들을 '신교도의 이단들'이라고 명명했다. 상기한 두 가지 주장이 종교적인 관점에서 이루어졌다면, 세 번째 주장은 '세속적'인 동기를 바탕으로 하고 있다. 즉, 종교는 단순히 표면상의 이유였고 경제적 원동력과 근대적 사회변동, 또 정치나 민족주의 혁명이 진정한 종교개혁의 동기였다는 것이 그들의 주장이다.

마침내 이 종교개혁운동이 프랑스에까지 당도해서 프랑스의 구교도와 신교로 개종한 위그노 교도들 사이에서는 격렬한 충돌이 여러 차례 발생했다. 1570년경 프랑스 전역에 위그노 공동체들이 생겨났다. 신교도들은 가톨릭에 의해 박해를 당했으나 1570년 8월 생 제르맹 평화조약으로 인해 양 진영은 잠시 휴지기를 갖게 되었다. 프랑스 신학자 장 칼뱅Jean Calvin(1509-1564)의 가르침을 따르는 위그노들은 그들이 신으로부터 '선택'을 받았다는 선민사상과 구원예정설을 믿었다. 당시 구교도의 수장은 프랑스 가톨릭교회를 열렬히 지지하는 기즈Guise 가문이었는데, 그들은 위그노가 '이단'이기 때문에 반드시 제거되어야 한다고 믿었다. 이 기즈 가의 목적은 가톨릭 신앙을 굳건하게 유지하고 가톨릭이 프랑스에서 완벽한 지배 종교가 되는 것이었다. 한편 위그노들에게 상당수의 요새도시들의 장악과 공직권을 부여했던 생 제르맹의 화약 덕분에, 신교도의 수장인 콜리니 제독은 국왕 샤를 9세Charles IX(1550-1574)의 국정자문 회의의 일원으로 임명될 수가 있었다. 그는 젊은 왕 샤를 9세의 신임을 얻자 영국과 함께 스페인에 대항하여 싸울 것을 진언했으나, 전쟁을 원치 않는 모후 카트린 드 메디치Catherine de Medici(1519-1589)와 기즈 공에 의해 제거 일순위의 대상이 되었다.

카트린 드 메디치는 구교도·신교도 간의 평화를 가져오기 위해, 자신의 딸인 마그리트와 신교도인 앙리 드 나바르의 정략혼을 추진했다. 1572년 8월 18일 모든 신교도 귀족들이 파리에 집결했다. 나바르의 국왕 앙리는 가톨릭 미사에 참석하지 않고 국왕의 여동생인 마그리트 공주와 혼인했다. 8월 22일 콜리니 제독은 의문의 총상을 입었으나, 다행인지 불행인지 그의 상처는 단지 경상에 그쳤다. 국왕은 화가 난 위그노 귀족들을 달래기 위해 콜리니의 암살 미수 사건에 대한 철저한 조사를 약속했다. 그러나 아들에 대한 콜리니 제독의 영향력을 우려해 마지않던 카트린은 우유부단한 국왕을 설득시켜, 신교도들이 곧 반란을 획책하고 있다는 음모설을 믿도록 종용했다. "자 그들 모두를 다 죽여라. 다 죽여 버려라!" 결국 샤를 9세는 위그노 교도들을 전부 숙청하라는 명을 내렸다. 8월 25일, 그러나 너무도 끔찍한 결과에 경악한 샤를은 학살을 멈추라는 왕명을 내렸지만 대량살육의 퍼레이드는 10월까지도 루앙, 리용, 부르주, 보르도, 오를레앙 등 지방 도시들로 계속 산불처럼 퍼져나갔다.

1572년의 학살사건의 원인에 대하여 역사가들은 오랫동안 논쟁을 거듭해왔다. 프랑스의 신교도 법률가인 프랑수아 오트망François Hotman(1524-1590)

프랑스 신교도 분포(1562–1598)

■ 알자스지역의 루터파
■ 위그노 귀족의 지배영역
■ 위그노와 로마가톨릭 귀족의 대립지역

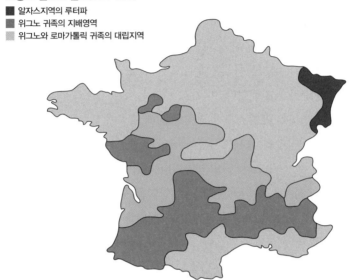

위의 지도는 프랑스 종교전쟁(1562–1598) 당시에 프랑스 신교도들의 분포도를 보여주고 있다.

의 저서에 근거해서, 신교도 사가들은 콜리니 제독과 위그노 교도들을 기즈 가와 결탁해서 악독한 왕비 카트린이 철저히 계획한 음모에 희생당한 영웅적인 순교자들로 묘사했다. 반면에 구교도사가들은 왕실 측의 해석을 충실하게 따르고 있다. 즉 신교도들로부터 가톨릭 왕권을 지켜내기 위해 정당한 선제공격의 일환으로 학살 명령을 내렸다는 것이다. 그러나 이 전대미문의 학살사건은 그 소기의 목적을 달성하지 못한 만큼, 사실상 무의미한 범죄였다. 즉 이 종교전쟁은 신교도들을 소탕하기는커녕 오히려 그 생존자들에게 견고한 '합일'과 대동단결은 물론이고, 또 프랑스 남부에 일종의 '신교도 공화국république protestante'을 세우는 계기를 제공해 주었기 때문이다. 신실한 가톨릭 신자였던 당시 신성로마제국의 황제 막시밀리안 2세Maximilian II(1527–1576)도 이 소식을 듣고 공포를 금치 못했고, 신교의 나라 영국 엘리자베스 여왕은 상복을 입고 이들의 죽음을 애도했으며 신교의 본고장인 제네바에서는 이 비통한 소식을 듣고 금식을 선포했다고 한다. 1985년에 프랑스 제5공화국의 좌파 대통령 프랑수아 미테랑François Mitterrand(1916–1996)은 성 바르텔레미의 학살에서 희생당한 위그노 교도와 그 후손들에게 국가를 대표해서 과거에 공권력이 행했던 범죄를 공식적으로 사과했다.

오늘날 프랑스 신교도의 숫자는 백만 명 정도이고, 이는 프랑스 전체 인구의 약 2%에 해당한다. 신교는 비록 소수종파에 속하지만 프랑스 재계와 정계에서 상당한 힘을 발휘하는 만큼 매우 유력한 종교다. "당신도 알다시피 나는 신교도가 아니라 가톨릭이라오. 그래서 소위 '자아비판'이라는 정신적인 극기 훈련에는 별로 익숙하지가 않다오!" 매우 성마른 성격의 프랑스 극우정당(FN) 당수인 장-마리 르펭Jean-Marie Le Pen(1928-)은 선거 유세 기간 중에 혹시 본인의 결정적인 실수나 과오가 있었는지를 물어보는 퀴즈식 질문에 이렇게 퉁명스럽게 대꾸했다. 오늘날 프랑스 사회에서 '신교Protestantism'는 도덕적 근엄성과 엄격성을 상징한다. 프랑스의 우파 잡지 《피가로》의 편집자인 장-마리 루아르Jean-Marie Rouart에 따르면, 가톨릭 신자들은 고해성사를 할 때 일상생활에서 그들이 저지른 경미한 과오나 하얀 거짓말에 대해 별다른 양심의 가책 없이 타협하는 편이지만, 신교도들은 '정직'을 마치 단도 같은 무기처럼 휘두른다고 한다. 타인들뿐만 아니라 자기 자신에 대해서도 매우 엄격한 도덕적인 잣대를 들이댄다는 것이다. 즉 신교도들은 모름지기 사람들로부터 존경은 받을지 몰라도 결코 사랑받지는 못한다는 것이 그의 지론이다. 신교도적 가치관이란 정직, 말에 대한 존중, 강도 높은 노동, 무거운 책임감, 소박하고 검소한 생활방식, 관용, 양심의 자유, 또 완고한 강직함을 의미한다. 신교도들은 프랑스 역사에서 인권선언, 노예제도 폐지, 시장경제, 중앙정부로부터 지방자치제로의 권력 이양, 국가교육의 확대, 국가와 교회 분리, 또 피임과 이혼을 옹호하는 등 사상의 해방과 개혁 면에서 선구자적인 역할을 담당해왔다.

"나에게는 신이 여기에 계시다는 것만으로 충분하다.
나는 과연 누구의 선의에 내 영혼을 맡겨야 하나?"

- 콜리니 제독(동시대의 역사가 자크-오귀스트 드 투Jacques-Auguste de Thou(1553-1617)의 저서 중에서)

앙리 3세의 암살
(1589년 8월 1일)

그때 세계는 −
1597 정유재란 발발
1600 영국, 동인도회사 설립
1603 일본, 에도막부 성립

　　로마교황청이 앙리 3세Henri III(1551-1589)에게 로마에 와서 구교파의 지도자 앙리 드 기즈Henri de Guise(1550-1588)의[3] 암살을 직접 해명하라고 독촉을 했다. 그러자 사면초가에 몰린 앙리 3세는 신교도인 앙리 드 나바르와 손을 잡았다. 그들의 군대는 파리 근처에 집결했고 국왕은 그곳 생 클루Saint-Cloud 궁전에 머물렀다. 그런데 도미니크 수도회의 수사인 자크 클레망Jacques Clément(1567-1589)이란 자가 국왕에게 기밀문서를 전달한다는 핑계로 알현을 청했다. 클레망은 기밀문서라면서 국왕에게 서류 한 묶음을 전달했다. 앙리 3세는 기밀보호를 위해서 수비대에게 잠시 뒤로 물러나있으라고 명을 내렸다. 그러자 이를 절호의 기회로 여긴 클레망은 앙리 3세의 복부를 두세 차례나 찔렀다. 바로 쓰러지기 직전에 국왕은 "오 나쁜 수도승 같으니라고. 그가 나를 죽였어!"라고 신음했다. 그러자 수비대는 즉시 클레망을 죽였고, 그 시신은 궁전의 창밖을 통해 밖으로 던져졌다. 나중에 국왕 시해범의 사지는

3　프랑스 종교전쟁의 핵심인물인 기즈 공은 1576년에 위그노 운동의 수장인 앙리 드 나바르가 프랑스 왕위에 오르는 것을 저지하기 위해 가톨릭연맹인 신성동맹을 창설했다.

도미니크수도회의 수도사인 자크 클레망에 의해 암살당하는 앙리 3세. 신성동맹을 열성적으로 지지하는 광신
도였던 그는 수비대에 의해 살해당하기 전에 왕을 두 차례나 단도로 찔렀다.

네 필의 백마에 의해 비참하게도 갈가리 찢겨나갔다. 초기에 국왕의 상처는
치명상처럼 보이지는 않았다. 그러나 앙리 3세는 모든 수하들을 불러, 과거
에 자신에게 했던 것처럼 그의 후계자인 앙리 드 나바르에게도 똑같이 충성
할 것을 지시했다. 앙리 3세는 8월 2일 숨을 거두었다. 그날은 자신이 파리를
공격하기로 예정된 날이었다. 후사가 없었던 앙리 3세의 장례식에는 후계자
인 앙리 드 나바르와 그의 수행원들, 또 앙리 3세의 총신들이 발루아 왕족을
통틀어 가장 인기가 없었던 국왕의 영구차를 바싹 따랐다. 이로써 발루아 왕
조는 막을 내리고, 앙리 드 나바르가 새로운 부르봉 왕가의 창시자로서 프랑
스 권좌에 올랐다. 이 부르봉가도 역시 발루아 왕조와 마찬가지로 카페왕조
의 분가(分家)에 속했다.

파리에서는 앙리 3세의 죽음을 축하했다. 일부 들뜬 시민들은 국왕의 시
해 사건을 '신의 징벌'이라고 떠들었을 정도였다. 앙리 3세의 시신은 생 드니
바실리카 성당에 안장되었다.[4] 남편의 불행한 죽음 이후, 늘 애도를 상징하는
하얀 소복을 입어 소위 '하얀 왕비'라는 별명을 얻은 루이즈 드 로렌-보드몽

---

4   파리를 탈환한 앙리 드 나바르에 의해 생 드니 성당에 묻혔으나, 프랑스 대혁명 당시 폭도들이 묘
    지를 파헤쳐 시체를 꺼내 온갖 모욕을 가한 후 공동묘지에 던져버렸다.

Louise de Lorraine-Vaudémont(1553-1601)은 새로운 국왕 앙리 4세Henri IV(1553-1610)에게 죽은 남편의 파문을 무효화해 달라고 청했다. 앙리 3세의 파문 이야기는 그의 암살 이전으로 돌아간다.

스페인의 무적함대가 영국에 대패한 후 구교국인 스페인이 프랑스의 가톨릭 연맹을 후원할 가능성은 현저히 줄어들었다. 이에 한숨을 돌린 앙리 3세는 1588년 12월 23일 블루아 성에 자신의 정적 1호인 가톨릭 연맹의 수장 앙리 드 기즈를 초청했다. 회의실에는 그의 동생인 기즈 추기경 루이 2세(1555-1588)도 미리 당도해 있었다. 기즈 공은 국왕이 침실과 연결된 개인 방에서 그를 기다리고 있다는 연락을 받았다. 거기서 미리 대기해 있던 왕실 경호원들이 달려들어 기즈 공을 살해했고, 뒤이어 동생인 기즈 추기경도 죽였다. 앙리 3세는 그 누구도 프랑스 왕위를 넘보지 못하게 방지하는 차원에서 기즈 공의 아들도 투옥시켜버렸다. 기즈 공은 비록 살해당하기는 했지만 당시 프랑스에서 상당한 인기를 누렸다. 고등법원은 국왕을 형사고발했고, 파리 시민들도 역시 등을 돌린 상태였기 때문에 앙리 3세는 부득불 신교도인 앙리 드 나바르와 손을 잡게 되었다. 앙리 3세의 성격은 프랑스 소설가 알렉상드르 뒤마Alexandre Dumas(1802-1870의 《여왕 마고La Reine Margot》(1845)같은 소설이나 영화, TV 쇼 등에서 잘 나타난다. 워낙 멋 부리기와 사치를 즐겼던 앙리 3세에게는 '미뇽mignon'이라 불리는 총신들과 동성애를 즐겼다는 소문이 줄곧 따라다녔다. 소위 '퀴어학Queer studies'의 [5] 선구자인 캐나다 출신의 학자 루이 크롬프톤Louis Crompton(1925-2009)은 동시대의 소문들이 모두 사실이라고 주장했다. 그러나 몇몇 근대 역사가들은 앙리가 생전에 많은 정부들을 거느렸고, 아름다운 여성에 대한 호사가인데다 또 동성애 파트너가 공식적으로 확인된 적이 없었다는 사실들을 근거로 이를 정면으로 반박했다. 전쟁이나 사냥을 싫어하고 평상시에 몸치장을 즐기는 데다 후사도 없는 국왕을 정적들이 모함해서 지어낸 이야기로 간주했다. 그동안 앙리 3세는 방종하고 무능

---

5 퀴어학은 젠더학의 한 갈래로 LGBT나 성소수자, 남녀중간몸 사람의 성적 지향과 성 정체성 등을 연구하는 학문이다.

한 지배자, 여러 가지 정치적 과오들을 저지른 타락한 '폭군'으로 묘사되어왔으나 요즘은 그에 대한 새로운 평가가 이루어지고 있다. 무엇보다 앙리 3세가 또 다른 한 명의 앙리, 즉 앙리 드 나바르를 자신의 후계자로 지정한 것은 프랑스 국익 차원에서 볼 때 결코 작지 않은 그의 공로로 평가되어야 할 것이다.

❧

"암살의 순간이란 권력과 권력의 무지가 검증자로서의
죽음과 하나가 되는 순간을 일컫는다."

- 미국 소설가 토머스 핀천Thomas Pynchon의 《중력의 무지개Gravity's Rainbow》(1973) 중에서

낭트 칙령
(1598년 4월 23일)

그때 세계는 -
1608 경기도에 대동법 시행
1616 후금 건국

1598년 4월 23일 그동안 박해를 받았던 칼뱅파의 신교도인 위그노들이 낭트 칙령을 통해 '종교의 자유'를 허락받았다. 그 당시 위그노들은 전체 프랑스 인구의 1/10이었고, 귀족층에서는 1/3 정도를 차지했다. 낭트 칙령을 내린 앙리 4세Henri IV(1553-1610)도 역시, 1593년 프랑스 왕위에 오르기 위해 "파리는 미사를 드릴 가치가 있다Paris vaut bien une messe!"면서 자신의 신앙을 포기하기 전까지는 신교도였다. 앙리는 물론 독실한 기독교 신자였지만 가톨릭과 위그노 이 두 종교 사이에서 거의 8번이나 오락가락하기를 반복했다.

낭트 칙령(1598년)

개인의 종교 신앙에 대하여 사상의 자유를 인정한 첫 번째 사례로 손꼽히는 낭트 칙령은 앙리 4세의 중요한 업적 가운데 하나다. 이 칙령은 프랑스에서 36년간의 종교 내란을 종식시켰고,

'용기병의 박해'는 독실한 가톨릭교도인 프랑스 국왕 루이 14세가 용기병들을 동원하여 개신교인들을 박해한 사건이다.

구교도와 신교도 간의 '평화 공존'을 가능케 했다. 낭트 칙령의 서문에서 국왕이 '좋은 평화bonne paix'를 언급했던 것처럼 그것의 당면 목표는 '평화'를 가져오는 것이었으나 장기적 안목에서 본다면 기독교 왕국의 종교적 화해와 번영을 이룩하기 위함이었다. 낭트 칙령은 두 개의 공증된 문서로 작성되어 반포되었는데 그 내용은 위그노의 권리를 인정하는 것으로 되어 있다. 즉 파리를 제외한 다른 지역에서 그들이 집회를 열 수가 있고, 신교도를 보호하기 위해 프랑스의 서부 도시인 라 로셸La Rochelle에 병력을 주둔시키고 그 비용을 국왕이 지불하며, 위그노에게 위급한 상황이 발생할 것을 대비해 150개의 요새를 건설하는 것 등이 주요 골자로 되어있다. 이로 인해 프랑수아 1세 François I(1494-1547)가 제정했던 '퐁텐블로 칙령'(1540년), 즉 가톨릭 이외의 신앙을 가진 자는 엄벌에 처하며 이를 밀고한 자에게는 몰수한 재산의 4분지 1을 수여한다는 개신교 탄압의 법률은 폐지되었다.

앙리 4세는 치세 기간 내내 이 낭트 칙령이 철저히 시행되도록 노력을 기울였지만 그의 아들인 루이 13세Louis XIII(1601-1643)의 대에 이르러 신교도들은 그들의 거점을 잃게 되어 전적으로 국왕의 호의에 의존하게 되었다. 어린 왕 루이 14세Louis XIV(1638-1715)의 재위 초는 비교적 '종교적 평화'의 시기였다. 그러나 그가 전권을 장악했던 1600년부터 낭트 칙령은 매우 제한적으로 적용되기 시작했다. 1680년에 다시 박해가 재개되어 국왕의 '용기병'

들이 구교로의 개종을 억지로 강요하는 등 신교도들에게 무력을 행사했으므로 이 시기를 '드라고나드dragonnades', 즉 '신교도 박해의 시대'라 칭한다. 1685년에 대부분의 신교도들이 가톨릭으로 개종했다고 확신했던 루이 14세는 드디어 자기 할아버지가 내린 낭트 칙령을 폐기해버렸다.

17세기 중반에 프랑스에서는 대략 90만 명의 신교도들이 대다수의 지배적인 가톨릭교도들과 더불어 공존하고 있었다. 그러나 어리석은 낭트 칙령의 폐지의 결과, 위그노들은 종교의 자유를 찾아서 영국, 네덜란드, 스위스, 미국, 남아프리카 등 다른 나라로 망명하지 않을 수가 없었다. 비록 프랑스 혁명기에 종교의 자유와 만인을 위한 시민권 등이 보장되었음에도 불구하고, 1815년에 프랑스 위그노들의 숫자는 47만 명으로 부쩍 감소했다.

오늘날 프랑스의 신교도들은 전체 인구의 2%밖에 되지 않는다. 그러나 재계나 공직, 지성계에서 그들이 차지하는 비중은 실로 크다. 현재 제5공화국(1958-)의 리오넬 조스팽Lionel Jospin(1937-), 미셸 로카르Michel Rocard(1930-2016), 모리스 쿠브 드 뮈르빌Maurice Couve de Murville(1907-1999)같은 역대 총리들이나 카트린 트로트만Catherine Trautmann(1951-) 문화부 장관, 피에르 족스Pierre Joxe(1934-) 내무부 장관 같은 각료들이 모두 신교도이며, 그들 대부분이 '좌파'정치인들이다. 프랑스인들은 아직도 재정과 사업 부문에서 명망 높은 신교도 가문 '아쉬 에스 페' HSP(haute société protestante)를 언급하기를 좋아하는데, 프랑스 자동차 푸조Peugeot그룹의 보스였던 자크 칼베Jacques Calvet(1931-)가 그 대표적인 인물이다. 이처럼 수적인 열세에도 불구하고, 프랑스 신교도들은 여전히 엄격한 '성도덕' 부문을 제외한 나머지 분야에서 두각을 나타내고 있다.

"상술한 종교와 관련해서 대학이나 학교에서 학생들을 받거나,
병원 · 수용소 · 공공자선단체에서 빈민이나 병든 환자들을 수용하는네
어떤 차이나 차별도 없으리라는 것을 명하노라."

- 낭트 칙령 중에서

앙리 4세의 암살
(1610년 5월 14일)

그때 세계는 -
1609 기유약조 체결
1612 마이소르 왕국(힌두왕조) 성립
1618 30년 전쟁 발발

앙리 3세의 죽음에 대한 불길한 예언처럼, 앙리 4세 Henri IV(1553-1610)에게 도 죽음을 예고한 점성술사가 있었다. 앙리 4세의 애첩 가브리엘 데 스테레 Gabrielle d'Estrée(1573-1599)와의 사이에서 낳은 아들인 방돔 Vendôme 공작은 자 칭 '라 브로스 La Brosse'라는 이름의 점성술사가 건넨 별점을 부친에게 보여 주었다. 그것은 5월 14일 외출을 하게 되면 커다란 변고가 있을 수 있다는 경 고의 메시지였다. 그러나 국왕은 점성술사를 "멍청이"라고 부르면서 그 종 이를 구겨서 발밑에 던져버렸다. 그 문제의 날 국왕은 병상에 누워있는 재상 쉴리 공 Duc de Sully(1560-1641)을 만나기 위해 출발했다. 왕이 탄 무개마차가 생 토노레 거리에서 평상시에도 군중들로 붐비는 '라 페로느리 la Ferronnerie' 거리로 막 진입했을 때였다. 그때 갑자기 암살자가 마차의 발판 위로 뛰어 올라 왕의 가슴을 단도로 두 번 찔렀다. "저런, 나 찔렸어!"라고 국왕은 외마 디 소리를 질렀는데 그것은 사실상 그의 마지막 유언이나 다를 바 없었다. 그전에 두 대의 마차가 난데없이 통로를 막았기 때문에 수비대는 잠시 길 을 열기 위해 마차를 떠났는데 바로 그 틈을 타서 프랑수아 라바이악 François Ravaillac(1578-1610)이라는 가톨릭 광신도가 왕의 대동맥을 끊으면서 급소를

앙리 4세의 암살

찌른 것이었다. 상처를 입은 국왕은 루브르 궁으로 급히 이송되었고, 두 번째 정비인 마리 드 메디치Marie de Medici(1575-1642)가 눈물로 그를 맞이했다. 나중에 루브르 궁의 스위스 수비대는 그들의 '충성심의 표식'으로 국왕 시해범의 사지 중 일부를 몰래 입수한 다음 왕비의 침실 발코니 밑에서 모닥불을 피우고 그것을 태웠다고 전해진다. 왕비에게 제일 먼저 비보를 알린 사람은 충신 쉴리 공이었으나, 섭정이 된 마리 드 메디치가 개시한 첫 번째 행동은 그 쉴리를 쫓아낸 것이었다!

앙리 4세의 장례식에 이어 국왕 시해범인 라바이악의 재판이 이루어졌다. 라바이악은 앙리 4세가 교황에 대한 전쟁의 개시로 스페인령 네덜란드를 침범하기로 결정했다고 믿었다. 때문에 그는 이를 저지하기 위해 왕을 죽이기로 결심했다고 횡설수설을 했다. 그러나 그는 자신의 행동을 뉘우치는 기색은 전혀 없었다. 매우 혹독하고 장기적인 고문이 가해진 후, 1610년 5월

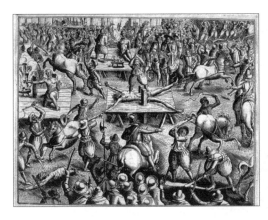

그레브 광장에서 국왕 시해범 프랑수아 라바이악의 처형식(1601년 5월 27일). 장 르 클레르Jean Le Clerc(1586-1633)의 작품(1610년)

27일 파리의 그레브 광장(오늘날 시청 광장)에서 그의 공개처형식이 거행되었다. 그날은 군중들이 모여 인산인해를 이루었는데, 특히 호기심 많은 구경꾼들이 엄청나게 비싼 관람료를 지불하고 광장 근처의 집들의 지붕과 창을 점령한 채 대기하고 있었다. 당시 파리를 방문했던 20세의 폴란드 청년 귀족 자쿱 소비에스키Jakub Sobieski(1590-1646)는[6] 자신도 역시 엄청난 바가지요금을 내고 겨우 창 하나를 빌렸다는 목격담을 적고 있다. 그림에서 보는 바와 같이 라바이악의 사지는 네 필의 말에 의해 갈가리 찢겼는데, 자쿱은 많은 사람들이 그의 피 묻은 살점들을 손수건이나 머리 수건 같은데 고이 싸서 집으로 가져갔다고 기술했다. 백성들로부터 가장 사랑을 받았던 국왕의 시해에 대한 앙갚음으로 집에 가서 그것으로 요리를 해 먹은 자들도 있었다고 한다!

라바이악은 모진 고문 속에서도 자신의 단독 범행임을 주장했으나 그는 고독한 암살자였을까? 보다 복잡한 궁정 음모의 산물인가 아니면 거기에는 외세의 개입도 있었던가? 그 전날 대관식을 치른 마리 드 메디치 왕비도 혹시 이 사건과 무슨 연관성이 있었던 것은 아니었을까? 라바이악은 과연 어떻게 왕의 행차 경로를 미리 알았을까? 혹시 누군가 수비대를 따돌리기 위해 사전에 왕의 통로를 막도록 마차 두 대를 준비해 놓았던 것은 아니었을

---

6   그는 폴란드국왕 얀 3세 소비에스키Jan III Sobieski(1629-1696)의 부친이다.

앙리 4세와 마리 드 메디치

까? 그러나 범행이 발생한 지 단 13일 만에 처형이 이루어졌기 때문에 라바이악의 이전 행적이나 다른 자들과의 연관성은 밝혀지지 않은 채 사건은 그대로 종결되었다.

구교도에게는 '왕위 찬탈자', 신교도에게는 '변절자'라는 낙인이 찍혔던 앙리 4세에게는 그동안 수차례나 암살 시도가 있었다. 결국 라바이악에게 시해당한 후 국왕의 유해는 생 드니 바실리카 성당에 묻혔다. 졸지에 과부가 된 마리 드 메디치는 9세가 된 어린 아들 루이 13세를 위해 섭정으로 즉위해서, 1617년까지 프랑스를 통치했다. 프랑스 소설가 오노레 드 발자크Honoré de Balzac(1799-1850)는 그의 《인간희극》(카트린 드 메디치 편)에서 마리 드 메디치에 대한 프랑스 낭만주의 세대들의 부정적 견해를 잘 요약해 주고 있다. 이탈리아에서 나고 자란 그녀를 프랑스인들은 결코 프랑스의 국모로 받아들이려 하지 않았고, 앙리 4세의 죽음에도 멍청하고 사악한 왕비가 개입되어 있다는 '음모론'을 믿는 자들이 적지 않았다.

"그녀의 모든 행동은 프랑스 국익에 유해했다. 마리 드 메디치는 앙리 4세가 축적한 부를 흥청망청 낭비했으며, 국왕의 암살에 대한 기소에서도 그녀는 결코 자유로울 수가 없다. 당시 현장에서 라바이악의 공격을 (일부러) 막아내지 않았던 그녀의 최측근 에페르농 공작duc d'Épernon(1554-1642)은 오래전부터 이 암살범을 개인적으로 알고 있었다. 리슐리외 추기경이 이른바 '사기당한 사람들의 날'(1630년)에[7] 모후인 마리 드 메디치를 이길 수 있었던 것도 추기경이 국왕 루이 13세에게 부친 앙리 4세의 죽음과 관련된 극비의 문서를 전달했기 때문이다"(발자크의 《인간희극》 중에서)

앙리 4세에게는 '위대한 앙리Henri le Grand', '좋은 왕 앙리bon roi Henri', 또 50여 명의 정부를 거느리는 등 여색을 좋아해서 '호색가vert galant'라는 별명도 따라다녔다. 그는 반항하는 귀족들을 억누르기 위해 비싼 전쟁을 치르는 대신에 단순히 그들을 해고해버렸다. 또한 모든 백성들의 삶을 증진시키는 정책들을 시행했기 때문에 왕국에서 가장 인기 있는 통치자가 되었다. 19세기 말까지도 프랑스의 포퓰리스트 정치가들이 선심성 공약으로 내세웠던 '각 냄비마다 닭 한 마리'라는 풍자적인 정치구호의 원조도 바로 그였다. "만일 신이 허락하신다면 나는 왕국의 농부들이 매 주일마다 닭찜 요리를 먹도록 하겠노라!" 이러한 메시지는 그가 종교전쟁 이후 프랑스에 가져온 평화와 번영을 잘 요약해 주는 것이며, 국왕으로서의 앙리가 얼마나 프랑스 노동자와 농부들의 곤경을 잘 이해하고 있는지를 보여주는 사례다. 그는 대다수 하층민의 생활환경의 개선이야말로 궁극적으로 국왕과 대귀족들의 경제적 기반임을 누구보다 잘 알고 있었다. 이처럼 앙리 4세의 솔직한 매너와 용기, 군사적 성공 등은 과거에 병약하고 퇴폐적이던 발루아 왕조의 마지막 국왕들과는 극적인 대조를 이루었다.

이탈리아의 르네상스가 프랑스 예술에 영향을 끼치기 시작했던 것은 샤를 8세Charles VIII(1470-1498)가 이탈리아 원정(1494년)을[8] 마치고 여러 이탈리아 예술가들과 함께 귀국하면서부터이다. 프랑스의 르네상스기는 샤를 8세부터 앙리 4세의 치세기 말인 1610년까지로 잡으며, 특히 프랑수아 1세와 그의 아들인 앙리 2세의 치세기는 프랑스 르네상스기의 절정으로 꼽는다. 전대의 국왕들과 마찬가지로 '예술의 후원자'였던 앙리 4세는 장차 예술이 전 사회 계층으로 확산될 것을 믿었다. 앙리 4세는 퐁네프 다리, 보주 광장, 도핀 광

---

7 '사기당한 사람들의 날'의 유래는 다음과 같다. 두 사람의 불화 속에서 고민하던 루이 13세는 오랜 대화 끝에 리슐리외 추기경을 복직시켰고, 원래 사이가 좋지 않았던 어머니는 파리에서 추방시켰다. 그러자 마리 드 메디치는 해외로 망명했고 계속 리슐리외 추기경에 대한 음모를 획책하다가 결국 빈곤 속에서 사망했다. 운명의 그 날 리슐리외의 정적들은 모두 기만을 당했기 때문에, 왕실 마차를 타고 의기양양하게 파리로 귀환하는 승리한 추기경을 보고 원래 재치 있기로 유명한 세랑 Serrant 백작이 "이크, 사기당한 사람들의 날이로군!"이라고 말했다고 전해진다.

8 이탈리아에 대한 영유권을 주장했던 샤를 8세는 우선 나폴리 왕국의 앙주 왕가에 대한 권리를 요구했고, 이를 빌미로 이탈리아를 침공하여 이탈리아 전쟁이 시작되었다.

풍네프 다리 위의 앙리 4세 기마상(1775년)

장, 그랑 갤러리를 포함한 루브르 궁의 증축 등 수도 파리의 각종 토목사업과 도시 발전에 상당히 많은 기여를 했다. 그는 또한 자신의 성을 건축하기 위해 많은 예술가와 조각가들을 초청했기 때문에 후일 그의 치세기를 '앙리 4세 스타일의 시대'라고 칭한다. 프랑스에 대한 원대한 비전을 품고 있었던 그는 국토를 근대화시켰고 재상 쉴리와 함께 많은 일자리를 창출하고 경제 부흥을 위한 중농주의 정책을 적극 장려했다.

프랑스 국민들은 이처럼 민생을 보살피고 민중들의 심리를 잘 이해했던 앙리 4세의 치세를 오랫동안 기억했다. 국왕이 죽은 지 4년 만에 그의 위대한 치적을 기리는 의미에서 1614년에 퐁 네프Pont Neuf 다리 위에 국왕의 기마상을 세웠다. 물론 프랑스 혁명 기간 중에 성난 폭도들에 의해 원래 기마상은 다른 기념물들과 함께 파괴되었지만, 1818년에 그의 기마상이 가장 먼저 복구되었다. 특히 왕정복고 기간 중에는 앙리 4세의 따뜻한 인품에 대한 숭배가 유행했다. 즉, 혁명으로부터 아무것도 배우지 않고 돌아온 부르봉 왕가는 그동안 논란의 여지가 많았던 루이 15세, 루이 16세의 치세기는 의도적으로 축소시킨 반면에, 앙리 4세의 자애로운 선정은 높이 찬양하고 부각시켰다. 그래서 왕정복고기에는 〈앙리 4세 만세〉라는 곡이 상당히 인기가 있었다고 한다.

"짐은 왕국의 모든 농부들이 주일마다 닭찜 요리를 먹을 수 있기를 바라노라."

- 프랑스 국왕 앙리 4세

제4장

17세기 프랑스: 위대한 세기

FRANCE

노르망디의 농민봉기:
'맨발의 난'의 진압(1639년 11월 30일)

그때 세계는 -
1628 영국, 「권리청원」 제출
1633 영국, 벵골 침략 시작
1636 후금, 국호를 청으로 고침

1639년 7월 16일 샤를 르 푸피넬Charles Le Poupinel이란 한 재정관이 사적인 볼일로 아브랑슈Avranches를 방문했다. 그런데 그는 '캬르 부이용quart bouillon'이란 염세 특권을 폐지하는 칙령을 지니고 있다는 잘못된 소문 때문에 그만 목숨을 잃고 말았다. 몽둥이와 돌로 무장한 400명의 성난 폭도들이 그가 묵고 있던 호텔을 잔뜩 에워쌌다. 그는 폭도들에게 사건의 진상을 해명하기 위해 거리로 내려왔지만 폭도들은 그에게 사정없이 린치를 가했고, 누군가 그의 칼을 빼앗아 그 자리에서 죽여 버렸다. 그리고 한 미치광이는 그의 살가죽을 벗기는 만행까지 저질렀다. 그 다음날 장 푸르셀Jean Pourcel이라는 징세업자도 역시 똑같이 잔인한 운명을 맞이했다. 이것이 이른바 '맨발과 고통의 군대Armée de souffrance et de Nu-Pieds'라는 명칭 하에 봉기했던 17세기 조세저항운동의 전주곡이다. 그런데 왜 하필이면 '맨발nu-pieds'인가 하면, 그들은 소금을 수확하기 위해 염전을 나막신이나 장화도 신지 않은 채 맨발로 걸어 다녔기 때문이다. 가난뱅이 또는 거지를 의미하는 불어 '바-뉘-피에va nu-pieds'란 용어는 앙투안 포브레 뒤 톡Antoine Fauvelet du Toc의 《국무경의 역사Histoire des Secretaires d'État》(1639년)에서 처음 등장했다. 그들은 장 크틸Jean Quetil(후일

장 뉘-피에 Jean Nu-pieds로 개칭함)이란 자를 반도의 우두머리로 내세웠고, 여기에 수많은 노동자, 농민, 장인, 가난한 시민, 소상인, 소귀족 등이 가담했다.

17세기에는 직·간접세에 대한 민중들의 봉기가 빈번히 발생했다. 늘 재정적자에 시달려왔던 루이 13세 Louis XIII(1601-1643)는 1639년에 소위 '가벨 gabelle'이라 불리는 염세(간접세)를 부유한 노르망디 지방의 일부에 확대해서 부과하기로 결정했다.[1] 즉, 그때까지 노르망디 지방의 코탕탱 Cotentin 반도가 누려왔던 '캬르 부이용 quart-bouillon'이란 염세의 특권을 폐지하기로 한 것이다. 여기서 문제의 캬르 부이용이란 4분의 1의 소금 생산을 가리킨다. 참고로 수프를 의미하는 부이용 bouillon이란 단어는 소금을 졸인다는 데서 유래했다. 전체 소금 생산에서 국왕의 지분은 4분지 1로 국왕은 여기에 세금을 매겨 다시 되 팔았고, 나머지 4분지 3은 생산자들의 몫이었다. 그들은 이를 세금 없는 면세가격으로 판매해 소금 생산을 상업화시켰다. 그러나 이 캬르 부이용의 폐지로 이제는 가벨(염세)이 모든 소금생산에 일률적으로 부과되는 것이다. 또한 왕실 창고에 있는 소금만 판매할 수 있도록 규정해서 '백금 or blanc'이라 불릴 정도로 귀한 소금 가격이 무려 세 배나 껑충 뛰었다.

이 '맨발의 난'은 10년 이상 노르망디 지방을 뒤흔들었던 일련의 폭동들의 '정점'이라고 할 수 있다. 당시 조세 저항운동 중에서도 가장 심각하고 오래 갔던 사건이었다. 그러나 프랑스의 30년 전쟁에[2] 대한 참전이나 노르망디 봉기의 산발적 성격 때문에 국왕은 뒤늦게야 이 반란에 대응할 수밖에 없었다. 그런데 이 뒤늦은 대응조치는 리슐리외 추기경(1585-1642)의 주도 하에 절대주의로 나가는 프랑스 왕정의 강점과 약점을 동시에 드러내고 있다. 1643년에 가시옹 Gassion 백작이 로크루아 Rocroi 전투에서 승리한 후 정부는 이른바

---

1 1639년에 왕실예산은 총지출 1억 7천 2백만에서 5천8백 리브르가 적자였다. 적자재정을 보충하기 위해서 왕국은 재정적 편법을 사용했다. 그래서 왕국에서 가장 부유한 지방 중 하나인 노르망디가 중과세 대상이 되었고, 이런 재정적 압박은 1623년 루앙도시의 폭동을 야기했다.

2 30년 전쟁은 1618년부터 1648년까지 독일을 무대로 벌어진 전쟁을 일컫는다. 서유럽 최후의 종교전쟁이자 서양 최초의 '국제전쟁'으로서, 나폴레옹 전쟁, 세계대전 못지않게 유럽사에서 엄청난 변혁을 몰고 온 사건이다. 물론 전쟁의 시발점은 종교분쟁이었지만, 가톨릭 국가임에도 불구하고 이해관계에 따라 신교연합에 참여한 프랑스 때문에 종결된 전쟁이다.

피에르 세귀에. 프랑스화가 샤를 르 브랭Charles Le Brun(1619-1690)의 작품

왕권에 대한 '모독 죄'라는 미명하에 매우 신속하고 가혹한 탄압조치를 취했다. 이는 왕국의 모든 신민들을 복속시키려는 중앙집권화의 의지로 볼 수 있다. 당시 총재인 피에르 세귀에Pierre Séguier(1588-1672)가 폭도 진압의 총지휘를 맡았다. 세귀에는 잔혹하고 강경한 탄압 수법을 동원했고 결국 1639년 11월 30일에 반도들은 완전히 진압되었다. 그들은 그 자리에서 즉석 재판을 받고 처형되거나 갤리선의 노예로 보내졌다. 또한 반란에 동조했던 주민들에게도 무거운 벌금형을 내렸다.

이 맨발의 난을 두고서, 1960년대에 구 소련의 사학자 보리스 포르쉬네프Boris Porshnev(1905-1972)를 필두로 한 마르크스 사학자들과 롤랑 무니에Roland Mousnier(1907-1639)를 중심으로 한 근대 주의자들 간에 뜨거운 논쟁이 있었다. 포르쉬네프는 이른바 '계급투쟁론'에 입각해서, 민중들의 반(反)봉건적인 봉기와 봉건적 질서와 절대주의를 옹호하기 위해 귀족과 부르주아 계급 간의 연합전선을 이론화시켰다. 그러나 전근대적인 '신분사회'에 기초한 17세

맨발의 난의 참화

기에 이처럼 도식적이고 근대적인 계급의 적대 이론은 다분히 시대착오적
이라 하지 않을 수가 없다. 또한 이 민란이 왕정에 대한 위협 또는 체제를 전
복하려는 시도는 아니었다. 왜냐하면 폭도들은 그들을 착취하는 재무관이나
세리들에게 극력 대항하면서도 "국왕 만세Vive le roi"를 외쳤기 때문이다. 우
리는 이 맨발의 난을 절대주의와 중앙집권적인 왕정의 성장이라는 두 가지
차원에서 살펴보아야 한다.

이 맨발의 난의 주요 원인들로는 ①재정적 압박 ②프랑스의 30년 전쟁에
대한 개입의 증가 ③세금 증대 ④인기 없는 염세 가벨의 보편화 현상 ⑤금융
가들financier(자본가)의 부의 증대로 인한 전통적인 사회 위계질서의 전복 ⑥
노르망디의 '자유'에 대한 위협 ⑦1620년 이래 페스트의 창궐 및 유행 ⑧경
기 침체의 요인 등을 들 수가 있다.

"당시 난공불락의 적은 바로 왕국의 고갈이며, 국민적 불행이 극에 달했다는 것이다."

- 미슐레의《프랑스사》중에서

생 마르의 처형식
(1642년 9월 12일)

그때 세계는 -
1636 병자호란 발발
1642 영국, 청교도 혁명
1644 명 멸망, 청의 중국통일
1648 무굴제국, 아그라에서 델리로 천도

　여름의 끝자락인 9월 초의 햇볕이 내리는 오후, 500명의 수비대가 호위하는 호화로운 사륜마차가 죽음의 기운이 감도는 리용 시에 당도하자, 군중들이 대법원 앞의 테로 광장Place des Terreaux으로 몰려들었다. 1642년 9월 12일 생-마르 후작marquis de Cinq-Mars(1620-1642)과 그의 공범자인 프랑수아 드 투François de Thou(1607-1642)가 이 테로 광장에서 짧은 생을 마감했다. 루이 13세의 총신(연인)이었던 22세의 청년 생-마르가 죽기 전에 남긴 마지막 말은 "오 신이여, 이 세상은 대관절 무엇이란 말인가?Mon Dieu! Qu'est-ce que ce monde?"였다. 이 두 사람은 왕국의 실권자인 리슐리외 추기경에 대한 음모를 꾸미다가 그만 발각되어 공개 참수형에 처해졌다. 사형대에 오르기 전까지도 생-마르는 줄곧 리슐리외 추기경의 자비와 온정을 기대했다고 전해진다. 그들은 리슐리외 추기경을 제거하기 위해 계속 음모를 획책했으며, 당시 교전 중이던 스페인의 국왕 펠리페 4세Felipe IV(1605-1665)와도 비밀리에 동맹을 맺었다. 막중한 국사에 지친 노 재상 리슐리외는 자신의 승리를 빛나게 하기 위해 일부러 이 행렬을 직접 호송했다고 한다. 정적이 많아서 늘 암살과 실각의 위험 속에서 살았던 추기경에게도 이 사건은 가장 치명적인 사

건이었다. 1632년에 사망한 생-마르
부친의 지기였던 리슐리외 추기경이
바로 이 사건의 주모자인 생-마르의
보호자였기 때문이다. 일종의 연좌
제로 생-마르의 가족들도 모두 벌을
받았다. 생 마르의 어머니는 투렌으
로 귀양을 갔고, 그의 형제는 수도원
장 직을 박탈당했으며 생-마르의 성
(城)도 리슐리외의 명으로 허물어졌
다. 생-마르가 처형당한 지 4개월 후
인 1642년 12월 4일 리슐리외 추기
경도 역시 숨을 거두었다.

비운의 생-마르와 드 투의 처형식

위그노 작가인 제데옹 탈망 데 레
오Gédéon Tallemant des Réaux(1619-1692)는 그 시대의 중요한 사료로 평가받는
《사화(史話)Historiettes》에서 다음과 같이 기술했다. "짐은 사형대 위에서 그의
마지막 찌푸린 표정을 보고 싶노라" 루이 13세는 자신이 그토록 총애했던
생-마르의 처형에 아무런 감정의 동요도 없이 이처럼 냉담한 태도를 보였다
고 한다.

15세의 미소년 생-마르는 리슐리외 추기경에 의해 궁정에 처음으로 소
개되었다. 1639년 리슐리외는 자신의 양자처럼 여겼던 이 생-마르를 루이
13세에게 바쳤다. 앞서 기술한 위그노 작가 탈망은 역시 리슐리외 퇴치 음모
에 가담했던 퐁트라이 자작vicomte de Fontrailles(?-1677)의 목격담을 인용했다.
즉 국왕과 생-마르 두 사람이 침실로 나란히 들어가는 장면을 그가 목도했
다는 것이다. 국왕이 이 절세의 미남에게 반해서 정신을 못 차린다는 소문이
이처럼 궁정을 뒤엎어놓았을 때, 왕세자(후일 루이 14세)를 낳은 덕에 소박을
면한 왕비 안 도트리쉬Anne d'Autriche(1601-1666)는 국왕의 이 이상한 정열을
제어하기 위해 미녀까지 구해다 바쳤다. 그러나 국왕은 왕비가 보낸 미녀들
마저 사절하고 문제의 미남을 고관직에 임명하기까지 했다. 애당초 리슐리

생-마르의 초상화

외는 애송이 청년 생-마르를 조정하기가 쉬운 인물로 생각했으나, 국왕의 총애를 독차지하면서 오만방자해진 그는 왕에게 점차로 많은 청탁과 호의를 종용했고 심지어 자신을 천거한 리슐리외 추기경의 처형까지도 부탁했다! 왕의 총애에 더욱 의기양양해진 생-마르는 공국을 하나 차지할 요량으로, 이탈리아 곤차가 가문의 딸 루드비카 마리아 곤차가Ludwika Maria Gonzaga(1611-1667)와 혼인하기로 작정했다. 그녀는 구혼자인 생-마르보다 나이도 8살 많았고 그와는 비교도 안 될 정도로 명문가의 태생인데다 왕국에서 거의 손꼽을 정도로 돈 많은 신부였다. 후일 이 마리아 곤차가는 폴란드 왕국의 왕비가 되었다.

　생-마르는 리슐리외로부터 도움의 손길을 기대했으나 격이 맞지 않는 혼사를 추기경이 반대하자, 여기에 앙심을 품고 추기경의 적들 편에 서기로 마음먹었다. 리슐리외는 평생을 대귀족들의 음모와 반란의 위험 속에서 지냈는데 그의 공포는 절대로 환각이 아니었다. 1641년에도 부이용 공, 기즈 공, 루이 드 부르봉Louis de Bourbon(1604-1641) 같은 귀족들이 프랑스 왕실의 숙적인 스페인의 재정적 후원을 받고 반란을 일으켰기 때문이다. 추기경의 정적들에게 선동된 생-마르는 국정자문 회의Conseil du roi에 들어가기를 희망했으나 이번에도 리슐리외의 반대로 좌절되었다. 1642년 3월 생-마르는 적국 스페인과 비밀리에 동맹을 체결한 모의자들 편에 가담했다. 그러나 유럽 각국에 스파이들을 풀어두고 있었던 리슐리외는 이 음모에 대한 확증을 잡았다. 그는 생-마르 일파와 스페인 사이에 체결된 비밀협정의 서류를 입수해서 그것을 24시간에 걸쳐 판독하고 주석을 달아서 국왕에게 보냈다. 그러자 생-마르를 총애하던 루이 13세도 어쩔 수 없이 그의 체포를 허락했다.

리슐리외는 실질적으로 프랑스의 절대왕정을 완성하고 프랑스 혁명 전까지 서유럽에서 프랑스의 패권시대, 즉 프랑스의 '위대한 세기'를 확립한 인물이다. 1642년에 그는 스페인과 전쟁 도중에 병사했다. 합스부르크 왕가의 스페인을 매우 경계했기 때문인지, 죽어가는데도 들 것에 실려 가면서도 전쟁을 지휘했다. 사망하기 전, 리슐리외는 자신이 신임했던 쥘 마자랭Jules Mazarin(1602-1661)을 자신의 후임자로 루이 13세에게 추천했으며, 독신이었던 그는 많은 유산을 루이 13세에게 남겼다. 리슐리외가 살던 대저택이 바로 이때 왕실 소유가 되었는데 오늘날 파리의 국립공원으로 개방된 '사색의 정원' 팔레 루아이얄Palais Royal이 바로 이곳이다. 오늘날 리슐리외는 절대왕권의 기초를 확립하고 근대국가로서의 프랑스를 세운 위대한 인물로 평가받고 있다. 리슐리외의 업적 가운데 가장 주목할 만한 것은 행정 및 사법제도의 개편이다. 또한 리슐리외는 불어의 순수성을 보존하고 문화발전을 위해 '아카데미 프랑세즈L'Académie française(프랑스 한림원)'를 창설했다. 이 기관은 오늘날까지 존속하고 있으며, 이 아카데미 회원으로 지명되는 것은 프랑스 문화예술인에게 최고의 영광으로 인식되고 있다. 이처럼 그의 업적과 존재감이 너무도 강렬한 나머지 주군인 루이 13세가 상대적으로 평가절하당하는 경우가 많다. 심지어 루이 13세와 루이 14세 시대의 비교 연구에서 제목이 '리슐리외 추기경과 루이 14세 시대'일 정도이다. 이는 근대판 독일 비스마르크 재상과 빌헬름 2세의 관계를 연상시키는 대목이다.

❦

"우정은 모든 불행의 만병통치약이다.
그러나 배은망덕은 모든 선(善)의 원천을 말려버린다."

- 리슐리외 추기경(1585-1642)

프롱드의 난(1648-1653):
파티 같은 반란의 해, 1660년

┃ 그때 세계는 -
1648 베스트팔렌조약 체결(국제법의 출발점)
네덜란드 독립

인류의 원숭이들(프랑스인)은 테니스를 치느라 매우 바쁘다. 그러나 그들은
테니스 공 대신에 탄알을 쏘아댄다. 지금 실제로 게임이 시작되었다. 왕정
은 위험에 처해 있으며 특히 보르도가 위험하다(MP, n° 1, 6-13 June 1650).
－《메르쿠리우스 폴리티쿠스Mercurius Politicus》중에서

위의 프랑스인들을 겨냥한 풍자 경구는 프랑스가 프롱드 난으로 인해 정
치적 불안정을 겪고 있을 당시에 공화정을 지지하는 영국 잡지《메르쿠리우
스 폴리티쿠스Mercurius Politicus》에 ³ 게재된 것이다. 이 프롱드의 난은 프랑스
부르봉 왕가에 대한 귀족세력들의 최후 반항이라고 할 수 있다. 원래 프롱드
라 함은 당시 파리의 어린이들이 관헌에 반항하여 돌을 던지는 놀이에서 사
용한 '투석기'에서 유래된 말이다. 귀족들의 프롱드 난은 점증하는 왕권을 견
제하기 위한 시도의 일환이었다.

---

3 《메르쿠리우스 폴리티쿠스》는 1650년부터 영국의 왕정복고기인 1660년 5월까지 발행된 주간지로,
편집장 마차몬트 네드햄Marchamont Nedham(1620-1678)은 영국공화정을 지지했다.

1차 프롱드, 고등법원의 프롱드(1648-1649)

1789년 프랑스 혁명이 프랑스를 송두리
째 뒤흔들기 전에, 수도 파리가 왕권에 대
항하는 사건이 발생했다. 이것이 바로 프롱
드 난의 시작이다. 이 내란은 1648년에서
1653년까지 지속되었다. 1차 프롱드의 난
의 주요 원인은 다음 세 가지로 요약된다.
첫째, 파리의 고등법원Parlement de Paris은 왕
권의 제한을 시도했다. 둘째, 왕권에 의해

프롱드(투석기)

세력이 약화된 귀족들은 정부에서 보다 그들의 목소리를 내고 싶어 했다. 셋
째, 전임자 리슐리외 추기경과 현재 수상 마자랭 추기경의 체제하에서 프랑
스 백성들은 막중한 세금의 부담 때문에 고통을 받았다. 1차 프롱드, 즉 고등
법원의 프롱드는 1648-1649년에 발생했다. 국민의 대표자회의인 영국의회
와는 달리, 프랑스의 고등법원은 입법부보다는 '사법부'에 가까우며, 고등법
원의 법관들은 국민대표자이기보다는 왕권과 민권 사이의 관료들이라는 차
이가 있다. 고등법원은 왕령을 등기하는 '등록권droit d'enregistrement'과 국왕
에 대한 '건의권droit de remontrance' 등의 권한을 지니고 있었다. 영국의 청교
도 혁명(1642) 이후, 고등법원은 영국 의회와 같은 권한을 주장했다. 물론 민
주적이지도, 비밀투표의 방식도 아니었지만 어쨌든 '선거'라는 형식을 통해
선출된 영국 하원의 의원들과는 달리(당시 섬나라 영국 의회의 국민 대표성은 겨우
3%정도였다!), 프랑스의 고등법원은 종신 신분이 보장되거나 거의 세습직에
가까운 정부 관료들로 구성되어 있었다.

1차 프롱드의 난은 섭정 안 도트리쉬와 마자랭 추기경이 30년 전쟁의 재
정 확보를 위해 세금 징수를 위한 7개 칙령을 강제로 등기시키자, 이에 즉시
반발한 법관들의 반란에서부터 출발했다. 고등법원은 문제의 칙령들을 재검
토하고 독단적으로 수정을 가했으며, 일종의 선전포고용으로 과격한 건의서
를 제시했다. 그런데 이 험악한 판에 정부에서는 또 하나의 칙령을 고등법원

에 보냈다. 그것은 법관의 '매관제vénalité des offices'를[4] 허용하는 대가로 법관의 봉급을 재임 기간 중 지불하지 않기로 규정한다는 것이었다. 자신들의 집단적인 이해관계가 걸린 만큼 그들은 이 안을 단호히 거부했고 대신 왕권을 제한하는 다른 법안을 입안했다. 마자랭은 고등법원의 반란 주모자들의 체포를 명했다. 그러자 정부에 역시 불만을 품은 일부 귀족과 파리 민중(시민과 노동자)들까지 가세해서 파리의 시테 섬에서, 곧이어 수도 전체에서 폭동이 일어났다. 특히 파리의 부르주아 시민들은 무기를 들고 왕의 군대를 공격했으며 곳곳에 바리케이드가 세워졌다. 이렇게 법관들이 파리 거리들을 봉쇄하면서 저항하자, 결국 섭정 안 도트리쉬와 마자랭 추기경은 그들이 체포한 자들을 풀어줄 수밖에 없었다. 그러는 사이 30년 전쟁이 1643년 베스트팔렌 화약으로 종결되자, 다행히 왕실은 프롱드를 진압할 군대를 충분히 동원할 수 있는 여력이 생겼다. 그래서 왕실 군대가 파리의 거리들을 점령하는 사이에, 어린 루이 14세Louis XIV(1638-1715)와 모후 안 도트리쉬, 추기경 등은 한밤중에 비밀리에 파리를 탈출하여 교외의 생-제르맹Saint-Germain 별궁으로 갔다. 한편 포위된 파리는 즉시 식량이 떨어져서 기아의 위협을 받게 되었다. 반란에 가담한 일부 귀족들의 목표는 '마자랭의 타도'였으나 반란의 주모자인 고등법원 측은 그들의 특권만 유지된다면 굳이 마자랭을 타도할 생각은 없었다. 결국 1649년 3월 왕실과 고등법원 간에 타협이 이루어져, 고등법원의 프롱드는 이렇게 싱겁게 막을 내렸다.

한편 루이 13세의 왕비인 안 도트리쉬와 마자랭 추기경은 매우 각별한 관계였는데, 프롱드의 난 동안에 안과 마자랭 추기경이 서로 불륜의 관계였다는 '마자랭 풍자문mazarinades'이 시중에 나돌았다. 상송(민요) 형식으로 된 이 마자랭 풍자문은 거의 5천 개가 넘는데, 이탈리아 출신의 외국인 수상이 어린 국왕이나 섭정을 좌지우지한다는 정치적 비판이나 풍자가 주를 이루고

---

4 국왕의 관료충원 방식은 '매관제'였다. 매관제란 관직을 파는 것이다. 국왕은 이로써 왕정의 성공적 열쇠인 재정확보와 왕에게 복종하는 관리를 충원한다는 일석이조의 효과를 거두었다. 그러나 관리에 대한 국가지출이 점차로 늘고 관리는 재직기간 중에 직위를 이용해 관직 값보다 더 많은 이득을 취하고자 하여 문제점도 많았다.

콩데 공의 베르사유궁의 접견. 프랑스 화가 장-레옹 제롬Jean-Léon Gérôme(1824-1904)의 작품

있다. 이 풍자문들은 공공장소에 게시되거나 행상인들에 의해 암암리에 유통 · 판매되기도 했다. 이 풍자문의 영향력은 막강해서, 1651-1652년에 마자랭이 귀양 가는 빌미를 제공하기도 했다.

제2차 프롱드, 귀족의 프롱드(1650-1653)

제1차 프롱드에 이어 제2차 프롱드의 난이 전개되었다. 이 귀족의 프롱드의 난은 제1차 프롱드의 난에서 공을 세운 젊은 대귀족 콩데 공Prince of Condé(1621-1686)과 마자랭 추기경 간의 알력에서 비롯된 것이었다. 국민적 영웅이 된 그가 지나치게 과도한 논공행상을 왕실에 요구한 것이 화근이 되었다. 30년 전쟁과 1차 프롱드의 난 때 반란세력 진압에 공을 세운 콩데 공은 그 대가로 권력을 장악하려 들었고, 결국 그 음모로 인해 1650년 1월에 체포되었다. 그러자 "온 프랑스에서 가장 사랑스러운 여성"이라는 찬사를 한 몸에 받고 있던 아름다운 롱그빌 공비Madame de Lonqueville(1619-1679)는 자기 동생인 콩데 공을 석방시키기 위해, 역시 싸움의 명장인 튀렌 원수maréchal de Turenne(1611-1675)에게 스페인 동맹군을 소집해 줄 것을 요청했다. 비록 정부

ANNE·GENEVIEFVE·DE·BOVRBON
DVCHESSE·DE·LONGVEVILLE·

아름다운 롱그빌 공비의 초상화

군은 튀렌과 스페인 군대를 패배 시켰지만, 많은 귀족과 법관들이 서로 합세해서 그의 석방을 요구하는 바람에 마자랭은 콩데 공을 석방시킬 수밖에 없었다. 1651년 2월에 마자랭은 급기야 독일로 피신했고, 풀려난 콩데 공은 야전을 통해 정부를 전복시키려고 시도했다. 그런데 콩데 공의 반란세력들이 오합지중이고 승산이 없는 것을 본 현실주의자 튀렌 원수는 갑자기 카멜레온처럼 변신해서 섭정 안 도르리쉬에게로 달려갔다. 그러자 섭정은 "오, 원수여 그대야말로 이 왕국을 구해줄 사람이다. 그대가 없다면 국왕은 발붙일 데가 없으리라"라고 말하면서 그를 기꺼이 맞이했다. 콩데 공은 스페인과 동맹을 결성했으나 튀렌에게 지고 말았다. 이 패배 이후에 프롱드의 난은 거의 해체되었다. 굴욕을 당한 귀족들은 왕실과 타협을 했으나 콩데 공은 화약을 거부했다. 1659년 피레네 화약이 체결될 때까지 그는 프랑스에 대항해서 왕년의 적국인 스페인 군대를 이끌었다. 콩데 공의 진영에서 갑자기 스페인의 군기가 펄럭이자, 그것을 보고 좋아할 프랑스인이 많을 리 없다. 고등법원을 비롯해서 파리 시민, 농민 등 반란세력의 다수가 콩데 공에게 즉시 등을 돌렸다. 그런데 외세 침입에 대한 불안 때문이지 아니면 사회적 안정에 대한 기원 때문이지 그들은 뜻밖에도 국왕 편에 가담했다. 그 결과, 1652년 10월 루이 14세의 일행은 파리 시민과 민중들의 열렬한 환영을 받으면서 파리에 귀환하게 되었다. 민심이 아침저녁으로 변한다는 것은 바로 이런 경우를 가리키는 것이 아닐까? 문제의 재상 마자랭도 역시 몇 달 뒤에 파리에 다시 나타나서 군중들의 커다란 환영세례를 받았다. 이렇게 해서 세상은 다시 왕실의 것이 되었고 프롱드의 난은 1653년 여름에 완전히 막을 내리게 되었다. 이 프롱드의 난은 프랑스 '군주제의 위기'에 해당한다고 할 수 있다. 실제로 프롱드의 난은 왕권의 강화를 저지하려는 반란이었다는 점에서 영국의 청교도 혁명과 일맥상통하는 점이 있다.

이 위기와 시련의 시기는 어린 국왕 루이 14세의 인격형성에 중대한 영향을 미쳤다. 이른바 '계몽주의적 전제주의의 선구자'라면서 루이 14세를 매우 긍정적으로 평가했던 프랑스 사가 프랑수아 블뤼슈François Bluche(1925-2018)는 이 프롱드의 난이 그를 '아이에서 어른으로, 또 어린 왕자에서 위대한 국왕'으로 변모시켰다고 주장했다. 툭하면 들고일어나는 귀족들과 조변석개하며 변하기 쉬운 백성들의 민심을 잘 터득했던 루이 14세는 1661년 마자랭 추기경이 죽고 난 후에 왕국의 대귀족들을 통제할 수 있는 정치기구를 하나 구상했다. 그것은 바로 그들을 한곳에 모아 놓고 항상 감시할 수 있는 베르사유궁의 건설이었다.

가려진 태양soleil offusqué, 푸케의 체포
(1661년 9월 5일)

그때 세계는 –
1651 크롬웰 항해법 선포

마자랭의 전임인 리슐리외와 푸케의 후임인 콜베르는 저마다 국가 고위 직을 이용해서 그들의 부를 축적했다. 그러나 푸케는 국왕을 탄복시키려다 그만 숙청을 당한 케이스다. 자아와 질투심, 독점욕이 유달리 강했던 루이 14세는 오직 자신만이 그가 지배하는 세상을 탄복시키기를 원했기 때문이다. 참고로, 라틴어 'Quo non ascendet'는 푸케 집안의 문장인 귀여운 '다람 쥐'와 함께 그의 방패에 아로새겨진 가훈이라고 한다. 이 문구는 "어디까지 못 오르겠나?"란 뜻이다. 즉 '못 오를 데가 세상에 어디 있겠나'라는 의미로 해석된다. 그러나 그는 너무 높이 올라갔기 때문에 국왕의 심기를 건드린 것이다. 어쨌든 푸케의 체포는 젊은 국왕 루이 14세가 내린 첫 번째 정치적 행동이었다. 국왕은 이렇게 권력을 장악함으로써 측근들을 놀라게 했다.

3년간의 소송을 통해 재무 장관 니콜라 푸케Nicolas Fouquet(1615-1680)는 권력남용, 공금횡령죄, 왕권에 대한 모독죄로 전 재산의 몰수와 유배, 또 종 신형에 처해졌다. 그는 죽을 때까지 악명 높은 피뉴롤Pignerol 성에 구금되 었는데 공식 기록에도 그의 사망연도나 그 정황은 베일 속에 가려져있다. 갑자기 잘나가던 푸케가 이처럼 실각하자 재무 장관surintendant des Finances

의 직책은 폐지되고, 1661년에 야심 많은 장-밥티스트 콜베르Jean-Baptiste Colbert(1619-1683)가 푸케의 후임으로 재무총감intendant des Finances의 자리에 올랐다.

왕의 심기를 건드린 재무 장관

고등법원의 법복귀족의 아들인 푸케는 캐나다와의 무역으로 큰돈을 벌었다. 파리고등법원의 총장procureur général직을 사들인 그는 당시 수상인 마자랭 추기경의 측근이 되었다. 프롱드의 난 때 재무 장관으로 발탁된 그는 자신의 부를 더욱 삽시간에 늘렸다. 마자랭과 모후 안 도트리쉬의 비호 덕분에 명예와 부의 절정에 다다를 수 있었던 푸케는, 마자랭의 사후에도 여전히 프랑스에서 가장 세도 있는 인물 가운데 하나였다. 안 도트리쉬가 "그 사람, 다른 것은 다 좋은데 미녀와 장려한 건물을 너무 좋아하는 흠이 있다"면서 조심스럽게 꼬집은 적도 있었다. 그는 '벨 일Belle-Isle'이라는 아름다운 후작령을 매입해서 그곳에 자신의 군대는 물론이고 요새까지 만들었다. 그는 또한 웅장한 보Vaux 성(城)을 짓도록 명했으며, 우화 작가 라 퐁텐La Fontaine, 극작가 몰리에르Molière, 화가 푸생Poussin, 건축가 르 보Le Vau, 화가 르 브룅Le Brun 같은 당대 최고의 기라성 같은 문학가와 예술가들의 관대한 후원자가 되었다. 그의 자리를 호시탐탐 노리던 콜베르는 푸케가 엄청난 부정 축재(공금횡령)를 해서 거부가 되었다는 증거물을 제출했다. 그것은 국가의 돈과 자기 돈을 혼동하는 듯한 재무 장관 푸케의 장부였는데, 사실상 그 당시에는 매우 흔한 관행이었다. 어쨌든 재무 장관으로서 푸케의 임무는 나라를 재정적으로 살찌우는 것인데, 국가 재정은 여전히 어려운 반면 그 자신은 미증유로 더욱 부유해진 것이다. 즉, 그가 누리는 부귀영화는 결국 국왕으로부터 돈을 횡령했기 때문이라는 논리다.

1661년 8월 17일 푸케는 산책과 세련된 진미의 만찬, 희극 상연, 화려한 불꽃놀이가 곁들여진 환상적인 파티에 국왕을 초대했다. 명성과 영광을 독점해야 한다고 생각했던 루이 14세는 푸케의 성관을 둘러보고 말 그대로 굴욕과 불안을 느꼈다. 푸케의 몰락이 임박한 순간이었다. 이미 콜베르의 사주를

니콜라 푸케

받았던 국왕은 그날 밤 푸케를 감옥에 처넣기로 결정을 내렸다. 여기에 대하여 프랑스 철학자 볼테르는 다음과 같은 유명한 말을 남겼다. "8월 17일 저녁 6시에 푸케는 프랑스의 군주였으나, 그 다음 날 새벽 2시에 그는 더 이상 아무것도 아닌 존재가 되었다" 3주가 지난 후 푸케는 낭트에서 알렉상드르 뒤마의 3부작 소설《달타냥 로망스 D'Artagnan Romances》의 주인공으로도 유명한 실존 인물, 즉 샤를 다르타냥Charles d'Artagnan(1611-1673) 총사 대장에 의해 체포되었다. [5] 설상가상으로 푸케의 저택을 수색해보니 반정부 쿠데타의 음모까지 발각되었다. 그래서 '세기의 재판'이 열렸는데, 초기의 재판은 그에게 유리한 방향으로 전개되어 재판관들은 그에게 '왕국 밖의 자유'는 허용하는 단지 '추방령'이란 판결을 내렸다. 그러자 즉시 루이 14세는 국왕의 사면권을 이용해서 재판에 개입했다. 그는 재판관들의 판결을 뒤집고 푸케에게 기어이 종신형을 선고했다. 그래서 국가이성raison d'Etat에 [6] 희생된 푸케는 피뉴롤 감옥에 보내져 그곳에서 한 많은 생애를 마감했다. 공식 기록에 의하면 푸케는 1680년 3월 23일 피뉴롤 성에서 사망한 것으로 되어있으며, 그가 죽은 지 1년 후 그의 유해는 피뉴롤에서 파리 교회의 지하에 있는 그의 가족 납골당으로 이장되었다.

---

5 다르타냥은 실존인물인데, 프랑스 소설가 알렉상드르 뒤마가 그의 생애에서 영감을 얻어《달타냥 로망스》라는 3부작 소설 시리즈를 냈다. 1부는 그 유명한《삼총사》이고, 2부는《20년 후》, 3부는《철가면》으로 알려져 있는《브라즐론 자작: 10년 후》다.

6 국가이성은 국가가 국가이기 위해 국가를 유지·강화해가는 데 필요한 법칙·행동기준을 말한다. 레종 데타Raison d'Etat라는 불어의 역어로 이것을 현실정치 또는 정치학에 도입한 것은 마키아벨리다. 중세에는 신의 질서가 규범력을 독점하고 있었던 것에 대항하여, 근대국가 통일을 실현하는 과정에서 절대주의가 만들어낸 관념이다.

푸케의 창조적 열정과 노력의 결실인 '마의 성관', 즉 푸케의 저택이었던 보 르 비콩트Vaux le vicomte성은 1965년 프랑스 정부에 의해 역사기념물로 지정되었고, 1968년에 처음으로 일반인에게 문을 열었다. 보 르 비콩트 성은 총 500헥타르의 규모를 자랑하며, 탁 트인 시야의 정원(33ha)은 앙드레 르 노트르André Le Nôtre(1613-1700)가 조경을 담당했고, 성의 내부는 푸케가 열심히 수집했던 그림, 조각상이나 타피스리(장식 융단) 등으로 장식되어 있다. 이른바 '베르사유궁의 전신 내지 원형'이라고 알려진 이 보 르 비콩트 성은 매년 수많은 관광객들을 사로잡는 다양한 행사를 제공하고 있는데 그중 대표적인 이벤트가 5월부터 10월까지 매주 토요일 저녁마다 열리는 '촛불 축제 Soirée aux chandelles'다. 2,000개의 촛불이 성과 정원을 밝히는 장관은 방문객들의 탄성을 절로 자아내는데, 푸케가 자신의 주군인 루이 14세를 위해 마련한 환상적인, 그러나 치명적인 대축제의 역사 현장을 그대로 재현한 것이라 한다.

⚜

"모름지기 국왕의 장관들은 그들의 야심을 절제하는 법을 배워야 한다. 그들이 자신의 고유영역보다 높이 올라가면 갈수록, 그들이 실각할 위험은 더욱 커지기 때문이다."

- 루이 14세

"푸케는 콜베르에게 향수뿌린 장갑을 끼고서 속세의 갤리선의 노를 젓도록 함으로써 자신의 근본적인 삶을 보전했다. 신들은 행복한 남자를 좋아하지 않는다."

- 프랑스 작가 폴 모랑Paul Morand(1888-1976)의
《푸케 또는 가려진 태양Fouquet ou le soleil offusqué》(1961) 중에서

파리경찰 총감제도의 탄생
(1667년 3월 15일)

그때 세계는 –
1674 마라타 왕국 건국
1678 상평통보의 주조

동시대인의 증언에 따르면 "이 세상에 파리처럼 더러운 진흙투성이의 도시는 없다"고 할 만큼 17세기의 파리는 여전히 비위생적이고 위험한 도시였다. 1667년 3월 15일 재무총감 콜베르의 발의로 '경찰 총감Lieutenant général de police'이라는 제도가 최초로 창설되었다. 그것은 도시의 공중 안전에 대한 프랑스인들의 장기적인 인식 변화에서 유래한 것이다. 콜베르는 수도에서 발생하는 온갖 범죄와 문제에 대한 해결책으로 근대적인 경찰 제도를 도입했다. 당시 이 경찰 총감 제도의 설치 목적은 도시의 상류층 거주 지역의 치안 문제를 잘 관리하고, 또 파리의 슬럼가를 상징하는 '기적의 궁전', 즉 쿠르 데 미라클Cour des miracles'의 무분별한 성장을 억제하기 위한 것이었다.

파리는 이처럼 근대적인 경찰 제도를 도입한 최초의 도시였다. 당시 파리의 경찰 총감의 임무는 오늘날 보다 훨씬 광범위해서 무역, 시장, 학교, 문서검열 등 다양한 업무를 총괄했다. 단, 국왕에 의해 임명된 경찰 총감은 국왕의 의지나 변덕(?)에 따라 해임될 수 있었다. 리모주Limoges 출신의 42세의 행정관 가브리엘-니콜라 드 라 레이니Gabriel Nicolas de la Reynie(1625-1709)가 초대 경찰 총감으로 임명되었다. 아직까지도 파리의 루브르 궁에 거주했던

기적의 궁전cour des miracles. 프랑스화가 귀스타브 도레Gustave Doré(1832~1883)가 빅토르 위고의 소설 《노트르담의 곱추》에 상상해서 그린 삽화로 파리의 빈민가를 표현하고 있다.

젊은 국왕 루이 14세는 수도의 더러운 오염 상태와 불안정을 더 이상 용납할 수가 없었다.

중세 이래로 수도 파리에는 왕국의 온갖 종류의 사람들이 몰려들었다. 당시 파리의 인구는 대략 50만 정도로 추정되는데 그중에서 3만 명이 도둑이나 거지 같은 부랑자들이었다. 이 불한당들은 정체불명의 우두머리의 지도 하에 태양왕Roi-Soleil 루이 14세의 광휘를 가리는 거대한 음지의 세력을 형성하고 있었다. 그들은 대낮에는 불구자로 변장을 한 채 골목길마다 진을 치고 구걸을 하면서 지나가는 행인들을 괴롭혔다. 그러나 밤이 되면 그들은 생 드니Saint-Denis 문 근처의 오래된 '샤를 5세의 성벽'에 붙어있는 미심쩍은 동네로 슬그머니 숨어버린다. 그들은 집으로 곧장 귀가하지 않고, 몸에 묻은 때와 기름기를 제거하고 세수를 한 다음 순식간에 사지가 멀쩡한 건장한 사내들이 된다(《파리의 역사 사전》(1779) 중에서). 이러한 기적적인 변신 때문에 조소적인 의미에서 생 드니 문이나 몽파르나스 같은 파리의 옛 슬럼지역들을 이른

받침대 위에 눕혀져 물고문을 당하는 블랭비에 후작부인.

바 '기적의 궁전'이라 불렀다는 것이다.

라 레이니 경찰 총감 이전의 파리는 중세 때부터 내려온 야간 순찰대나 친위대, 경찰들에 의해 치안이 아주 산만하고 무질서하게 유지되고 있었다. 그들은 각기 소속된 행정부서나 기관도 달랐고 비효율적이며 서로 경쟁관계에 놓여있었다. 그러나 새로 임명된 경찰총장 라 레이니는 센 강과 시테 섬에 위치한 샤틀레Châtelet 성에 경찰본부를 두고, 자신의 권위 하에 모든 경찰력을 총집결시켰다. 한편 루이 14세의 정부는 공공장소에서 걸인들을 모조리 추방하려 했다. 1656년에 정부는 수도의 여러 병원 기관들을 통합시키는 빈민구호병원을 하나 창설하고 거지들을 모두 소집한 다음 그 병원에 들어가든지 아니면 도시를 떠나라고 명했다. 물론 이러한 정책은 예나 지금이나 완전히 실패였다. 라 레이니는 자신의 임무에 충실했고 유능한 인물이었다. 그는 왕명에 의해 '기적의 궁전'을 기어이 청산시켰으나 그의 승리는 단지 일시적인 것에 불과했다. 왜냐하면 흉작이나 기근 때문에 농촌을 대거 이탈한 많은 빈민들이 도시에 또 다른 '기적의 궁전'들을 만들었기 때문이다.

라 레이니는 태양왕의 치세에 어두운 그림자를 드리운 그 유명한 '독약 사건Affaire des poisons'에서도 단연 두각을 나타냈다. 17세기 프랑스를 발칵 뒤집어 놓은 이 사건은 루이 14세 시대에 일어난 대형 살인 스캔들이었다. 1677-1682년 사이에 많은 상류층 귀족들이 독극물이나 흑마술을 이용했다는 죄목으로 중대한 처벌을 받았으며, 나중에는 국왕의 이너서클까지도 연루되었다는 사실이 밝혀졌다. 라 레이니는 생-드니의 수상쩍은 장소들에 비밀 요원들을 풀어놓고 있었는데, 그곳에서는 일명 '상속의 가루poudre de succession'

라고 불리는 독극물이 암암리에 거래되고 있었다. 이 상속의 가루란 독약이 재산상속을 용이하게 해준다는 의미에서 붙여진 재미있는 이름이다. 사건의 발단은 1675년, 블랭비예 후작부인Marquise de Brinvilliers(1630-1676)의 재판 이후에 시작되었다. 그녀는 재산을 상속받기 위해 정부와 함께 공모해서 자기 부친과 2명의 오빠들을 독살한 것이 발각되었다. 당시에 시중에서는 블랭비예 부인이 빈민구호병원들을 방문하는 동안에 거기에 수용된 빈민들을 독살시켰다는 흉흉한 소문이 나돌고 있었다. 그녀는 기소당한 후에 도망을 쳤으나 리에주Liège에서 다시 체포되었다. 블랭비예 부인은 9리터 이상의 물을 억지로 들이켜야 하는 물고문에 의해 모든 죄상을 자백했고 참수를 당했으나 그녀의 사체는 또 한 번 화형식에 처해졌다. 그녀의 정부이자 공모자였던 생트-크루아Sainte-Croix란 군인은 1672년에 이미 자연사를 했기 때문에 처형은 면했다. 그런데 후속 수사의 과정에서 독약을 제조하는 연금술사와 흑마술을 이용하는 점성술사들이 일망타진되었는데, 당시 국왕의 애첩이었던 몽테스팡 부인Madame de Montespan(1640-1707)이 독약사건(1679-1682)에 연루되어 있다는 사실이 드러났다. 몽테스팡 부인이 임신중절이나 악마의 저주를 행하는 것이 전문이라고 알려진 라 부아쟁La Voisin(1640-1680)이란 점쟁이 여인을 통해[7] 자신의 연적인 국왕의 또 다른 애첩 마리-앙젤리크 드 퐁탕주 Marie-Angélique de Fontanges(1661-1681)의 독살을 은밀히 시도했다는 것이다. 국왕은 이런 불미스러운 궁정 스캔들이 세간에 알려지는 위험을 막기 위해, 결국 특별법정은 1682년에 서둘러 종결되었다. 이 사건으로 인해 36명이 사형을 당했고, 442명이 기소되어 법정에 섰다. 그러나 라 부아쟁의 최대 고객이었던 몽테스팡 부인은 용케 처벌을 면했는데, 여기에 대해서 라 레이니 경찰총감은 "극악무도한 범죄행위가 오히려 그녀의 안전장치임이 증명되었다"라는 의미심장한 말을 남겼다. 이 끔찍한 사건의 내용은 라 레이니의 보고서를 바탕으로 한 것이다. 그가 직접 루이 14세에게 보고해서 국왕만이 모든 진실

7　라 부아쟁은 1680년 2월 22일 파리에서 사형선고를 받고 시청 앞 그레브 광장에서 화형에 처해졌다. 그녀의 흑마술과 독살 기도(企圖)를 통해 죽은 사람이 1천명에서 2천 5백 명 정도로 추산된다고 하니 충격적인 일이 아닐 수 없다.

을 알고 있으나 보고서의 원문은 남아있지 않다.

"경찰의 임무는 무질서로부터 도시를 보호하고, 공중과 개인의 안정을 보장하는 것이다"라고 말했던 라 레이니 경찰 총감은 자신의 임무에 대하여 원대한 비전을 지니고 있었다. 그는 불온한 문서의 인쇄나 판매, 각종 범죄의 발생을 미연에 방지하려 했고 야간의 치안을 위해 램프로 거리를 밝히는 공공조명 제도를 도입했으며, 포장도로와 도수(導水)의 건설, 또 화재나 전염병 방지책에 적극 힘씀으로써 파리를 유럽에서 가장 청결하고 안전한 수도 중의 하나로 만들었다. 이러한 공로 덕분에 그는 1697년에 퇴임할 때 만인의 존경을 한 몸에 받았고, 오늘날 파리의 4구에는 그의 이름을 딴 '라 레이니의 거리'가 있다.

❧

"파리는 굶어죽는 것도 예술이라고 우기는 세계에서 유일한 도시다."

- 스페인 작가 카를로스 루이스 사폰Carlos Ruiz Zafón(1964-)

경찰 제도란 모든 주민들의 안전과 편의를 위해 도시에 세워진 질서와 규칙이다.

- 프랑스 법률가 조제프-니콜라 기요Joseph-Nicolas Guyot(1728-1816)

베르사유궁으로 이전하다
(1682년 5월 6일)

그때 세계는 –
1688 영국, 명예혁명
1689 청, 러시아의 네르친스크 조약 체결
1708 대동법을 전국적으로 실시

최초의 베르사유는 파리 남서쪽 12km 지점의 숲속의 한촌에 불과했다. 1624년 루이 13세가 그곳에 조그만 오두막 한 채를 짓고 사냥을 나갈 때 잠깐 들러서 쉬곤 했다. 얼마 후, 정치를 모후와 마자랭 추기경에게 맡겨둔 소년 왕 루이 14세가 자신의 애첩 루이즈 드 라 발리에르Louise de La Vallière(1644-1710)를 이곳에 데리고 와서 묵었다. 몇 년 뒤 친정을 개시한 루이 14세는 문제의 푸케 성관 '보 르 비콩트Vaux-le-Vicomte'를 가본 뒤에 즉시 베르사유궁전의 착공을 명했다. 푸케가 구속된 1661년 가을의 일이다.

재무총감 콜베르는 푸케의 성에 드나들던 예술가들을 모조리 이 새로운 궁전의 공사에 동원했다. 궁전의 건축 담당은 프랑스 고전주의(루이 14세 스타일)의 건축의 창시자 중 하나인 루이 르 보Louis Le Vau(1612-1670), 조경 담당은 앙드레 르 노트르André Le Nôtre(1613-1700), 모든 결정은 국왕 자신이 했다. 아무리 사소한 디테일도 일일이 국왕의 결정에 따라야 했다. 이때의 국왕은 "인공과 황금의 힘에 의해 자연을 개량하고 정복하는 것이 즐겁다"고 소감을 피력했다.

물론 파리는 여전히 공식적인 프랑스의 수도였지만, 1682년 5월 6일 국

베르사유궁(1668년)

왕은 정부 소재지를 베르사유로 이전했다. 그래서 1789년까지 베르사유궁이 사실상 왕국의 센터였다. 국왕과 궁정이 파리에 상주하기를 원했던 콜베르는 이 같은 결정에 경악을 했지만, 그 역시 국왕의 결심을 바꿀 도리는 없었다. 국왕의 권력과 유럽 패권의 상징이 된 베르사유의 공사는 단지 시작에 불과했다. 베르사유궁은 준공하기까지 20년이 걸렸고 공사현장에서는 동원된 노동자가 중노동에 의한 과로, 사고, 더위나 추위에 따르는 각종 질병 때문에 매일 밤 짐차에 가득히 시체로 실려 나갔다! 1682년에 수르쉬 후작 Marquis de Sourches은 국왕이 얼마나 "이성을 초월한 정열"을 가지고 이 베르사유궁을 좋아했는지를 언급한 적이 있다. 루이 14세는 어릴 적부터 파리를 싫어했다. 왜냐하면 프롱드의 난(1648-1653)을 피해서 황급히 파리를 탈출해야 했던 유년시절의 악몽 같은 기억이 떠나지 않았기 때문이다. 콜베르가 파리의 루브르 궁과 튈르리 궁의 개조의 노력을 기울였음에도 불구하고 국왕은 오직 베르사유에서만 편안함을 느꼈다. 소위 '야외 개방형' 군주였던 루이는 건축과 토목에 관심이 지대했다. 그는 거대한 궁전과 훌륭하고 너른 정원뿐 아니라, 좁고 불결한 거리들이 즐비한 옛 중세 도시의 파리와는 대조적인 근

베르사유궁의 입구에서 본 거위발 조감도

대도시의 탁 트인 직선 대로boulevard의 건설을 명했다. 대형 사륜마차의 출현에 따라 만들어진 이 폭넓고 직선화된 대로는 왕이나 귀족의 권위를 상징했다.

절대주의를 최대 기반으로 하는 바로크 도시의 특징은 이처럼 기하학적 형태와 직선대로, 격자형과 방사형의 형태를 조합시킨 정원과 원형광장의 접점이라고 할 수 있다. 조경가 르 노트르는 베르사유의 배치에 있어서 한 도시와 궁전, 정원과 거대한 공원들을 서로 연결했다. 궁전은 전체 구성의 중심이며, 그 도시의 정상에 파리로부터는 3개의 주요 도로가 20-25도의 각도를 이루며 궁전의 입구에 집결한다. 이 세 가로의 배열법은 한 지점에 전망 가로를 모으는 주요 수단이었다. 이 같은 배열법은 소위 '거위발patte d'oie'이라고 불리며, 로마의 포폴로Popolo광장에서 방사선 도로가 세 가닥 로마 시내로 연결된 것과 비슷하다. 베르사유궁전 뒤의 정원에서는 화단, 분수, 개울, 가로수가 늘어선 도로와 잔디 지대를 볼 수 있는데 이러한 '녹지'를 도시 조경에 도입한 것은 훌륭한 공적이라고 할 수 있다. 이는 르 노트르와 같은 위대한 조경가에 의해서 입체적인 이탈리아 정원이 평면적인 프랑스 정원으로 바뀐 결과다. 정원의 분수의 물을 공급하기 위해 센 강으로부터 물줄기를 끌어왔다. 또 '오랑주리Orangerie(오렌지나무 정원)'에는 당시 귀한 과수였던 오렌

지나무가 1,200그루나 있었는데 추운 겨울이면 모두 안으로 옮겨다 놓았다.

루이 14세의 통치가 절대왕정의 전형이었다면, 베르사유의 궁정 생활은 이 시대 유럽의 궁정 생활의 절정이기도 하다. 그러나 외관상 화려함과 사치의 극치를 보이는 베르사유의 궁정 생활이 항상 유쾌하고 즐거운 것만은 아니었다. 국왕과 왕실 가족들이 사용하는 장려하고 우미한 방들과 침실들을 제외하고, 대부분의 사람들은 환기구도 없이 작고 비좁은 방에서 살아야 했다. 그렇지만 대부분의 귀족들은 베르사유궁에 거주하지 않으면, 사회적으로나 정치적으로 '죽은' 것으로 간주되었다. 귀족들은 자기 돈을 내고 그곳에 살았으며, 위대한 태양왕의 궁전에 어울리는 '장식물'이 되기 위해 내내 호화롭고 낭비적 생활을 유지하도록 기대되었다. 날이면 날마다 끝없이 열리는 가장무도회, 연극, 오페라, 파티와 주연의 스트레스 때문에 심지어 가장 열성적인 파티 마니아들조차도 급격히 노화현상을 겪었고, 국왕이 알현식을 하거나 아침에 착복식을 거행할 때마다, 국왕과 가장 가까운 거리에 있기 위해 귀족들 간에는 서로 소모적인 경쟁과 알력이 생겼고, 크고 작은 음모들이 속출했다. 혹자는 이를 두고서, 베르사유라는 금빛 새장에 귀족들을 가두고 그들을 조직적으로 파산시키려는 '음모'로 간주했다. 실제로 무제한 소비의 산물인 베르사유의 초호화판 궁정 생활은 귀족들뿐만 아니라 프랑스 정부를 재정적으로 파산시켰으며, 루이 14세가 사망한 지 75년 후에 프랑스 혁명이 발발하는 원인 중에 하나를 제공했다. 특히 왕정(베르사유)과 파리의 격리 내지 이원화 현상이 결정적인 민심의 이반을 가져왔다고 본다.

"짐은 이제 죽지만 국가는 영원하리라."

- 루이 14세

"구세계는 조금씩 무너져 내렸다. 그러나 국왕은 그 파편의 일부가 자신에게도
떨어질 수 있다는 것을 전혀 상상조차 하지 못했다."

- 미국 저술가 제니퍼 도넬리Jennifer Donnelly(1963-), 《혁명》중에서

제5장
18세기 프랑스: 계몽주의 시대

FRANCE

스페인 계승전쟁
(1702년 5월 15일)

그때 세계는 -
1689 영국, 권리장전 승인
1701 프로이센 성립

1690년대에 전 유럽이 스페인 국왕 카를로스 2세Carlos II de España (1661-1700)의 죽음을 숨죽인 채 기다리고 있었다. 그에게는 대를 이을 직계 자손도, 스페인 합스부르크 가문의[1] 사촌들도 없었다. 그 시대의 화두는 당연히 과연 누가 이 광대한 스페인의 영토를 물려받느냐는 것이었다. 유럽 대륙의 강력한 두 통치자인 프랑스의 루이 14세(1638-1715)와 신성로마제국의 황제 레오폴트 1세Leopold I(1640-1705)는 그들의 후손을 위해서 거의 똑같이 상속권을 주장했다.[2] 루이 14세는 스페인의 합스부르크 왕가의 공주를 아내로 맞이했고,[3] 레오폴트 1세도 역시 그의 어머니 마리아 아나María Ana de Austria(1606-1646)가 합스부르크 왕가의 공주였기 때문이다.[4] 물론 오스트리아 황실에서 합스부르크 가문과의 연결은 거의 '전통'이나 마찬가지였다.

---

1   합스부르크가는 13세기부터 20세기 초까지 오스트리아를 거점으로 중부유럽의 패권을 장악했으며, 신성로마제국의 황제를 세습하면서 근대유럽의 유일한 황실가문으로서 최고의 권위와 영예를 누렸다.
2   레오폴트 1세는 47년의 치세 중 대부분의 기간을 프랑스의 루이 14세와 대립하면서 보내야했다.
3   루이 14세는 스페인의 공주 마리-테레즈 도트리쉬Marie-Thérèse d'Autriche(1638-1683)와 정략혼을 했다.

1700년에 드디어 카를로스 2세가 후사를 남기지 않은 채 사망했다. 스페인을 다스린 합스부르크 왕가의 마지막 왕이었던 그는 원래 지적 장애자인데다 외모도 역시 기형적인 커다란 두상의 소유자였다. 근친혼으로 인한 유전병에서 나온 '합스부르크의 주걱턱' 때문에 위아래 치아의 부정교합으로 그는 음식물을 제대로 씹을 수도 없었고, 또 혀가 너무 커서 말도 제대로 하지 못했던 불행한 인물이었다. 그의 단명했던 생애는 너무도 길

스페인 합스부르크의 마지막 인물 카를로스 2세

었던 유년기에서 너무 급속도로 노화가 진행된 장년기로의 이행으로 특징지어진다. 카를로스의 가문에서는 워낙 허약체질이었던 그의 생명을 하루라도 연장시키는 데만 골몰했기 때문에, 그의 교육에는 신경 쓸 겨를이 없었다. 그래서 카를로스는 거의 글을 읽거나 쓸 줄을 몰랐다. 나이가 5-6세가 될 때까지도 유모가 젖을 물렸으며, 성년이 된 후에도 부실한 하체 때문에 잘 걷지도 못하고 넘어지기가 일쑤였다. 그의 부친 펠리페 4세Felipe IV(1605-1665)는 두 번 결혼해서 5명의 아들을 두었으나, 그의 사망 시에 유일하게 생존했던 아들은 세 살배기의 장애아인 카를로스뿐이었다. 어리석게도 카를로스는 미신에 사로잡힌 마마보이인데다 슈퍼 과민증의 군주였다. 그의 어머니인 마리아나Mariana of Austria(1634-1696)는 아들의 이러한 지적·신체적 장애를 이유로 내세워, 자신이 총애하는 후안 에베라도 니타르두스Juan Everardo Nithard(1607-1681) 추기경의 보좌를 받으면서 스페인의 섭정으로 즉위했다. 1675년에 카를로스는 어머니의 섭정 직을 연장한다는 칙령을 서신으로 전

---

4   마리아 아나는 스페인의 국왕 펠리페 3세와 오스트리아의 마르가리타 사이에서 둘째딸로 태어났으며, 형제로는 프랑스 왕비 안 도트리쉬(루이 14세의 어머니), 스페인 국왕 펠리페 4세 등이 있다.

달받았는데 그는 웬일인지 거기에 서명하기를 거부했다. 그 후 카를로스는 모후를 방문하라는 강제 명령을 받았다. 결국 두 시간 후에 그는 엉엉 울면서 모후의 방을 뛰쳐나왔다. 그것이 그가 생애 처음이자 마지막으로 보였던 반항이었다.

소위 '네포티즘nepotism(족벌주의)의 제도화'라고 일컬어지는 세습군주제에서 그의 어떠한 장애보다도 정치적인 최대의 무능은 두 번의 결혼에도 불구하고 태생적으로 부부관계를 할 수 없다는 것이었다. 그의 첫 번째 부인은 루이 14세의 질녀인 오를레앙 공녀 마리 루이즈Marie Louise d'Orléans(1662-1689)였다. 아무리 국익을 위한 정략혼이라고 해도 루이 14세는 차마 자기 딸을 그리로 시집보낼 수가 없었다. 그래서 '꿩 대신 닭'이라고 질녀를 대신 보낸 것이라 한다. 가엾은 루이즈는 1679년 7월 약혼식 때부터 9월에 스페인으로 시집갈 때까지 내내 눈물로 꼬박 밤을 지새웠다. 경쾌한 분위기의 프랑스 궁정에서 자랐던 루이즈는 어둡고 딱딱한 스페인 궁정과 프랑스를 혐오하는 조신들에 둘러싸여 거의 숨이 막힐 지경이었다. 루이즈의 하인들은 음모죄로 기소되거나 유모는 고문까지 당했으며 그녀가 애지중지하던 '불어'를 말하는 앵무새도 누군가에 의해 교살당하는 불상사가 있었다. 그녀가 부친에게 보냈던 서신 속에는 스페인 궁정의 이 같은 적대적 분위기와 루이즈 자신의 고립된 처지가 잘 나타나있다. 루이즈는 이러한 불행 때문인지 엄청난 폭식증에 빠졌다. 이런 와중에도 카를로스는 자기 부인을 무척 사랑했다. 10년 동안이나 이 부부는 아이를 갖기 위해 무던히 노력했지만 모두 허사였다. 1689년에 몹시 비대해진 루이즈는 복부 경련으로 이틀 동안 고생을 하다가 사망했다. 이미 썩어들어 가는 시신이 들어있는 관을 열라고 명했을 정도로 아내의 죽음은 카를로스를 비탄에 잠기게 했다. 그러나 아내가 죽은 지 겨우 3개월 만에 그는 애 잘 낳기로 유명한 노이부르크Neuburg 가문의 마리아 아나Maria Ana(1667-1740)와 재혼했다. 그녀는 자신의 가임 능력을 극대화하기 위해 구마식까지 받았지만 불행히도 카를로스의 선천적인 성적 불능을 치유하지는 못했다.

35세의 카를로스는 절름발이에다 간질병을 앓았다. 치아도 다 빠지고 대

프랑스화가 프랑수아 제라르François Gérard(1770-1837)의 작품으로, 앙주 공이 스페인 국왕 펠리페 5세로 선포되는 순간을 묘사했다(1700년 11월 16일)

머리가 되었으며, 시력도 거의 회복 불능으로 약화된 상태였다. 불운하고 무기력한 카를로스를 평생 괴롭혔던 장애와 질병들은 그의 부친 펠리페 4세가 마드리드의 매음굴을 자주 출입했던 점을 미루어 볼 때 아마도 선천성 매독이거나, 아니면 합스부르크 가문의 유명한 근친혼에 의한 유전병일 확률이 높다.[5] 이에 대하여 카를로스 2세 자신은 "나의 문제는 합스부르크 왕조의 근친혼 때문이 아니라 마법 때문이다"라고 설명했다. 그는 생전에 "나는 아무래도 (사탄에게) 혼을 빼앗긴 것 같아. 그것이 바로 내가 경험하고 고통을 받았던 일들이지!"라고 말한 적이 있다.[6] 1698년에 그는 세 번의 발작을 일으킨 후에 벙어리가 되었다. 당시 의사들은 현기증을 방지하는 차원에서 그의 이

---

5 사실상 카를로스의 부모인 펠리페와 마리아나는 삼촌과 조카의 관계였고, 그들의 부모들 역시 모두 6촌 이내의 근친혼을 했다. 거의 600년 이상이나 유럽을 지배한 세계 최고의 실력자 합스부르크 가문은 이처럼 근친혼으로 흥기했다가 다시 근친혼으로 멸망한 유일한 왕조로 기록되고 있다.

6 카를로스 2세는 역사적으로 유명한 '1680년의 스페인 종교재판'사건의 사실상 주관자였다. 카를로스는 교회가 종교재판을 빙자하여 120명을 체포해서 종교재판을 받도록 하고 그중 21명은 사탄이라고 하여 화형에 처하는 일을 그대로 묵인했다.

마 위에 갓 죽인 비둘기를 올려놓았고, 몸의 체온을 높이기 위해 뜨거운 김이 모락거리는 포유동물의 내장을 복부에 발라주었으나 그는 세상을 하직했다. 그의 죽음은 근대 유럽이 경험한 '첫 번째 세계대전'이라고 일컬어지는 스페인 계승전쟁(1701-1714)의 불씨를 일으키는 요인이 되었다.

앞서 얘기한 대로 후사가 없었던 카를로스 2세는 루이 14세의 손자인 필리프 앙주 공Philippe, duc d'Anjou(1683-1746)에게 스페인의 왕위를 물려준다는 유언을 남기고 죽었다. 그래서 17세의 젊은 왕자는 마드리드에서 대관식을 갖고 스페인 국왕 '펠리페 5세Felipe V'로 즉위했다. 그러나 스페인 왕위에 대한 합스부르크 왕가의 권리를 주장하기 위해, 신성로마제국의 황제 레오폴트 1세가 스페인 왕위 계승권을 주장하면서 전쟁의 서막이 올랐다.[7] 그러자 스페인과 프랑스의 합병 내지 단합을 두려워한 영국의 주도로 다시 한 번 '대불 동맹'이 결성되었다. 즉, 프랑스의 부르봉 왕가에 의한 대제국의 건설을 저지하기 위해, 섬나라 영국을 위시한 포르투갈, 네덜란드, 프로이센 같은 독일연방국가들이 신성로마제국 측에 참여했다. 이렇게 발발한 스페인 계승전쟁은 10년 이상 지속되었고, 전쟁은 위트레흐트Utrecht 조약(1713년)과 라슈타트 조약Rastatt(1714년)으로 종결되었다. 특히 위트레흐트 국제 화약은 다음과 같은 조항들을 명시했다. "스페인과 프랑스 왕국의 지나치게 밀접한 연합이 전 유럽의 자유와 안전을 심각하게 위협하기 때문에 (…), 한 사람 또는 동일 인물이 결코 두 왕국의 국왕이 되어서는 안 된다" 역사가들은 이 조항을 근대 민족국가 발전의 핵심적인 요소로 보고 있으며, 벨기에의 국제법사가인 랑달 레자페르Randall Lesaffer(1968-)는 이를 '공동체' 내지 '집단안전' 개념의 이정표라고 평가했다. 그것은 이를테면 유럽 제국(諸國)이 참여하는 '세력균형banace of power'의 원리였다. 이는 한 국가가 지나치게 강해져 주변국들을 위협하게 되면, 나머지 국가들이 동맹을 맺거나 연합해서 강대국의 힘을 누르고 유럽의 국제정치의 균형을 회복한다는 것이다.

루이 14세의 마지막 국제 전쟁인 이 스페인 계승전쟁은 유럽의 힘의 역학

---

7 1703년 레오폴트 1세는 자신의 둘째 아들인 카를 대공에게 스페인의 왕위를 넘길 것을 요구했다.

관계를 바꾸어 놓았다. 당시 프랑스에는 '자연국경Frontières naturelles 설'이란 것이 있었다. 즉 프랑스 영토에는 피레네와 알프스의 두 험악한 산맥 및 대서양과 라인 강이라는 두 아름다운 물길에 의한 자연의 국경이 있다는 것이다. 오늘날의 역사학자들은 자연국경설이 '역사적 신화'라고 판단한다. 그렇지만 '유럽의 왕 중 왕'이 자나 깨나 소원이었던 루이 14세는 프랑스를 유럽의 최강국으로 만들기 위해 이 자연국경설을 주장하면서 수차례의 침략전쟁을 벌였다. 이는 유럽의 '세력균형'을 파괴하는 것으로 제국(諸國)이 서로 궐기해서 프랑스에 대항한 것은 당연한 일이었다. 이 전쟁의 결과로 인해 펠리페 5세는 스페인 국왕으로 널리 인정받았으나 스페인령 네덜란드와 이탈리아의 대부분 영토를 포기해야 했다. 또한 장장 2세기 동안이나 이어져온 오스트리아와의 기나긴 유대관계를 끊게 된 스페인은 '이등 국가'로 전락했고, 승리한 프랑스도 역시 기나긴 전쟁에 의해 상대적으로 약체화되었다. 반면에 위트레흐트 조약의 최대 수혜자로 간주되는 영국은 유럽 최대의 상업자본국이 되었다. 모든 참전국들이 빚더미를 안게 되었으나 오직 영국만이 전쟁에 의한 재정 부담을 감당할 능력이 있었다. 또한 이때에 프로이센과[8] 러시아가 강국으로 등장하여, 각국의 이해관계의 대립은 더욱 복잡해져 또다시 전쟁과 동맹이 되풀이되었다. 스페인 계승전쟁의 중심축을 이룬 것은 전통적인 '프랑스 대 오스트리아'의 대립이었지만, 국제 전쟁으로서 유럽 각지에서 전투가 행해졌으며 식민지 쟁취를 위해 신대륙에서는 영국과 프랑스 간의 전투가 벌어지고 있었다. 즉, 전장의 무대가 해외 식민지로 파급되어 식민지 쟁탈전의 성격을 띠면서 유럽의 국제관계는 세계적 규모로 확대되었다.

"영토 확장이야말로 군주에게 가장 알맞은 가장 신나는 임무다."

- 루이 14세

---

8   18세기 들어 프랑스의 국력이 신장되어 오스트리아의 힘을 견제하게 되면서, 독일지역에서도 합스부르크 왕가의 권위가 흔들리기 시작했다. 가장 강한 도전자가 프로이센이었다. 18세기 동안 프로이센은 몇 차례 전쟁을 통해 독일지역에서 오스트리아 다음으로 큰 영토국가로 자라났다.

카미자르 반란의 종결
(1704년 5월 17일)

세벤Cévennes전쟁은 '낭트 칙령폐지의 부활'을 위해 18세기 랑그독의 세벤 지방에서 일어났던 무장 게릴라전쟁을 일컫는 용어이다.[9] 후일 이 종교 게릴라전은 '카미자르Camisards의 반란'(1702-1705) 또는 전쟁이라고 불린다. 1685년에 낭트 칙령이 폐지되자 프로테스탄트 교회들은 모조리 파괴되었고, 성직자들 역시 처형되거나 추방되었다. 그러나 개종이나 망명을 하는 대신 '저항'을 택한 사람들은 무장하기 시작하여 '신의 군대Camp de l'Eternel'를 조직했다. 이 세벤의 위그노 전사들을 카미자르라고 부른다. 이 명칭은 그들이 긴 소매의 흰색 셔츠 '카미자camisa'를 입었다고 해서 붙여진 것이라고 한다.[10] 그러나 카미자르 반도들은 자신들을 가리켜 '신의 아이들Enfants de Dieu'이라고 불렀다. 실제로 전쟁 기간은 2년이었지만 프랑스 원수 2명과 2만 5천 명의 왕의 군대가 출동했을 만큼 상당히 규모가 큰 반란이었다.

---

9 남프랑스에서 가장 험준한 산악지역인 세벤 지역은 정부로부터 지사가 파견된 랑그독Languedoc 지방의 관할이었다.

10 또한 '카뮈camus'는 길chemin을 의미하는데, 그들이 세벤의 산악지형과 숨겨진 길목들을 잘 알고 있다는 데서 유래했다

무려 2년 동안이나 유럽 최강이었던 루이 14세의 군대와 맞서 항쟁했던 이 카미자르들은 과연 누구인가? 그들은 세벤의 가난한 농부와 장인들로 구성된 민중 의용군이었고, 이 반군의 지도자들도 역시 대부분 전투 경험이 별로 없는 젊은이들이었다. 이 카미자르 반군 측의 유명한 두 지도자는 '롤랑Roland'으로 더 많이 알려진 피에르 라포르트Pierre Laporte(1675-1704)와 장 카발리에Jean Cavalier(1681-1740)였다. 롤랑은 양을 거세하는 목동 출신이었고, 장 카발리에는 빵 가게에서 제빵 기술을 익히던 견습생(도제)이었다. 그러나 그들은 세벤의 험준한 산악지대를 잘 알고 있었기 때문에 주민들의 협조로 신출귀몰한 게릴라 공방전을 펼칠 수가 있었다. 그들은 수적으로 우세한 왕의 군대를 상대로 매복과 야간 전술을 벌여 성공적으로 국왕 군을 견제했다.

하나님이 일어나시니 원수들은 흩어지며
주를 미워하는 자들은 주 앞에서 도망하리이다!

문제의 반란은 1702년 7월 24일 퐁-드-몽베르Pont-de-Monvert 마을에서 발생했다. '집요하고 철두철미한 박해자'로 소문난 프랑수아 드 랑글라드 뒤 샤일라François de Langlade du Chayla(1647-1702) 수도원장이 세벤 지역의 개종 사업을 맡고 있었다. 그의 임무는 세벤의 위그노들을 모조리 가톨릭으로 개종시키는 것이었다. 그는 몇몇 위그노들의 체포를 명한 다음 그들의 사형집행을 준비하고 있었다. 그러자 '에스프리 세귀에Esprit Séguier'란[11] 별칭을 지닌 피에르 세귀에Pierre Seguier(1650-1702) 목사가 위그노의 무리를 이끌고 이 수도원장의 집을 찾아가 붙잡힌 신교도들의 석방을 요구했다. "만일 그대가 그들을 조용히 풀어준다면 우리는 더 이상 어떤 분란이나 소요도 일으키지 않을 것이오"라고 약속했지만, 샤일라 수도원장은 오히려 거기에 대한 응답으로 자신의 수비대에게 발포를 명했다. 그래서 위그노 두 명이 그 자리에서 사살되었고 여러 명이 부상을 당했다. 그러자 격노한 위그노들은 저택의 문을 강제로 쳐부수고 들어가 수도원장을 살해했다. 또한 그들은 세벤의 읍내

---

11 불어로 에스프리esprit는 정신이나 영(靈)을 의미한다.

카미자르의 지도자 장 카발리에

로 몰려가서 가톨릭 귀족들의 저택을 무차별 공격했다. 그래서 귀족들 중 일부는 위그노들에게 저항하다가 죽임을 당했고 나머지는 산이나 들로 뿔뿔이 흩어져 피신했다. 며칠 후 루이 14세는 "그대들이 무기를 전부 버리고 귀가한다면 샤일라 수도원장의 죽음에 관련된 모든 자들을 용서하겠노라. 그러나 만일 이를 거부한다면 너희 전체를 역도로 간주하리라!"라고 선언했다. 그러나 위그노들이 항복하기를 거부하자 국왕은 즉시 군대의 소집을 명했다. 그래서 세귀에를 포함한 위그노 지도자들이 체포되었고, 세귀에는 1702년 8월 12일 토요일에 산 채로 화형을 당했다. 처형당하기 전 세귀에는 종교법정에 섰는데 그의 태도는 매우 초연하고 위풍당당했다. 그는 가톨릭 심문관들의 질문에 대하여 오직 성경의 구절로만 답했다. "그대의 이름은?" "피에르 세귀에" "왜 사람들이 그대를 에스프리(영)라고 부르는가?" "왜냐하면 거룩한 성령이 내 안에 있기 때문이오" "그대가 사는 주소는?" "사막이라오. 그런데 곧 천국이 될 것이오" "왕에게 용서를 구하라" "우리에게 왕은 오직 주님밖에 없소" "그대는 자신이 저지른 죄에 대한 가책이 전혀 없다는 말인가?" "나의 영혼은 그림자와 샘물이 가득한 정원이라오" 그는 손가락이 다 잘려나가고 산 채로 화형을 당하는 고통을 겪었지만 장작더미 위에서도 의연하게 처신했다. 그는 "형제들이여. 천국을 기다리라. 황량한 카르멜산은 다시 푸르러질 것이고 고독한 레바논의 사막도 다시 장미처럼 꽃을 피우리라"라는 의미심장한 유언을 남기고 죽었다.

역설적으로 이 카미자르의 반란은 프랑스 정부 정책의 결과였다. 1685년 낭트 칙령의 폐지의 결과 위그노 목사들은 프랑스에서 거의 추방되거나 투옥 내지는 처형되었다. 이처럼 전문적인 성직자들이 부재한 상황에서 위그노 신도들은 속세의 설교자나 신비한 예언자들에게 의지하고 있었는데, 정부는 유명한 설교가 클로드 부르송Claude Brousson(1647-1698)을 포함해서 그들마저도 다 체포해버렸다.[12] 낭트 칙령 폐지 이후에 태어난 세대들은 정식으로 프로테스탄트 교회의 예배에 대한 경험이 없었기 때문에, 이러한 영적인 '공백'을 위그노 예배의 회복에 대한 광적이고 신비한 예언주의로 대신 채웠다. 카미자르 남성과 여성 신도들은 가난하고 교육을 받지 못한 자들이 대부분이었다. "타락한 위그노들은 가톨릭 미사를 버리고 다시 신교도의 우리로 돌아와야 한다"면서 그들은 지역 방언 대신에 '불어'로 이러한 성령의 목소리를 전했다. 1702년 샤일라 수도원장의 살해를 계기로, 이 예언적인 운동이 무장반란이 되었다. 왜냐하면 카미자르의 예언자들은 세벤의 위그노들에게 자신들을 박해하는 가톨릭에게 당연히 '복수할 권리'가 있다고 가르쳤기 때문이다. 카미자르의 지도자인 장 카발리에 역시 종교 예언자 겸 군사 지도자였다. 그는 성령이 자신의 행동을 이끌어준다고 굳게 믿었다.

카미자르 반란의 첫 번째 지도자였던 세귀에가 죽고 난 후 반도들은 거의 다 소멸되었고, 잔존한 위그노들은 또다시 망명길을 선택했다. 그런데 또다른 카미자르 지도자인 라포르트의 조카였던 롤랑(피에르 라포르트)이 분연히 일어나서 떠나려는 그들을 설득했다. "왜 우리 조상들의 나라를 두고 낯선 외국 땅으로 떠나려 하는가? 형틀이나 교수대에서 죽기보다는 무기를 들고 싸우다가 죽는 편이 낫지 않은가?" 그러자 많은 세벤의 농민들이 즉시 반란에 가담했고 롤랑은 그들의 지도자가 되었다. 한편 롤랑과 쌍벽을 이루는 반군의 젊은 지도자 장 카발리에는 종교적 탄압을 피해 스위스 제네바에 있다가 카미자르 반란의 전야에 다시 세벤으로 귀환했다. 프랑스 역사에서 가장 뛰어난 군사지도자 중 한 명인 빌라 원수maréchal de Villars(1653-1734)조차도 그에 대한 극찬을 아끼지 않았을 정도로, 이 장 카발리에는 게릴라전술에서 거의 천부적인 군사적 재능을 보여주었다. 전쟁 초기에 카미자르는 가톨릭 성직자들을 공격하고 교회를 방화했다. 그러나 1703년부터 그들이 세벤 지역의 완벽한 이단 정화와 청소를 위해 가톨릭 마을 전체를 공격하고 주민

---

12 그는 1698년 수레바퀴에 깔려 죽임을 당했다.

국왕군으로 변장한 장 카발리에

들을 마구 학살함에 따라서, 이 치고 빠지는 게릴라전술은 점점 종교전쟁의 성격으로 바뀌었다. 즉 신앙의 자유를 위해 시작된 반란이 프랑스 종교전쟁 제2탄을 방불케 하는 피비린내 나는 내란으로 변질된 것이다. 1703년 9월 20일 카미자르들이 사튀라르그 Saturargues의 가톨릭 주민 60명을 대량 학살하는 사건이 발생했다. 그러자 왕의 군대도 역시 똑같이 잔인한 수법으로 위그노를 공격했다. 교황 클레멘스 9세Clemens XI(1647-1702)는 이미 카미자르에게 파문을 명했고, 몽트르벨 원수maréchal de Montrevel(1645-1716)가 이끄는 국왕의 군대는 450여 개 이상의 마을을 완전히 소탕했으며 어떤 때는 전 주민을 학살하기도 했다. 그러나 이러한 잔인한 탄압에도 불구하고 성과는 별로 거두지 못했다.

1704년 왕실 군대의 새로운 지휘관 빌라 원수는 유화주의자였다. 당시 프랑스는 '스페인 계승전쟁Succession d'Espagne'(1701-1714)에 돌입해서 많은 병력의 차출을 필요로 했기 때문에 자연 왕정은 이 카미자르의 반란에 대하여 소극적으로 대응할 수밖에 없었다. 그것은 프랑스 남부지역의 소요에 중앙의 돈과 병력이 왜 그렇게 늦게 도착했는지, 1710년까지도 왜 이 반란이 완전히 진압되지 못했는지를 설명해 준다. 또한 루이 14세의 부르봉 왕가가 결코 소문만큼 무소불위의 '절대왕정'이 아니며, 왕국의 유지를 위해서는 지방의 엘리트들의 협조가 반드시 필수적이었다는 사실도 일깨워준다. 그래서 빌라 원수는 반도들과 타협하지 않으면 안 된다고 루이 14세를 설득했고, 결국 국왕은 카미자르의 요구를 들어주기로 했다. 빌라 원수는 장 카발리에의 패배를 협상의 기회로 이용했고, 그 결과 1704년 5월 17일 님므Nimes에서 장 카발리에는 빌라와의 조건부의 '평화협정'에 서명하고 항복했다. 카발리에는 협상의 조건으로 양심의 자유, 수감자들의 전원석방과 함께 그들이 자기 고향으로 돌아갈 수 있는 자유를 내걸었으나 물론 약속은 지켜지지 않았다. 카발리에는 그의 추종자들과 스위스로 망명했다가 영국으로 건너가 1740년 5월 17일 첼시Chelsea에서 숨졌다.

전쟁에 지친 많은 카미자르의 지도자들은 장 카발리에를 따라서 무기를 내려놓았으나, 롤랑만큼은 끝까지 치욕적인 항복 대신에 무기를 손에 쥐고 당당히 죽기를 선택했다. 1704년 8월 13일의 으슥한 밤, 밀고자에 의해 카미자르들은 국왕의 용기병들에 의해 완전히 포위되었다. 롤랑은 말을 타고 숲으로 도망갔지만 왕의 군사들에 의해 곧 추월당했다. 그는 달려드는 수십 명의 군사들을 향해 사력을 다해 싸웠지만 결국 총을 맞고 바닥에 쓰러졌다. 화형식에 처해지기 전에 미라로 만들어진 롤랑의 시체는 말이 끄는 사립짝에 실려, 일종의 본보기로 님므의 시가지를 구석구석 돌면서 공개적으로 전시되었다. 그리고 1705년 1월에 카미자르의 반란은 끝났다. 물론 1710년까지도 수어 차례 반란의 시도가 있었지만 거의 모두 실패하고 말았다.

카미자르의 반란 이후에 위그노들은 가톨릭으로 공공연히 개종하든지 아니면 그들의 참된 신앙을 숨긴 채 살아야 했다. 위그노에 대한 박해는 18세기 후반까지도 계속되었다. 마리 뒤랑Marie Durand이란 한 카미자르 여신도는 1730년에서 1768년까지 신교도 '박해'의 상징인 콩스탕스 탑에 30년 이상 투옥되었다. 또한 마지막 갤리 선의 위그노 노예들도 1775년까지 풀려나지 못했다. 종교의 자유를 위한 민중들의 피어린 항쟁의 역사로 기록되는 이 카미자르의 반란은 결국 실패로 끝났다고 볼 수 있다. 그레고리 모나한Gregory Monahan교수는 그의 저서 《신이 일어서게 하라Let God Arise: The War and Rebellion of the Camisards》(2014년)에서 카미자르의 반란을 갈등의 이해당사자들 간의 '소통의 실패'로 보았다. 세벤의 완고한 가톨릭 성직자와 주민들은 카미자르를 기필코 박멸되어야 할 '이단'으로 보았고, 프랑스 정부도 역시 그들을 무력으로 진압해야 할 반도들로 간주했다. 반면에 신비한 성령이 그들을 종교적 자유로 인도한다고 굳게 믿었던 카미자르들은 '반도'로 불리기를 거부했다. 그들은 자신들이 봉기한 것은 합법적 군주에 대항해서가 아니라, 낭트 칙령이 회복되어야 한다는 당위성을 깨닫지 못하는 '양심의 압제자들'을 타도하기 위함이라고 주장했다. 결국 양측은 소통에 실패했고 그 때문에 카미자르의 반란은 거의 통제 불능으로 치닫게 되었다는 것이다.

한편 이 카미사르에 대한 박해는 볼테르Voltaire(1694-1778), 장-자크 루소 Jean-Jacques Rousseau(1712-1778), 몽테스키외Montesquieu(1689-1755) 같은 계몽주의철학의 거장들에게 중대한 영향을 미쳤다. 1722년에 볼테르는 영국에서 장 카발리에를 만났고, 몽테스키외 역시 조르주 테시에Georges Tessier란 카미자르의 노장을 알고 있었다. '종교의 자유'와 '국가와 교회의 분리'를 주장했던 볼테르는 《관용론Traité sur la tolérance》(1763년)에서 다음과 같이 기술했다. "기독교인들이 서로를 너그럽게 포용하는 데는 위대한 예술이나 웅변이 필요가 없다. 우리는 모든 인간을 형제로 받아들여야 한다. 나의 형제가 터키인이나 중국인, 유태인, 또 샴 인이면 어떠한가?" 1748년에 몽테스키외는 《법의 정신》에서 '종교적 자유'를 논했고, 루소도 역시 "신교도들은 그들이 박해를 당하지 않았다면 결코 무기를 들지 않았을 것이다. 내가 보기에 신교는 프랑스에서 합법적이다'라고 주장했다. 이러한 계몽주의 철학자들의 저서는 절대왕정을 기어이 무너뜨린 '1789년의 혁명'을 이끌었고, 또 '인권선언문'에도 많은 영향을 미쳤다. 즉, '자유로운 사상과 의견의 교류는 가장 소중한 인권들 중 하나다. 그래서 모든 시민이 자유롭게 말하고, 쓰고 출판할 수 있어야 한다'라는 인권선언문의 조항은 시민들에게 모든 종교의 자유를 허락했고, 드디어 카미자르의 후예들은 험난한 역경과 유혈사태, 승리와 패전을 통해서 그들의 목표인 종교와 양심의 자유를 획득하게 된다.[13]

"폭군에 대항한 반란은 신에 대한 복종을 의미한다."

- 영국 퀘이커 지도자 윌리엄 펜William Penn(1644-1718)

---

13 참고로 2002년에는 카미자르 삼백주년 기념행사가 열렸다.

대 겨울Grand Hiver(1709년 1-2월): 그해 겨울은 몹시 추웠네!

1709년 1월 6일 예수 공현(公顯) 축일에 [14] 유럽은 기록상으로 가장 추운 혹한의 겨울을 맞이했다. 1월 5일, 6일에 기온이 갑자기 급강하하더니 계속 떨어지기 시작했다. 당시 온도계는 초기 발전단계였으나 문헌에 나오는 온도들은 거의 일치하고 있다. 영국 학술원의 회원이며 신학자인 윌리엄 더럼William Derham(1657-1735)은 1697년부터 하루에 세 번씩 온도계와 기압계를 정기적으로 체크했는데, 1월 10일에 온도계는 영하 12도를 가리키고 있었다. 프랑스의 화가 · 수학자 · 천문학자인 필리프 드 라 이르Philippe de la Hire(1640-1718)도 파리의 천문대에 온도계를 설치했는데 기온이 화씨 48도를 기록했다. 그 후로 10일 동안 기온이 계속 하강해서 1월 10일에는 영하 15도 이하로 뚝 떨어졌다. 따라서 파리의 최저기온은 영하 25도, 몽펠리에는 17도, 보르도는 각기 20.5도를 기록했다. 나무로 군불을 때던 시절이니만큼 그 누구도 추위의 공격으로부터 자유로울 수는 없었다. 1월 7일 루이 14세는 베르사유궁에서 일상적인 산책을 강행하려 했지만 강추위로 말미암아 공포

---

14 예수가 이방인인 세 동방 박사를 통해 메시아임을 드러낸 일.

에 휩싸인 그의 측근들은 왕을 극구 만류했다. 그래서 루이 14세는 꼼짝없이 2주 동안 실내에서 머무를 수밖에 없었다. 궁정 조신들은 가장 큰 벽난로조차도 난방에 별로 효과가 없다는 사실을 깨닫게 되었다.

루이 14세의 동생 오를레앙 공작 필리프 1세Philippe d'Orléans(1640-1701)의 두 번째 아내인 엘리자베스 샤를로트Elizabeth Charlotte(1652-1722), 일명 팔라틴 부인Madame Palatine은 하노버의 조피Sophie von Hannover(1630-1714)에게[15] 다음과 같은 편지를 썼다. '나는 지금 포효하는 벽난로의 불길 앞에 앉아 있어요. 문을 꼭 닫고 바람막이 차양을 내렸는데도 불구하고 세이블(흑담비) 목도리를 두르고 곰 가죽 부대로 발을 덮지 않으면 여기에 앉아 있기도 힘들어요. 나는 여전히 추위에 떨고 있어서 펜을 바로잡을 수도 없답니다. 내 생애에 이렇게 추운 겨울은 본 적이 없어요!' 베르사유궁에서 기거했던 생시몽 공작Louis de Rouvroy, Duke of Saint-Simon(1675-1755)도 그의 《회고록》에서 벽난로 옆에 있던 병들이 추위에 깨지고 와인이 얼어붙는 것을 보고 화들짝 놀랐다. 이처럼 부자들은 으리으리한 대저택에서 추위에 벌벌 떨었고, 가난한 사람들은 누추한 누옥에서 그냥 얼어 죽었다.

이 극심한 추위에 가장 피해를 입은 국가는 프랑스였다. 1709년은 최악의 해였다. 프랑스 농민들은 이미 흉작과 중세(重稅), 스페인 계승전쟁에 의한 징집으로 많은 고통을 받고 있었다. 아직 일기예보라는 시스템이 없었기 때문에 프랑스 정부는 대 겨울의 혹한을 미리 대비할 수가 없었다. 어떤 조치를 내리기도 전에 벌써 수천 명의 사람들이 저체온증으로 고통을 받았다. 심지어 나는 새조차도 얼어서 바닥에 떨어져 죽었다고 할 정도니 수많은 사육장의 가축들도 역시 예외는 아니었다. 강과 운하, 항구들이 꽁꽁 얼어붙었고 폭설이 도로를 마비시켰다. 지중해 연안의 마르세유 항구, 론Rhone 강과 가론Garonne 강의 등지에서는 얼음 두께가 자그마치 11인치나 되어서 짐을 가득 실은 마차의 무게도 거뜬히 지탱할 정도였다. 물자 공급이 완전히 끊긴 도시

---

15 하노버의 조피는 현재 영국왕위 계승자들의 직계 조상으로서, 영국 하노버 왕가의 시조인 조지 1세 George I(1660-1727)의 어머니이다.

에서는 절망한 주민들이 난방을 위해 가구들을 불쏘시개용으로 닥치는 대로 태운다는 소문이 나돌았다. 수도 파리는 3개월 동안이나 외부로부터 물자 보급이 차단되었다. 루이 14세는 아우성치는 시민들에게 빵을 무상으로 나누어주었고, 귀족들한테도 '빵의 기부'를 강요했다. 국왕은 곡물 투기나 사재기를 막기 위해 왕국의 모든 곡물창고를 일일이 등록시켰고, 이러한 규율이 제대로 준수되는지를 확인하기 위해 검열관들을 파견했다. 그러나 당시의 위중한 상황으로 미루어 볼 때, 이러한 미온적인 조치들은 크게 성과를 거두지 못했고 곳곳에서 폭동이 일어났다. 고사리 같은 양치식물로 죽을 끓여 목숨을 연명해야했던 가난한 농부들 중에는 스스로 갱단을 조직해 인근의 빵집을 습격하거나 은밀히 매복해 있다가 곡물운반차를 터는 자들도 생겨났다.

수도 파리의 식량공급을 위한 통제경제

도시의 수송 마비와 물자 공급의 부족은 도시의 소비자들에게는 그야말로 위기와 재앙을 의미했다. 파리는 1월부터 4월까지 외부로부터 아무런 물자 공급을 받지 못했다. 그 결과 1708년 6월에서 그 이듬해 6월까지 소맥 가격이 무려 6배나 껑충 뛰었다. 그러나 왕실 정부는 스페인 계승전쟁에 너무 몰두한 나머지 사태의 심각성을 뒤늦게 깨닫게 되었다. 초기에 재무총감 니콜라 데마레Nicolas Desmarets(1648-1721)는 곡물을 외국에서 수입해야 한다는 주위의 충고를 따르지 않았다. 볼테르가 프랑스에서 가장 '박식한 행정가'라고 극찬해 마지않던 고등법원의 검찰총장 앙리 프랑수아 다그소Henri François d'Aguesseau(1668-1751)가 드디어 4월 말부터 구제 사업에 적극 공조하기 시작했다. "공급은 풀어주되, 투기는 막는다"는 것이 왕실 정책의 주요 골자였다. 4월 27일자 왕령은 곡물을 몰래 숨기거나 비축하는 자에게는 무거운 벌금형이나 갤리 선의 노예 형에 처한다고 엄중히 경고했다. 당시 파리의 경찰 총감 르네-루이 다르장송René-Louis d'Argenson(1694-1757)은 파리 시장(市場)을 통제경제 체제하에 두었다. 그래서 곡물창고에 대한 불시 단속이 수시로 이루어졌고, 빵의 구입도 아무 때나 살 수 있는 것이 아니라 시간과 인원의 제약을 받았다. 그리고 지방에서도 수도와 유사한 정책을 시행하기 위해 많은 지

검찰총장 앙리 프랑수아다그소Henri François d'Aguesseau(1668-1751)가 창고에 비축된 곡식들을 풀라고 명하고 있다.

사들을 중앙에서 지방으로 파견했다. 생-시몽 공작은 소위 '사회적 관찰자'의 시점에서 파리에는 빈민들의 고통으로부터 이익을 취하려는 탐욕스러운 이기주의자들이 득실거렸다고 적고 있다. 그는 오히려 곡물 이동에 대한 엄격한 통제 시스템이 재정상의 파멸을 가져오고 기근의 사태를 훨씬 가중시켰다고 보았다. 물론 사회적 취약계층들은 흉작과 추위, 전시체제하의 식량 공급 문제, 또 시장의 실패로 인해 치명적인 타격을 받았지만 생-시몽 공작의 우려와는 달리 결론적으로 사가들은 이러한 국가 개입 정책이 식량위기를 경감시키는데 어느 정도 기여했다고 본다.

대기근

1709년은 구제도하에서의 마지막 '생존'의 위기에 속했다. 공식 기록과 왕실 회고록은 그 당시 평민들이 겪었던 그 엄청난 고통의 무게를 제한적으로나마 알려주고 있다. 1693-1694년의 대기근과 마찬가지로, 겨울의 추위 때

1709년의 한파로 얼어붙은 베니스의 석호(潟湖)

문에 발생했던 '1709년의 대기근'은 곡물가격의 폭등과 재정위기를 몰고 왔
다. 곡물이 전체적으로 품귀현상은 아니었기 때문에 다행히 보리가 대체식
품의 역할을 했다. 정부가 뒤늦게 시행했던 구호정책은 비교적 효율적이었
으나 2년 동안 1,330,800명의 출생 대비 2,141,000명이 사망했기 때문에 대
략 810,000명(3.5%)의 인명 손실이 발생했다.[16] 물론 이러한 사망 수치의 배후
에는 심각한 영양실조와 질병으로 고통을 받거나 생계수단을 잃어버린 서
민들의 지독한 곤경이 숨어있다. 당시 기록이나 소문에 의하면 굶주린 사람
들은 마치 동물처럼 풀을 뜯어 먹었고 이러한 끔찍한 참상은 태양왕 말기의
치세를 더욱 어둡고 암울하게 퇴색시켰다. 최근에는 그 당시 각 지방의 교구
기록이나 상속재산목록, 또 가계나 일지 같은 일차 사료들의 분석을 통해서,

---

16 사회 사가들은 1700년 이래 상승세에 있던 프랑스인구가 1709-1710년에 대략 80만 명 이상 감소
한 것으로 보고 있다.

태양왕 치세하의 프랑스 민중들의 비참한 일상이 다시 조명되고 있다.

혹한의 원인

　반세기 동안 유럽에서 가장 혹한의 기록이었던 1709년의 추위는 현대의 기후학자들에게도 여전히 궁금한 수수께끼다. 여기에 대하여 다양한 가설들이 제기되었는데, 혹자는 스페인 카나리아 제도의 테이데Teide 봉(峰)이나 동지중해의 산토리니, 또 나폴리 근처의 베수비오 산에서 화산이 연달아 폭발하는 바람에 거대한 양의 화산재나 먼지가 지구에 다다르는 일조량을 대폭 축소시켰을 것으로 보기도 한다. 또한 1709년은 기후학자들이 말하는 이른바 태양 에너지의 방출이 줄어드는 '태양의 불규칙 활동기Maunder Minimum'(1645-1715)에 [17] 해당한다. 결국 이러한 천재지변이나 기후변화의 요인들이 유럽에 '극한의 재앙'을 몰고 왔다고 보지만, 1709년의 겨울은 여전히 뜨거운 쟁점 중 하나다.

"반란보다 더 나쁜 것은 반란을 일으키는 요인이다."

- 미국 작가 프리데릭 더글라스Frederick Douglass(1818-1895)

---

17 태양의 흑점이 거의 보이지 않았다.

태양왕의 죽음
(1715년 9월 1일)

1715년 8월 26일 루이 14세(1638-1715)는 "혼자 일어서기가 힘들다"면서 다리의 통증을 호소했다. 국왕의 수석 의사인 귀-크레상 파공Guy-Crescent Fagon(1638-1718)은 그것을 신경통 증세로 진단했지만 사실은 '괴저병'이었다. 자신의 임종이 서서히 다가오고 있다고 직감한 국왕은 고해를 했고 종부성사를 받았다. 그는 궁정 조신들에게 우아한 작별을 고한 후, 자신의 침실에 네 살 먹은 어린 증손자(루이 15세)를 친히 불러 "부디 백성들의 고통을 경감시키고 재앙의 근원인 전쟁을 피하라"라는 충심 어린 조언을 해주었다. 그런데 예정보다 임종 기간이 훨씬 길어졌기 때문에 국왕은 후처인 멩트농 후작부인Marquise de Maintenon(1635-1719)에게는 두 번, 궁정 조신들에게는 세 번씩이나 작별 인사를 고하는 의식을 행했다. 워낙 비꼬기 좋아하는 회고록의 작가 생-시몽 공작도 루이 14세가 임종 시에 최고의 감동적인 명장면을 연출했다고 후하게 평가했다. 평생 공적인 삶을 영위했던 국왕은 자신의 죽음도 역시 그렇게 공식적으로 맞이했다. 국왕은 자신의 침실에서 프랑스 국사의 상당 부분을 처리했던 만큼, 죽기 바로 이틀 전까지도 침실에서 자신의 일상적인 의전들을 그대로 수행했다. 그런데 국왕의 침실은 그냥 보통 방은 아니며 그곳에서 벌어지는 일도 역시 평범한 것과는 거리가 멀었다. 그것은 베르사유궁 전면façade의 정중앙, 즉 태양이 운행하는 동서 축의 심장부에 위치해 있었다.

루이 14세는 생전에 결코 "짐이 곧 국가다 l'État, c'est moi"란 말을 한 적이 없었다. 절대주의를[18] 상징하는 이 유명한 말이 처음 등장했던 것은 19세기 초였다. 그러나 그는 자신의 유언 중에 "짐은 가지만, 그러나 국가는 영원하리라!Je m'en vais, mais l'État demeurera toujours"라는 비슷한 말을 남겼다. 그의 마지막 고통은 여러 날 지속되었다. 평상시 '대식가'로 소문난 국왕은 음식을 거의 손도 대지 않았다. 8월 30일 국왕은 혼수상태에 빠졌고, 9월 1일 아침 8시 15분에 숨을 거두었다. 《루이 14세의 죽음La Mort de Louis XIV》(2015년)의 저자인 조엘 코르네트Joël Cornette교수는 이 루이의 사망이 프랑스 왕권사(王權史)의 한 장(章)을 마감했노라고 높이 평가했다. 9월 2일 부검과 시체의 방부처리가 이루어졌다. 현재 파리 북부의 교외에 위치한 생-드니Saint-Denis성당에 주검이 이송된 후, 공식적인 장례행사가 6주간 진행되었다.

루이 14세의 죽음을 과연 프랑스 백성들은 어떻게 받아들였을까? 기나긴 치세의 중량감 때문인지 영혼과 심장이 피폐해진 사람들은 기다리고 기다리던 '해방'을 신에게 감사하고, 며칠 후 국왕의 장례행렬이 지나간 파리의 거리에서는 모든 시민들이 나와서 춤추고 노래하고 마시고 떠들었다. 그야말로 해방의 기쁨을 누린 것이다. 이것이 태양왕 루이 14세 시대의 마지막 장면이었다. 생-쉴피스Saint-Sulpice 교구의 한 사제는 "국왕이 온 백성들에게 부과했던 엄청난 세금 때문에, 사람들은 그의 죽음을 단지 유감이라고 생각했을 뿐이었다"라고 기록했다. 이처럼 억압적인 왕실의 조세정책에서 이득을 취한 자들은 오직 금융가와 백성들의 고혈을 쥐어짜는 징세 청부업자뿐이었다. "즉위 초에 그토록 사랑을 받았던 국왕이지만 말기에는 그의 죽음을 슬퍼하는 이가 별로 없었다네. 죽은 왕이 혹시 다시 살아 돌아올까 봐 이를 두려워하는 이들도 있었지!"라는 풍자 민요까지 시중에 나돌았다.

---

18 절대주의는 군주가 절대적인 권한을 행사하는 정치체계를 가리키는 말로 전제정치의 한 형태다.

루이 14세의
장례식 행렬

　국왕은 어떤 인물이었는가? 물론 그는 천재 형은 아니었지만 양식bon sense
있고 절제된 노력형의 인물이었다. 특히 루이는 완벽한 국왕의 이미지를 주
조해내는 데 거의 타의 추종을 불허할 정도로 '쇼맨십의 달인'이었다. 새벽에
기상했을 때, 옷을 갈아입을 때, 식사할 때, 취침할 때, 으레 그의 시종관, 의
상 계, 주방장, 시의, 성직자. 귀족, 조신 등을 모아 놓고 거창한 의식을 가졌
다. 그리고 조신이나 귀족도 이런 의전에 참여하는 것을 일생일대의 영광으
로 알았다. 그러나 그의 후계자인 두 명의 범용한 루이, 즉 루이 15세와 불운
의 루이 16세는 결코 비범한 카리스마나 유별난 '공개 취미'에 대한 재능이
없었다. 루이 14세는 국왕이라는 직업을 매우 고귀하고 위대하며, 심지어 감
미로운 것으로 간주했다. 그는 전쟁이나 우울증·관절 같은 질병이나 또 마
취가 없었던 시대니만큼 심한 통증을 수반하는 발치와 치질 수술에 대처할
때도 항상 의연하게 맞서는 용기를 보여주었다. 가령 다혈질 기질의 로쟁 공
작duc de Lauzun(1632-1723)이 국왕의 면전에서 검을 감히 부러뜨리고, 더 이상
그를 섬기지 않겠노라고 선언했을 때도 국왕은 이 오만불손한 귀족을 치기
보다는 오히려 창밖으로 자신의 지팡이를 던지는 자제심을 보여주었다.[19] 그
의 치세 말기에는 장남(왕세자)을 위시한 왕실 가족들이 줄지어 사망했음에

---

19 국왕이 약속했던 포병대장 직의 임명을 거부하자 그만 분을 참지 못한 로쟁 공은 검을 꺾고 자신의
　말을 지키지 않는 군주를 섬기지 않겠노라고 선언했다. 그 결과 그는 바스티유 감옥에 갇혔으나
　곧 풀려나서 다시 궁정으로 복귀했다.

도 불구하고 그는 끝까지 국왕으로서의 위엄을 잃지 않았다. 그의 이러한 성품과 일화들이 기독교 국가에서 이교적인 태양왕 숭배에 대한 신화를 창조하는데 일정 부분 기여했다고 본다.

77세를 일기로 세상을 떠난 루이 14세는 장장 72년이란 세월을 권좌에 머물러있었다. 이 기나긴 통치는 동시대인은 물론이고, 후대의 역사가들까지도 찬반양론으로 분열시켰다. 18, 19세기에 루이 14세는 과연 어떤 평가를 받았을까? 철학자 볼테르가 《루이 14세의 세기Siècle de Louis XIV》(1751년)를 저술한 이래로 '프랑스의 17세기는 곧 루이 14세의 시대(1643-1715)'라는 등식이 자연스럽게 성립되었다. 볼테르는 특히 예술과 철학 면에서 루이 14세의 시대를 가장 '위대한 세기Grand Siècle'라고 평가했다.[20] 그렇지만 계몽주의 시대에는 위대한 국왕에 대한 찬미와 종교의 불관용이나 봉인장lettres de cachet(약식체포명령서)에[21] 대한 반감이 동시에 자리하고 있었다. 또한 '교과서의 전성시대l'époque des manuels scolaires'라고 알려진 19세기에도 여전히 루이에 대한 '성인전'과 '무모한 전쟁광' 내지 '과대망상적인 건축 마니아'에 대한 '검은 전설'이 서로 팽팽하게 대립하고 있었다.

평가

루이 14세에 대한 긍정적인 평가로는 ①전쟁에 의한 영토 확장(플랑드르, 에노, 루시용, 프랑슈-콩테, 스트라스부르, 캉브레시) ②절대왕권의 강화 ③왕실 공장(제조업)의 발달 ④군대 개혁 ⑤행정의 재정비 ⑥도시미화사업 ⑦예술과 문학의 융성 등을 들 수가 있다. 루이의 시대에 프랑스 왕정은 권력의 정점에 도달했다. 루이 14세는 오직 신으로부터 그의 권위를 하사받았기 때문에 오직 신에게만 책임이 있다고 믿었다. 이러한 '왕권신수설'을 지지했던 모Meaux의 주교 보쉬에Bossuet(1627-1704)는 국왕에 대한 불복종이야말로 '신성

---

20 그러나 볼테르는 자신이 속해있는 18세기 중반의 루이 15세의 시대는 문화와 예술의 침체기라며 암묵적으로 비판했다.

21 재판을 하지 않고도 마음대로 체포·구금 할 수 있는 봉인장 제도는 왕의 사적인 목적으로도 쓰여 그 폐해가 대단했다. 앙시앵 레짐의 가장 큰 실책 가운데 하나로 간주된다.

모독'이라고 선언했다. 루이 14세는 평생 설교를 2천 번 들었고, 3천 번의 미사에 참석했다. 거의 날마다 미사에 참석한 셈이다. "왕이 너를 만지면 신이 너의 병을 치유하리라. le roi te touche, Dieu te guérisse" 예로부터 '신의 대리자'인 프랑스 국왕은 연주창 환자를 낫게 하는 능력이 있다고 알려져 왔는데 그는 20만 명의 환자의 몸에 손을 대는 치유의 의식을 거행했다. 한편 루이 14세는 근대적인 정부 시스템을 후세에 남겼으며 오늘날 프랑스 제5공화국에도 그 위대한 유산의 발자취가 남아있다. 루이 14세의 치세기에 예술과 학문이 융성했지만 가장 가시적인 문화유산은 예나 지금이나 프랑스의 랜드마크인 베르사유궁전이었다.[22]

그에 대한 부정적인 평가로는 종교적 불관용, 전쟁이나 사치로 인한 국고의 피폐 등을 들 수가 있다. 국왕이 낭트 칙령을 폐지한 결과 그것은 카미자르의 반란에서도 알 수 있듯이 내란과 소요의 요인이 되었다. 그 덕분에 20만 명의 위그노들이 대거 해외로 망명해서 프랑스 국익에 도움이 되는 숙련노동자들을 잃고 말았다. 그러나 물론 루이 14세가 종교를 박해했던 유일한 군주는 아니었다. 동시대의 신교 국가인 영국의 경우도 가톨릭 신자들에 대해 엄격하기는 매한가지였다. 또 루이 14세의 치세 말기에 부채가 엄청나게 증가했다. 치세 말기의 26년간 국가에 축적된 (조세) 수입은 13억 리브르 이상으로 추정되는데 지출은 거의 50억 리브르에 육박했다고 한다. 결국 소문난 잔치에 먹을 것이 없다는 속담처럼 루이 14세도 값비싼 전쟁비용을 치를 정도로 충분한 절대 권력의 소유자는 아니라는 역설적 얘기가 된다. 그의 후손들도 역시 적자재정을 피해 가지는 못했다. 결국 중세의 억압에 시달린 프랑스 백성들은 봉기해서 그들의 국왕을 기어이 제 손으로 제거하게 된다.

"짐이 그것을 원하기 때문에 그것은 합법적이다."

- 루이 14세

---

22 1664년 베르사유에서 열린 '마법의 섬의 환락Plaisirs de l'île enchantée'의 축제 때에는 600명이 초대되었는데, 태양왕의 치세말기에는 무려 7-8천명으로 늘었다.

존 로우의 파산
(1720년 8월)

그때 세계는 –
1709 영국, 인클로저 운동 시작

　루이 14세의 조카인 섭정 필리프 오를레앙 공Philippe d'Orléans(1674-1723)은
[23] 엄청난 부채와 적자재정을 고스란히 물려받았다. 그는 우선 정부의 재정난
을 타개해 볼 심산으로 존 로우John Law(1671-1729)라는 망명객을 기용했다.
스코틀랜드인 존 로우는 원래 그의 고국에서 결투 끝에 살인죄를 범하고 망
명, 런던·암스테르담·제네바·피렌체 등을 방랑하면서 도박으로 큰돈을
모았다는 풍운아였다. 로우는 '확률'이라는 새로운 학문을 이해했고 그것을
자신의 이익, 즉 도박에 적극적으로 활용했다.

　한편 로우는 돈과 은행업에 관해서도 지대한 관심을 가지고 있었다. 그는
어떻게 나라의 돈을 운영하고 조직하는지에 대한 자신의 급진적 사상을 세
상에 널리 알리기 위해서 일련의 팸플릿과 서적들을 발행했다. 특히 로우는
《토지은행론Essay on a Land Bank》(1704)과 《돈과 무역Money and Trade》(1705)에
서 새로운 경제이론을 설파한 덕분에 위대한 경제학자의 반열에 오를 수가

---

23 섭정 필리프 오를레앙 공은 파리고등법원에게 국왕의 유언을 파기할 것을 요청했고 그 요구를 들
　어주는 대가로 고등법원은 '건의권droit de remontrance'을 다시 회복할 수가 있었다. 사실상 그것은
　왕정에게 치명적인 양보로 혁명 때까지 왕권을 계속 침해하는 요인이 되었다.

있었다. 그는 최초로 '돈의 기능'을 정의했던 것이다. 그는 또한 '가치의 패러독스(역설)'를 설명하기 위해 수요와 공급의 원리를 사용했다. 그러나 초기 통화주의의 선구자로서 로우는 실물경제는 등한시한 채 돈의 실질적 효과에만 매진했다는 한계를 지닌다.

섭정 오를레앙 공은 야심찬 화폐제도 개혁사상을 지니고 있던 로우를 기억하고 그를 파리로 불러들였다. 로우는 돈의 공급을 늘리려면 제한적인 금속화폐보다는[24] 나라의 토지를 담보로 한 새로운 지폐를 발행할 것을 제안했다. 그것이 무역과 고용을 창출한다는 것이었다. 섭정은 로우의 이러한 획기적 아이디어를 일단 소규모의 단위로 수락했다. 그래서 1716년에 로우는 지폐 발행권을 가진 사립은행을 설립했고 6백 리브르의 지폐를 발행했다. 그런데 지폐가 액면가보다 16%의 프리미엄이 붙어 유통되자 자신감을 얻은 로우는 여기저기에 지점을 설치했고 로우의 지폐 신용 제도는 전국적으로 확장되기 시작했다. 이에 섭정은 크나큰 감동을 받았고, 로우의 은행은 곧 왕립은행으로 승격했다. 그리고 존 로우는 또 북미나 인도의 식민지 무역을 독점하기 위해서 주식회사를 설립했다. 선전을 위해서 온몸을 금붙이로 장식한 인디언 여성들이 파리 시내를 활보하기도 했다. 막대한 투자, 이상한 투기열, 지폐 남발에 의한 인플레이션의 소란 속에서 존 로우 주식회사의 주가가 급상승, 액면 5백 리브르이던 것이 2만 리브르까지 올라갔다. 그러나 로우 자

---

24 당국은 계속 금속화폐의 가장자리를 깎아 내서 동전의 가치를 떨어뜨렸기 때문이다.

신이 재무총감이 된 1710년 기어이 공황이 일어나고 폭락이 빚어졌다. 은행권 1백 리브르가 8월에는 75리브르, 다시 9월에 28리브르로 폭락하고 있었다. 산업상의 기초라고는 전혀 없는 신용 제도의 당연한 붕괴 현상이었다.

주식과 어음을 가지고 있던 사람들은 원금의 반환을 요구하면서 은행에 몰려 닥치고, 이 혼란 속에서 밟혀죽는 사람까지 생겼다. 1720년에 존 로우는 아우성치는 군중들을 뒤로 한 채 간신히 파리를 탈출했다. 그는 프랑스에서 가장 돈 많은 재력가 중 하나였지만 결국 파산했고 국가 전체를 망가뜨렸다. 그는 자신에게 남은 '마지막 부'의 상징인 커다란 다이아몬드 하나를 손에 쥔 채 브뤼셀로 도망갔고, 결국 이탈리아에 망명한 뒤에 1729년 베네치아에서 빈털터리로 굶어죽은 듯하다. 그리고 로우에 의한 혼란을 수습하지 못한 채 섭정 필리프 자신도 1723년에 세상을 떠났다.

한때 그는 파란만장한 삶을 산 희대의 '사기꾼'으로 묘사되곤 했다. 결투와 도박으로 젊은 나날을 보낸 로우는 경제계에 발을 들인 이후 미시시피 버블Mississipi Bubble과 뒤이은 프랑스의 경제 대붕괴의 주범으로 알려져 있었다. 그리하여 동시대의 프랑스인들은 로우를 가리켜 '사탄의 맏아들'이라고 불렀다. 이탈리아 경제학자 페르난도 갈리아니Ferdinando Galiani(1728-1787)도 로우를 "가장 드물고 뛰어난 천재 중의 하나, 그러나 미덕과 종교는 없는 인간"이라고 폄하했다. 그러나 이러한 부정적인 평가는 1960년대 초부터 나아지기 시작했다. 존 로우를 '사기꾼'으로 폄하했던 기존의 평가를 근대경제학의 창립자, 지폐은행의 창시자 및 성공적인 금융리더로 바꾸는 데 결정적 역할을 한 주인공은 바로 《존 로우: 경제이론가 및 정책 입안자John Law: Economic Theorist and Policy-maker》(1997)의 저자인 더블린 대학의 경제학 교수 앙투안 머피Antoin Murphy다. 현재 존 로우는 애덤 스미스 이전의 경제학자들 중에서 가장 중요한 인물 중 하나로 손꼽히고 있다.

"돈은 교환의 수단일 뿐, 스스로 부를 창출해내지 않는다. 또한 국부는 무역에 의존한다."

- 스코틀랜드의 경제학자 존 로우John Law(1671-1729)

마르세유의 페스트
(1720년 9월 14일)

그때 세계는 –
1725 영조, 탕평책 실시

1720년 봄 '그랑–생–탕투안Grand-Saint-Antoine'이라는 이름의 한 상선이 페스트균을 마르세유 항구에 가져왔다.[25] 마르세유에서는 1629년의 흑사병이 마지막이었기 때문에 사람들은 이 역병을 과거지사로 여기고 있었다. 아직까지 사람들은 벼룩이 페스트의 매개물이라는 사실을 알지 못했고, 초기의 격리조치도 미흡한 수준이었다. 그러나 여름이 되면서 흑사병은 무서운 속도로 도시 전체로 번져나갔다. 당시 프랑스 남부의 항구도시 마르세유의 인구는 9만 명으로 추산되는데, 무려 3천 명이 죽어나갔다. 국제적인 항구도시 마르세유는 원래 인구 밀집 지역이었기 때문에 재산이나 인명피해는 더욱 클 수밖에 없었다. 르프랭스 드 보몽Leprince de Beaumont 남작부인은 자신의 《회고록》에서 다음과 같이 당시의 비참한 상황을 기술했다. "문전마다 거리마다 죽어가는 환자와 시체들로 뒤덮여있었다. 병원도 초만원이라서 더 이상 환자를 돌볼 여력이 없었고, 텅 빈 거리에서는 산사람을 구경하기도 어려

---

25 시리아에서 출발한 이 상선은 긴 항해 끝에 1720년 5월 25일 마르세유 항에 당도했다. 이 선박은 7월의 보케르 장에서 팔기 위해, 30만 리브르에 해당하는 값비싼 실크와 면직을 가득 싣고 있었다.

이 그림은 1720년에 마르세유에 체류했던 프랑스 화가 미셸 세르Michel Serre(1658-1733)의 작품으로, 화가는 자신이 겪었던 일을 그대로 묘사했다. 시청이 자리한 부두의 광장 위에 병원균을 옮길지도 모르는 오염된 시체들이 곳곳에 그대로 방치되어 있다. 시당국은 시체들을 바다에 던지기 위해 갤리 선의 죄수들을 동원했다.

웠다. 사람들은 정말 중요하고 긴급한 볼일이 아니면 외출을 거의 하지 않았기 때문이다. 다행히 마르세유의 주교가 몇몇 성직자들을 데리고 신분의 고하에 상관없이 모든 환자들에게 영적이고 물질적인 구원을 베풀고 있었다"

흑사병이 창궐하자 '대공포'가 도시를 엄습했다. 이미 귀족이나 부유층은 다른 곳으로 피신했기 때문에 도시는 텅 빈 유령도시가 되었다. 검역소, 병원, 법원에도 제대로 근무하는 관리가 하나도 없었고, 7월 중순 경에는 거의 환자나 노인, 도시의 하층민들만이 남아있었다. 각자 자신의 안위만을 염려하는 가운데, 두 명의 용감한 행정관과 시민, 그리고 보몽 남작부인이 《회고록》에서 언급했던 예수회의 프랑수아-자비에 드 벨성스François-Xavier de Belsunce(1671-1755) 주교가 매우 헌신적인 구제활동을 벌이고 있었다. 그는 불철주야로 펼친 자선활동 덕분에 '우리의 좋은 주교님'이라는 별명을 얻게 되었다.

한편 사태의 위중함을 뒤늦게 파악한 정부가 마르세유 봉쇄령의 조치를 내렸으나 이미 때가 늦었다. 흑사병이 주변지역으로 불길처럼 번져나가려 하자, 1720년 9월 14일 국왕의 참사회Conseil d'Etat는 전 프로방스 지역에 봉

페스트 환자들을 극진하게 돌보
는 마르세유의 주교

쇄령을 선포했다. 그 누구도 이 지역을 빠져나가거나 들어가지 못하도록 군
사적 통제를 위해, 베르사유궁에서는 7개 군단을 지방으로 파견했고, 나중에
는 '페스트의 방어벽'까지 설치했다. 이 흑사병은 프로방스 지역의 주민들을
대략 9만에서 12만 정도 희생시킨 다음에야 겨우 천천히 사그라졌다.[26] 결국
철저한 봉쇄령의 실시 덕분에 '마의 전염병'은 프로방스의 경계를 넘지는 못
했다. 그것은 프랑스뿐 아니라 유럽에서의 마지막 페스트였다. 이 끔찍한 전
염병은 매우 심각한 트라우마를 도시에 남겼지만, 많은 사망자 수에도 불구
하고 마르세유는 금시 회복해서 불과 수년 후에 마르세유의 무역은 서인도
제도나 라틴 아메리카 지역까지 널리 확장되었다. 그리고 1765년에는 인구
도 역시 1720년대의 수준으로 거의 회복되었다.

"고대 이집트인들에게 (출애굽의) 메뚜기 재앙이 있었다면, 중세에는 쥐들이 옮긴
흑사병이라는 무서운 재앙이 있었다. 그런데 오늘날에는 관광객이 우리 세기의 최대
역병인데, 아마도 우리는 이 역병에서 살아남지 못하리라"

- 미국 저술가 리처드 카니프Richard Conniff(1951-)

---

26 프로방스 지역의 전체 인구는 40만 정도였다.

다미앵의 국왕 시해 미수 사건
(1757년 1월 5일)

그때 세계는 -
1740 오스트리아 왕위계승전쟁
1750 균역법 실시
1757 청, 광동 무역 체제 성립
1757 인도, 플라시 전투

1757년 1월 5일의 밤, 혹한의 날씨에 프랑스 국왕 루이 15세Louis XV (1710-1774)는 아픈 딸을 병문안하기 위해 트리아농Trianon으로 떠날 채비를 차렸다. 베르사유궁에서 막 호화로운 사륜마차에 오르려는 순간, 웬 남성이 국왕의 측근을 밀치고 달려들어 주머니칼로 국왕을 찔렀다. 그러나 워낙 추운 날씨인지라 겹겹이 껴입은 덕분에 국왕은 단지 단도에 긁히는 정도의 찰과상(?)을 입었을 뿐이었다.[27] 범인은 그 자리에서 도망치려고 하지도 않았다. "국왕을 시해하려는 의도는 결코 없었다. 단지 신이 국왕의 몸에 손을 대어 모든 일을 제자리로 돌려놓고 왕국의 평온을 가져오게 하려고 그런 일을 저질렀다"라고 고백했다. 그는 나이 42세의 전직 하인이며 현재는 무직인 로베르-프랑수아 다미앵Robert-Francois Damiens(1715-1757)이란 자였다. 다미앵은 현장에서 근위병들에게 바로 붙잡혀 파리로 압송되었다. 그는 '불경죄'와 '국왕 시해죄'라는 죄목으로 네 필의 말이 잡아끌어 사지가 분리되는 소위 '능

---

27 국왕은 대략 반 인치정도 흉부를 찔렸는데 상처에서 피가 흐르자 마치 자신의 임종의 순간이 임박한 듯 고해신부를 불렀다. 또한 소식을 듣고 부리나케 달려온 왕비에게 그동안 자신이 저지른 수많은 과오들을 모두 용서해 달라고 청했다고 한다.

지처참' 형을 받은 마지막 프랑스인이
되었다.

다미앵은 프랑스 북부 아라스Arras
지방의 작은 마을에서 태어났다. 그
는 어린 나이에 군대에 들어가서 제
대한 후에 파리의 제수이트 학교에서
하인으로 잠시 일했다. 그러나 성격이
불안정하고 폭력적인데다 품행이 좋
지 않다는 이유(절도죄)로 [28] 수차례 직
장에서 해고된 후 그는 '악마 로베르
Robert le Diable'라는 별명까지 얻었다.
그의 범행 동기를 놓고서 학자들 사

국왕 시해 미수범 다미앵. 얼굴은 긴 편이고 험악
하고 다부진 인상에 매부리코를 지녔으며, 키는
크고 항상 혼잣말로 중얼거리는 습관 때문에 입이
계속 실룩거렸다고 한다.

이에서는 논쟁이 분분하지만 그 원인은 여전히 불명확하다. 그는 재판 당시
에 프랑스의 가톨릭 성직자가 얀센파 [29] 신도들에게 성사를 거부하자, 아마도
분노조절 장애 때문인지 그만 화가 나서 그런 범행을 저질렀다고 진술했다.
그는 이 모든 책임이 왕국의 최고 권력자인 국왕에게 있다고 생각해서 국왕
을 응징할 계획을 짰지만 국왕을 죽일 의도는 전혀 없었고, 오직 '경고'의 차
원이었다고 주장했다. 재판 내내 심문관들은 범죄의 '공모자'나 다른 배후의
세력을 찾았으나 다미앵은 시종일관 자신의 단독범행 임을 주장했다. 한편
가톨릭 광신도들과 얀센파는 국왕 시해범의 손에 무기를 들게 한 그 원인의
제공자가 바로 '상대편'이라며 서로 핏대를 올리면서 싸웠다.

1757년 3월 28일 파리고등법원은 단순한 정신이상자의 소행으로 보기에
는 범죄의 사안이 매우 심각하다고 판단하여 결국 다미앵에게 사형선고를
내렸다. 이제 그에게는 앙리 4세의 시해범 라바이악이 당했던 것과 똑같은
무시무시한 고문과 처벌이 기다리고 있었다. 감옥에서 그레브 광장으로 끌

---

28 1756년 7월 다미앵은 러시아 상인의 하인으로 고용되었는데, 주인이 절도죄로 그를 고발하자 일단
　　도망쳤다가 다시 파리로 돌아왔다.

29 초대 그리스도교의 엄격한 윤리로 돌아갈 것을 주장하는 종교운동.

다미앵의 처형식

려 나온 다미앵은 "무척 힘든 날이 되겠군!La Journée sera rude!"이라고 중얼거렸다고 한다.

오늘날 현대인은 집단살해나 대량학살, 또는 IS의 공개처형식에 분개하지만, 19세기 초까지만 해도 유럽 사회에서 잔혹한 '고문'의 사용은 매우 흔한 일이었다. 과거에 가장 최악의 폭력이나 무력의 행사는 주로 국가가 행하는 것이 많았고, 1757년의 다미앵의 공개처형식은 그 대표적인 사례였다. 그는 처형 대기 기간 중 내내 부츠[30] 신기기, 벌겋게 달구어진 펜치로 가슴과 팔 지지기, 암살을 시도한 칼을 쥐었던 손을 유황으로 태우기, 용해된 왁스와 뜨거운 납 물, 또 펄펄 끓는 기름을 상처에 들이붓기, 또 대량의 물을 잔뜩 먹이고 토하기를 반복하기 등등 여러 가지 모진 고문들을 쉴 새 없이 당했다. 다미앵의 처형식 날, 왕실의 형리인 샤를 상송Charles Sanson은 다미앵의 사지가 절단되도록 견인줄로 네 필의 말들에게 그의 팔과 다리를 각각 연결했다. 그러나 그의 사지가 쉽사리 몸체에서 분리되지 않았기 때문에, 또 다른 말 두 마리를 동원시켰다고 한다. 이를 보다 못한 사제들이 형리인 상송에게 다미앵의 힘줄을 도끼로 끊으라고 명했고, 그러자 말들은 겨우 그들의 해체 임무를 완수할 수가 있었다. 다미앵은 고통의 질곡 속에서도 저주를 퍼붓는 대신에 하늘을 우러러 이렇게 외쳤다고 한다. "오 신이여 부니 저를 불쌍히 여기소

---

30 나무판에 다리를 끼워 조여 뼈를 부수는 도구.

서. 주여 나를 도와주소서!" 마침내 그의 사지가 떨어져 나가자 모여든 관중들은 요란한 박수갈채를 보냈다. 그때까지도 여전히 살아있던 그의 몸통은 따로 화형식에 처해졌고, 처형 후에 그의 유해는 재로 화해 바람에 흩뿌려졌다. 그의 집은 완전히 파괴되었고 다미앵의 누이들도 성을 바꾸도록 강요당했으며 그의 아버지, 부인과 딸은 국외로 추방되었다.

다미앵이 죽은 지 40년이 지난 후에 이 아라스의 가장 악명 높은(?) 시민에 대한 불미스러운 기억은 또 다른 아라스 출신의 젊은 혁명가인 막시밀리앙 로베스피에르Maximilien Robespierre(1758-1794)로 바뀌게 된다. 특히 그의 정적들은 로베스피에르를 가리켜, '다미앵의 조카'라고 비아냥거렸지만 그것은 전혀 사실무근이었다. 그러나 왕당주의자나 외국의 동조자들 사이에서는 이러한 비방이 상당한 공신력을 지니고 있었다. 18세기의 유명한 이탈리아의 연애 모험가인 자코모 카사노바Giacomo Casanova(1725-1798)도 역시 이 다미앵의 처형식을 참관했다. 카사노바는 자신의 회고록에서 1757년 3월 28일의 그 잔혹한 공개 이벤트를 다음과 같이 기록했다. "우리는 4시간 동안의 무시무시한 처형 장면을 용기 있게 지켜보았다. 다미앵은 우리가 좋은 일을 하면 반드시 천국의 보상을 받는다는 단순한 믿음을 지닌 광신자였다. 그는 루이 15세의 암살을 기도했지만 실패했고, 국왕에게 오직 경미한 상처만을 안겨주었을 뿐이었다. 그러나 그가 마치 암살에 성공이라도 한 듯 그의 사지는 무참히도 갈가리 찢겨나갔다. 나는 그가 지르는 처참한 비명이나 끔찍한 사지의 해체 광경 때문에 몇 번씩이나 얼굴을 딴 데로 돌리거나 귀를 틀어막아야만 했다." 이탈리아의 법학자 체사레 베카리아Cesare Beccaria(1738-1794)도 《범죄와 처벌론》(1764)에서 고문과 사형의 부당함을 비난할 때마다 다미앵의 처형을 대표적인 사례로 다루었다. 영국 출신의 정치철학자이며 미국 건국의 아버지인 토마스 페인Thomas Paine(1737-1809)도 역시 《인간의 권리Rights of Men》(1791)에서 다미앵의 처형을 전제주의 정부의 잔인성을 가장 잘 보여주는 사례로 꼽았다. 페인은 이 사건이야말로 프랑스 혁명이 발발했을 때 왜 그렇게 프랑스 군중들이 그들의 적들을 잔인하게 다루었는가 하는 의문을 푸는 열쇠가 된다고 주장했다.

그러나 이 다미앵이란 인물이 본격적으로 유명세(?)를 타게 된 것은 프 랑스 철학자 미셸 푸코Michel Foucault(1926-1984)가 그의 저서 《감시와 처벌 Surveiller et punir》(1975)에서 [31] 그의 처형식을 분석하면서부터다. 푸코는 이를 중세에 한창 유행하던 잔인한 공개처형식 장면의 표본이자 서구문화에서 '처벌'에 대한 태도 변화의 예시 사례로 설명했다. 푸코에 따르면 18세기 이 전의 근대 유럽에서는 범죄자들을 잔인하게 고문하고 사형시키는, 즉 절대 왕권의 유지와 존속을 위한 권력의 잔인한 폭력만이 있어왔다. 이런 방법 은 국민에게 권력에 대한 공포를 심어줄 수 있는 효과적인 수단이었다. 국민 은 죄에 대한 가혹한 처벌을 직접 눈앞에서 바라보는 경험을 하게 되고, 죄 인이 받는 고통을 간접 체험하여 감히 법과 제도를 어기기 어렵도록 심리적 압박을 받게 된다. 그래서 근대 이전의 형벌은 갈수록 가혹해졌고, 대중에게 도 크게 어필할 수 있는 방향으로 진화했다는 것이다. 하지만 프랑스 혁명 이후 왕권이 무너지고 소위 '인권' 개념이 발달하면서 권력의 폭력이 민중들 의 반발과 비난, 분노를 초래하게 되자 지배층은 그 방식을 점차로 바꿔왔 다. 그 방식이란 이전처럼 육체에 직접적으로 해를 가하는 것이 아닌 신체를 감금하거나 노동을 시키는 '감금'형으로 바꿔었고, 이것을 위해 '감옥'이라 는 제도가 만들어져 오늘날에 이르렀다는 주장이다. 즉 공개처형식을 면제 받은 죄수들은 이제 감금이라는 공간적 분리 내지 사회적 격리 현상을 통해, 사회 · 정치 · 심리적인 '타자(他者)'가 되었고, 오늘날 공개적인 잔인성은 IS의 공개처형식처럼 오직 법망의 밖에서만 존재하게 되었다는 것이다.

❧

"나는 우리 생명의 파멸에 대한 복수의 수단으로서의 국왕 시해는 이해하지만,
정치적 자유를 얻기 위한 수단으로서의 국왕 시해는 결코 이해할 수가 없다."

- 러시아 지리학자·아나키스트 운동가 표트르 크로포트킨Peter Kropotkin(1842-1921),
《혁명가의 회고록Memoirs Of A Revolutionist》 중에서

---

31 《감시와 처벌》의 핵심적인 주제는 국가 혹은 조직이 행했던 처벌의 방식이 어떻게 변화했고 발전 하고 있는가에 대해서다.

33

루이 15세의 죽음
(1774년 5월 10일)

그때 세계는 –
1772 청, 《사고전서》 편찬(~1782)
1773 미국, 보스턴 차사건

1774년 4월 루이 15세Louis XV(1710-1774)는 평상시와 마찬가지로 베르사유 근처에서 사냥을 즐긴 후에 갑자기 쓰러졌다. 그 후 국왕은 3일간 침상에 누워 신음과 통증 사이를 오갔고, 의사들은 정확한 병명을 찾으려고 노력했지만 허사였다. 그러나 환자의 얼굴에서 농포성 발진이 나타나자 그제야 그들은 그것이 18세기에 '붉은 죽음' 또는 '작은 반점의 괴물'로 불리던 병마(천연두)임을 깨달았다. 잘생긴 군주의 얼굴이 온통 붉은 발진으로 뒤덮이자 소문은 삽시간에 퍼져나갔고 궁정은 그야말로 패닉 상태에 빠졌다. 일단 왕국의 후계자인 왕세손(루이 16세)을 다른 곳으로 안전하게 피신시켰다. 프랑스 교육자이며, 마리 앙투아네트의 시녀였던 앙리에트 캄팡Henriette Campan(1752-1822) 부인은 《회고록》에서 "베르사유궁의 공기는 전염되었다. 적어도 15명의 사람들이 단지 베르사유의 갤러리 방들을 어슬렁거렸던 것만으로도 천연두에 걸렸고, 그중 10명이 사망했다"라고 적고 있다. 국왕이 사망하기 며칠 전부터 육신이 썩는 냄새가 진동해서 항시 창문을 열어두고 있었다. 1774년 5월 10일 아침에 루이 15세는 자신의 방에서 홀로 고독하게 사망했다. 그러나 민중은 이 국왕의 죽음을 슬퍼하지 않았다. 사냥과 여색에만

루이 15세

빠져 지내며 정치적 사회적 혼란을 가중시킨 국왕에 대한 냉혹한 복수였다. 아무도 국왕의 부패한 시신에 접근하려 들지 않았기 때문에 결국 하는 수 없이 파리의 하수구 담당 청소부들을 동원해 장례절차를 밟았다.

루이 15세는 자신의 증조부인 루이 14세 이후로 가장 긴 59년의 통치 기간을 쓸쓸하게 마감했다. 즉위 초에 온 국민의 기대와 사랑을 받았던 '친애왕le Bien-Aimé'은 가장 인기 없는 국왕으로 전락했다. 루이 15세의 통치는 매우 급작스럽게 시작된 것만큼이나 매우 급작스럽게 끝나버렸다. 그의 치세기에 프랑스는 특히 '문화와 예술' 면에서 절정에 달했지만, 루이 15세는 외교, 군사, 경제적인 실패로 많은 혹평을 받았다. 학자들은 루이 15세가 프랑스 국력을 소진하고 왕실 재정을 마구 탕진했으며 절대왕정에 대한 민중들의 불신을 미증유로 키웠다는 데 두말 없이 동의한다. 결국 그의 사후 15년 뒤에 발생했던 혁명의 도화선에 불을 지피는 원인을 충분히 제공했다는 것이다. 영국 사학자 노만 데이비스Norman Davies(1939-)는 루이 15세의 치세를 전쟁의 패배, 왕실과 고등법원 간의 끊임없는 알력과 충돌, 종교적 갈등과 증오로 점철된 매우 쇠락한 '침체기'로 평가했다. 한편 미국 사학자 제롬 블럼Jerome Blum(1913-1993)은 루이 15세를 성인의 막중한 책무를 떠맡게 된 영원한 '풋내기 소년'으로 간주했다. 즉 루이 15세는 그의 국민들의 높은 기대에 못 미치는 함량 미달의 군주였던 셈이다.

녹원이라는 주지육림

루이 15세의 친정은 섭정 필리프가 죽으면서 시작되었다. 그러나 말이 친정이지 국사는 그의 고문관들에게 내맡겨 두고 국왕 자신은 날이면 날마다 사냥 아니면 '녹원Parc-aux-Cerfs'의 쾌락에 젖어있을 뿐이었다. 국왕의 공식적인 정부였던 퐁파두르 부인Madame de Pompadour(1721-1764)이 1752년 국왕과의 육체적 관계가 끝난 후에도 국왕의 지칠 줄 모르는 성욕을 만족시키기 위해 젊은 미녀들을 갖다 바쳤는데, 이 전설의 녹원은 그 여성들이 거주했던 장소로 알려져 있다. 이 녹원의 정자는 세간에 '거대한 하렘'이나 '음란한 광기의 소굴'로 알려져 민중들의 상상력을 무한정 자극했다. 녹원에 거주했던 처녀들 중에 가장 유명한 여성이 바로 로코코 스타일의 프랑스 화가 푸랑수아 부셰François BoucherFrançois Boucher(1703-1770)가 그린 관능적인 누드화의 주인공 마리-루이즈 오뮈르피Marie-Louise O'Murphy(1737-1814)였다. 루이 15세의 또 다른 유명한 애첩 잔느 뒤 바리Jeanne Du Barry(1743-1793)도 역시 공식 정부가 되기 전에 이 녹원을 거쳐 갔던 것으로 추정된다. 문자 그대로 '사슴의 정원'을 의미하는 이 녹원은 나중에 '매음굴'의 대명사가 되었다. 특히 반(反)왕당주의자나 정적들은 루이 15세를 '방탕한 폭군'으로 묘사하기 위해 이를 정치적으로 십분 활용했고, 왕정에 대한 백성들의 신임도 역시 국왕의 은밀한 사생활의 추문에 의해 심각하게 손상되었다.[32]

영국 소설가 로버트 해리스Robert Harris는 "모든 역사가들이 루이 15세를 부르봉 왕가에서 가장 나약한 군주요, 국정을 대신들에게 내맡긴 채 자신은 사냥과 계집질로 세월을 허송했던 '무위도식의 왕'으로 기술했다"라고 언급했다. 또한 해리스는 루이 15세가 '왕관 없는 여왕'으로 불리며 엄청난 권세를 누렸던 퐁파두르 부인[33]의 치마폭에 휘둘려 대신들을 갈아치운 행위는 왕정의 위신을 크게 실추시켰노라고 덧붙였다. 20세기의 프랑스 사학, 특히 아날 학파는 '인물전' 위주의 역사 서술을 반대하는 경향이 강했다. 프랑스 18세기 전문의 영국사가인 윌리엄 도일William Doyle은 다음과 같이 기술했다. "루이 15세와 루이 16세의 치세기는 궁중 여인들의 안방이나 침실에서 끊임없

32　그러나 국왕을 둘러싼 검은 전설과는 달리, 루이 15세는 이 녹원을 결코 방문한 적이 없었다고 한다. 선발된 처녀들도 거기에 거주했을 뿐 나중에 베르사유궁으로 은밀하게 옮겨져, 이른바 '천칭'이라고 불리는 방에서 국왕의 직접적인 간택을 받았다고 알려져 있다.

33　20년 가까이 루이 15세의 정부였던 퐁파두르 부인은 예술·문화의 적극적인 후원자였을 뿐 아니라 섭정 지위까지 누렸던 여장부였다.

프랑스의 고전주의 건축가 에드메Edmé 부샤르동Bouchardon (1698-1762)의 작품 '루이 15세의 기마상'은 오스트리아 계 승전쟁(1740-1748)에서 루이 15세의 승리를 기념하기 위한 것이었다. 건축가 부샤르동은 루이 15세의 이미지를 전쟁 을 종식시키는 '평화 조정자'로 고양시켰다. 국왕에 대한 충성의 상징으로 제작된 이 부샤르동의 기마상은 쇠퇴한 군주정에 대한 민중의 신뢰를 회복하기 위한 왕실의 공적 이벤트로 이용되었다. 즉 예술을 거대한 규모의 선전물로 활용했던 것이다. 이 기마상은 루이 15세의 광장(현 콩코드 광장) 위에 세워졌으나 혁명 기간 중에 파괴되었다.

이 벌어지는 무의미한 암투들의 연속으로 간주되어, 프랑스 역사가들에게는 모멸과 무시의 대상이었다." 프랑스 아날사가들은 이러한 정치사나 인물사 대신에, 거시적인 경제순환과 인구변동, 계급의 성장과 몰락에 대한 장기 구조적인 변동을 심층적으로 연구했다. 제3세대 아날학파의 주자였던 엠마누엘 르 르와 라뒤리Emmanuel Le Roy Ladurie(1929-)도 역시 루이 15세가 미남자에다 훌륭한 체격의 사냥꾼이었지만 결국 국민들을 실망시켰다는 기존의 평가를 그대로 답습했다. 또한 라뒤리는 루이 15세가 미사의 관행을 행하지 않았는데, "당시 대부분의 국민들은 국왕 자신이 스스로 군주정의 신성성을 축소시켰다고 느꼈다"라고 기술했다.

영국·오스트리아 미술사학자 에른스트 곰브리치E. H. Gombrich(1909-2001)도 태양왕의 후계자인 루이 15세와 루이 16세가 한결같이 무능한 인물들이었고, 둘 다 모두 위대한 선임자(루이 14세)의 외부 과시적인 권력의 쇼맨십을 모방하려 했다는 주장을 했다. 루이 14세의 말년에도 기아 소동이 여러 차례 있었지만 절대주의 시대의 프랑스에서는 상류사회의 호사와 하류사회의 궁상이 너무나도 대조적이었고, 18세기 중엽 루이 15세의 시대에는 그런 것이 그 극한에 달했다. 그렇지만 루이 15세는 기근과 국가의 위기 문제를 도외시

했기 때문에, 국민들은 당연히 무책임한 국왕을 비난했고 그의 죽음을 축하
해 마지않았다. 군주정은 용케 지속되었지만 루이 15세는 자신의 후계자에
게 '민중들의 불만'이라는 치명적 유산을 남겨주었다. 영국 사학자 콜린 존스
Colin Jones도 루이 15세가 재정적 곤란을 프랑스에 물려주었다고 부정적으로
평가했다. 특히 '7년 전쟁'의 군사적 재난이 국가의 재정적 위기를 초래하고
말았다. 그래도 루이 15세는 부르봉 왕가의 통치를 위협하는 반(反)왕당주의
세력의 힘을 의식하고 있었으나 그것을 저지하지는 못했다.

　그러나 그를 옹호하는 사가들도 있다. 그들은 루이 15세에 대한 부정적인
평가가 대부분 프랑스 혁명을 정당화시키려는 선전선동에 근거하고 있다
고 믿기 때문이다. 미국의 미술사가 올리비에 베르니에Olivier Bernier는 루이
15세가 상당히 인기 있는 군주였고 프랑스를 개혁하는 지도자의 역할을 수
행했노라고 긍정적인 평가를 내렸다. 그의 기나긴 치세기 동안에 어떤 외국
의 군대도 프랑스 국경을 침범하지 않았고, 프랑스 국민들도 역시 정복의 위
협을 당하지 않았다. 루이 15세는 국민들로부터 사랑을 받았던 '친애왕'이었
다. 1744년에 그가 중병에 걸렸을 때도 많은 백성들이 국왕의 회복을 진심으
로 기원했다. 그가 파리고등법원을 해산하고 프랑스의 외무장관 에티엔 드
쇼아즐Etienne de Choiseul(1719-1785)을 해고한 것도 부패한 조신들로부터 정
부 권력을 다시 장악하기 위함이었다. 또한 그는 국가예산의 균형을 맞추기
위해 세법을 변경했다. 베르니에는 루이 15세의 이러한 조치 덕분에 프랑스
혁명을 피해 갈 수도 있었지만, 그의 후계자인 루이 16세가 오히려 그의 정
책들을 후진시켰다는 주장을 했다. 18세기의 귀족을 연구한 프랑스 사가 귀
쇼시낭-노가레Guy Chaussinand-Nogaret도 역시 루이 15세 치세기의 귀족 계급
은 유능했으며, 루이 15세에 대한 부정적인 평가는 모두 프랑스 혁명을 정당
화시키기 위해 그의 사후 15년 뒤에 생겨났다는 점을 지적한 바 있다.

❦

"내가 죽은 후에는 대홍수가Après moi, le déluge"

- 루이 15세

밀가루 전쟁(1775년 4-5월):
자유주의에 대항한 최초의 사회운동

그때 세계는 –
1774 일본, 《해체신서》 간행
1776 미국, 독립선언

18세기 초부터 기아는 이미 사회문제화되어 있었지만, 프랑스에서는 수십 년간 기근 없이 잠잠하고 평온했다. 그런데 1775년 봄, 일련의 식량 폭동이 파리를 중심으로 프랑스 북부와 동·서부지역을 광풍처럼 휩쓸고 지나갔다.

전통적으로 육식을 즐기는 영국인은 '카니보르carnivore', 빵을 주식으로 하는 프랑스인은 '파니보르panivore'라는 다소 희화적인 풍자 문구에서도 알 수 있듯이, 프랑스 역사에서 밀가루(빵)라는 주식은 너무도 중요했다. 특히 수도 파리의 가난한 서민층의 가계에서 곡물이 차지하는 비중은 50-90%였기 때문에, 그 당시 절대왕정이 시행했던 곡물 정책의 핵심은 빵의 안정적인 물량 확보와 적절한 '공정가격'을 유지하는 것이었다. 그러나 지난가을 흉작으로 밀의 수확량이 현저히 감소했음에도 불구하고, 1774년 9월 13일 신임 재무총감 자크 튀르고Jacques Turgot(1727-1781)는 왕국 내에 곡물의 자유 유통을 허용하는 칙령을 내렸다. 그러자 그 여파로 곡물가격이 천정부지로 치솟자 서민들은 더 이상 그들의 주식인 빵을 살 수가 없었다. 튀르고의 정적들은 갑자기 튀어나온 곡물거래상의 '자유' 때문에 악덕 상인들이 밀을 은닉하거나 매점하고 있어서 이렇게 빵 값이 치솟는다면서 튀르고를 공격했다. 하지만 튀르고는 빵 값의 폭등을 일시적 현상으로 보고, 머지않아 자유경쟁에 의한 가격 안정이 이루어질 것이라고 응수했다. 그런데 4월에 보몽-쉬르-오아즈 Beaumont-sur-Oise지역의 시장에서 최초로 폭동이 발생했고, 뒤이어 3주간 파리를 중심으로 일련의 폭동이 놀라운 속도로 퍼져나갔다. 이 소란 속에서 체포된 사람이 약 4백 명, 사람들은 이 사건을 바로 '밀가루 전쟁guerre des farines'이라 불렀다.

재무총감 튀르고

최근의 분석에서는 이 밀가루 전쟁을 단순한 기아 폭동이 아니라, 프랑스 혁명의 '서곡'으로 간주해서 그 중요성을 정치적으로 부각시키려는 경향이 있다.

앙시앵레짐 기에 발생한 이 밀가루 전쟁은 튀르고의 곡물 무역의 근대적 자유화에 대한 민중들의 거센 반발로 볼 수 있다. 프랑스의 재정위기를 타파하기 위해 젊은 국왕 루이 16세Louis XV(1754-1793)는 튀르고를 중용했다. 확실히 진보주의적 중농주의자 튀르고의 등장은 빈사상태의 프랑스에 중대한 사건이었다. 부르봉 왕가가 다가올 혁명을 회피하면서 근대국가로 전환할 수 있는 마지막 기회가 바로 이 튀르고에 의한 개혁인 것 같았기 때문이다. 튀르고는 ①국가 재정의 건전화를 이룩하고 ②복잡한 조세제도와 특권 대신에 새로운 경제 자유를 창출한다면 모든 계급이 거기로부터 혜택을 얻을 수 있다고 믿었던 프랑스 계몽주의 전통의 이성주의적 자유주의자였다. 그는 "이성이 시키는 대로 실천하는 것이 곧 정치다"라고 생각했다. 튀르고의 이러한 자유주의 경제 사상은 혁명 당시에 이루어진 일련의 개혁들에 적지 않은 영향을 미쳤다. 그러나 주지하듯이 자유주의 개혁의 역사적 실험은 실패를 거두었고, 이는 결국 튀르고의 실각으로 이어진다.[34] 프랑스에서 첫 번째

---

34 튀르고의 개혁을 반대한 귀족들은 1775년의 식량폭동 책임을 그에게 뒤집어 씌워 1776년 실각하고 말았다.

자유주의 정책의 패배였다. "파멸이다. 우리들에게 남은 것은 죽음뿐이다"라고 철학자 볼테르가 탄식해 마지않았듯이 튀르고의 실각은 절대왕정의 파멸을 의미했다.

이 시기상조적인 곡물 자유화 정책은 민중들이 그동안 지지해온 '도덕경제économie morale'에 [35] 위배되는 것이다. 달리 환언하면, 국왕은 모름지기 백성들의 집단적인 안전과 식량보급을 책임져야 한다는 전통적인 가부장주의 내지 온정주의적인 통제경제에 반(反) 하는 것이다. 때문에 성난 군중들은 무엇보다 우선적으로 '빵의 공정가격의 책정taxation du pain'을 정부에게 요구했던 것이다. 그러나 밀가루 전쟁은 공권력에 대항한 민중들의 권력투쟁은 아니었다. 그래서 그들의 주요 공격 대상은 정부가 아니라 사재기를 하는 곡물 투기상, 백성들의 고혈을 짜내어 제 배만 채우려는 악덕 징세 청부업자, 저울의 눈금을 속이는 파렴치한 빵 가게주인, 방앗간 업자, 곡물창고, 주요한 식량보급로 등이었다. 결국 밀가루 가격의 인상으로 시작된 폭동은 왕의 군대의 대대적인 개입으로 진압되었다. 초기에 정부는 탄압을 주저했으나 나중에는 폭도들을 가차 없이 응징했고, 5월 11일에는 본보기로 두 명을 공개 교수형에 처하기도 했다. 어쨌든 정부가 미움의 대상이며 비인기 종목인 자유주의 정책의 시행을 거두고 이전대로 곡물가격의 통제와 식량보급책을 원상 복귀시키자 질서는 일단 회복되었다. 루이 16세는 군대를 지방 곳곳에 파견하면서 국가비축 곡물은 방출했고, 곡물 상인들에게는 정부가 지정한 공정가격에 곡물을 팔 것을 명했다. 그것은 이른바 전통적인 '도덕 경제'를 지지한 민중들의 승리였다. 혁명 이후에 프랑스에서는 길드(동업조합)가 폐지되고 경제의 자유화가 이루어졌지만 심지어 19세기 말까지도 빵, 고기, 와인 등 프랑스 국민의 생존이나 공중보건과 연계된 중요한 3대 식품군은 여전히 당국의 감시와 통제의 대상이 되었다. 만일 이러한 식량보급에 차질이 생기면 어김없이 폭동이 발생하기 마련이기 때문이다. 대부분의 프랑스 좌파들

---

35 '도덕경제'는 영국공산당의 핵심적 지식인이었던 마르크스주의 사가 E. P. 톰슨이 18세기 영국의 식량폭동의 원인과 과정을 해명하기 위해 발명한 개념이다.

유류세 인상 반대로 길거리 시위에 나선 노란조끼부대. 과거에 빵 가격 인상으로 봉기한 프랑스 선조들과 현재 기름값 인상으로 민생고에 시달리는 자신들의 처지를 동일시하면서 그들은 과거와 현재의 연속성 내지는 끈끈한 사회적 유대감을 강조했다.

은 이 밀가루 전쟁을 자유주의에 대항한 '첫 번째 사회주의 운동'으로 보고 있다.

"전하, 영국의 찰스 1세가 단두대에서 목이 잘린 것은 바로
미약함 때문이었다는 사실을 부디 잊지 마십시오."

- 튀르고가 루이 16세에게

"프랑스 혁명은 밀가루 전쟁으로 시작됐지만, 우리는 유류세로 시작했다"

- 노란 조끼 시위대(2018년 10월 21일)

제6장
혁명과 제국의 시대
(1789-1815)

FRANCE

삼부회 개최
(1789년 5월 5일)

그때 세계는 -
1779 카자르 왕조, 페르시아 통일
1793 청, 건륭제가 영국 매카트니의 사절단 만남

정치와 재정적 위기에 직면한 루이 16세는 새로운 세금을 신설하기 위해 '삼부회'를 소집하지 않을 수가 없었다. 삼부회는 제1신분(성직자), 제2신분(귀족), 제3신분(평민)의 대표들로 이루어진 신분제의회였다. 성직자 계급은 대략 13만 명(전체 인구의 0.5%)으로 10%의 토지를 소유했으나 세금을 거의 내지 않았다. 전 인구의 1.5%에 해당하는 귀족층은 25%의 토지를 소유했지만 면세의 특권을 누렸다.[1] 나머지 98%의 제3신분층(부르주아, 농민, 도시 노동자)은 특권은 거의 없이 무거운 납세의 임무만을 지고 있었기 때문에 누구보다 시대적 '변화'를 갈구했다. 1789년 5월 5일의 삼부회 개최는 프랑스 혁명의 개막을 알리는 대망의 사건이었다.

1787년에 왕실 지출은 계속 늘어난 데다 부채에 대한 이자상환 때문에 재정적인 부담은 더욱 가중되었다. 특히 루이 16세 시대에 이자상환금은 눈덩이처럼 늘어났다. 국왕의 대신들이 재정 시스템을 구조적으로 개혁하는 대신에 쉽게 돈을 구하는 방법을 택하다 보니 여기저기서 대출 계약을 남발하

---

1 귀족층은 코르베corvée라는 강제부역, 가벨gabelle이라는 염세, 타이유taille라는 직접세를 면제받았다.

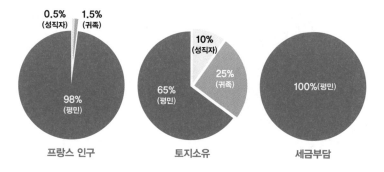

프랑스 계급별 분포

■ 제1신분 ■ 제2신분 ■ 제3신분

0.5%
(성직자)

1.5%
(귀족)

98%
(평민)

프랑스 인구

10%
(성직자)

25%
(귀족)

65%
(평민)

토지소유

100%(평민)

세금부담

는 바람에 그 이자가 천문학적 숫자로 불어났기 때문이다. 국가 수입의 반은 간접세, 1/3은 제3신분층에게서 거두는 직접세로 충당되었으나, 날이 갈수록 적자재정이 심각해졌기 때문에 전면적인 개혁이 시급했다. 보다 효율적인 조세제도의 정립은 그동안 프랑스의 '중앙집권화'를 추구해온 절대왕정의 기본적인 목표이기도 했다. 직접세 타이유taille는 왕실의 기본적인 고정수입이었으나 성직자와 귀족 같은 특권층은 거의 면제를 받았고, 대부분의 세금은 대다수 평민들로부터 징수되었다. 게다가 교회는 평민과 귀족들로부터 '십일조' 같은 세금을 별도로 거두고 있었다. 프랑스 국가가 계속 적자재정에 시달리는 동안, 이미 전대부터 편의적인 조세개혁이 부분적이나마 시도되어왔지만 특권층의 반대로 새로운 세금은 항상 가난한 시민들의 몫이었다. 사가들은 이러한 비형평적인 조세제도가 루이 16세의 치세기에도 계속 이어졌고, 그것이 프랑스 혁명의 원인들 중 하나가 되었다고 평가한다.

국왕은 과연 자기 백성들의 소원이 무엇인지를 알기 위해 각 신분 계층에게 불만에 대한 '청원서cahiers de doléances'라는 것을 작성해서 제출하도록 했다. 그래서 각 마을, 단체들이 서면으로 작성한 청원서가 거의 6만 건에 달했다. 헌법 제정에 대한 요구, 봉건적 권리의 폐지, 또 과세에 대한 원성 등이 담겨있는 그 청원서의 내용을 보면, 제3신분층은 아직까지는 불만 속에서도 여전히 루이 16세와 왕정에 대한 깊은 신뢰를 표명하고 있었다. 5월 2일 루이 16세는 베르사유궁에 신분대표들을 맞이했다. 그리고 5월 5일 국왕은 므

성직자와 귀족을 등에 업고 있는 대머리 농민. 구제도하에서 특권층에 의해 거의 압사 일보직전에 있는 제3신분층을 묘사한 풍자화(1789년)

뉘-플레지르Menus-Plaisirs 회의장에서 전국 삼부회를 개최했다. 국왕은 기조 연설에서 무엇보다 국가의 부채를 언급했고, "일반적인 불안감과 지나치게 과장된 '혁신'에 대한 욕망이 사람들의 마음을 사로잡고 있다. 온건하고 현명한 의견들을 규합해서 제대로 정하지 않는다면 여론은 걷잡을 수 없이 혼돈에 빠지리라"라고 경고하면서 좌중들에게 '절대왕정의 원리'를 한 번 더 각인시킨다. 그러나 '신분별'로 할 것인지, '머리수'대로 할 것인지에 대한 최종적인 투표 방식은 아직도 미정인 상태였다. 사실상 사람들은 5월 내내 이 투표 방식을 놓고 이리저리 표류하고 있었다.

삼부회에서 어떤 심의 방식이 채택되느냐는 것은 중대한 문제였다. 당시 삼부회 의원은 제1신분, 제2신분이 각각 3백 명, 제3신분이 6백 명, 즉 삼부회의 총인원은 천 2백 명이었다. 제3신분이 2배나 많았으니까 '개인별' 심의 방식이 채택된다면 제3신분이 2대 1로 우세한 입장이지만, '신분별' 방식이 채택되면 반대로 특권층이 2대 1로 유리해진다. 그야말로 먹느냐 먹히느냐 패권 쟁탈전이 벌어지게 되었다. 제3신분의 대표는 개혁 열기가 충만한 변호사 등 사법 관계자가 과반이 넘었다. 변호사, 의사, 사업가 등 전문지식을 통해서 부를 축적한 일명 '부르주아' 계층은 '혈연'과 '교회의 권위'로써 부와 권력을 향유하는 제1신분, 제2신분을 제치고 사회의 주도층이 되길 원하고 있었다. 국왕은 숫자를 두 배로 늘려달라는 제3신분의 요청을 수락했지만 투표 방식은 기존의 신분별 방식을 그대로 채택하기로 했다. 그러나 최종적인 투표방식이 '머리수' 대로가 아니라는 사실을 알게 된 제3대표들은 6월 17일, 영국식 입헌군주정의 지지자이자 명연설가인 미라보

베르사유궁에서의 삼부회 개막

Mirabeau(1749-1791) 백작의 주도하에 하급성직자들을 규합해서 '국민주권론 souveraineté nationale'을 천명하는 동시에 스스로 '국민의회Assemblée nationale'라는 명칭을 선포하기에 이른다.

❧

"제3신분이란 무엇인가? 전부다. 지금까지 그들의 정치적 목적은 무엇이었는가?
아무것도 아니었다. 그들은 무엇을 요구하는가? 무언가 되기를 원한다."

- 프랑스 정치가 엠마누엘 조제프 시이예스Emmanuel Joseph Sieyès(1748-1836)

"국왕에 비해 의원들의 안색은 그야말로 에너지가 충만했다.
아직 아무것도 이루어지지 않은 상황에서 이러한 대조가 사태를 불안하게 만들었다.
양쪽 모두 더 힘을 낼 필요가 있었다."

- 프랑스 낭만주의 소설가 · 비평가 스타엘 부인Madame de Staël(1766-1817)

테니스코트의 서약
(1789년 6월 20일)

 정세는 '현상 유지'를 원하는 특권층에게 불리하게 돌아갔다. 이에 보수 귀족들은 국왕 루이 16세를 움직여 세력을 만회해 보려고, 6월 23일 국왕이 주재하는 '왕의 회의 séance royale'를 열어 제3신분의 행동 일체를 무효화시키는 투쟁을 벌이기로 작정했다. 그리고 제3신분의 회의장을 수리한다는 이유로 당분간 폐쇄하기로 정하는 꼼수를 부렸다.

 6월 20일 아침 회의장의 문이 굳게 닫히고 그 앞을 병사들이 지키고 있는 광경을 목도한 제3대표들은 당연히 격노했다. 그동안 역사가들은 왜 므뉘-플레지르 회의장의 문이 닫혔는지에 대하여 오랫동안 숙고해왔다. 혹자는 국왕 회의가 열리기 전에 제3신분 집회를 미리 차단하기 위한 왕실의 책략이라고 주장했으나, 그것은 고의적인 술수라기보다 오히려 절차상의 순서에 가까웠다. 6월 20일이 마침 토요일이라서 적어도 6월 22일까지는 회의가 열리지 않기 때문이다. 그러나 이유가 무엇이었든지 간에 제3대표들은 폐쇄된 문을 그들에 대한 '적대행위'로 간주했다. 그들은 부슬부슬 내리는 비를 피해서 므뉘-플레지르를 떠나서 옆 건물로 이동했는데, 그것은 루이 16세가 체력단련이나 신체 오락을 위해 이용했던 진짜 테니스코트장이었다. 다비

테니스코트의 서약. 이 그림을 그린 화가 다비드는 1793년 국민공회의 의원으로 선출되었다.

드 그림에서도 알 수 있듯이 높은 창에서 희미한 빛이 스며들고 있을 뿐 실내는 황량하기 이를 데 없었다.[2] 이곳이 바로 유명한 서약의 산실이다. "헌법이 제정되고 그 기초가 확립되기 전까지 우리들은 결코 해산하지 않으며 사정에 따라서는 다른 어떤 장소에서도 집회를 갖기로 한다" 이 테니스코트서약serment du jeu de paume의 제안자는 상이한 이데올로기적 합의 내지 공감대를 주장하여 소위 '중도주의'의 선구자로 알려진 장 조제프 무니에Jean Joseph Mounier(1758-1806)였고, 서약의 낭독자는 공포정치기에 단두대의 이슬로 사라진 국민의회 의장 장-실뱅 바이Jean Sylvain Bailly(1736-1793)였다. 서명자는 총 576명이었는데 단 한 명의 기권이 있었을 뿐이었다. 그 기권자는 프랑스 남부 지방 카스텔노다리Castelnaudary에서 온 조제프 도쉬Joseph d'Auch라는 의원이었는데, 그는 '국왕에 대한 모욕'이라는 이유로 서약을 거절했다.

다음날 제3신분 주도의 국민의회에는 비엔느Vienne의 대사교 이하 149명

---

2   1790년에 화가 다비드는 테니스코트서약을 기리고 이미지화하는 작업에 착수했으나 혁명의 사건들 때문에 작품을 완성시키지는 못했다.

의 성직자 대표들과 약간의 귀족 대표들이 참석했다. 사정이 이렇게 되고 보니 나머지 성직자와 귀족 회의는 승산이 없었다. 그러나 예정대로 개최된 6·23 회의에서 루이 16세는 제3신분의 요구를 모두 거부하는 연설을 한 뒤 퇴장했다. "그대들은 즉시 해산해서 신분별로 배당된 회의실에 들어가 토의를 계속할 것을 명한다" 이러한 국왕의 지시대로 성직자와 귀족 대표들이 퇴장하자 의전 장관이 제3대표에게도 퇴장을 요구했다. 그때 국민의회 의장 바이는 "국민의회의 의원들은 다른 어떤 사람의 명령도 받아들이지 않는다"라고 선언했고, 미라보도 역시 "총칼로 밀어낸다면 몰라도 우리들은 이 회의장에서 한 사람도 떠날 수 없다!"라고 큰소리로 외쳤다. 국왕의 명령에 대한 명백한 불복이었다. 이렇게 되자 특권 신분층에서는 이단자가 더 많아졌다. 다음 날인 24일 국민의회에서는 성직자 대표 151명이 참석했고 25일에는 귀족 대표도 47명이나 참석했다. 전국 삼부회는 이렇게 붕괴되었다. 6월 27일 결국 우유부단한 국왕은 나머지 성직자와 귀족 대표들도 역시 국민의회에 참석할 것을 권고하고 말았다. 이날 국민의회의 한 의원은 승리의 기쁨을 다음과 같이 기술했다. "혁명은 끝났다. 피 한 방울 흘리지 않고!" 이 테니스코트 서약은 그 후 닥치게 될 바스티유 습격사건과 마찬가지로 구제도에 대항한 혁명적인 도전의 상징이 되었다.

국왕에 대한 반란은 용서받거나 가벼운 처벌을 받을 수도 있으리라.
그러나 감히 공화국의 법에 반기를 든 자는 반드시 죽음에 처해야 한다.

- 미국의 정치가 새뮤얼 애덤스Samuel Adams(1722-1803)

바스티유 습격사건(1789년 7월 14일): 억압에서 자유의 상징으로

혁명의 연대표 –
1789년 7월 9일 국민의회, 제헌국민의회로 개칭
1789년 7월 11일 재무총감 네케르의 갑작스러운 해고

파리 동쪽에 있는 중세의 요새 바스티유는 유럽사에서 가장 유명한 요새 중 하나이다. 그것은 부르봉 왕가의 '폭정의 상징'일 뿐 아니라[3] 파리 군중이 바스티유를 함락시킨 날이 바로 혁명 기념일이 되었기 때문이다. 14세기 후반 백년전쟁 당시에 영국군의 침입으로부터 파리를 수호하기 위해 지어진 이 방어 요새는 샤를 6세Charles VI(1368-1422)의 치세 기부터 국가 감옥으로 사용되기 시작했다. 이곳에 국사범을 수용하기 시작한 것은 루이 13세 때부터이고, 수용된 죄수의 신상을 비밀에 부쳐 신비감(?)을 갖게 한 것은 루이 14세부터라고 한다. 1717년에 바스티유의 유명한 죄수는 바로 세치의 혀로 18세기를 주무른 독설가 볼테르였다. 그는 루이 15세의 섭정을 지낸 오를레앙 공 필리프 2세Philippe II(1674-1723)를 풍자한 죄로 바스티유에 투옥되었다. 1741년에 바스티유 수감자는 총 71명, 1755년에는 50명이었으나 루이 16세 시대에는 수가 부쩍 줄어들어 매년 평균 16명 정도의 새로운 죄수들이

3 　국사범들이 대부분 재판을 받지 않고 국왕의 명령에 의해 수감되었기 때문에 바스티유는 프랑스 왕정의 폭정, 자유 억압, 엄격한 검열과 고문의 상징이 되었다.

들어왔고, 그들의 투옥 기간도 그리 길지는 않았다. 당시 혁명 전야에 바스티유의 가장 유명한 죄수는 소위 '사디즘sadism(가학 음란증)'이란 용어로 유명한 희대의 바람둥이 사드 후작marquis de Sade(1740-1814)이었다.[4] 그는 혁명이 발발하기 불과 10일 전에 다른 감옥으로 이송되었다.

루이 16세 치세 기부터 바스티유의 수감생활은 일반에게 알려진 것보다, 즉 동시대의 다른 감옥보다는 훨씬 처우가 개선되었다. 축축한 습기 때문에 수감자의 건강을 해치는 지하 감옥은 더 이상 사용되지 않았고, 죄수들은 창이 있고 최소한의 기본 가구가 배치된 건물 중간층의 감방에 수감되었다. 또한 개인 소지품을 가져오는 것이 허용되었기 때문에 사드 후작은 상당한 양의 가구집기와 서고들을 몽땅 사들인 것으로도 유명하다. 또한 쥐를 잡기 위해 개나 고양이를 기르는 것도 허용되었다. 심지어 음주와 흡연, 또 다른 죄수와 방을 함께 사용한다면 카드놀이도 할 수 있었다고 한다. 그 운명의 날 7월 14일에 바스티유에 갇혀 있던 죄수들은 4명의 어음 위조범과 2명의 살인 미수범, 1명의 스파이 혐의자 등 단지 7명에 불과했고 국사범은 하나도 없었다. 그러나 혁명 이후에도 민중들의 상상력 속에서 바스티유는 여전히 무시무시한 고문과 살인의 추억의 장소였다. 그 원인은 알렉상드르 뒤마의 소설《삼총사》나 찰스 디킨스의《두 도시 이야기》등에서 기인한 바가 크다.

1789년 7월 11일 국왕은 인기 많은 재무총감 자크 네케르Jacques Necker (1732-1804)를 갑자기 해고했다. 그 다음날 이 소식이 혁명의 주 무대가 될 반란의 온상지 파리에 도착했다. 이미 비등점에 도달한 파리 시민들 사이에서 이 소식이 일파만파로 퍼져나가자 그것은 마치 폭탄과도 같은 엄청난 위력을 발휘했다. 네케르의 재정 재건책을 기대하고 있던 상층 부르주아 층에서부터 그의 매점 단속을 지지하는 민중들에 이르기까지 파리 시민 거의 모두가 충격에 빠졌다. 이날은 일요일이었으나 오후가 되자 시민들의 만남의 장소인 팔레 르와이얄 정원에는 평일보다 훨씬 많은 사람들이 모여들었다. 바로 이때 평소에 신경질 증세와 말 더듬는 버릇 때문에 출세

---

4 사드는 1784년에서 1789년까지 바스티유에 수감되었다.

를 못하고 가난하게 지
내던 29세의 무명 변호
사 카미유 데뮬랭Camille
Desmoulins(1760-1794)이
소위 반체제 개혁 인사들
의 단골 카페인 '카페 뒤
포이Cafe du Foy'의 야외 테
이블 위로 벌떡 올라가
서 큰소리로 외쳤다. "네

바스티유의 함락(1789년 7월 14일)은 구제도의 몰락을 상징한다.

케르를 해임한 것은 국민에 대한 모욕적인 행위이며 우리 애국자들을 살육
하려는 '제2의 바르텔레미 학살'에 대한 경보나 마찬가지다. 자, 그러니 모
두 무기를 들어라! 자, 무기를 들라! 그리고 우리가 서로를 식별할 수 있도
록 코케이드(계급·소속 정당 등을 나타내기 위해 모자에 다는 표지)를 착용하라!"
사실상 파리에 배치된 많은 수의 군대와 외인부대의 주둔은 데뮬랭과 또 다
른 과격파들이 곧 대학살의 조짐이 있을 거라고 믿도록 만들었다. 그의 연설
에 감격한 군중들은 데뮬랭을 얼싸안았으며 곧 무기를 들고 폭동에 가담했
다. 처음에 군중들이 착용했던 코케이드는 '자유'와 연관된 녹색이었다. 초
기에 파리 시민들은 팔레 로와이알에 정렬된 가로수의 잎을 사용했으나 원
래 녹색은 "영국왕과 같은 조건으로 왕을 하느니 차라리 숲에서 도끼질을 하
는 것이 낫다"라고 푸념했던 시대착오적인 반동주의자 루이 16세의 동생 아
트루아 백Comte d'Artois(미래의 샤를 10세)과 연관된 색이었다. 그래서 녹색은
곧 파리 시의 전통 색깔인 붉은색과 청색으로 바뀌었다. 이제 청과 홍의 기
치 아래, 7-8천명의 군중들이 무기탈취를 위해 앵발리드Invalides 군인병원
을 먼저 공격했고[5] 드디어 7월 14일 바스티유 감옥으로 진격했다. 그러나 폭
도들의 요청을 수락했던 앵발리드의 경비 사령관과는 달리, 당시 바스티유

---

5   파리의 센 강 좌안에 위치한 앵발리드는 노병이나 부상병을 수용하는 곳이었는데, 당시 3만 2천 자
    루의 소총을 보관하고 있었다. 현재는 나폴레옹의 유해가 보관된 관광명소 중 하나다.

의 사령관 베르나르 주르당Bernard Jourdan(1740-1789), 즉 로네 후작marquis de Launay은[6] 바스티유를 내어주고 지하 저장고의 무기와 탄약을 민중들의 손에 넘기라는 요구를 거절했다. 결국 몇 시간만의 전투 끝에 바스티유 감옥이 함락되었다. 로네 사령관은 항복했으나 시청으로 연행되는 도중에 군중들의 손에 참살되고 목이 잘렸다. 죽기 전에 폭도들로부터 각종 몽둥이와 총칼의 총 공격을 받았던 그는 고통 속에서 "이제 그만해. 나를 제발 그냥 죽게 내버려 둬!"라는 말을 남기고 죽었다. 그의 부하 장교 3명과 병사 3명도 학살되었다. 이날 시민을 지원하지 않은 파리 시장 자크 드 플레셀르Jacques de Flesselles(1730-1789)도 그레브 광장에 끌려나가서 학살되었다. 그런 다음 승리감에 취한 군중들은 로네 사령관과 파리시장의 머리를 창끝에 꿰어들고 시내를 돌아다녔다. 바스티유 점령의 소식이 퍼져나가자 이번에는 지방의 각 도시에서 '시정 혁명'이 일어났고 '학대받는 다수'에 속하는 농민들도 역시 '혁명의 때'를 맞이해서 삽시에 영주의 성관을 습격하는 소동을 벌였다. 이것이 1789년 7월 중순부터 8월 초까지 프랑스 전국의 농촌을 휩쓸었던 이른바 '대공포grande peur'라고 알려진 공황사태다.

이 바스티유의 역사적인 함락은 절대왕정과 구제도를 무너뜨린 프랑스 혁명의 영원한 상징물이 되었다. 그러나 루이 16세 치세기의 바스티유 감옥의 억압적인 이미지는 실제보다 훨씬 과장되거나 부풀려진 요소가 많다. 과거에 그곳에 수감되었다가 풀려난 반체제 작가들은 바스티유를 고문과 생매장, 또 인간의 육신과 영혼의 진(津)을 빼는 지옥의 장소로 묘사하곤 했다. 그러나 점점 후대로 내려올수록 작가에게 바스티유에 감금된다는 것은 '인생 마감'이 아니라 "나 바스티유 나온 사람이야!" 라는 식으로 본인의 출세 이력을 쌓고 문명을 날리는 데 효과적인 선전수단이 되었다. 당시 왕정 기록에 의하면, 바스티유는 이미 구시대의 낡은 유물이 되었기 때문에 혁명의 광

---

6 바스티유가 함락되기 전에 다른 감옥으로 이감된 사드는 소위 '후작'이라는 로네의 조부가 하인이었다고 언급한 바 있다. 로네는 비록 침울하기는 해도 양심적인 인물이었고 죄수들에 대해서도 전임 사령관들보다 훨씬 더 인간적으로 그들을 대우했다고 알려져 있다. 그는 두 번의 결혼을 통해 3명의 딸을 두었고, 로네 형제의 후손들은 러시아에 정착했다.

풍이 불어닥치기 전에 왕실 측에서도 바스티유 건물을 허물고 그것을 루이 16세와 '자유'를 기리는 다른 기념물로 바꿀 계획을 진행하고 있었다. 20세기 최대 사건인 '베를린 장벽와해의 날'과 마찬가지로 바스티유가 철거되는 날 사람들은 너나 할 것 없이 철거된 건물의 벽돌장을 '역사기념물'로 집에 가져갔다고 한다.

제3공화국이 성립되기 전까지 혁명을 기념하는 행사는 거행되지 않았다. 그러나 열성적인 공화주의 정치가 레옹 강베타Léon Gambetta(1838-1882)가 선봉이 되어 공화정이라는 제도 수

파리 시장과 로네 사령관의 목을 창 끝에 꿰어 들고 행진하는 시민들. 판화에는 "이것이야말로 우리가 반역자들에게 어떻게 복수하는 가를 보여주는 것이다"라는 섬뜩한 문구가 적혀있다(1789년의 판화).

립을 기념하는 국경일을 재건하기에 이른다. 그래서 1880년부터 해마다 '바스티유의 날'이 기념되었다. 혁명일의 전야인 7월 13일에는 촛불 행렬이 거행되며, 7월 14일 당일에는 군사 퍼레이드, 화려한 불꽃놀이와 댄스, 무도회, 음악공연, 또 여럿이 함께하는 '공동식사' 등 여러 가지 다양한 이벤트들이 개최된다. 그래서 과거에 '억압의 상징'이던 바스티유의 이미지는 이제 '자유의 상징'으로 자리매김했다.

⚜

"바스티유 함락은 프랑스 혁명에서 가장 유명한 사건이며 프랑스 혁명의 상징이다. 그러나 바스티유가 누리는 이러한 영광이 오히려 그 역사적 중요성을 왜곡시키고 있다. 그것은 기적의 순간도, 결론도 아니다. 그 사건은 1793년의 '나쁜' 혁명과 공포정치가 시작되기 전의 '좋은' 혁명도 아니다. 바스티유 습격은 이른바 상승곡선을 타기 시작한 파리 봉기의 궤도에서 단지 빛나는 한 점에 불과하다."

- 프랑스 작가 에릭 하잔Éric Hazan(1936-)

인간과 시민의 권리선언
(1789년 8월 26일):
혁명의 초석이자 위대한 유산

  프랑스 최초의 공화국 출범을 준비하던 제헌국민의회Assemblée nationale constituante는[7] 과연 어떻게 새로운 국가의 '개인권'을 보장할 것인가에 대하여 논의했다. 그리하여 바스티유 함락 6주 후에 '대공포'의 수습책으로 '봉건 제도 폐지', '영주권 특권 폐지'를 이룩한 지 불과 3주 만에 의회는 공화정을 위한 '헌법'을 제정하는 첫 단계로서 1789년 8월 26일 〈인간과 시민의 권리선언문Déclaration des Droits de l'Homme et du Citoyen〉을 채택했다.

  프랑스 혁명의 초석이자 위대한 유산이라고 할 수 있는 이 인권선언문의 주요 발기인은 바로 미국 전쟁의 참전용사이며 귀족 출신의 자유주의자, 또 계몽주의 철학의 생도인 라파예트 후작Marquis de Lafayette(1757-1834)이다. 그는 이미 20대에 사재를 털어서 의용군을 조직, 국왕의 허락도 없이 미국에 건너가서 독립전쟁을 도와준 인물로서 귀국 후에는 '신세계의 영웅'으로 불리었다. 라파예트는 바스티유가 함락되기 3일 전에 국민의회에서 연설을 했

---

7   국민의회Assemblée nationale는 프랑스 혁명의 원년인 1789년 제3대표들에 의해 생겨난 의회다. 1789년 6월 17일에 창설되어 7월 9일에는 제헌국민의회로 명칭을 바꾸었다.

다. 그는 미국독립선언서의 기초자인 토머스 제퍼슨Thomas Jefferson(1743-1826)과 상의해서 본인이 작성한 인권선언문의 초안을 내놓으면서, 개인권을 보장해 줄 헌법의 필요성을 누누이 강조했다.

소위《제3신분이란 무엇인가?》라는 정치적 팸플릿을 작성해서 유명해진 평민 출신의 성직자 엠마누엘 조제프 시이예스Emmanuel Joseph Sieyès(1748-1836)와 라파예트 양인이 초안해서 만든 이 인

인간과 시민의 권리선언문

권선언문은 모든 시민의 자유, 재산, 안전 및 압제에 대항할 권리를 명시하고 있다. 각 개인의 자연권 행사는 사회의 다른 구성원에게도 같은 권리를 보장해 주어야 할 경우에만 예외적으로 제약되며, 이 제약은 법률에 의해서만 규정된다. 이러한 의미에서 볼 때 인권선언문은 '계몽주의 사상의 결정체'라고 할 수 있다. 그것은 '자유주의의 아버지' 존 로크John Locke(1632-1704), 장-자크 루소, 앞서 얘기한 대로 미국 정치가 제퍼슨이 신봉했던 자연권과 시민권 사상을 잘 요약해 주고 있다. 전문과 17개 조항으로 이루어진 이 간결한 선언문은 자유, 재산, 언론과 출판의 자유, 종교의 자유, 법 앞에서의 평등 등 여러 가지 개인권을 보호하고 있다. 가령 인권선언문 제1조항은 '평등의 원리'를 재확인하고 있다. "인간은 자유롭고 평등하게 태어나 생존할 권리가 있다. 사회적 차별은 오직 공동이익을 위해서만 가능하다" 즉 사회적 차별은 귀족 혈통이나 신분이 아닌, 오직 공동선에 입각해서만 가능하다는 것이다. 이 프랑스판 권리장전은 무엇보다 우선적으로 재산권의 보장, 재산에 비례하여 모두에게 평등하게 과세할 것, 또 법과 정부는 '공중 의지'의 구현을 위

공포 정치를 규탄하는 '핍박당하는 여성 애국자'
올랭프 드 구즈의 처형식

해 존재한다는 이른바 '국민주권론'의 개념을 명료화하고 있다. 이 인권선언문의 보편적 권리와 사상 및 권리에 기초한 민주주의는 전 세계에 전파되었다. 1793-1794년에 콜롬비아 정치인이자 국민영웅으로 알려진 안토니오 나리뇨Antonio Nariño(1765-1823)가 이를 출간했고, 그는 덕분에 10년 징역형을 선고받았다. 2003년에 프랑스 인권선언문은 유네스코의 세계기록유산으로 지정되었다.

그러나 이 인권선언문의 결정적 한계는 인간(남성)의 권리가 여성에게까지 적용되지 않았다는 점이다. 비록 여성들이 혁명의 중대한 사건들에 참여했을지라도, 여성과 모든 인종의 평등권을 주장했던 젊은 계몽주의 철학자 니콜라 드 콩도르세Nicolas de Condorcet(1743-1794)를[8] 제외한 남성 혁명가들은 여성참정권에 매우 적대적이었다. 1793년에 여성들은 시민권에서 명백히 제외되었다. 〈여성과 시민의 권리 선언문〉(1791년)의 저자이자 초기 페미니스트인 올랭프 드 구즈Olympe de Gouges는 1793년 공포정치기에 불온한 선동행위와 왕정복고를 꾀했다는 죄목으로 결국 단두대의 제물이 되었다.

"여성은 자유롭고 평등하게 태어나 생존할 권리가 있다.
사회적 차별은 오직 공중이익을 위해서만 가능하다"

- 올랭프 드 구즈의 〈여성과 시민의 권리 선언문〉중에서

---

8   1793년에 콩도르세는 지롱드 헌법 초안의 기초자가 되었으나 의회에서 부결되었고 마침내 고발까지 당하여 파리의 한구석에 숨어 지내며 《인간정신의 진보에 관한 역사적 개요》(1793년)를 집필했다. 그 후 거리에서 체포되자 음독자살했다.

국민의회 성직자 재산을 몰수하다
(1789년 12월 19일)

혁명의 연대표 –
1789년 12월 19일 지폐 아시나의 도입

혁명 전야에 프랑스 국가 재정은 거의 도산 위기에 처해있었다. 재정개혁의 시도가 수차례나 있었으나 기득권층의 반대로 번번이 실패를 거두었다. 그런데 혁명은 재정위기의 해결책으로 이전과는 다른 새로운 길을 모색했다. 프랑스의 봉건 제도가 일거에 폐지된 '1789년 8월 4일'의 운명적인 밤에 성직자 계급은 '십일조'라는 수입원을 포기했고, 국가가 대신 그 재원을 인수하는 것을 허용했다. 또한 8월 26일에 채택된 인권선언문은 그동안 교회가 누려왔던 특권적 지위를 사실상 유명무실화시켜버렸다. 이후 모든 권위는 '국가' 안에서만 존재하게 되었고, 이제 교회는 보다 철저한 개혁의 도마 위에 올랐다.

18세기에 이미 교회는 앙시앵레짐(구제도) 사회의 모순점에 대하여 의문을 제기했던 계몽 철학자들의 비판의 대상이었다. 특히 볼테르 같은 철학자는 '이성'이 신의 존재를 입증하지 못한다는 이유를 들어, 종교 신앙을 거의 미신으로 간주했다. 1782년 프랑스의 풍자 작가 세바스티앙 메르시에Sébastien Mercier(1740-1814)는 국가나 교회에 봉사도 하지 않는 무용지물의 게으른 성직자들을 비난했다. 백과전서파를 대표하는 계몽주의 철학자 드니 디드로

Denis Diderot(1713-1784)는 자신의 문제작《수녀 La Religieuse》(1760년)에서 수녀원 제도를 신랄하게 비판했다. 세기의 금서가 된 소설은 수녀가 될 마음이 없었던 어린 소녀가 가족들을 비롯한 외압에 의해 억지로 수녀원에 들어가고 그곳을 탈출하는

성직자와 수녀들이 〈성직자 기본법〉(1790년 2월 16일)제정 이후 새로운 자유를 만끽하는 모습을 코믹하게 묘사한 풍자화

과정을 그리고 있다. 물론 계몽주의 철학자들은 종교의 '파괴'보다는 '개혁'을 주장했다. 그러나 그들의 독기 어린 종교비판은 '반교권주의적'분위기를 조성하는데 크게 기여했고 국민의회에도 이러한 세속주의적인 계몽주의 사상이 상당히 침투해 있었다. 1789년의 교회 수입은 자그마치 1억 5천만 리브로 정도로 추정되는데 아마도 이는 과장된 수치일 것이다. 그러나 교회는 프랑스 전국에 대략 10% 정도의 토지를 소유하고 있었고, 또한 전국 방방곡곡에 흩어져 있는 교회 소유의 웅장한 교회건물과 수도원, 학교, 병원 및 다른 종교기관 등의 존재는 프랑스 사회에서 교회가 차지하는 독보적인 위상을 가시적으로 입증해 주는 것이었다. 교회는 그동안 십일조의 세금을 거두는 권한뿐 아니라 그 소득에 대한 직접세도 면제받는 혜택을 누려왔다. 이처럼 교회의 막대한 부는 당연히 시기와 불만의 대상이 되었다. 삼부회 소집 전에 각 지방에서 올라온 '청원서cahiers de doléances'의 건의 내용에서도 이러한 불만들이 잘 예시되어 있다.[9]

1789년 10월 29일, 즉 '교회 재산의 국유화'가 이루어지기 바로 이틀 전에 인근 수도원에서 두 명의 여성이 강제로 수녀가 된 사실을 알게 된 국민의회

---

9 소수의 특권층 성직자들이 누리는 부와 권력에서 소외된 하급성직자들의 청원서에도 십일조 폐지 및 교회재산의 제한에 관한 건의내용이 나온다.

는 여기에 대한 중지 안(案)을 만들었다. 11월 2일 '국민제헌의회'로 개명한 새로운 국민의회는 교회의 모든 재산을 국가 소유로 몰수한다는 법령을 찬성 586표, 반대 346표, 기권 40표로 통과시켰다. 이 법령은 이후 교회를 겨냥한 반교권주의적 법령시리즈의 첫 신호탄이 되었다. 사실상 교회 재산은 '내 마음의 평온'이나 사후 보장(영생)을 얻기 위한 신도들의 자발적인 '기부' 형식으로 이루어진 것이 많기 때문에 국민들 사이에서는 '공공재'라는 의식이 강했다. 후일 칼 마르크스가 메테르니히, 비스마르크와 더불어, 19세기 중반의 유럽을 지배했던 '3명의 신(神)' 중 하나로 지목했던 오탕Autan의 주교 탈레랑Talleyrand(1754-1838)은 교회 재산의 몰수라는 이 과격한 조치를 찬성했던 불과 몇 안 되는 소수 성직자 중 하나였다.[10] 원래 명문 귀족 가문 태생인 탈레랑은 보다 나은 사회의 건설을 위해 교회 재산이 국가에 귀속되어야 한다고 주장하면서 혁명정부를 지지했다.

1789년 12월 9일 국민의회는 몰수된 교회 재산을 담보로 '아시냐assignat'란 지폐를 국채로 발행했다.[11] 이것이 또 인플레를 초래해서 서민생활을 위협하는 결과를 가져오게 되지만 혁명정부의 조치는 교회의 막대한 재산을 매각 처분해서 국가 재정을 안정화시키려는 정치적 의도에서 이루어진 것이다. 새로운 프랑스 국가는 이처럼 교회의 수입과 재산을 통제했을 뿐 아니라, 이러한 조치를 통해 '교회와 국가' 간의 관계를 재정립하기를 원했다.

⚜

세상에서 성공하려면 누가 과연 유능한 인간인지를 발견하는 것보다
누가 바보인지를 구분하는 직관력이 훨씬 더 중요하다.

- 프랑스 외교가 샤를-모리스 드 탈레랑Charles-Maurice de Talleyrand(1754-1838)

---

10 1790년 7월 탈레랑은 프랑스 혁명의 기원이었던 바스티유 감옥 습격을 기념하는 미사를 거행해서
    이에 반발한 교회로부터 파문을 당했고, 이후 미국으로 망명했다. 1796년 귀국해서 총재정부의
    외무를 담당하다가 나폴레옹을 도와 그의 정권 획득과 함께 외무장관에 취임했다.
11 1720년 로우의 재앙적 실패 이후에 아시냐는 대중들의 지폐에 대한 불신을 더욱 가중시켰으나 그
    것은 지폐제조와 인쇄기술의 발전을 가져왔다.

연맹제 Fête de la Fédération
(1790년 7월 14일)

　1790년 7월 14일 전국 각지에서는 국민위병의 대표자들이 파리의 샹 드 마르스Champ de Mars 광장에 모여 바스티유 점령 1주년 기념행사를 성대히 치렀다. 이날의 행사에는 국왕, 국민의회 대표, 국민 위병, 시민들, 도합 30여만 명이 모였다. 축제는 폭우가 내리는 가운데 시작되었는데 이미 프랑스 최초의 일간지인 '주르날 드 파리Journal de Parks'는 그날의 상습적인 호우를 예보했다. 지방 대표자 1만 4천 명이 각 도département별로 내건 깃발은 83종, 파리의 각 구역별 깃발은 60종이었다. 개막 시간은 오전 10시, 미사가 시작된 것은 오후 3시경이었다. 그날 미사를 주재한 이는 오탱의 주교 탈레랑이었다. 동원된 악사는 1천8백여 명, 성직자는 4백 명, 미사가 끝난 뒤 33세의 젊은 파리국민위병사령관 라파예트가 등단해서 연맹병을 대표하여 이렇게 선서했다.[12] "국민, 법 및 국왕에게 영원히 충성을 바칠 것, 또 국민의회에서 제정되고 국왕이 승인한 우리의 헌법을 지지하고, 영원불변의 형제애에 의한 전 프랑스 국민의 합일을 맹세하노라!" 루이 16세도 비슷한 선서

12　프랑스 최초의 헌법은 아직 완성되지 않았고 1791년 9월에 공식적으로 비준된다.

루이 16세가 있는 텐트 쪽에서 바라본 연맹제(1790년)

를 했으나 여기서 그는 프랑스 국왕roi de France이 아니라, '프랑스인들의 국 왕roi des Français'이란 용어를 최초로 사용했다. 그것은 국왕이라는 타이틀 을 프랑스 영토의 개념이 아닌, 프랑스 '국민'과 연결지어 보다 대중적인 왕 정을 개시하려는 혁신적 발상이었다. 그러자 왕비 마리 앙투아네트Marie Antoinette(1755-1793)도 일어서서 미래의 루이 17세Louis XVII(1785-1795)인 어 린 왕세자 루이-샤를Louis-Charles을 군중들에게 소개하면서, 나의 아들도 자 신과 같은 생각이라고 얘기했다. 이어 연맹제 주최 측은 전 세계에서 온 사 절단들, 특히 신생 독립국인 미국에서 온 해군 사령관 존 폴 존스John Paul Jones(1747-1792)나 토머스 페인Thomas Paine(1737-1809)같은 대표들을 환영했 다.

이것이 화제의 연맹제다. 오늘날 '바스티유의 날'의 전신이라고 할 수 있는 이 연맹제는 프랑스 혁명 1주년을 기리는 대국민 축제였으며, 많은 사람들이 그것을 절대왕정에서 민주적인 의회가 주도하는 '입헌군주정'으로 넘어가는 성공적인 이행기라고 생각했다. 상대적으로 온건한 초기 혁명의 단계에서 사람들은 정치 투쟁이 거의 끝났다고 생각했다. 평화적으로 성황리에 이루 어진 이 연맹제에서는 아직도 국왕 루이 16세의 역할이 남아있었고, 비록 환상에 불과했지만 그날만큼은 모두가 '국민적 합일'을 염원했다. 프랑스 혁명에 관한 연구를 통해서 근대 프랑스 우파 사학의 건축학적 구조를 세웠다고 평가받는 보수주의사가·철학자인 이폴리트 텐느Hippolyte Taine(1828-1893)는 이 연맹제를 "실제가 아닌 오직 말잔치뿐인 구두 계약, 매우 표피적인 과시성의 형제애, 선의를 가장한 무도회, 곧 증발해버릴 감정의 끓어오르는 비등점, 그것은 요컨대 단 하루밖에 가지 않는 사랑스러운 카니발"이라고 냉정하게 평가했다.

"진정한 공화주의는 국민의 주권이다. 그리고 거기에는
전 국민이 침해할 수 없는 자연적인, 불가침의 권리가 있다."

- 라파예트 후작

국왕, 바렌에서 체포되다
(1791년 6월 21일)

혁명의 연대표 –
1790년 7월 12일 성직자 기본법
1791년 4월 2일 미라보 사망, 국왕과 의회의 연락책이 없어짐
1791년 6월 14일 노동자의 단결을 금지한 샤플리에 법Chapelier Law이 의회에서 통과됨

국민의회는 〈성직자 기본법Constitution civile du clergé〉(1790년 7월 12일)을 만들어 교회를 국가의 통제 하에 두려고 했다. 그러나 이러한 조치는 많은 사람들이 새로운 정부에 대한 지지를 철회하는 등 가톨릭 신자가 압도적인 국가에서는 상당히 물의의 소지가 있는 정책이었다.[13] 국민의회가 자초한 로마교황청과의 '분열'은 우유부단한 국왕으로 하여금 파리를 탈출할 용단을 내리게 했다. 튈르리 궁을 떠나기 전 루이 16세는 편지 한 통을 남겼는데, 그는 편지 속에서 '왕국의 헛된 모의(冒擬)'라 일컬으며 나름 기울어진 시국을 비난했다. 사실 이때까지 국왕이 의회의 결정을 따른 것은 마지못해 한 것이지 결코 그의 본심은 아니었다. 1789년 10월 6일 성난 폭도들에 의해 국왕 일가가 베르사유궁에서 파리의 튈르리 궁으로 강제 이송된 이래, 파리에서 거의 '인질'처럼 지내던 국왕은 감정적으로 완전히 마비된 상태였기 때문에 모든 중대한 결정을 정치적으로 미숙한 왕비에게 내맡기고 있었다. 미라보가 "왕

---

13 결과적으로 이 성직자 기본법은 교회의 힘을 많이 약화시켰다. 성직자는 이제 국가에 의해 고용되어 새로운 헌법 앞에서 충성서약을 해야만 했다. 많은 성직자들이 이러한 서약을 거부했으며, 그중 일부는 체포되거나 피신 또는 망명의 길을 선택했다.

바렌에서 체포된 국왕 일가

가에서는 오직 왕비 한 사람만이 남성이다"라고 했듯이, 국왕의 행동 일체는 그 당당한 여장부 '오스트리아 여자'가 좌지우지하고 있었다.

　1791년 6월 20일 자정 무렵에 육중한 베를린 사륜마차가 오스트리아 령 네덜란드 국경지대에 인접한 군사요새지 몽메디Montmédy를 향해 출발했다.[14] 마차 안에는 부르주아로 변장한 국왕 가족이 타고 있었다. 그러나 국왕 일행은 예정 시간보다 훨씬 늦게 약속된 장소에 도착했기 때문에, 먼저 와서 4시간이나 기다리고 있던 호위대는 국왕 일가가 탈출에 실패한 줄 알고 이미 철수한 뒤였다. 그런 줄도 모르고 호위대를 찾던 국왕 일행은 근위병 출신의 장-밥티스트 드루에Jean-Baptiste Drouet(1763-1824)란 시골우체국장의 눈에 띄고 말았다. 뒤늦게 자신이 갖고 있는 지폐 아시냐에 그려진 국왕의 초상화를 보고 그 의문의 남성이 국왕임을 직감한 드루에는 곧 마을 사람들과 함께 국왕 일행을 추격했다.[15] 결국 국왕 일가는 그들의 궁극적인 목적지인

14　몽메디Montmédy에서는 부이예François Claude de Bouillé(1739-1800)장군이 아직도 왕정에 충성하는 군사 만 명을 집결시킨 채 대기하고 있었다.

15　나중에 국왕체포에 기여한 공로로 제헌의회가 그에게 3만 프랑의 보상금을 제공했을 때 그는 그것을 사절했다. 1792년 9월 국민공회의 대표로 선출된 드루에는 과격분자가 되었으며, 국왕의 사형에 두말없이 찬성했다.

몽메디에서 불과 50km 정도 떨어진 바렌Varennes에서 체포되어 파리로 강제 연행되었다. 이렇게 국왕의 탈출은 좌절되고 말았다. 25일 저녁 도망치려다 실패한 국왕 일행을 태운 베를린 마차는 시민들의 분노와 증오심으로 싸늘한 침묵에 싸인 파리 시내에 들어섰다. 이때 시민들은 누구 한 사람 모자를 벗지 않았고 국민위병은 장례 때처럼 총을 거꾸로 들고 있었다. 이때 벌써 프랑스 국민의 마음속에는 국왕이 죽고 공화정이 성립된 것인지도 모른다.

이 교묘한 탈출 작전은 '왕비의 연인'으로 알려진 스웨덴 출신의 귀족 장교 악셀 페르젠Axel Fersen(1755-1810)이란 인물에 의해 조직되었다. 파리를 탈출하기 전에 평범한 코트와 모자 차림의 코아뉘Coigny라는 기사가 튈르리 궁을 수차례 방문했는데, 국왕은 나중에 그의 복장을 그대로 착용하게 된다. 국왕의 자녀들은 모두 여자아이 복장을 했고, 러시아 귀족 부인인 척하는 아이들의 가정교사 역할은 단순한 검정 옷을 입은 왕비가 맡았다. 국왕 자신은 시종의 역할을 했다. 원래 페르젠은 몽메디까지 200마일이 되는 장거리 여행의 안전과 성공을 위해서 국왕 일가에게 속도가 훨씬 빠르고 가벼운 사륜마차 두 대에 나누어 타는 방식을 제안했다. 그러나 왕비는 모두 함께 가야 한다는 주장을 끝까지 굽히지 않았다. 그래서 페르젠은 도시 성문을 무사히 통과한 국왕 일행에게 6필의 말이 끄는 느리고 무거운 대형 마차를 제공했다. 그것이 결정적인 실수였다.

국왕 일가의 탈출은 매우 중요한 사건이다. 그것은 국민의회와 프랑스 국민에게 루이 16세가 더 이상 믿을 수 없는 존재라는 것을 각인시켜준 사건이기 때문이다. 그동안 제한된 군주정이나 입헌군주정을 창설하려고 했던 국민의회는 1791년 6월 21일 이후부터 생각이 완전히 달라졌다. 그러나 한편으로 그들은 공화정하의 '중우정치'의 출현을 몹시 두려워했다.[16]

1791년 7월 16일 국민의회는 국왕의 운명을 결정하는 격렬한 토의 끝에 국왕의 권위를 잠정적으로 중단시키는 안을 의결했다. 로베스피에

---

16 국왕의 탈출소식에 경악한 국민의회는 파리거리의 폭동이나 소요를 방지하는 차원에서 국왕의 도주사실을 일단 숨기고 납치되었다고 공표하기도 했다.

국왕 일가의 탈출을 우스꽝스럽게 묘사한 풍자화

르, 마라와 함께 '프랑스 대혁명의 3거두'라고 불리는 조르주 당통Georges Danton(1759-1794)이 이끄는 민중당, 즉 코르들리에Cordeliers 당원들은 국왕을 폐위시키거나 재판에 회부해야 한다고 강력히 주장했다. 반면에 온건한 성향의 자코뱅 당원들은 문제의 바렌 사건의 대응을 놓고 이견을 보이다가, 결국 공화파가 주도하는 자코뱅 클럽에서 1791년 7월 16일 탈퇴하여 푀이양 Feuillant당을 새로 결성했다. 그러나 코르들리에 당과 자코뱅당이 보다 과격한 지지를 얻게 됨에 따라 국왕을 권력에서 제거하고 재판에 회부해야 한다는 강경한 의견이 지배적이었다. 국왕은 이제 '혁명의 포로'에서 국가에 대한 '반역자'로 간주되었다. 위의 동시대 풍자화는 루이 16세가 바렌에서 체포되기 바로 직전에 태평하게 만찬을 즐기는 광경을 묘사하고 있다. 체포영장을 든 장교들이 들이닥치는데도, 절대왕정을 무너뜨린 '바스티유 함락'사건을 그린 액자 밑에서 국왕 루이는 "나는 눈곱만큼도 신경 쓰지 않는다. 그러니 나를 조용히 내버려 두어라!"라고 천연덕스럽게 대꾸한다. 왕가의 '대식' 내지 '식탐'에 관한 더 모욕적인 조소는 바로 미래 왕좌의 상속자인 어린 왕세자가 얼굴을 잔뜩 찌푸린 채 요강 위에 쭈그리고 앉아있는 모습이다. 루이 16세는 혁명기의 정치적 캐리커처에서 '돼지'의 형상으로 곧잘 묘사되곤 했는데, 국왕 자신의 애호 식품이었다는 족발을 게걸스럽게 먹는 모습도 인기 있는 화제 중에 하나였다. '바렌 사건'에 대한 풍자화에서 공화주의자 내지 반(反)왕당주의자들은 고의적으로 국왕을 동족을 잡아먹는 식인귀, 즉 국민들의 고혈을 짜내어 부귀영화를 누리는 과도한 식탐가로 묘사하고 있다.

국왕 자신이 원래 입헌군주정에 대한 신뢰가 없었던 만큼 그가 국민들에게 공신력 있는 입헌군주로 비치는 것은 사실상 불가능한 일이었다. 또한 국왕의 '철제금고armoire de fer'에서[17] 나온 국왕 탈출 사건의 전모와 국민의회에 대한 비난, 또한 루이 16세가 그동안 외국사절과 내통해왔음을 증명하는 625개의 비밀문서의 공개는 사태를 더욱 악화시켰다. 사람들은 왕권과 타협한 왕당파와 혁명가들 간에 터져 나올 '내란'의 공포에 떨었지만 공화정에 대한 그들의 외침은 더욱 커져만 갔다.

"짐은, 짐의 권위를 공유할 의사가 없노라."

- 프랑스 국왕 루이 16세

---

17 튈르리 궁의 루이 16세의 방에 비밀리에 보관되어있다는 이 철제금고의 존재가 세상에 알려진 것은 국왕의 명으로 그것을 제작했다는 자물쇠 공 프랑수아 가맹François Gamain의 밀고 때문이었다. 그는 밀고 덕분에 혁명정부로부터 국가연금을 받게 되었다.

튈르리 궁의 함락:
왕정의 몰락(1792년 8월 10일)

　1792년 7월 11일 입법의회가 그 유명한 "조국이 위기에 빠졌다!"라는 시국 선언을 발표했고, 선언에 따라 프랑스 각지에서 의용군이 파리로 집결했다. 파리 시민과 혁명군은 프랑스군의 열세의 원인이 전쟁에 '비협조적인 국왕'에게 있다고 생각하고, 8월 10일 튈르리 궁의 습격을 감행했다(8월의 봉기). 파리탈출 미수사건 이후로 국왕 루이의 입지는 점점 불리해져 갔는데, 때마침 프로이센의 원수 브라운슈바이크Braunschweig(1735-1806)공작이 "그대들의 국왕에게 굴복하라. 그렇지 않으면 파리의 함락 같은 유혈의 복수와 응징이 따르리라"라는 협박성의 통첩을 프랑스 혁명군에게 날린 것이 그만 최후의 결정타가 되었다. 분노한 파리 시민과 의용군은 이 '브라운슈바이크의 선언문'을 오히려 국왕이 프로이센 · 오스트리아와 내통한 '증거'로 간주했다. 또한 그들은 위기에 빠진 '조국'을 구하기 위해 외국의 침략자와 끝까지 맞서 항쟁하기로 결의했다. 그들은 8월 9일 국민의회에 국왕을 폐위시킬 것을 요구했으나 의회 측이 결정을 못 내리고 망설이자, 드디어 8월 10일 '라 마르세예즈La Marseillaise' 혁명가를 부르면서 튈르리 궁으로 진격했다.[18]

　군중은 왕궁에 침입해서 스위스 용병대와 치열한 접전을 벌였는데 궁정과

튈르리 궁의 함락: 왕정의 몰락(1792년 8월 10일)

수비대의 피해가 사망 800명, 민중 측이 사망 373명이었다. 그때의 혼란을 근처의 상점에서 처음부터 끝까지 '관람'했던 젊은 포병장교가 있었다. 왕당파에도 민중 측에도 가담하지 않았던 그 장교는 어중이떠중이 군중에게 지레 겁을 먹고 달아난 국왕을 "저런 바보 자식!"이라고 욕한다. 이 장교가 바로 혁명의 풍운아 나폴레옹이다.[19] 흥분한 군중들은 파리 전역을 돌아다니면서 군주제와 관련된 모든 이미지(건물, 동상)를 모조리 파괴했다. 국왕 일가는 비록 다친 데 없이 피신했지만, 이제 더 이상 아무런 권위도, 명분도 없었다. 그러나 그날 굴복하게 된 것은 국왕만이 아니라 의회도 굴복해서, 왕권의 정지 및 새로운 헌법을 제정하기 위한 국민공회의 소집을 결의했다. 더구나 국왕 일가는 음산한 탕플Temple 감옥에 갇히게 되었다.

'두 번째 혁명'이라 불리는 이 '튈르리의 함락'(1792년 8월 10일) 사건은 파

---

18 특히 남프랑스 지방의 마르세유Marseille에서는 의용군 700명이 모여 파리로 행군했는데 이때 지금 프랑스 국가인 '라 마르세예즈'를 불렀다고 한다.

19 나폴레옹은 나중에 그의 형 조제프Joseph-Napoléon Bonaparte(1768-1844)에게 그날 본 대량학살이 그후의 어떤 전쟁터에서의 살육보다 그에게 더 많은 영향력을 미쳤다는 자신의 목격 소감을 피력했다.

리 혁명 자치단체인 '파리코뮌Paris commune'(1792-1794)의 성립과 군주제의 폐지를 가져오게 된다. 또한 이 사건을 기점으로 영국의 마르크스주의 사학자 에릭 홉스봄Eric Hobsbawm(1917-2012)의 말대로 '혁명의 주요 타격부대'인 '상퀼로트Sans culottes'라고 불리는 파리 노동자들이 역사 무대의 중심에 전면적으로 등장했다. 여기서 상퀼로트는 귀족이나 부르주아 계층이 입는 바지 '퀼로트culottes를 못 입는 자'를 가리킨다. 상퀼로트들은 발목까지 헐렁한 긴 바지를 입고 있었는데 사실상 그것은 노동자들의 작업복이었다. 1790년대 초 격동의 정치무대에서 그들은 정치적 발언권을 갖기를 열망했는데 그들에게 그런 자리를 마련해 준 이가 바로 당통이었다. 당통은 입회비가 매우 적은 '코르들리에'라는 민중 정당을 창설해서, 유권자 자격을 갖기에는 너무 가난한 노동자 계층에게 정부에서의 발언권을 제공했다. 그래서 이 코르들리에 당원들은 집회권 행사에 참석하거나 유명한 당원들의 연설을 듣는 데 매달 불과 몇 푼의 돈을 내기만 하면 되었다. 이 상퀼로트들은 국왕의 제거와 공화국 선언에 관한 청원서를 배부하는 등 혁명 내내 막강한 영향력을 행사했으나 1794년 급진적 자코뱅 막시밀리앵 로베스피에르Maximilien Robespierre(1758-1794)의 몰락 이후 정치무대에서 사라졌다.

"전쟁과 더불어 이제 침상에서 내려온 혁명의 코스는
더 이상 그곳으로 원상 복귀하지 않으리라."

- 프랑스 사학자 파트리스 그니페이Patrice Gueniffey

귀족에게 구제도의 사망일은 1789년 7월 14일이 아니라, 바로 1792년 8월 10일이다.

9월의 학살
(1792년 9월 2-7일)

9월의 학살은 1792년 첫째 주에 파리에서 발생했던 살인적 폭동을 가리킨다. 이러는 사이 프로이센군은 파죽지세로 진격을 계속했다. 1792년 8월 23일에는 롱위Longwy가, 9월 2일에는 베르당Verdun이 함락되었다. 이제 파리로 가는 통로가 적군에게 열린 셈이었다. 실로 내우외환의 위기가 아닐 수 없었다. 파리는 완전히 공포의 분위기에 휩싸였다. 당통은 "적들을 이기려면 용기, 아직도 용기, 언제나 용기가 필요하다!"면서 혁명군의 사기를 북돋았다. 한편 혁명가 장-폴 마라Jean-Paul Marat(1743-1793)는 자신이 발간한 저널 〈민중의 친구L'Ami de Peuple〉에서 "싸우러 나가기 전에 우선 왕국의 내부부터 정화할 필요가 있다"라고 강조했다. 이처럼 과격해진 파리코뮌에 의해 선동된 웅변가, 도발적인 저널리스트, 도시 하층민들이 서로 궐기해서 그들 스스로 이 비상시국을 수습하기로 작정했다.

1792년 9월 2일부터 무장한 상퀼로트의 부대들이 "내부의 적들이 감옥 안에서 반혁명 음모를 꾸민다"라는 이유를 내세워 수천 명의 (반혁명) '용의자'들이 수감되어 있는 파리의 감옥들을 무차별 공격하기 시작했다(9월의 학살). 그 결과 1,100명에서 1,400명 정도의 죄수들이 대량학살을 당했다. 이 처

파리의 빈민 여성·매춘부·광인들의 수용소 살페트리에르Salpêtrière병원. 9월의 학살 기간 중에 이곳에 수감된 여성 35명이 학살당했다. 혁명 전야에 살페트리에르 병원은 만 명의 환자와 300명의 죄수(보통 거리에서 강제로 체포한 매춘부들)들을 수용할 수 있는 세상에서 가장 큰 병원이 되었다.

참한 살육의 희생자 중에는 튈르리 함락 때 포로로 붙잡힌 수백 명의 스위스 용병 대원과 왕실 수비병, 귀족, 반혁명주의자, 외국인 또 '성직자 기본법'을 따르지 않는, 즉 선서를 하지 않은 사제들이 다수 포함되어 있었다. 그러나 내용을 보면 희생된 자의 3/4은 절도범, 지폐 위조범, 매춘부 등 일반 죄수였고 정치에 관계된 자는 1/4밖에 되지 않았다. 그런데도 이와 비슷한 종류의 잔인한 학살이 지방 도처에서 자행되었고, 감옥에 대한 공격은 9월 6일 밤까지도 계속되었다. 성난 폭도들은 베르사유궁에 또다시 난입해서 궁정인 30명을 살해했는데, 그중에는 루이 16세의 전 장관 샤를 다방쿠르Charles d'Abancour(1758-1792)와 호위대장 브리삭 공작duc de Brissac(1734-1792)도 포함되어 있었다. 그러나 이 잔인한 9월 학살의 가장 유명한 희생자는 바로 왕비 마리 앙투아네트의 친구이자 시녀였던 마리-테레즈, 랑발Marie-Thérèse, Lamballe 부인(1749-1792)이었다. 그녀는 정치적 인물이 아니었으나, 왕비의 최측근이라는 이유로 파리의 춘화가(春畵家)들, 즉 정치적 포르노 제작자들의 공격 대상이 되었다. 그들의 정치적 비방문에서 랑발 부인은 왕비의 '레즈비언 연인'으로 그려지기가 일쑤였다. 9월 3일 랑발 부인은 파리 동쪽의 감옥

랑발 부인의 죽음. 프랑스 화가 레옹–막심 페브르Léon-Maxime Faivre(1856-1941)의 작품으로 길거리에 방치된 랑발 부인의 나체 주검을 지켜보는 호기심 많은 군중들의 모습을 묘사했다(1908년 작품)

에서 끌려 나와서 여론조작을 위한 인민재판trail show을 받은 다음 곧 대기하고 있는 폭도들의 손에 넘겨졌다. 당시 여러 다른 기록들에 의하면, 그녀는 공개적으로 고문과 강간을 당한 다음 살해되어 시신이 여러 토막으로 난도질을 당했다. 그녀의 머리, 유방과 생식기도 무참히 잘려나갔고, 폭도들은 왕비가 없음에도 불구하고 일부러 왕비의 방의 유리창 밖에서 랑발 부인의 머리를 창에 꿰어 들고서 보란 듯이 행진했다. 폭도들은 다른 곳에서도 이처럼 시체를 토막 내고 내장을 적출한 다음 공개적으로 전시하거나, 이를 창에 꿰어 들고 행진하는 경우가 적지 않았다고 한다.

이 9월의 학살 소식은 유럽 전역에 퍼져나갔다. 혁명의 반대자들에게 이 대량학살의 소식은 현재 파리가 피비린내 나는 '무정부'의 상태라는 명백한 증거였다. 또한 이 사건을 계기로 프랑스 내에서도 온건한 지롱드당과 과격한 자코뱅당 사이의 간극은 더욱 크게 벌어졌다. 런던의 신문들은 일제히 파리의 유혈 폭력 사태를 비난했다. 심지어 영국의 풍자만화가 제임스 길레이James Gillray(1756-1815)는 상퀼로트를 동족을 잡아먹는 식인 주의자, 악마 숭배자에 비유했을 정도였다. 영국 의회도 프랑스의 급진적인 혁명주의자들이 영국 땅에 상륙할 것을 두려워한 나머지 즉시 '망명'을 제한하고 규제하는 법을 통과시켰다. 영국의 보수주의자 에드먼드 버크Edmund Burke(1729-1797)는 이 법안에 찬성하면서 혁명가들을 다음과 같이 비판했다. "그들이 웃을 때, 나는 그들의 미소 진 얼굴에서 피가 철철 흘러나오는 것을 본다. 나는 그들의 음험한 목적을 알고 있다. 그들의 감언이설의 목표는 바로 피다. 나는 나의 국민들에게 그들의 저주스러운 철학자들을 경계하라고 권고한다. 그들의 유일한 목표는 여기에서 좋은 모든 것을 파괴시키는 것이고, 교훈과 모범을 통해 부도덕과 살인을 확고히 세우려는 것이다."

정치적으로 이 9월의 학살은 다가올 '공포정치'의 불길한 전조라고 할 수 있다. 외국인과 온건파는 민중들의 잔인한 폭력성에 경악을 금치 못했지만 로베스피에르나 당통 같은 급진적 자코뱅파는 이를 옹호했다. 물론 로베스피에르 자신도 최악의 학살에 놀랐다고 고백했지만 그는 "다른 위대한 재앙을 위해 눈물을 아껴두라!"면서 희생자들에 대하여 일말의 연민도 보이지 않았다. "수 세기 동안 헤아릴 수 없이 많은 수백만의 사람들이 정치·사회적인 압제의 고통을 받아왔다. 그대는 과연 혁명이 없는 혁명을 바라는가?" 로베스피에르의 이 의미심장한 말의 의미는 혁명은 원래 폭력적이고 통제하기가 어려운 동시에 목적적이고 건설적이다. 다시 말해서 혁명은 필연적으로 파괴와 분열을 내재하고 있다는 얘기다. 로베스피에르는 이러한 학살을 정당한 혁명적 행위, 즉 위대한 '인민 의지'의 표현이라고 정당화시켰다.

⚜

"공포는 강한 맹수다. 그러나 우리는 그 위에 올라탈 수 있는 법을 배울 수가 있다."

- 미국·캐나다 작가 저스틴 머스크Justine Musk

프랑스 혁명군의 첫 번째 승리:
발미의 전투Bataille de Valmy(1792년 9월 20일)

1792년 9월 20일. 브라운슈바이크 공이 이끄는 유럽 최강의 프로이
센 군대가 파리를 향해 진격하려는 것을 프랑스 장군 프랑수아 켈레르
만François Christophe Kellermann(1735-1820)과 샤를 뒤무리에Charles François
Dumouriez(1739-1823)가 파리 동쪽에 위치한 발미에서 이를 성공적으로 저지
했다. 발미의 전투[20]는 우선 3차례에 걸친 포격전으로 시작되었다. 오후 프로
이센 보병들을 상대하기 직전, 혁명을 지지했던 총지휘자 켈레르만은 칼끝
에 모자를 꿰어들고 병사들 사이로 돌아다니며 "국민 만세"를 외쳤고, 병사
들이 즉시 라마르세예즈를 합창하는 순간 사기는 그야말로 백배 충천했다.
프로이센군은 밤중에 뇌우에 시달리게 되자 전의를 잃고 퇴각했다. 따라서
발미의 승리는 프랑스군의 전술적 승리는 아니고, 단지 정신적인 승리였을
뿐이다.

발미의 전투는 프랑스 혁명 기간 중에 혁명군이 구제도의 왕실에 소속

---

20 발미 전투는 '달의 야영지camp de la Lune' 전투라는 낭만적인 별칭을 지니고 있는데, 프로이센의 원
수 브라운슈바이크 공작이 '달의 여인숙'이라 불리는 카바레 여관에 묵었던 것에서 유래했다.

발미 전투Bataille de Valmy

된 프로이센 군대를 정신력으로 물리친 첫 번째 승리였다. 이때 퇴각하는 프로이센 군대에 종군하고 있었던 독일의 문호 괴테Johann Wolfgang von Goethe(1749-1832)는 "이날 이곳에서 세계사의 새로운 시대가 시작되었다"라고 높이 평가했다. 다음날 국민공회는 왕정을 정식으로 폐지하고, 1792년 9월 22일을 공화제 제1년의 첫날로 선포한다. 후일 나폴레옹도 역시 "나는 여태껏 살았던 장군 중에 나 자신이 가장 용감한 장군이라고 생각한다. 그러나 나는 감히 (켈레르만이 싸웠던) 1793년의 발미의 풍차가 있는 산마루에서 싸우겠다는 말을 하지는 못 하겠다"라고 언급했다. 이 발미의 전투에서 500명 미만의 희생자가 발생했는데, 프랑스군이 300명, 프로이센군이 184명으로 프랑스군의 인명피해가 훨씬 컸다. 이처럼 병력 손실 상으로는 비록 대전투는 아니었지만 계속 밀리기만 했던 프랑스 혁명정부를 구했고, 만약 그때 프로이센군이 파리를 점령했다면 프랑스 대혁명은 3년 만에 좌초되거나다른 방향으로 진로를 바꾸었을 것이다. 발미에서의 프랑스 승리는 프랑스의 공화정 선포와 때를 같이하고 있었다. 프랑스는 11월 유럽의 현존하는 정부(왕정국가)들을 전복하려는 모든 인민들에게 '원조'를 제공하겠노라는 폭탄선언을 했고 1793년 1월에 드디어 루이 16세를 처형했다. 이때부터 프랑스는 '대외 팽창'의 길을 걷게 되었다. 사보이Savoy, 니스Nice, 벨기에를 합방하고 영국, 네덜란드 그리고 스페인에 대하여 전쟁을 선포했다.

2006년 9월 20일에 프랑스의 극우정당 인민전선(FN)의 당수 장-마리 르팽Jean-Marie Le Pen이 자신의 대통령선거 유세에서 발미 전투에 대한 '역사적 기억'을 도용(?) 하려다가 역공을 맞은 적이 있다. 그때 〈발미의 아들들〉이란 진보단체는 르팽의 지역 방문을 반대하는 피켓시위를 벌였다. 그 단체의 회장인 장 르랭제Jean Relinger는 르팽이 발미의 진보사상이나 공화주의적인 가치 때문이 아니라, 오히려 이를 우롱하는 선거의 기회주의 때문에 오는 것이라면서 맹비난을 퍼부었다. 또한 총 인구 290명의 도시 발미의 시장도 역시 "그가 오는 것을 막지는 못하겠지만 이곳은 엄연한 공공장소다. 시위가 벌어지는 경우에 안전은 바로 시장의 영역이다!"라며 따끔한 일침을 가했다.

✤

무장하라, 시민들이여, 대오를 갖추라, 전진, 전진!
저 더러운 피가 우리의 밭고랑을 적시도록!

- 라 마르세예즈 중에서

"만약 당신이 진실을 말한다면 당신은 아무것도 기억할 필요가 없다
(그러나 거짓말을 하면 나중을 위해 그 내용을 기억해둬야 한다)."

- 미국 작가 마크 트웨인Mark Twain(1835-1910)

루이 16세의 공개처형식
(1793년 1월 21일)

혁명의 연대표 –
1792년 9월 22일 국민공회 왕정의 폐지와 '첫 번째 공화국'을 선포하다

1792년 12월 국민공회Convetion nationale가 프랑스의 공식 정부로 출범했다. 국민공회는 자코뱅당과 지롱드당으로 나누어져 있었는데 두 정당의 커다란 이데올로기적 차이점은 혁명의 기본 노선에 관한 것이었다. 전자는 루이 16세의 처형을 지지했고 후자는 이를 반대하는 입장이었다. 지롱드당은 국왕도 재판받을 권리가 있다고 믿었지만 자코뱅당은 아니었다. 특히 로베스피에르는 루이 16세를 재판에 회부한다는 것은 이전의 왕정이나 입헌 독재로 다시 회귀하는 것을 의미한다면서 "루이는 재판받을 수가 없다. 그는 이미 재판을 받았고 유죄 선고를 받았다. 그렇지 않다면 공화국은 용서받을 수 없다"라고 주장했다. "왕은 무죄일지도 모른다. 그러나 그를 무죄라고 선언하는 순간 혁명이 유죄가 된다. 이제 와서 혁명을 잘못이라고 할 수 있는가? 왕을 죽여야 한다. 혁명이 죽을 수는 없기 때문이다"

그러나 로베스피에로의 열변에도 불구하고, 1792년 12월 26일 루이는 재판에 회부되었다. 1793년 1월 15일 국민공회 의원 700명 중에서 (과반이 조금 넘는) 361명이 국왕의 처형에 동의했다. 드디어 1월 21일 루이 16세는 '반역죄' 및 오스트리아와 다른 국가들과 '반혁명적 음모'를 꾀했다는 죄목으

루이 16세의 공개처형식

로 혁명의 광장(오늘날 콩코드 광장)에서 공개 처형되었다. 그는 그래도 군주답게 위엄 있고 용감한 태도로 죽음에 임했다 "여러분, 짐은 짐에게 쓰인 죄목으로부터 결백하다. 부디 짐의 피가 프랑스 국민들에게 행복을 주고 신의 진노를 풀어주기를 바란다!" 그러나 그 소리는 국민 위병의 북소리에 삼켜지고 곧 핏방울이 뚝뚝 떨어지는 머리가 군중의 눈앞에 높이 치솟았다. 그러자 "국민 만세! 공화국 만세!"를 외치는 군중들의 우레 같은 함성이 어느새 라마르세예즈 합창으로 바뀌었다.

국왕의 공개처형식은 프랑스인들에게 모든 죽음은 만인에게 평등하다는 것을 적나라하게 보여주었다.[21] 국왕이 흘린 피를 역사적 '기념물'로 남기기 위해 자신의 손수건에 피를 적시려고 달려드는 자들도 부지기수였다. 당시의 신문들은 마치 프랑스의 역사적 드라마를 기념이라도 하듯이 루이 16세의 처형을 앞다투어 보도했다. "오늘 우리는 국왕 역시 단지 한 인간이며, 어

---

21 혁명은 이처럼 공개처형식을 날마다 행해지는 일상의 연극적인 제식으로 만들었다. 그러나 1939년부터 교수대는 비공개로 교도소 벽 안에 놓이게 되어 군중들의 접근이 불가능하게 되었다. 1972년에 기요틴에 의한 마지막 처형식이 이루어졌다.

떤 사람도 법 위에 있지 않다는 것을 스스로에게 확신시켰다." 국왕의 시신은 곧 마들렌 공동묘지에 매장되었는데, 인부들이 시체의 부패과정을 촉진시키는 생석회를 초라한 목관에 잔뜩 뿌렸다고 한다. 이처럼 '국민에 의한' 국왕의 처형은 유럽 정치사의 획기적인 변혁의 순간이었다.

어떻게 프랑스 혁명은 이 지경에까지 다다랐을까? 어떻게 프랑스인들은 그들의 '친애하는 아버지'인 국왕을 공개참수하게 되었을까? 혁명이 발생하기 불과 수년 전까지만 해도 어느 누구도 '국왕이 없는' 프랑스를 상상해 본 적이 없었다. 국민의회대표들도 '1791년 헌법'에 의한 입헌군주제를 지지하고 있었다.

구제도와 혁명 초기만 해도 사람들은 루이를 매우 사람 좋은, 그러나 주변으로부터 적절한 조언을 받지 못한 국왕으로 묘사하곤 했다. 역사가들도 역시 루이 16세가 선조들과는 달리 계몽적인 개혁 의지가 있었고, 자기 백성들에게 나름대로 최상의 것을 주려고 했다는데 동의한다. 그러나 국왕은 점차로 입헌군주제의 여러 가지 '제약'들에 불만을 품었다. 비록 겉으로는 '혁명'을 승인하는 척했지만 그는 쓰러져가는 군주제를 살리기 위해 그것을 개혁해야 한다는 다른 입헌군주들의 충고를 따르지 않았다. 그는 또한 인기 없는 왕비 마리 앙투아네트의 반동적 음모를 허용했다. 특히 '국민들을 버리고' 야밤에 도주했던 바렌에서의 체포 사건이야말로 결정적 전환점이었다. 설상가상으로 혁명을 부인하고 이전의 혁명에 대한 지지가 '강압'에 의한 것이라는 취지의 편지를 한 통 남긴 것이 화근이 되었다. 그로 인해 루이는 국민과의 신의를 깬, 거짓말하는 국왕이 되었던 것이다. 여론은 급격히 악화되었고 그때부터 국왕에 대한 비난과 풍자가 봇물처럼 쏟아져 나왔다. 이처럼 국왕에 대한 '비인간화' 작업은 왜 국왕이 모든 비난의 화살을 온몸에 받는 처량한 동네북 신세가 되었는지, 또 만인의 권리를 보장하는 헌법이 시행되는 역사적 순간에 왜 유독 국왕 일가만이 '법적 보호'의 제외 대상이 되었는가에 대한 해명이 될 것이다. 미국 역사학자 린 헌트Lynn Hunt에 의하면 프랑스인들은 루이 16세의 처형으로 자신들의 '아버지'를 죽인 것이다. 그들은 절대왕권과 가부장적 질서를 무너뜨리며 이전 체제의 정점을 찍었고, 권력의 '가부장적 권한'을 '공화제'라는 새로운 시대의 틀로 대체함으로써 국왕과 아버지의 부재를 극복하고 새로운 국가 질서를 확립하고자 했다는 것이다.

루이가 처형된 후, 그에 대한 단순한 공식 기록마저도 다 삭제되어 그에 대한 기억은 오직 '프랑스 공화국' 밖에서만 존재하게 되었다. 1793년 6월 17일 가톨릭교회는 루이 16세를 '왕실 순교자'로 지정했으나 국왕 루이를 추모하는 공식적 기념행사는 (그의 동생이 왕이 된) 왕정복고기에나 가능했다. 1815년 1월 19일 루이 16세의 유해는 마들렌 묘지에서 다시 파내져 역대 프랑스 국왕들이 잠들어있는 생 드니 성당으로 이장되었다. 이른바 '루이 추모제'는 프랑스 국경일이 되었고 이러한 행사는 1830년 왕정복고기의 몰락까지 계속되었다. 그 이후에도 프랑스인들은 여전히 개인적 차원에서 루이를 추모했다. 그러나 2차대전 후에 이러한 추모제는 몇몇 소규모의 왕당파 서클을 제외하고는 거의 아무런 인기가 없었다. 오늘날도 매년 1월 21일이 되면 루이를 추모하는 장례미사가 프랑스 도시나 마을에서 거행된다. 그러나 지극히 최소한의 인색한 행사 지원은 오늘날 프랑스의 공화적인 정체성의 수립과 국왕에 대한 기억이 얼마나 극명한 부조화를 이루고 있는 지, 또 그 치명적인 사형의 날 이후로 유럽의 정치구조가 얼마나 구조적으로 달라졌는지를 잘 보여준다.

"루이는 권좌에 있었을 때 보여주지 못했던 강인함을 마지막 교수대에서 보여주었다."

- 지롱드당의 리더 브리소가 창간한 저널 〈프랑스 애국자Patriote français〉중에서

로베스피에르, 공안위원회에 입성하다(1793년 7월 27일)

혁명의 연대표 –
1793년 3월 10일 혁명재판소의 설치

　루이 16세의 처형으로 인해 국민공회는 행정수반이 부재한 입법기관이 되었다. 그러는 사이, 지지부진한 혁명전쟁과 반혁명적인 방데 전쟁으로[22] 말미암아 국민공회에서도 '강력한 리더십'을 요구하는 목소리가 커졌다. 1793년 4월 5일, 혁명군을 이끌었던 뒤무리에 장군이 오스트리아로 망명하는 사건이 발생했다. 이 배반의 소식은 국민공회를 충격에 빠뜨렸고 뒤무리에를 지지했던 지롱드 당원들도 숙청의 대상이 되었다. 결국 당통의 주도로 '공안위원회Comité de salut public'(1793-1795)가 발족되었다. 초기에 이 기구는 온건파와 과격파를 섞어놓은 '국민공회의 축소판'이었다. 공안위원들은 '혁명'이라는 공동 목표와 '공화국의 합일'을 위해 서로 일치단결하여 협동적으로 일했다. 그런데 이 공안위원회가 독재적인 '권위주의'로 급강하하게 된 것은 1793년 7월 27일 로베스피에르가 공안위원으로 선출되면서부터였다.

22　방데Vendée 전쟁은 1793년부터 1796년까지 프랑스 혁명정부의 징집령에 대항해 봉기한 농민군과 프랑스 혁명정부 사이에 벌어진 전쟁을 일컫는다. 프랑스 서부에 있는 방데 지역의 농민들에 의해 시작되어 나폴레옹이 1801년 공식적으로 끝내기까지 정확한 숫자는 알 수 없지만 적어도 30-40만에 이르는 사망자를 냈다.

앞서 얘기한 대로 초기에 공안위원회를 주도했던 인물은 바로 당통이었다. 그러나 로베스피에르가 임명된 이후부터 로베스피에르가 주도권을 장악하고, 루이 생-쥐스트Louis Saint-Just(1767-1794)나 조르주 쿠통 Georges Couthon(1755-1794) 같은 인물들이 그것을 보좌하는 구조가 완성되었다. 원래 공안위원의 수는 9명이었으나, 나중에 10명, 12명으로 확대되었다. 이 위원회의 12명이 공포

막시밀리앵 로베스피에르Maximilien Robespierre
(1758–1794)

정치의 중심세력인 '대공안위원회'를 형성한다. 이 '12명의 독재자들'의 평균 나이는 30대였고, 12명 중에 8명이 모두 법률가였다. 그들 중 가장 나이가 어리다는 생-쥐스트의 나이는 고작 23세였다!

공안위원회는 프랑스 혁명의 강력한 상징물이다. 이른바 '공포정치(1793-1794)'의 주범으로 알려진 이 기구는 점점 국민공회의 힘을 압도하면서 독자적으로 기능했고, 1793년 4월 7일부터 1794년 7월 27일까지 사실상 혁명정부의 역할을 수행했다. 이 공안위원회의 무소불위의 권력은 로베스피에르의 몰락과 더불어 즉 '테르미도르 9일의 쿠데타' 이후에 약화되었다.

로베스피에르는 과연 괴물인가 아니면 순교자인가? 로베스피에르란 인물의 성격에 대해서는 극단적으로 정반대되는 평가가 나와 있다. 왜냐하면 그의 이름은 항상 공포정치와 연관되어 있기 때문이다. 어찌 보면 '혁명의 희생양'이었던 그는 자신의 도덕적 이상에 충실했다. 장-자크 루소의 사상에 심취했던 그는 어찌 보면 행동대장 루소였던 셈이다. 성격은 온화하면서 의지가 굳고, 규칙 바르고, 요컨대 하층 부르주아의 전형적인 인물이었다. 어린 시절부터 근검했고, 나이가 들어서도 여전히 근검했으며 그의 유일한 관심사는 소위 인민들의 인권 옹호였다. 그래서 '부패할 수 없는 자incorruptible'라는 그의 별명은 반대파들도 인정했다고 한다. 그는 '자유의 적들'에 대항해서

새로운 공화국의 국가 종교 '최고 존재'에 대한 숭배의 제전

공포정치를 시행했다. 그는 무신론도, 성직자들의 하느님도 배척하는 대신에 1794년 6월 8일 세속적인 공화주의 숭배, 즉 자연을 다스리는 '최고 존재 l'Être suprême'에 대한 숭배의 제전을 거행했다. 이때가 그의 권력의 절정이었다.

"미덕이 없는 공포는 죄악이고 공포가 없는 미덕은 무력하다."

- 독재자 로베스피에르

당통의 처형
(1794년 4월 5일)

혁명의 지도자 조르주 당통Georges Danton(1759-1794)이 1794년 4월 6일 처형당했다. 뤼오Ruault라는 한 파리 시민이 그의 형제에게 보내는 서신에서 이 당통의 처형 장면을 상세히 적고 있다. "당통은 혁명의 광장으로 가는 세 개의 마차 중에서, 가장 먼저 첫 번째 마차에 올랐다. 그는 세 개의 마차에 사형수들이 전부 다 탈 때까지 기다려야 했다. 그들을 다 싣는 데 거의 한 시간이 소요되었다. 카미유 데물랭이 사형집행인과 오랫동안 몸싸움을 벌였기 때문이다. 데물랭은 그의 손을 묶고 머리 깎는 것을 한사코 거부했다. 그래서 사람들은 헌병이 나서서 데물랭의 저항을 막도록 집행인을 도와주어야 한다며 수근 거렸다. 이러는 사이 당통은 호기 있는 너털웃음을 지으며 다른 사형수들과 잡담을 했다. "지금 나를 괴롭히는 것은 내가 로베스피에르보다 6주 먼저 죽어야 한다는 것이네!" 드디어 옥신각

당통의 초상화

당통의 처형

신하던 데물랭이 마차에 올라탔다. 격노한 그는 숨을 거칠게 헐떡이면서 큰 목소리로 로베스피에르와 공안위원들, 그리고 그 괴물들을 섬기는 악명 높은 혁명재판소에 온갖 저주를 다 퍼부었다. 사형수들은 이제 군중들이 모여 있는 광장으로 죽으러 갔다. 공화국의 오리지널 창시자들의 죽음을 지켜보기 위해 구름 떼처럼 모여든 군중 속에서 한 여성이 당통을 보고 이런 감탄사를 외쳤다. "아이, 진짜 못생겼네!" 그러자 당통은 너그러운 미소를 지었다. "지금 여기서 그런 얘기 해봤자 아무런 소용없어요. 이제 나의 못생김도 그리 오래가지 않을 테니!" 그의 추한 얼굴은 사자머리처럼 위용이 넘쳤던 반면에, 파리한 안색의 로베스피에르는 마치 고양이나 호랑이 같아 보였다. 사형수들은 한 사람 한 사람씩 교수대 위로 올라가서 처형을 당했고, 처형당하기 전에 다른 사람들의 목 위로 서슬 퍼런 칼날이 위에서 뚝 떨어지는 무시무시한 광경을 똑똑히 지켜보아야만 했다. 당통은 마지막 차례였다. 사형집행인이 다가오자 그는 큰 목소리로 외쳤다. "드디어 내 차례군" 그는 자기 친구들의 피가 묻은 칼날을 바라보면서 자신의 목을 형리에게 당당하게 내밀었다.

"모든 파벌들은 한꺼번에 소멸되어야 마땅하다"(로베스피에르의 3월 15일 국
민공회 연설). 이렇게 못생기기로 유명한 35세의 혁명가 당통은 죽었고 로베
스피에르는 승리했다. 호랑이가 사자를 친 셈이지만 그러나 승리는 오래가
지 않았다. 체포된 당통이 생 토노레St. Honoré거리에 있는 로베스피에르의
하숙집 앞을 지나가면서 "너도 곧 네 꼴이 되고 말 거다"라고 불길한 예언을
한 바 있듯이 그는 누구보다 혁명을 이해하는 인물이었다. 그는 한때 동지였
던 로베스피에르에 의해 파멸 당했다. 1793년 초에 그는 자신의 농장으로 반
(半) 은퇴했다가, 로베스피에르와의 권력투쟁을 위해 다시 파리로 복귀했다.
로베스피에르와 당통은 마치 동양의 음양의 원리처럼 매우 대조적인 인물이
었다. 실제로 로베스피에르는 대중의 존경을 받았고 당통은 사랑을 받았다.
생전에 '민중의 미라보'라고 불리었듯이 당통은 세속적이고 육욕적이며 인
간적인 삶의 향락을 즐겼다면, 로베스피에르는 매우 이성적이고 금욕주의적
인 냉혈한이었다. 당통은 자신의 오랜 동지인 카미유 데물랭의 도움을 받아
서 질풍노도처럼 질주하는 유혈 혁명의 고삐를 멈추고 싶어 했다. 국가가 위
기에 처했을 때, 그는 제 손으로 '질서의 버팀목'이라는 미명하에 만들어진
그 치명적인 조직, 즉 로베스피에르의 공안위원회의 과도함에 제동을 걸려
고 했다. 비록 극좌인 에베르파가 그보다 불과 몇 주 전에 형장의 이슬로 사
라졌지만 그러나 아직 시간은 그의 편이 아니었다.

⚜

"나의 목을 민중들에게 똑바로 보여주어라. 볼 만한 가치가 있을 테니"

- 조르주 당통

공포정치의 절정
(1794년 6월 10일)

샤를로트 코르데Charlotte Corday(1768-1793)란 여성의 마라 암살(1793년 7월 13일) 이후, 상퀼로트의 압력은 더욱 거세졌다. '1793년 프랑스 혁명'을 더욱 급진적으로 밀고 나가게 된 계기는 바로 '반혁명의 위협' 때문이었다. 1793년 3월 영국, 네덜란드, 스페인이 '국왕 시해범'의 국가인 프랑스에 대항해서 오스트리아 · 프로이센 편에 가담했다. 그러자 국민공회는 18세부터 40세까지 프랑스 남성 30만 명을 모집하는 전국동원령(국민개병)을 내렸다. 그러지 않아도 도시 부르주아들의 국유재산 독점에 불만이 많았던 방데Vendée의 보수적인 농민들이 공화국에 대항해서 봉기했다(1793년 방데 전쟁).

이미 전술한 대로 로베스피에르를 중심으로 한 12인의 대공안위원회가 구성되었는데 이것이 '공포 정치la Terreur'의 개막이었다. 비운의 왕비 마리 앙투아네트는 1793년 10월 16일에 처형되었다. 당초부터 인기 없던 왕비에게 파리 시민은 아무런 동정의 말도 보내지 않았을뿐더러 그녀가 탕플 감옥에 갇혀있는 동안 어린 아들(루이 17세)과 근친상간했다는 터무니없는 소문에 흥분하고 있었다. 10월 31일 공안위원회의 독재에 대하여 적대적이었던 지롱드당의 지도자 자크 브리소Jacques Pierre Brissot(1754-1793)를 포함한 22명의 지롱드 당원들도 처형당했다. 이처럼 '피의 독재자'란 오명을 얻게 된 로베스피에르의 집권 기간은 유혈 공포 정치의 기간이기도 하다. 1793년부터 1년 동안 약 30만 명의 사람들이 체포되었고 그중에서 1만 7천 명이 사형을 당했다. 특히 반혁명적인 방데 전쟁에 대한 학살 진압은 '근대적인 학살의 효시'로 기록될 만큼 잔인하고 철저했다. 이 기간 동안 갓난아이, 임산부까지 포함해 최소한 30만 명 이상이 학살당한 것으로 파악된다.

어떻게 공안위원회는 이처럼 최고 권력을 행사할 수가 있었을까? 그것은 국민공회가 공안위원회에게 새로운 권력과 책임을 부여했던 1793년 9월의 의사록에서 찾아볼 수가 있다. 9월 17일 국민공회는 '반혁명 용의자 체포령'을 통과시켜, 행동이나 관계, 말과 글을 통해 '혁명의 적'으로 의심되는 자는 모두 체포할 수 있는 권한을 부여해 주었다. 또한 "혁명을 달성하기 위해서 민중의 도움을 얻고 싶다면, 우선 민중의 생활을 보장해 주어야 한다"면서 9월 29일에는 도시 민중들의 요구를 반영하여 물가 상승을 막기 위한 '최고 가격령'을 실시했다.[23] 이처럼 합법적인 의회와 민중세력의 힘을 업고 막강한 권력을 행사하게 된 공안위원회는 그 권력을 그들의 적들을 숙청하는데 사용했다. 1793년 마지막 3개월 동안 단두대에 보내진 지롱드의 거물들 중에는 자크 브리소 외에도, 뛰어난 연설로 '지롱드의 독수리'라는 별명을 얻었던 피에르 베르지니오Pierre Vergniaud(1753-1793), 여성 참정권론자 올랭프 드 구즈, 지롱드당의 사실상 지도적 인물이었다는 프랑스 여류작가 롤랑 부인Madame Roland(1754-1793), 프랑스 천문학자 장 실뱅 바이Jean Sylvain Bailly(1736-1793), 또 입헌군주제를 지지한 앙투안 바르나브Antoine Barnave(1761-1793) 등이 있다.

1794년 3월에는 공포정치를 더욱 강화시키려던 극좌파인 에베르파가[24] 공안위원회에 의해 숙청되었고, 4월에는 공포정치를 종식시키려던 당통과 데물랭의 친구들이 단두대의 이슬로 사라졌다. 즉 지롱드파를 추방하고 독재

---

23 그러나 최고가격령은 상퀼로트의 세력이 강성하고 기아문제가 심각했던 파리에만 적용시켰다.

24 에베르파의 주요 구성원과 지지층은 상퀼로트였다.

로베스피에르의
처형식

권을 장악한 자코뱅(산악파) 내부에 부르주아의 이해를 우선시하는 자코뱅
우파(당통파)와 대중의 요구를 더 수용하려는 자코뱅 좌파(에베르파) 간에 균
열이 생겼으나 모두 로베스피에르의 손에 제거되었다. 4-7월에는 프랑스 혁
명군이 승리해서 전세도 호전되고 경제도 안정되어갔으나 국내외 정세의 안
정은 공포정치의 정당성을 약화시켰다(혁명의 역설). 한편 로베스피에르파와
민중 간의 유대에도 균열이 생겼고 공안위원회의 내부에서도 갈등과 대립
이 일어났다. 1794년 7월 26일(혁명력 테르미도르 8일), 국민공회의 연단에 오
른 로베스피에르는 집요하게 숙청을 강요했고 마지막 사기꾼들의 제거를 발
표했다. 어떤 이름도 거명하지 않은 채, 장장 2시간 동안 이어지는 그의 격렬
한 비난 연설에 모두 좌불안석이었다. 테르미도르 9일 로베스피에르의 목소
리는 "폭군을 죽여라!"라고 외치는 군중들의 커다란 아우성에 그만 파묻히고
말았다. 국민공회는 그의 체포를 투표로 결정했다. 로베스피에르가 시청에
당도했을 때 비상대기하고 있던 군대가 그를 체포했다. 이튿날 로베스피에
르와 생-쥐스트 등 그의 친구들은 단두대에서 처형을 당했다. 군중들은 박
수갈채로 이를 환호했고 이제 혁명은 '양심의 보루'(?)를 잃게 되었다. 로베
스피에르의 몰락 이후 '공포정치'의 시대는 막을 내렸다. 그러나 테르미도르
8일에 로베스피에르는 다음과 같이 절규했다. "죽음은 불멸의 시작이다!"

후일 미국 사회학자 배리 글래스너Barry Glassner가 유행시킨 '공포의 문화'
는 사람들이 그들의 정치적 목표를 달성하기 위해 일반 대중에게 감정적 편견이나 조직적 선동을 통해 고의적으로 '공포'를 부추긴다는 개념이다. 혁명기에 이러한 공포정치의 대두 요인은 첫째, 혁명 초기부터 시작되어 1791-1793년에 거세진 '반혁명 세력의 저항' 때문이고, 둘째는 영국과는 달리 프랑스가 '의회 전통'이 부재했던 이유 때문이었다. 혁명가들은 정당 활동이나 과반수 투표제에 대한 경험도 거의 없었을뿐더러, 말을 안 들으면 상대를 무자비하게 죽일 뿐 반대 정견(政見)의 정당성을 수용하는 것도 절대적으로 미숙했다. 프랑스는 거의 하룻밤 사이에 구 절대왕정에서 왕의 의지가 '국민의 의지'로 바뀐 새로운 정치제도로 이행했다. 의회 전통이 부재한 가운데 프랑스인들은 '국민 주권론'처럼 보편적이고 추상적인 원리에만 의존하게 되어, 소위 중세 시대의 마녀사냥처럼 모든 정적들을 신성한 '인민 의지'에 반(反)하는 반혁명적 음모세력으로 몰아가게 되었다. 셋째는 1792년 4월부터 시작된 외세와의 전쟁으로 비상 전시체제에 돌입했기 때문이다. 자코뱅들은 다음 두 가지 목표가 있었다. 첫째는 전쟁과 내란에서 이기는 것, 둘째는 프랑스 내에 혁명을 성공적으로 완수하는 것이었다. 이 두 가지 목표의 달성을 위해 그들은 '공포'라는 방법을 사용했는데 아이러니하게도 공포는 그들의 약체성의 결과이기도 했다. 애당초 불안정한 '정당성 légitimité'을 지니고 있었던 자코뱅은 그들의 권위를 강화시키기 위해 상퀼로트 같은 (예측 불가능한) 민중세력과 손을 잡았고, 합법적인 입법절차에 따라서 공포정치를 시행했다. 그러나 이러한 비정상적인 공포 체제가 언제까지나 유지되기는 불가능한 일이다. 그래서 로베스피에르의 독재를 종결시킨 자코뱅 의원들도 곧 맹공의 대상이 되었고, 그들에게는 이른바 '테러리스트 terrorists'라는 불명예스러운 역사적 낙인이 찍히게 되었다.

"자유여 그대의 이름으로 얼마나 많은 죄악이 저질러지고 있는가!"

- 롤랑 부인Madame Roland(1754-1793)

상퀼로트의 마지막 봉기
(1795년 5월 20일)

로베스피에르의 몰락 이후에도 국민공회는 해산하지 않았다. 그 이후 의회를 장악했던 것은 중도파인 평원당la Plaine이었고, 평원당 의원들은 대개가 상층 부르주아 출신이었다. 이처럼 로베스피에르를 타도한 온건한 국민공회 의원들, 즉 '테르미도르 파'는 혁명재판소를 해산하여 공포정치를 종식시켰다. 주요한 테러리스트(자코뱅)들은 체포당하거나 처형을 당했다. 1794년 11월 12일 자코뱅 클럽에 대한 폐쇄령이 떨어졌다. 단 하루도 단두대에서 피가 마를 날이 없었다는, 이른바 적색 테러의 공포정치에 대한 반동현상은 곧 왕당주의적인 성격을 띠기 시작했다. 지방에서는 이른바 반혁명 세력의 '백색 테러Terreur blanche' 현상이 출몰했다. 그래서 감옥에 갇혀 있던 자코뱅들이 역으로 대량학살을 당하는 일이 발생했다.

1794년 12월 최고가격제의 폐지 이후 파리에서는 이제껏 보지 못했던 심각한 빵의 기근 현상이 나타났다. 그래서 추운 겨울 파리 교외의 민중들이 다시 한번 봉기했으나, 5월 20일 군대가 상퀼로트들을 무력 진압하여 혁명의 마지막 민중봉기를 종결시켰다. 이 '1795년의 민중봉기'의 실패 이후로 동력을 상실한 상퀼로트 세력들은 더 이상 중요한 정치적 역할을 하지 못하

게 되었고, 1830년 '7월 혁명'까지
역사의 무대에서 사라졌다. 비록
로베스피에르를 위시한 대부분의
혁명가들이 상퀼로트 복장을 한 서
민이나 노동 계급이 아니었음에도
불구하고, 이 상퀼로트들은 후일
프랑스 혁명기의 '보통 인간'(남성)
의 열정, 이상주의, 애국주의의 표
상으로 부상해서 대중적인 인기와
지지를 얻게 되었다.

그러나 테르미도르의 반동 직후
에, 상퀼로트와 다른 극좌파들은
심한 탄압을 받거나, 소위 '멋 부리

이상화된 상퀼로트. 프랑스화가 루이-레오폴트 부아
이Louis-Léopold Boilly(1761-1845)의 작품

는 왕당파'인 뮈스카댕Muscadins 같은 무리들에 의해 조롱과 멸시를 당했다.
참고로 뮈스카댕은 '사향musc을 뿌린'이란 의미로, 상대적으로 유복하며 멋
쟁이 스타일로 옷을 잘 차려입은 젊은 청년 집단을 가리킨다. 그들은 테르미
도르기에 파리 시내를 거침없이 활보하고 다닌 '거리의 투사들'이었다. 이 청
년들은 특정한 정치적 경력이나 이상도 없이 막연히 혁명세력에 반감을 지
닌 방자한 부르주아나 점원 또는 징병 기피자들인데 카페에서 시간을 보내
다 툭하면 상퀼로트들에게 시비를 걸거나 정치집회를 방해하곤 했다. 지금
의 정치깡패와 다를 바 없었다.

에릭 홉스봄(1917-2012)은 상퀼로트의 봉기를 도시의 빈민 노동자, 장인,
소매상인, 소(小) 기업가들의 운동으로 보았다. 그들은 거리에 몸소 바리케이
드를 치고 폭동을 일으켰던 혁명의 타격부대였다. 그러나 홉스봄은 부르주
아와 프롤레타리아트의 대척점에서, 이른바 소인(小人)들의 이해관계를 추구
하고 대변했던 상퀼로트가 자기모순적인 존재이며, 자코뱅의 부르주아적 급
진주의에 대한 대안이 될 수 없다고도 지적했다.

한편 프랑스 식민지 알제리 출신의 또 다른 마르크스주의 사가 알베르 소

불Albert Soboul(1914-1982)은 하나의 사회 계급, 즉 프롤레타리아트 계급의 '원형'으로서 프랑스 혁명에서 중심적 역할을 담당했던 상퀼로트의 중요성을 강조했다. 그러나 소불의 이러한 견해는 상퀼로트가 아직 하나의 '계급'은 아니라고 주장하는 학자들에 의해 공격을 받았다. 사회주의자 장 조레스Jean Jaurès(1859-1914)와 마찬가지로 소불도 역시 상퀼로트를 '특수한' 프롤레타리아트 계층으로 보았으나 사실상 18세기 프랑스 사회의 콘텍스트에서는 별로 의미가 없는 주장이다. 끊임없이 박봉의 노둥을 찾아다니는 일일 노동자, 의복을 만드는 장인들과 동업조합에 더 이상 가입되지 못하는 도제들이 다수 포함된 이 다양한 상퀼로트 집단은 근대 자본주의의 성장으로 급격히 변화하는 프랑스 경제에 의해 가장 타격을 받았던 자들의 일종의 사회적 연합체였다. 또한 소불은 상퀼로트운동의 일반화(도식화)의 시도 내지 지나친 이상화에 이어 자신의 그러한 주장을 입증할만한 신빙성 있는 자료를 대지 못하는 것 때문에 비판을 받았다. 그러나 이러한 비판의 타당성에도 불구하고, 여태까지 소불만큼 성공적으로 상퀼로트나 에베르를 위시하여 '앙라제Enragés'라고 불리던 상퀼로트의 주요 지도부들에게 역사적 생명을 불어넣었던 역사가는 없었다. 혁명에 의해 약속된 '풍요'와 '민주주의'를 번번이 거부당했던 상퀼로트들은 부르주아 계층이 더 이상 기존 질서에 도전하는 것을 주저할 때마다 혁명의 모멘트를 살리는데 커다란 기여를 했다. 그래서 산업 전기 사회에서 상퀼로트계층이 차지하는 위치가 아무리 '특수한 존재'일지라도, 그들이 혁명에게 바쳤던 뜨거운 열정과 기여도는 실로 크다고 하지 않을 수가 없다.

❧

"프랑스 민중이여 다시 옷을 여미시오. 더 이상 극단에 빠지지도 말고.
더 이상 빈곤하게 살거나 미덕의 증거 따위를 믿지도 마시오.
그리고 그대의 퀼로트를 다시 입으시오."

- 시류Air du temps

파리에서 왕당파의 봉기:
방데미에르Vendémiaire의 쿠데타
(1795년 10월 5일)

앞서 얘기한 대로 로베스피에르 일파를 타도한 세력을 통틀어 '테르미도르 파'라고 부른다. 그러나 엄밀하게 따지자면 그들은 원래 로베스피에르에 협력했던, 즉 '혁명독재'에 대한 연대책임을 져야 할 자들이다. 그들 모두가 혁명 프랑스의 방어를 위해 '12인의 독재'를 승인했던 사람들이다. 그러나 그들은 모든 유혈극의 책임을 '피에 굶주린 전제주의자' 로베스피에르 한 사람의 책임으로 몰고, 죽은 로베스피에르를 맹렬히 비난하기 시작했다. 그러나 성분이 잡다한 테르미도르 파는 로베스피에르를 비난하는 무리란 점에서나 일치되었을 뿐이지, 앞으로의 향방에 대해서는 제각기 뜻이 달랐다.

테르미도르의 반동 이후 프랑스 경제는 악화되었고 민중들의 생활은 궁핍해졌다. 최고 가격령 등의 통제경제가 철폐된 1794년 가을부터 1795년 초에 걸쳐, 파리 민중은 1789년 이래 최악의 식량위기에 직면했다. 그러나 신흥 졸부들은 방탕했고 파리에는 650여 개의 댄스홀이 생겨나 기상천외한 의상을 걸친 멋쟁이와 멋쟁이 여성Merveilleuses들이 활보하며 풍기 문란한 생활을 했다. 어느 파리 시민은 이렇게 적고 있다. "댄스파티는 계속되고 있었다. 그리고 기근도 계속되고 있었다. 자정이나 새벽 1시경의 파티에서 밖에 나가면

겨울에 때아닌 여름 의상을 걸친 파리 멋쟁이 여성들Merveilleuses에 대한 영국 풍자화(1799).

꼭두새벽부터 빵집 문 앞에 줄지어 늘어선 사람들의 행렬이 제일 먼저 눈에 띄었다."

테르미도르 파의 인기는 최악이 되었다. 그래서 급진적 자코뱅의 귀환이나 왕당파의 부활을 두려워한 국민공회는 그 대응책으로 선거에서 확실히 자기파의 의석을 확보할 수 있도록 '3분의 2법'이라는 법안을 통과시켰다. 이것은 선출 750석 중에서 2/3인 500석을 구 국민공회 의원 중에서 선택해야 한다는 법률이었다. 1795년 9월에 실시된 국민투표의 결과, 이 '3분의 2법'은 약 20만 표 대 11만 표로 가결되었다. 선거에서 이길 수 있었던 왕당파는 이 결과에 분노했다. 그리하여 여기에 불만을 가진 왕당파를 중심으로 10월 5일 폭동이 발생했다. 군중은 튈르리 궁에 있는 국민공회를 습격했다. 국민공회는 상퀼로트의 도움을 요구했으나 이미 좌파는 탄압을 받아서 파리에서 세력을 잃고 있었다. 따라서 정부는 폴 바라스Paul Barras(1755-1829)를 시켜 사태 해결을 지시했다. 이때 진압 명령을 받은 바라스의 젊은 부관 나폴레옹이 2-3천 명의 정부군과 잘 훈련된 포병대를 지휘하여, 반란군을 진압한 영웅이 되었다. 이를 정부 측은 '방데미에르 13일 쿠데타'라고 한다.[25] 국민공회는 혁명의 색채가 너무 강한 '1793년의 헌법'[26] 대신에 '1795년'의 헌법을 마련했다. 그것은 유산계급을 중심으로, 제한 선거에 의한 양원제 입법부와 5명의 총재가 주도하는 행정부를 규정했다(입법권과 행정권의 분리). 10월 26일 국민공회가 해산하고 '총재정부Directoire'가 수립되었다. 방데미에르 쿠데타 진압에 공로가 지대한 바라스를 포함한 5명의 총재들이 행정권을 장악했다.

⚜

"1795년의 헌법은 얼핏 보기에도 부와 빈곤의 연장선이라고 할 수 있다.
민중들은 이 법을 제정하는 과정에 동참하거나 그것을 비난할 권리도 없다.
1795년의 헌법은 그들과 그들의 자손들을 영원히 구속할 것이다.
왜냐하면 그들에게는 그것을 바꾸는 것이 금지되어 있기 때문이다."

- 이탈리아의 사회주의자 필리프 부오나로티Philippe Buonarroti(1761-1837)

---

25 포도의 달을 의미하는 방데미에르Vendémiaire는 프랑스 혁명력의 1월로 9월 22일-10월 21일까지 해당된다.

26 1793년의 헌법은 능동적 시민과 수동적 시민의 구별을 없애고 모든 시민에게 선거권을 부여하는 한편, 노동권과 생존권, 그리고 실업자와 병약자에 대한 공공의 지원을 규정하는 등 진보적인 민주주의 헌법이었다.

평등주의자 바뵈프Babeuf의 체포
(1796년 5월 10일)

1795년 11월 경찰은 바뵈프가 '1793년의 헌법'을 찬양하고 공공연히 무장 봉기를 선동하고 다닌다는 소식을 듣게 되었다. 그러나 정부는 이러한 바뵈 프의 행동을 예의 주시할 뿐 아무런 행동이나 조치를 취하지 않았다. 왜냐하 면 좌익의 봉기가 호시탐탐 체제 전복을 노리는 우익(왕당파)의 공격을 상쇄 시켜주는, 즉 좌우로부터 협공 받는 총재정부의 불안정한 밸런스를 맞춰주 는 일종의 중화제 역할을 했기 때문이다. 극단적인 견해를 지닌 노동자들조 차도 바뵈프의 피에 굶주린 폭력성에 몸서리를 친다는 소식을 전해 들은 경 찰은 오히려 바뵈프의 선동이 비인기 정부에 대한 지지도를 높여줄 것으로 기 대했다. 심지어 자코뱅의 잔당들조차도 바뵈프의 무리들을 '학살자égorgeur'로 비난하면서 인정하려 들지 않았기 때문이다. 그러나 인플레와 기아 같은 심 각한 경제 위기는 바뵈프의 정치적 영향력을 키워주었다. 1796년 2월 27일 나폴레옹이 불온한 반정부의 색채가 강한 좌익 클럽 팡테옹Panthéon을 해산 시킨 다음부터, 바뵈프는 자신의 행보를 광폭적으로 넓혀나갔다. 그는 '조 국의 병사 라랑드Lalande'란 필명으로 〈인민의 정찰병 또는 2천 5백 만의 억 압받는 사람들의 옹호자Eclaireur du Peuple, ou le Défenseur de Vingt-Cinq Millions

바뵈프의 음모

d'Opprimés〉라는 격문을 발행했다. 이 격문은 파리의 거리에서 비밀리에 유포되었다. 또한 바뵈프는 자신이 창간한 급진적 저널 〈민중의 호민관Le Tribun du Peuple〉 40호에서 9월 학살의 주동자들을 국가가 상을 주어야 한다고 찬미했고, 권력에 굶주린 자들, 흡혈귀, 폭군, 교수형 집행인, 악한, 돌팔이 등으로 이루어진 총재정부를 무너뜨리려면 반드시 '제2의 9월 학살'이 필요하다고 주장했다.

　테르미도르의 반동기에 민중 계급의 참담한 비참성과 투기자들의 과시성의 사치는 세론의 분노를 자아내기에 충분했고, 특히 '국가 부도의 날'이 임박했다는 소문에 수천 명의 하층 노동자들이 바뵈프의 급진적 사상에 지지를 보냈다. 1796년 4월 4일 정부는 50만 명의 파리 시민들이 구호(救護)가 필요하다는 보고서를 받았다. 4월 11일 파리에는 '바뵈프의 가르침에 대한 분석'이라는 제목의 포스터들이 여기저기에 나붙었다. 그 포스터는 "자연은 모든 인간에게 모든 재산을 균등하게 공유할 수 있는 권리를 부여했다"면서 1793년의 헌법을 다시 복원시켜야 한다고 주장하는 것으로 마무리를 짓고 있다. "굶주림으로 죽어가고, 추위로 죽어가는"이란 바뵈프가 만들었다는 민중가요가 파리의 카페에서 울려 퍼지면서 엄청난 갈채를 받았다. 곧 총재정부를 전복시키기 위해, 그르넬 야영지에 주둔한 불만 병사들의 지지를 받는

평등주의자 바뵈프

바뵈프와 그의 지지자들이 쿠데타를 개시할 것이라는 소문이 나돌았다. 그래서 정부는 드디어 행동을 개시했다. 1797년 5월 10일 바뵈프와 다른 평등주의자들이 체포되었고 그들은 재판에 회부되기 전에 1년간 구금되었다. 대부분이 형기를 치르거나 국외로 추방을 당했으나 바뵈프는 1797년 5월 27일 단두대의 이슬로 사라졌다.

프랑수아-노엘 바뵈프François-Noël Babeuf(1760-1797)는 프랑스 혁명 말기에 활약했던 급진적 저널리스트·정치운동가였다. 그는 전술한 대로 1796년에 총재정부를 전복시키려는 '평등주의자들의 음모Conjuration des Égaux'를 획책했던 것으로 유명하다. 그는 북 프랑스의 엔Aisne주 생 쿵탱St Quentin이란 도시에서 가난한 군인의 아들로 태어났다. 비록 교육을 제대로 받지 못했지만 10대부터 서기로 일했다. 그는 어느 영주의 토지대장 관리인 노릇을 하면서 영주제와 관련된 법을 익혔고 곧 그 분야의 전문가feudiste가 되었다. 그는 이처럼 '봉건주의feudalism'를 자신의 생계수단으로 삼았으면서도 그 모순점을 신랄하게 공격했다. 1789년에 바뵈프는 봉건 제도의 완벽한 폐지를 주장하는 제3신분의 청원서를 작성했다. 그는 1789년 중반에 철두철미한 정치경제개혁을 촉구하기 위해 일부러 파리에 거주했으나 1789년 10월 북프랑스로 돌아갔다. 2년 후 다시 파리로 복귀해서 급진적인 작가·정치 운동가가 되었다. 그렇지만 수차례나 체포와 구금을 당하는 등 혁명정부와 여러 가지 충돌이 발생했다.

그는 포퓰리스트적인 로마 호민관의 이름을 따서 자신을 '그라쿠스Gracchus'라고 불렀다. 로베스피에르가 몰락한 후, 바뵈프는 자본가와 온건파들로 구성된 잡다한 테르미도르 파를 공격하기 위해, 예의 '그라쿠스'라는 필명을 사용하면서 〈민중의 호민관〉이란 저널을 창간했다, 탈(脫) 로베스피에르의 시대이니만큼 초창기에 그것은 별로 인기가 없었으나 경제 위기의 악화에 따라서 점점 하층민의 지지를 얻게 되었다. 그는 공포정치의 당위성을 옹호하면서[27] 지주와 자본가들의 이익만을 추구하는 테르미도르 파와 총재정부를 싸잡아 비판했다. 특히 총재정부가 가격 통제책을 폐지한 후 파리 민중들의 생활고가 더욱 격심해지자 정부의 무능을 맹공격했다. 또한 바뵈프는 재산 공유제, 재화의 균등분배, 계급 전쟁, 여성의 절대적 평등 등 오늘날 사회주의나 공산주의라고 불리는 사상들을 적극 옹호했다. 그는 아이러니하게도 '마르크스 이전의 마르크스주의자'였던 셈이다. 후일 프리드리히 엥겔스Friedrich Engels(1820-1895)와 칼 마르크스Karl Marx(1818-1883)는 이 사건을 가리켜 '첫 번째 공산당의 출현'이라고 높이 평가했으나, 종전의 민중운동과는 달리 이 반정부적 민중봉기 계획은 코뮌, 섹션, 당 같은 합법적인 조직을 이용하지 않았기 때문에 시종 '음모'로만 불리게 된다.

❦

"우리사회는 반드시 이런 방식으로 운영되어야한다.
즉 남보다 부자가 되고, 남보다 훨씬 똑똑해지고 힘 있는 자가 되려는 인간의 욕망을 일거에
부수는 방식으로 운영되어야한다."

- 프랑스의 정치가 · 저널리스트 프랑수아-노엘 바뵈프François-Noël Babeuf(1760-1797)

"프랑스 민중들이여, 완벽한 행복에 눈과 가슴을 열어라.
우리를 따라 평등한 사람들의 공화국을 인정하고 선포하라."

- 바뵈프 〈평등주의자들의 선언〉중에서

---

27 바뵈프는 혁명을 극력 지지했으나 로베스피에르의 공포정치의 과도함이나 자코뱅이 '1793년의 헌법'을 완전히 시행하지 않았던 것에 대해서는 비판적이었다.

캄포포르미오 화약
(1797년 10월 17일)

프랑스공화국과 제1차 대불 동맹국[28] 간의 5년간 전쟁은 이제 마무리될 조짐을 보였다. 총재정부는 전면적인 화평을 원하고 있었다. 그것이 혁명을 종결시키면서 '1795년의 헌법' 체제를 안정시키는 전제조건이었기 때문이다. 1797년 10월 17일 프랑스와 오스트리아의 양 대표는 화약을 맺었다. 거의 5개월 동안의 협상 지연 끝에, 프랑스 공화국을 대표하는 나폴레옹 장군과 오스트리아 제국을 대표하는 루드비히 폰 코벤츨Ludwig von Cobenzl(1753-1809)백작이 '캄포포르미오 조약'에 드디어 서명을 했다. 캄포포르미오는 프랑스와 오스트리아 사이에 위치한 이탈리아 베테토 주에 있는 도시명이다. 프랑스는 오스트리아 령 네덜란드(현재 벨기에)와 이오니아 제도를 얻었고, 오스트리아는 베네치아 공화국 이외의 이탈리아에 간섭하지 않을 것을 확약했는데, 이로 인해 제1차 대불 동맹은 와해되었다. 이 조약은 나폴레옹에 의한 이탈리아 '종속화' 정책의 제일보가 되었다.

캄포포르미오 화약은 오래가는 평화도, 영구적인 평화도 아니었다. 나폴레

---

28 프랑스 혁명에 위협을 느낀 유럽 각국이 프랑스에 대항하기 위해 결성한 대불 동맹이다.

캄포포르미오 평화조약. 나폴레옹 장군이 오스트리아의 코벤츨 백작을 맞이하고 있다.(19세기 말, 20세기 초 프랑스의 교육용 카드)

옹의 전기 작가로 유명한 영국 사학자 펠릭스 마컴Felix Markham(1908-1992)은 이를 가리켜 성공적이지만 매우 불안정한 평화였다고 평가했다. 프랑스의 원래 의도는 알프스, 라인, 피레네산맥으로 이루어진 프랑스의 소위 '자연국경'을 정복하려던 것이었으나, 나폴레옹의 북이탈리아 원정으로 인해 목적이 우회되었다. 프랑스 대표로 조약에 서명함으로써, 나폴레옹은 대내외적으로 '유럽에 평화를 가져온 자'라는 명성을 얻게 되었다. 그러나 이 캄포포르미오 조약 체결은 협상이 5개월이나 지연되는 등 여러 가지 난항을 겪었다. 그 이유에 대하여 체코 태생의 미국 저술가 크리스토퍼 헤롤드Christopher Herold(1919-1964)는《나폴레옹시대》에서, 왕당파가 프랑스 정부를 전복시키려 한다는 소식을 들은 오스트리아가 일부러 조약을 지연시켰기 때문이라고 설명했다. 오스트리아 측은 만일 왕당파가 복귀하게 되면 보다 유리한 조약을 체결할 수 있을 것이라고 믿었기 때문이다.

앞서 얘기한 대로 바뵈프의 음모가 적발된 후, 우파와 손잡은 총재정부는 1797년 봄의 선거에서 그 대가를 치르게 되었다. 즉 왕당파가 기

1798년 로마에 입성하는 프랑스 군대

어이 의회에 대거 진출했고, 또 왕당파의 프랑수아 바르텔레미 François Barthélemy(1747-1830)가 총재의 한 사람이 되기까지 했다. 그런데 총재 카르노 Lazare Carnot(1753-1823)가 공공연히 왕당파에 협조적인 태도를 보이자 또 다른 3명의 총재는 공화정의 위기를 수습하기 위해 군부 쿠데타를 계획했다. 왕당파와 자코뱅파의 협공을 받게 된 총재정부는 이처럼 정치 갈등의 중재자로 '군부'의 힘에 의지하게 되었다. 1797년 6월 왕당파의 첩자가 체포되었는데, 그의 서류를 압수했더니 거기에는 총재정부의 '오백인회(하원)'의 의장이었던 프랑스 사령관 장-샤를 피슈그뤼 Jean-Charles Pichegru(1761-1804)가 연루되어 있었다. 나폴레옹은 총재정부의 실력자인 바라스에게 이것을 보냈고, 바라스는 이 문건을 두 명의 왕당파 총재인 카르노와 바르텔레미를 축출하는데 사용했다. 이것이 바로 왕당파를 몰아낸 '프뤽티도르 Frutidor의 쿠데타'(1797년 9월 4일)다. 이 쿠데타에 의해 관련자들을 전원 체포함으로써 왕당파의 운동은 진압되었다. 카르노와 피슈그뤼는 국외로 피신했으나 바르텔레미와 50명의 우익 의원들과 왕당파의 신문편집자들은 기아나 섬으로 모두 유배되었다. 이 프뤽티도로의 쿠데타는 민중운동에 의지하지 않은 공화국의 자위수단이 주로 '무력적'인 것임을 보여주고 있다. 그 결과는 향후 나폴레옹의 독주를 묵인해서 공화국의 장래에 어두운 먹구름이 끼게 되었고, 그동안 프랑스의 사태를 주시하던 오스트리아 측도 협상의 테이블로 나오지 않을 수가 없었다.

그러나 조약이 지연된 또 다른 이유는 오스트리아 황제의 대표들이 사소한 이유를 내세워 조약을 일부러 늦춘 것도 있었다. 나폴레옹의 전기 작가 빈센트 크로닌Vincent Cronin에 의하면 황제의 나라 오스트리아인들이 외교 의전이나 형식을 지나치게 중시한 나머지 잉크와 시간을 너무 쓸데없이 허비했다는 것이다. 가령 코벤츨 백작은 총재정부가 보낸 문서가 전통적인 고급 양피지가 아니라 그냥 '종이'인데다 너무도 소박한 공화주의 서체로 쓰였고, 찍힌 인장의 두께도 빈약하다는 너무 디테일한 이유를 들어 퇴짜를 놓았다. 어쨌든 수개월의 지연 끝에 나폴레옹은 이탈리아 원정을 종결시키고 유럽에 평화를 가져왔으며 유럽의 지도를 다시 그리게 되었다. 이탈리아는 이제 더 이상 옛날과 같지 않았다. 구 귀족의 국가인 베네치아는 해체되었고 새로운 위성국가(공화국)들이 생겨났다. 이 캄포포르미오 조약은 피정복민의 민족자결권도 무시되었을 뿐 아니라 주변의 여러 나라들을 앙시앵 레짐(구제도)에서 해방한다는 '혁명'의 원리에도 위배되는 것이었다. 특히 베네치아의 분할은 평화조약의 도덕적인 오점이었을뿐더러 오스트리아에게 이탈리아의 '거점'을 마련해 주어 후일 전쟁의 불씨를 예고하는 것이었다. 그러나 캄포포르미오 조약은 이처럼 불안정한 조약임에도 불구하고 유럽을 새로운 세계질서의 문턱 위에 올려놓았다.

❧

"근대사에서 최초로 군대가 조국(祖國)이 필요로 하는 것(돈)을 제공하는 시대가 되었다."

- 나폴레옹의 《회고록》중에서

"전쟁에서 승리한 장군, (정복전쟁을 통해 부정 축재한) 돈을 가져온 장군은 스스로를 필요불가결한 존재로 여겼다."

- 프랑스 사학자 자크 뱅빌Jacques Bainville(1879-1936)

혁명의 결산
(1789-1799)

혁명은 특권을 폐지했다

1789년 8월 26일의 '인권선언문'은 특권 폐지, 법 앞에서의 평등을 선언함으로써 구제도 사회의 근간을 일거에 무너뜨렸다. 이제 모든 사람들이 자신의 능력이나 적성에 따라서 자유롭게 직업을 선택할 수 있게 되었고, 개인의 자유, 사상과 의견, 종교에 대한 관용이 인정되었고 또한 '사유권'이 보장되었다.

혁명은 국가를 통일시키는 데 기여했다

혁명은 국가를 통일시키는 데 기여했다. 구제도하의 복잡하고 혼란스러운 행정구역들이 '83개의 도département로 통일되었고 또한 법이 오랜 관습을 대신했다. 내부 관세의 폐지로 교환과 영리활동을 규모화할 수 있는 통일된 국내시장이 형성되었다. 지방에서 사용되던 여러 가지 복잡한 도량법 대신에 간단한 미터법이 제정되었다. 프랑스 정치가 알렉시 드 토크빌Alexis de Tocqueville(1805-1859)의 말마따나 혁명은 구제도의 몰락이 아니라, 오히려 구제도의 완성을 의미한다. 왜냐하면 절대왕정이 집요하게 추구해온 중앙집권화를 혁명이 완수했기 때문이다.

혁명은 국민 주권론을 수립했다

1789년 이전에 정치권력은 오직 국왕 일인에게 집중되어 있었다. 그러나 혁명과 더불어, 정치는 이론상 만인의 선택 문제가 되었다. 이제 인간은 수동적인 '신민sujet'이 아니라 능동적인 '시민'지주citoyen'이 되었다. 시민들이 모여서 국가를 형성하고, 그들은 재산에 따른 제한선거나 보통선거를 통해서 선출된 국가의 대표들에게 일정 기간 그들의 권력을 위임하게 된다. 이제 국민보다 더 높은 권력은 존재하지 않으나, 여성들은 여전히 투표권을 행사할 권리가 없었다.

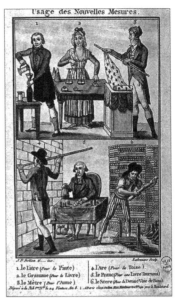

도량형의 통일: 기존에 있었던 800여 개의 복잡한 도량형 대신 1795년에 간단한 미터법이 제정되었으나 전국적으로 실시되는 데는 수십 년의 세월이 걸렸다.

혁명에 대한 모순된 해석들

프랑스 혁명의 교과서적 의미는 혁명이 프랑스 사회·정치구조를 완전히 변혁하고, 왕정과 봉건주의를 종결시키고, 가톨릭교회로부터 정치권력을 박탈하고, 노예제의 폐지와 민중들을 위한 자유와 평등사상을 유럽에 널리 전파시켰다는 점이다. 이 새로운 사상들은 유럽의 많은 국가들이 근대 정부를 수립하는데 지속적인 영향력을 행사했다. 그래서 어느 역사책에서나 프랑스 혁명은 '민중' 또는 '자유의 승리'로 기술되곤 한다. 억압자와 피억압자의 대립이라는 마르크스의 이분법적 도식 하에 프랑스 혁명은 불평등한 앙시앵 레짐Ancien Régime(구제도)에 대한 반란인 동시에, 제3신분 계층이 정치생활에 전면적으로 등장하는 근대의 전환점으로 당당히 소개된다. 미국 혁명 같은 다른 혁명들이 그들의 목표를 쟁취하는데 훨씬 덜 폭력적이고 더욱 효과적이며, 보다 공고히 발전된 이데올로기를 지니고 있었음에도 불구하고, 이러한 효과적인 마케팅(?) 덕분인지 프랑스 혁명은 실제보다 더 과분한(?) 평가를 받았던 사건이라고 할 수 있다. 그러나 혁명의 공과를 따지기 전에, 이 프랑스 혁명만큼 유럽사, 더 나아가서 인류의 역사 발전에 지대한 영향력을 미쳤던 사건은 없었다고 해도 과언이 아니다. 이러한 중요성 때문에 그동안 수백 명의 역사가들이 프랑스 혁명이란 주제를 심층적으로 연구해왔고 이 주제만큼이나 다양한 해석과 이견을 낳은 연구도 전무하다.

빈곤이냐 또는 번영이냐?

프랑스의 낭만주의사가 쥘 미슐레Jules Michelet(1798-1874)는 혁명의 원인이 도시와 농촌의 대다수 하층민들의 '빈곤'에서 유래했다고 주장했다. 물론 혁명은 '자유의 이름으로' 압제와 불의에 대항해서 이루어진 봉기였다. 구제도하의 민중들은 부패하고 탐욕스러운 왕정의 억압적인 조세정책과 불평등한 사회경제제도 등 여러 가지 구제도의 모순과 맞물려 지속적인 궁핍과 빈곤에 시달리고 있었다. 가령 찰스 디킨스의 소설 《두 도시 이야기》에 나오는 18세기 말의 파리는 혁명의 용광로가 끓고 있는 거의 통제되지 않는 위험한 도시였다. 특히 소설의 1부 5장에서는 달리는 수레에서 운수 좋게 굴러떨어진 깨진 포도주 통에서 나오는 핏빛 포도주를 마치 벌떼처럼 달려들어 마시는 파리 민중들의 비참한 실상이 적나라하게 그려져 있다. 이처럼 지독한 굶주림과 지배계급의 폭정을 견디다 못한 민중들이 드디어 '그날'을 오랫동안 준비했다는 것이다.

그러나 미슐레와는 달리 보수적인 정치학자 토크빌은 지방의 많은 사료들을 직접 파헤친 결과, 프랑스 농민들이 동시대 유럽의 어떤 농민들보다 부유했었다는 상이한 결론을 내렸다. 동유럽의 '농민·농노'들과 비교해 볼 때, 프랑스 농민들은 가난한 프랑슈-콩테Franche-Comté의 일부 지역을 제외하고는 거의 다 '자유민'들이었다. 영국의 소작농과도 비교해 볼 때, 프랑스 농민은 대부분 땅을 가진 '지주'였다고 토크빌은 강조했다. 또한 토크빌에 의하면 18세기까지도 남아있던, 영주에게 바치는 소규모의 지대가 농민들의 '분노'의 대상이 되기는 했지만 그것이 실제로 그들에게 커다란 재정적 부담이 되

프랑스 사회당의 창시자인 장 조레스가 1913년 파리의 교외에서 연설하는 모습

지는 않았다고 주장했다. 이처럼 미슐레와 토크빌의 견해는 매우 대조적이
었다. 미슐레는 자신의 개정판(1868년)에서 그의 저서를 비판하는 학자들의
이름을 나열했지만, 토크빌만큼은 언급하지 않았다.

　1875년에 보수주의 사가인 이폴리트 텐느Hippolyte Adolphe Taine(1828-1893)
의 구제도에 대한 연구 업적이 나왔다. 1870년 보불 전쟁의 패배와 1871년
파리코뮌의 봉기 때문에 강렬한 충격을 받았던 텐느는 프랑스인들이 모든
혁명의 해악과 무가치함을 제대로 인식해야 된다고 생각했다. 그는 프랑스
혁명의 '영광스러운 날들'에 대한 신화를 깨뜨리기 위해서 자신의 모든 학문
적인 역량을 쏟아부었다. 그는 혁명을 제대로 평가하려면 구제도에 대한 평
가가 반드시 선행되어야 한다고 믿었다. 그래서 토크빌과 마찬가지로 구제
도에 관련된 원 사료들을 정밀히 분석했다. 그런데 아이러니하게도 그가 실
증적 고증에 의해 그린 구제도의 풍경은 토크빌보다는 미슐레의 견해 쪽에
훨씬 가까웠다. 그러나 미슐레가 구제도하의 민중들의 참혹한 실상을 혁명
의 '폭력성'을 정당화시키는 구실로 삼았던 반면에, 텐느는 혁명의 폭력적 수
단을 가차 없이 공격했다. 텐느에게 혁명이란 프랑스인들을 압제에서 해방

시키는 것이 아니라, 그것은 프랑스의 커다란 재앙이었다. 텐느에 의하면, 혁명 전야의 민중들의 비참성은 왜 그들이 그토록 폭력적이고 야만적이었는가를 설명해 주는 단초를 제공한다. 미슐레의 저서에서 민중은 혁명의 위대한 영웅(주인공)이었지만 텐느에게 그들은 단지 폭도요, 볼테르가 비아냥거렸던 천민canaille에 불과했다. 그러나 텐느가 아무리 민중운동의 위험성을 경고하고 반혁명적인 역사 교훈을 심어주려고 노력했지만 그가 속했던 제3공화국 (1870-1940)은 체제상 혁명에 대한 옹호자들을 반드시 필요로 했다.

그 대표 주자가 바로 최초의 전문적인 혁명 사가였던 알퐁스 올라르 Alphonse Aulard (1849-1928)였다. 그는 1885년에 프랑스 혁명사 의장직을 맡았다. 올라르는 제3공화국의 이데올로기의 조상인 '제1공화국'을 정당화시킴으로써 현재의 공화정을 적극적으로 옹호했다. 원래 정치 사가였던 올라르는 초기에 혁명의 정치적 이데올로기를 옹호하는데 주력했으나 나중에는 혁명의 모든 역사를 다루었다. 텐느가 1789년 이전의 비인간적 악조건에 불만을 품고 봉기한 민중들의 거칠고 야만적인 폭력성을 통렬히 비난했기 때문에, 올라르는 의도적으로 구제도의 비참한 실상을 많이 누그러뜨리고 약화시켰다. 그는 소위 봉건적 의무의 가혹성에 대하여 의문을 제기하면서, 텐느의 주장과는 달리 구제도하의 농민들의 생활조건이 그리 나쁘지 않았다고 주장했다.

그러나 미슐레의 낭만주의적 민중사관이나 텐느의 실증주의적 우파 사관에 대한, 보다 직접적이고 위협적인 도전은 20세기 초에 지배적이었던 마르크스 역사가들로부터 왔다. 마르크스 이론에 따르면 혁명은 부유한 부르주아 계급에 의해 일어났다. 자본주의의 성장으로 경제권을 장악한 부르주아 계급이 정치·사회적인 영역으로 그들의 주도권을 확장시키기 위해 의도적으로 혁명을 일으켰다는 것이다. 즉, 혁명은 하나의 성장하는 계급(부르주아)의 역사적 '과업'인 셈이다. 그래서 과거에 미슐레나 테느가 묘사했던 민중들의 경제적 빈곤이나 참담성은 당연히 수정될 수밖에 없었다. 이 역할은 세기말의 유능한 좌파 정치가인 장 조레스Jean Jaurès (1859-1914)가 맡았다. 그는 《프랑스 혁명의 사회주의 역사》(1900)에서 18세기 프랑스의 부의 성장과 번영을 자세히 기술했다. 물론 모든 제3신분 계층이 이러한 번영에 참여하거나 그 물질적인 혜택을 누린 것은 아니었으나, 그 당시 농민 실태에 대한 조레스의 견해는 토크빌의 그것과 매우 유사했다. 마르크스 사가들은 대부분 조레스의 견해를 고수했고 그중에서도 가장 대표적인 인물이 알베르 마티에 Albert Mathiez(1874-1932)였다. "당시 프랑스 국부가 증가했다는 확실한 지표는 인구가 증가했다는 것이고 물가와 토지, 주택의 가격이 지속적으로 상승했다는 점이다. 그래서 물질적 안락이 상층계급에서 하급 중산층, 장인, 소상인 계층으로 점점 확대되었다. 사람들은 이전보다 훨씬 잘 입고 잘 먹었다. 그래서 혁명은 고갈된 국가에서 발생한 것이 아니라 오히려 진보의 만조에 따라서 번영하는 땅에서 일어났다. 빈곤이 때때로 폭동을 유도하기는 하지만 그것이 결코 위대한 사회변혁을 일으킬 수는 없다. 혁명은 항상 계급 간의 갈등의 균형이 깨졌을 때 발생한다."(알베르 마티에)

한편 반혁명 주의자나 왕당파들은 구제도가 모든 면에서 '정상적'이었고 명백한 결함들만 약간 수정하면 되었노라고 주장했다. 이러한 견해는 토크빌의 저서에서도 발견되는데, 아이러니하게도 마르크스 사가들의 저서에서도 잘 나타난다. 마르크스 사가들은 그들의 경제적인 결정론에 따라서 18세기 부르주아계급의 경제적 '번영'이 혁명을 필연적으로 불가피하게 만들었다고 주장했다. 그래서 '폭력적인 혁명'의 필요성은 자연 경감되지 않을 수가 없었다. 프랑스사가 프란츠 팽크-브렌타노Frantz Funck-Brentano(1862-1947)는 1차대전 전에 구제도에 관한 책을 출판했다. 그는 여기서 구제도에 대한 향수를 가지고 목가적인 구제도를 그렸다. 1차 사료연구를 통해서 그는 구제도에 존재했다는 그 많은 악(惡)들이 반드시 그렇게 나쁜 것만은 아니었다고 결론을 내렸다.

파리 코뮌의 끔찍한 유혈 사건 때문에 텐느 같은 사가들이 반혁명적 기조를 취했듯이, 20세기의 공산주의로부터의 위협은 또다시 새로운 형태의 반혁명적 역사가들을 잉태시켰다. 그들은 20세기의 '빨갱이들Reds'이 1794년 자코뱅들의 직접적인 후예들이라고 생각했다. 그러나 그것은 그들의 상상력의 허구적인 산물이 아니었다. 공산주의자들도 역시 로베스피에르가 최초의 사회주의 독재자였다고 주장했다. 우파 일간지《피가로》의 칼럼니스트이자 역사학자인 피에르 가소트Pierre Gaxotte(1895-1982)도 프랑스 혁명의 해악을 규탄하면서 공산주의를 공격했다. 가소트는 혁명이 처음부터 끝까지 불필요한 재앙이었음을 상기시켰다. 1928년에 나온 그의 저서《프랑스 혁명》은 엄청난 판매 부수를 기록했는데 그는 여기서 구제도하의 하층민의 생활이 그리 나쁘지 않았다고 주장했다. 그런데 아이러니하게도 가소트는 자신의 주장을 입증하기 위해서 조레스나 마티에의 연구에 많이 의존했다. 그런데 그것은 조레스나 마티에처럼 혁명의 '불가피성'을 주장하려는 것이 아니라, 당시 구제도하의 경제 조건이 그리 나쁘지 않았기 때문에 폭력적 혁명이 불필요했다는 것을 증명하기 위함이었다. 이것은 똑같은 역사자료들을 가지고도 얼마나 180도 다른 해석을 내릴 수 있는 지를 보여주는 극명한 사례다.

1920년대에 구제도의 경제에 관한 연구는 별다른 진전이 없었으나, 경제사가 앙리 세Henri Sée(1864-1936)가 1925년에 구제도의 사회·경제 조건을 연구했다. 그는 조레스의 '번영'과 텐느의 '비참성' 사이에서 신중하게 중간적 입장을 취했지만 그의 입장은 조레스 쪽에 더욱 가까웠다. 앙리 세의 연구는 일반론적인 주장을 넘어서, 다양한 계급이 소유한 토지의 비율이나 토지 보유의 크기 같은 특수한 문제 제기를 하고 있다는 점에서 가치가 있다고 할 수 있다. 과거에 지나치게 이데올로기에 편중되어 있던 경제사가 더욱 객관적이고 '과학적'이 된 것이다. 왜냐하면 한 국가, 한 계급의 일반적인 경제 조건은 몇 가지 단순한 요소들에 의해 결정되는 것이 아니라, 가격이나 명목·실질임금, 지대, 산업화의 정도나 생산양식 같은 보다 상호적이고 복합적인 요소들에 의해 작용하기 때문이다. 그래서 구제도를 연구하는 경제 사가들은 보다 신빙성 있는 수량 데이터들을 분석하고 연구하기 시작했는데 그 대표적인 선두주자가 소위 '계량경제사cliometrics'를 개발한 에르네스트 라브루스Ernest Labrousse(1895-1988)다. 라브루스는 18세기 가격과 소득 운동을 심층적으로 연구했는데, 특히 구제도 말과 혁명 초의 '위기의 경제'를 중점적으로 연구했다. 그는 루이 16세 치세기의 경제 조건과 1789년 혁명 발생 사이의 상관관계를 분석했는데 그의 결론도 역시 미슐레와 조레스의 중간지점에 있었지만 조레스보다는 미슐레 쪽에 더욱 가까웠다. 라브루스는 객관적이고 방대한 수량적 데이터를 사용해서 '장기 구조사'의 새로운 지평을 열었다고 해도 과언이 아니다. 그렇지만 프랑스 혁명의 경제적 기원에 대한 논쟁에서 그가 '결정적 발언권last word'이 있다고 주장하는 것은 무리가 있다. 아무리 숫자적 논쟁이라 해도 우리는 그것을 결국 '질'적이고 인간적인 영향력으로 해석하기 때문이다.

마르크스주의 사가 에릭 홉스봄은 프랑스 혁명을 마치 첫 번째 핵폭발처럼 매우 경외(敬畏)적이고 파급력이 강한 현상으로 규정한 바 있다. 그 이유는 프랑스 혁명 이후 모든 역사가 그것에 의해 항구적으로 변모해왔기 때문이라고 홉스봄은 설명하고 있다. 이처럼 우파의 반동에도 불구하고, 프랑스 혁명의 분석이나 이론적인 프레임에 관한 한 주로 좌파 계열의 학자들, 주로 마르크스 사가들이 막강한 주도권을 쥐고 있었던 것이 주지의 사실이다. 그러나 정작 칼 마르크스Karl Marx(1818-1883) 자신은 프랑스 혁명사에 관한 책을 저술한 적이 없었고 다만 "인류의 모든 역사는 계급투쟁의 역사"라는 그의 투쟁적 역사관이 혁명의 '해석'에 지대한 영향력을 미쳤다. 즉, 알베르 소불 같은 마르크스 사가들에게 소위 유물론적 역사 해석의 틀을 제공한 것이다. 그래서 프랑스 혁명의 경제적 기원을 둘러싼 이데올로기적 논쟁이 활발했던 것이다. 과연 혁명은 '빈곤' 때문인가? 아니면 상대적인 '번영' 때문에 일어났는가? 물론 빈곤만으로 혁명이 일어나는 것은 아니다. 빵을 달라고 아우성치는, 기아에 허덕이는 군중들은 미처 빵을 먹어보기도 전에 출동한 공권력의 말발굽 아래 짓밟히는 것이 서글픈 폭동의 역사였다. 그래서 조레스나 마티에도 당시 비참했던 하층민의 실상을 부정하는 것은 아니다. 그들은 혁명의 기원이나 과정에서 빈곤은 단지 지엽적이고 부수적인 역할에 그쳤다고 주장하는 것이다. 아마도 이 소모적인 논쟁에 대한 해답은 경제 사가인 라브루스가 초인적이고 방대한 통계작업에 평생을 '올인' 했음에도 불구하고 사실상 통계가 있으나 없으나 매한가지 결론에 도달했던 것처럼, 그 중간지대의 어딘가에 '열린 결말'로 존재할 것이다.

알프레드 코반의 해석

　적어도 1960년대까지 마르크스주의적 해석은 혁명의 '정설'로 인정을 받아왔다. 그런데 여기에 반론을 제기한 인물이 알프레드 코반Alfred Cobban(1901-1968) 같은 수정주의 역사가들이다. 코반은 마르크스 사가들의 문제점이 역사적 증거(사료)를 다루는 역사가 본연의 임무보다는, 마르크스 '이론(프레임)' 자체에 더 집착하고 충성하는 데 있다고 보았다. 역사는 모름지기 '노예제사회에서 봉건주의, 자본주의, 그리고 공산주의의 낙원'으로 이행하도록 예정되어 있다는 마르크스적 유물사관이 아예 그들의 '종교적 믿음'으로 승화했다고 코반은 지적했다. 그는 프랑스 혁명의 원인을 소불처럼 '귀족'과 '부르주아' 간의 계급적 갈등으로 본 것이 아니라 가난한 농촌과 (농촌 사회를 지배하려는) 도시 간의 사회적 갈등으로 보았다. 소불이 주장하는 대로 농민과 부르주아계급은 서로 협조적이지 않았고, 오히려 부르주아는 귀족과 더 이해관계를 같이 했다. 귀족과 부르주아는 부유한 도시인들urban folk이었고, 양 계급은 모두 농민 계급을 착취했으며 혁명을 '보수적이고 토지를 소유한 유산계급의 승리'로 만들었다. 코반이 볼 때 프랑스 혁명은 '정치적 혁명'이었다. 그래서 산업혁명 전까지 프랑스의 생산양식이나 사회 계급, 사회이동, 생활수준 등은 크게 변화되지 않았다는 것이다.

"자유 평등 우애 아니면 죽음을 - 그중 마지막 것이 가장 주기 쉬웠으니, 오, 기요틴이여!"

- 영국 소설가 찰스 디킨스Charles Dickens(1812-1870)의 《두 도시 이야기 중에서》

브뤼메르의 쿠데타
(1799년 11월 9-10일)

브뤼메르 쿠데타는 1799년 11월 9일, 나폴레옹이 총재정부Directoire를 전복하고 군사 쿠데타를 일으킨 사건을 말한다. 그는 통령정부Consulat를 수립하고, 스스로 제1통령이 되었다. 이 사건은 프랑스 혁명의 종결과 나폴레옹 독재의 시작을 의미했다.

나폴레옹 보나파르트Napoleon Bonaparte(1769-1821)는 1799년 8월 9일 이집트 원정에서 갑자기 돌아왔다. 그는 이집트 군대의 지휘권을 클레베르Jean-Baptiste Kléber(1753-1800)장군에게 넘기고 몰래 귀국했다. 그가 귀국했다는 소식이 전해지자 파리 시민들은 젊은 장군에게 모두 열광했다. 그중에서는 심장마비로 죽는 사람까지 생겼다. 정치, 경제, 사회적 위기에 직면해있던 프랑스 국민은 절대다수가 그를 '구세주'처럼 반겼다. 민중은 나폴레옹을 '평화와 영광을 가져다주는 자'로 숭배하고 총재정부는 이 영웅의 '전선 이탈'을 불문에 부치기로 했다. 나폴레옹은 자신이 없는 사이 바람을 피운 아내 조제핀과 엄청 다투었으나 곧 화해를 했다.

나폴레옹이 전복시키려고 했던 체제는 로베스피에르의 몰락 이후 1795년에 수립된 5인의 총재로 구성된 총재정부였다. 5인의 총재는 조제핀의 옛 연인이자 냉소주의와 부패의 상징인 폴 바라스Paul Barras(1755-1829), 〈제3신분이란 무엇인가〉라는 팸플릿으로 혁명을 리드했던 근면한 정치이론가 시이예스Abbé Sieyès(1748-1836), 장군 물랭Jean-François-Auguste Moulin(1752-1810), 바라스의 후배인 로제 뒤코Roger Ducos(1747-1816), 또 고이예Louis-Jérôme Gohier(1746-1830)라는 법률가가 있었다. 총재정부는 파산을 했다. 그러는 사이 인플레와 세금, 실업률은 천정부지로 치솟았는데 무능하고 부패한 정부는 이미 국가통제력을 잃은 상태였다. 실제로 일부 지역에서는 내란이 발생했기 때문에 사람들은 자코뱅의 부활이나 왕당파의 복귀를 두려워했다. 그런데 파렴치하게도 바라스가 나라를 부르봉가에 다시 팔아먹으려한다는 소문이 나돌았다.

10월 23일(브뤼메르 1일) 나폴레옹의 동생 루시앵 보나파르트Lucien Bonaparte(1775-1840)가 오백인회(하원)의 의장으로 선출되었다. 총재정부 내부에서도 시이예스 같은 인물은 새로운 제도를 도입할 결심을 굳히고 있었다. 시이예스는 이러한 음모구상의 실현을 위해서 나폴레옹과 손을 잡았는데, 그는 이 야심에 가득 찬 코르시카 출신의 장군 나폴레옹을 과소평가하고 있었다. 이 쿠데타에는 외상(外相) 탈레랑과 2천 명을 단두대로 보낸 '리용의 학살'사건으로 악명 높은 경찰서장 조제프 푸셰Joseph Fouché(1759-1820)도 가담하고 있었다. 그리고 은행가인 장-피에르 콜로Jean-Pierre Collot(1774-1852)가 자금줄을 담당했다. 1799년 11월 9일 오전 7시 시이예스가 '자코뱅의 음모'가 발견되었다고 공표하자 드디어 행동이 개시되었다. 놀란 원로원(상원)이 서둘러 폭도들이 득실거리는 파리를 피해, 예전에 왕궁이 있던 파리의 서쪽 교외 생-클루Saint-Cloud로 회의장을 옮겼고 오백인회도 나중에 합류했다. 의원들은 자신들의 신변안전을 위해서 수도에 주둔해 있는 모든 군대의 지휘권을 나폴레옹에게 맡겼다. 나폴레옹은 6천 명의 군사를 자신의 미래 기병대 사령관 조아킴 뮈라Joachim Murat(1767-1815)가 있는 궁으로 집결시켰다. 바라스는 사임했고 탈레랑은 바라스에게서 뇌물로 받은 돈 2백만 프랑을 착복했다. 시이예스와 뒤코도 이어서 사임했고 저항한 물랭과 고이예는 가택연금을 당했다. 이제 총재정부는 죽은 거나 마찬가지였다.

오백인회에서 멱살을 잡힌 나폴레옹

11월 10일 의회는 신속히 새로운 행정부를 만들어야 하는데, 오백인회는 "헌법이냐 죽음이냐"를 외치는 좌파 의원들에 의해 아수라장이 되었다. 원로원도 마찬가지였다. 그래서 인내심을 잃은 나폴레옹이 원로원의 회의장으로 들어가서, 자신은 시저나 크롬웰 같은 독재자가 아니라며 자신을 적극 변호했지만 효과가 없었다. 그는 화가 나서 다시 오백인회의 회의가 열리고 있는 오랑주리Orangerie(오렌지나무 온실)로 갔다. 나폴레옹의 갑작스러운 등장에 화가 치민 의원들이 "무법자"라고 외치면서 그의 멱살을 잡고 때렸다. "그를 타도하라. 죽여라, 그를 죽여라!"라고 마구 고함을 질렀다. 가격을 당한 나폴레옹의 얼굴에서 피가 흘렀다. 그는 결국 퇴장할 수밖에 없었다. 나폴레옹은 신경쇠약증에 걸릴 만큼 봉변을 당했던 이 일을 두고서, 나중에 자신의 인생에서 거의 첫 손 꼽을만한 사건이었다고 회상했다.

그를 위기에서 구해낸 것은 바로 나폴레옹의 동생 루시앵 보나파르트였다. 그는 의회를 수비하는 병사들에게 "지금 영국으로부터 자금을 받은 일부 의원들이 대다수 의원들을 겁박하고 있다. 그들은 나폴레옹 장군을 암살하려 한다"라고 연설을 했다. 그는 호기 있게 자신의 형의 가슴에 칼을 들이대면서 "만일 내 형이 프랑스 국민의 자유를 조금이라도 손상하려 든다면 맹세코 이 칼로 찌를 것이다!"라고 외쳤다. 그러자 수비대는 이 극적인 장면의 연출에 감명을 받았다. 그들은 궁 밖에 대기하고 있는 뮈라의 군대도 개의치 않은 채 오랑주리를 향해 돌격했다. 겁에 질린 의원들은 뿔뿔이 흩어졌고 일부는 창을 통해 달아났다. 몇 시간 후에 루시앵 보나파르트는 주변의 장소를 샅샅이 뒤진다. 그러자 정원의 관목 아래 숨어있던 의원들도 발견되었다. 그래서 고분고분해진 남은 의원들은 새로운 정부의 운영을 위해 3명의 통령을 임명했고 새로운 헌법을 준비했다. 새로운 통령은 시이예스, 뒤코, 그리고 나폴레옹이었다. 그들은 교대로 통령정부를 주재하기로 합의했으나 지금 누가 과연 권력을 손에 쥐었는지는 의심할 여지가 없었다. 12월 13일 새로운 헌법이 선포되었고 나폴레옹은 제1통령으로 모든 행정권을 장악했다. 그리고 5년 뒤에 그는 프랑스 황제가 되었다.

⚜

"모든 사람이 보나파르트를 애타게 기다렸다, 왜냐하면 그는 모든 사람에게
희망을 가져다주었기 때문이다."

- 〈메신저Le Messager〉의 연감 중에서(1799년 10월 16일)

1801년의 콩코르다Concorda:
나폴레옹과 교회 간의 종교 화약
(1801년 7월 17일)

'1801년의 콩코르다Concordat(협약)'는 프랑스 국가 내의 로마 가톨릭교회의 위상에 대하여 나폴레옹과 교황 간에 이루어진 종교 화약이다. 프랑스 혁명은 교회가 오랫동안 누려온 권리와 특권을 박탈했을 뿐 아니라 교회 재산을 몰수해서 지주들에게 매각 처분을 했다. 심지어 로베스피에르의 독재 시절에는 새로운 종교(이신론)를 출범시키려고까지 했기 때문에 여기에 대한 국가와 교회 간의 협상이 반드시 필요했다. 그러나 나폴레옹이 권력을 잡았을 당시에는 교회와 국가 간의 불화가 완화된 상태였고 프랑스 전역에서 가톨릭의 부활이 이루어지고 있었기 때문에 1801년의 콩코르다의 업적이 다소 폄하되기도 한다. 그래도 혁명이 종교를 해체시켜버렸기 때문에, 나폴레옹이 아닌 그 누구라도 프랑스 성직자들 사이에서 만연한 '무정부' 상태를 정리하기 위해서는 반드시 '평화'의 노력이 필요했다. 나폴레옹은 자신의 개인적인 입지도 올리고 프랑스에 화평을 가져오기 위해서는 교회와 국가 간의 동의가 필요하다고 믿었다. 우호적인 가톨릭교회는 나폴레옹 자신에 대한 국민들의 신뢰를 높일 수가 있기 때문이다. 사실상 교회는 전통 신앙을 고수하는 시골과 반(反) 성직자적인 도시 간의 긴장감을 고조시키면서 왕당

퐁텐블로 숲에서 만나는 교황(오른쪽)과 나폴레옹(왼쪽)

주의와 반혁명 사상을 부추겨 온 것이 사실이다.

　나폴레옹의 이 같은 타협은 전적으로 실용적인 계산에서 나온 것이었으
나 많은 사람들의 환영을 받았다. 비록 본인의 개인적 이익을 위한 것이었
다고 해도 그것이 콩코르다가 필요치 않다는 얘기는 아니기 때문이다. 공식적
으로는 1802년 부활절에 공표되었지만, 우리는 나폴레옹과 교황 비오 7세
PiusVII(1742-1823)사이에서 이루어진 화약을 '1801년의 콩코르다'라고 한다.
이처럼 콩코르다의 선포가 늦어진 것은 추가 조항 삽입 문제도 있었고, 나폴
레옹도 역시 위대한 국가 건설을 위해 군사적 평화를 획득하고 자코뱅 잔존
세력들의 방해공작을 받지 않으려고 일부러 협약 시기를 늦춘 것도 있다. 로
마교황은 교회 재산의 몰수를 인정하는 대신 국가는 주교와 성직자들에게
봉급을 지급하고 성직자는 국가에 충성을 서약할 의무가 생겼다. 제1통령(나
폴레옹)에게 주교 임명권이 있으며, 교회의 지도(분포도)도 개정된 주교 관할
권이나 교구로 다시 개편되었고 신학대학들도 다시 합법화되었다. 나폴레옹
은 주교들에 대한 교황의 지배를 통제하고, 정부에게 우호적인 조항들을 추
가시켰다. 다른 종교들도 허용이 되었고 이제 가톨릭은 더 이상 '국가 종교'

가 아니라 대다수 프랑스 국민의 종교가 되었다.

결론적으로 교황권은 나폴레옹을 지지했지만 나폴레옹과 교황 간의 평화가 깨진 것은 1806년에 나폴레옹이 새로운 '제국'의 교리문답을 도입하면서부터였다. 원래 교리문답이란 가톨릭 종교에 관하여 사람들을 교육할 목적으로 만들어진 것이나, 나폴레옹 버전의 새로운 교리문답은 그의 제국 사상에 대하여 사람들을 교육하고 세뇌시키기 위함이었다. 특히 나폴레옹이 8월 16일을 그 자신을 기리는 '성인의 날'로 제정한 이후부터 나폴레옹과 교회의 관계는 급속도로 냉각되었다. 분노한 교황 비오 7세가 나폴레옹을 파문하자, 나폴레옹은 교황을 체포하는 것으로 이에 응답했다. 비록 콩코르다는 완벽하지도 않고 몇몇 지역에서는 느리게 시행되었지만 이런 갈등에도 불구하고 그것은 본래대로 유지되었다. 나폴레옹은 한 술 더 떠서 '퐁텐블로의 콩코르다Concordat de Fontainebleau'(1813년)라는 것을 만들어 교황에게 이를 적용시키려 했으나 거부당했다. 교황은 다시 한번 '국가의 포로'가 되었고, 나폴레옹은 아첨과 협박을 통해 교황을 설득시키려 했으나 실패했다. 그제야 나폴레옹의 간교를 완벽하게 이해한 교황은 "비극적인 코미디"라고 한탄하며 응수했다고 한다.

어쨌든 결론적으로 나폴레옹은 혁명의 지도자들이 그들의 영역 밖이라고 생각했던 '종교의 평화'를 프랑스에 가져왔다. 나폴레옹은 1814-15년에 실각하게 되고, 그 사이 여러 개의 공화국과 제정들이 오고 갔지만, '1801년의 콩코르다'는 1905년에 국가와 교회 간의 '정교분리법'이 제정될 때까지 굳건히 남아있었다. 한편 콩코르다의 협상 기간 중에 교황은 추가 조항을 넣는 것을 거부했으나 프랑스 국민의회(하원)는 이를 기어이 통과시켜버렸다. 나폴레옹이 이처럼 콩코르다를 부분적으로나마 의회의 지배하에 놓은 것은 후세에 하나의 '선례'를 남겼다. 물론 교황 측은 콩코르다가 엄연히 '국제조약'이기 때문에 국내법이 그것을 기각시킬 수는 없다고 선언했지만, 20년 후 독일의 연방 국가들도 교황과 콩코르다를 조인할 때는 국민의회라는 수단을 통해 협약을 유리하게 주도했기 때문이다.

나폴레옹 법전의 탄생
(1804년 3월 21일)

그때 세계는 -
1801 신유박해
1802 응우옌 왕조 성립

사람들은 나폴레옹의 업적을 논할 때 마렝고 전투에서 아우스터리츠 전투에[1] 이르기까지 과연 어떤 전투가 가장 위대한 승리인지 논하기를 좋아한다. 그러나 나폴레옹의 최대 업적은 단연코 그의 이름을 딴 법전의 제정이라고 할 수 있다. 나폴레옹 이전의 프랑스 법률 체계는 심각한 부조화를 이루고 있었다. 이 경우 '체계'라는 용어를 사용하기도 어려운데, 그 이유는 과거에 프랑스를 지배했던 법률망(法律網)이 체계적인 구조를 결여하고 있었기 때문이다. 구제도하의 프랑스의 각 지방들은 제각기 다른 법률에 의해 지배되고 있었다. 가령 프랑스 북부지방은 일반법(관습법)의 통치를 받았던 반면에, 프랑스 남부 지방은 로마법의 영향이 강했다. 그래서 볼테르는 "어떤 마을에서는 맞는 일이 다른 마을에서는 틀린다면, 이보다 더 비합리적이고 가공할만한 일이 있겠는가? 시민들이 각기 다른 법 아래 살아야 한다면 이보다 야만스러운 일이 또 있을까? 이 왕국을 여행할 때마다 우리가 말(馬)을 수시로 교

1　슬로바키아의 접경에 있는 체코의 도시 아우스터리츠는 1805년 나폴레옹이 러시아·오스트리아 연합군을 격파한 곳이다.

체하듯이 법률 제도도 바꾸어야 한다"라고 신랄하게 비판한 적이 있다.

이러한 갈등을 극복하고 보다 체계적인 일반법을 갖기 위해, 1804년 3월 21일 나폴레옹은 '나폴레옹법전 Code Napoléon'으로 알려진 프랑스 민법전을 제정·선포했다. 이 나폴레옹 법전에는 소위 계몽주의 사상에 입각한 프랑스 혁명에 대한 나폴레옹 자신의 이해와 해석이 상당히 많이 반영되어 있다. 나폴레옹 법전은 모든 봉건적인 지방의 관습들을 폐지하고, 모든 남성 시민들의 법 앞의 평

나폴레옹이 자신이 쓴 나폴레옹 법전을 조제핀 황후에게 보여주고 있다

등, 남성의 보통선거와 재산권 보호, 그리고 종교의 자유를 보장하는 등 프랑스 혁명으로부터 얻은 수확물들을 법적으로 보호하고 있다. 심지어 오늘날에도 나폴레옹 법전의 영향력은 건재하며, 이는 또한 유럽과 라틴아메리카의 많은 국가들의 민법전에도 지대한 영향력을 행사했다.

물론 나폴레옹법전의 시행 이전에도 법체계를 성문화하고 이를 통합하려는 시도가 여러 차례 있었지만 각종 이해와 갈등으로 실패하고 말았다. 그러나 혁명이 발발한 후, 이제 법의 통합은 의무사항이 되었다. 왜냐하면 교회권력의 탄압이나 귀족계급의 파괴 같은 거대한 사회 구조적인 변동이 있었기 때문이다. 1804년에 시행된 3권의 민법전은 사람, 재산, 상이한 재산 획득의 양식 등으로 나누어져 있다. 나폴레옹 법전은 자유주의와 보수주의, 또 혁명사상들의 혼합체다. 그래서 이 법전은 법적 평등과 세습적 특권의 폐지가 들어가 있는 반면, 식민지의 노예제도가 다시 재도입되고 여성의 권리가 박탈되는 등 여러 가지 모순점을 내포하고 있는 것으로 알려져 있다. 비록 법전이 혁명사상을 법제화시킨 것으로 찬양을 받기는 해도 나폴레옹법전의 전파 경위는 그야말로 모순 덩어리다. 이 나폴레옹법전은 전쟁이나 제국주의 등

가장 비민주적인 방식으로 유럽에 보급되었기 때문이다.

"내란은 외세의 개입을 부른다"라는 경구처럼, 처음에 프랑스를 침범해서 왕정을 복귀시키려던 나라들은 바로 인접 국가들이었다. 군인 출신으로 공화국의 지도자가 된 나폴레옹은 공격이 최상의 방어임을 누구보다 잘 알고 있었다. 그는 오늘날 경제제재의 효시 격인 '대륙봉쇄령'까지 내리면서 영국에 싸움을 걸었고, 그의 명령을 따르지 않는 국가들을 침략했다. 그 결과 수백만 명의 인명이 희생되었고 많은 합법적인 정부들이 전복되었다. 그러나 이러한 비극에도 불구하고, 그에게 유럽의 패권과 권력을 안겨준 군사 원정은 유럽 대륙에 새로운 빛을 가져왔다. 나폴레옹은 자신이 정복한 국가들에게 자신의 법전을 전파했고, 자유와 민주주의, 그리고 법이라는 새로운 레짐 régime(제도)을 소개했다.

과거에 프랑스에 정복당했던 국가들은 식민 사업을 통해 이러한 법전을 전파시키는 역할을 담당했다. 가령 네덜란드 정부는 네덜란드령 동인도에 [2] 이러한 민법체계를 수립했다. 나폴레옹의 이러한 법체계에 대한 유일한 경쟁국은 영국뿐이었다. 영국은 섬나라라는 입지적 조건과 강력한 해군력으로 프랑스의 침략을 막아내고, 이른바 '커먼 로우common law'라는 관습법을 세계에 퍼져있는 자국의 식민지 국가들에게 널리 전파시켰다.

"나의 진정한 영예는 내가 60번의 전투에서 승리했다는 데 있지 않다. 워털루 전투의 패배는 나의 모든 승리를 단숨에 앗아 가버렸다 그러나 나의 법전은 그 어떤 것에 의해서도 사라지지 않고 영원히 존재하리라."

- 나폴레옹 보나파르트

---

2 인도 · 인도차이나 · 타이 · 미얀마 · 말레이 군도 등의 총칭.

나폴레옹 대관식
(1804년 12월 2일)

1804년 12일 2일 일요일. 역사적인 대관식의 날은 춥고 궂은 겨울 날씨였다. 밤새도록 눈이 소복이 쌓였고 아침 8시까지도 계속 눈이 휘날렸다. 일꾼들은 재빠르게 삽으로 눈을 치웠고, 행사가 이루어지는 대로에도 모래를 깔았다. 나폴레옹이 탄 마차가 노트르담 성당에 닿았을 때 갑자기 구름 속으로 해가 반짝 비쳤다. 나폴레옹은 이를 매우 상서로운 징조로 여겼다.

쿠데타를 통해 프랑스의 일인자로 등극한 나폴레옹은 자신의 체제의 '정당성'을 확보하고, 혹시 반대파에 의해 자신이 시해당하더라도 그의 왕국만큼은 영속화시킬 목적으로 '제정'을 선포하기로 작정했다. 그래서 1804년 5월 18일 '세습 황제 나폴레옹 보나파르트'가 탄생한다. 나폴레옹이 엄선한 원로원의원들이 그가 프랑스의 세습 황제임을 선포했고, 이러한 신분상의 변화를 승인하기 위해 국민의회도 소집되었다. 11월 6일 조작된 국민투표의 결과가 발표되었다. 찬성 약 360만(99.93%), 반대는 단지 2,569명뿐이었다. 잠재적인 유권자들의 절반가량이 기권을 했다. 이즈음에 성대한 대관식의 준비가 착착 진행되고 있었으나 나폴레옹은 몇 가지 문제점들에 봉착하고 있었다.

나폴레옹의 대관식(다비드의 그림)

주저하는 교황

　프랑스 국왕들은 이른바 '신권(神權)에 의한 통치'를 주장해왔다(왕권신수설). 그래서 전통적인 프랑스 대관식의 하이라이트는 유서 깊은 랭스의 대성당에서 랭스 주교가 그리스도의 몸과 피를 상징하는 빵과 포도주로 행하는 축성식과 국왕에게 성유를 바르는 도유식이었다. 그러나 나폴레옹은 부르봉 왕가에서 쓰던 국왕이란 칭호를 '사자(死者)의 영광'으로 간주해서 그 상속자이기를 거부했고, 중세 유럽의 샤를마뉴 대제를 연상케 하는 '황제'라는 칭호를 선택했다. 자신의 통치와 신의 섭리의 연결고리가 갖는 상징적 가치를 잘 알고 있었던 나폴레옹은 대관식을 계획했지만 샤를마뉴처럼 로마에 직접 가는 것이 아니라 교황을 파리로 초청하기로 했다. 그렇지만 나폴레옹을 경계했던 비오 7세는 프랑스에 가기를 꺼려 했다. 나폴레옹은 교황에게 구걸도 하고 협박도 했으며, 자신의 삼촌인 추기경 조제프 페쉬Joseph Fesch(1763-1839)를 중재자로 내세워 교황과의 협상을 시도했다. 결국 교황 비오 7세는 마지못해 허락을 했다.

가족들의 반대

한편 나폴레옹의 가족들은 그의 처인 조제핀Joséphine(1763-1814)을 몹시 싫어했다. 그래서 그녀가 황후로 책봉되는 것을 결사반대했다. 나폴레옹이 자신의 누이들에게 대관식 때 조제핀의 거대한 벨벳으로 된 망토 자락을 들어 달라고 부탁했을 때 그들은 한바탕 소란을 떨었고 이를 거절했다. 그의 형인 조제프 보나파르트Joseph Bonaparte(1768-1844)도 역시 누이들 편에 가담해서 나폴레옹에게 거센 항의를 했다. 그러자 화가 치민 나폴레옹은 그들에게 모든 직함과 부를 빼앗겠노라고 협박을 했고 결국 그의 누이들은 항복했다. 한편 며느리가 못마땅했던 나폴레옹 어머니 레티치아Letizia는 나폴레옹의 동생 루시앵 보나파르트가 귀양 가있는 로마로 휑하니 가버렸다. 그래서 황제의 어머니는 대관식에 불참했지만, 다비드의 그림에서는 나폴레옹의 요청으로 레티치아의 모습이 어딘가에 등장한다.

행사의 지연

운명의 날이 밝기도 전에 파리의 시민들은 거의 다 깨어있었다. 실제로 수백, 수천 명의 사람들이 밤을 꼬박 새웠다고 한다. 척탄병과 추격병 6개 부대가 이미 새벽 5시부터 대기하고 있었지만 아무도 밀려드는 군중들을 통제하려고 나서는 이가 없었다. 아침 6시에 노트르담 성당 문이 열리자마자, 이미 동이 트기도 전에 성당 앞에서 장사진을 치고 있던 군중들이 우르르 몰려 들어갔다. 그들은 92명의 집표원들에게 9프랑짜리 티켓을 보여주면서 입장했고, 안으로 들어가자마자 전시대 같은 시설물을 넘어 다니면서 아직도 행사 준비로 바쁘게 일하는 스태프들을 방해했다. 적어도 1시간 반 정도 엄청난 혼돈과 무질서가 성당 안을 지배했다. 결국 건축가 퐁텐느가 나서서 늑장을 부리는 의전 팀 대신에 군대를 투입해서, 각 성당의 입구를 지키도록 명했다. 비록 몇몇 행상인들이 돌아다니며 롤빵과 소시지를 팔기는 했어도 구경꾼들은 행사가 시작될 때까지 대부분 추위와 배고픔에 떨어야 했다.

많은 귀부인들이 새벽 2시부터 머리 손질을 했고, 머리손질이 끝난 후에도 그들은 다른 몸치장을 위해 의자에서 조용히 자신의 순서를 기다렸다.

관을 든 나폴레옹

7시에 원로원의원들이 노트르담 성당을 향해 출발했다. 8시에는 국민의회, 국무 위원들, 최고법원의 고위법관들이 출발했다. 9시에는 제임스 먼로James Monroe(1758-1831)같은 외교사절이나 외교관들이 출발했다. 물론 영국, 러시아, 오스트리아 대표는 참석하지 않았다. 9시에 교황이 출발했다. 추기경과 수행 성직자들을 가득 태운 6대의 마차가 교황의 뒤를 바싹 따랐고 네 개의 용기병 부대들이 그들을 호위했다. 그리고 뒤이어 파리의 군정장관이자 나폴레옹의 누이동생 카롤린의 남편인 조아킴 뮈라가 이끄는 마차들이 도착했다.

드디어 10시에 나폴레옹과 조제핀이 튈르리 궁을 출발했다. 황제 부부의 안전을 위해 거리마다 군대가 배치되었는데 그 인원이 8만 명에 달했다. 밀려든 인파와 예기치 않았던 사고의 발생으로 도착은 상당히 지연되었다. 11시 45분이 되어서야 나폴레옹은 겨우 노트르담 성당에 입장할 수가 있었다. 드디어 교황 비오 7세가 미사를 시작했다. 그는 전통대로 나폴레옹의 머리, 팔, 손 등에 성유를 발라주었다. 샤를마뉴 대제는 교황이 황제의 관을 씌워주기까지 가만히 앉아 있었는데 나폴레옹은 교황으로부터 관을 받아서 제 손으로 머리에 쓰고, 이제 울음을 터뜨리기 시작한 조제핀에게도 관을 씌어주었다. 이는 나폴레옹의 즉흥적 제스처나 교황의 의도적인 무시도 아니었다. 그것은 교황과 오랫동안 논의 끝에 결정된 사항이었다. 나폴레옹은 자신의 권력이 교회에서 온 것이 아니라는 것을 입증하기 위해 이런 대담한 시나리오를 취했던 것이다.

당시 경찰은 파리에 2백만 정도의 군중들이 모여든 것으로 추정했다. 대관식에 이어 축제는 궁정에서도 파리에서도 지방에서도 10여 일이나 계속되었다. 수백 개의 교회당 종소리가 널리 울려 퍼졌고, 불꽃놀이 축제와 무도회,

그리고 거리마다 흥겨운 댄스파티가 열렸다. 이 축제 말고도 또 다른 축제와 행사가 2주간 이어졌다. 축제비용은 총 8백5십 만 프랑이었는데 황실과 국고에서 모든 비용이 지불되었다. 하지만 이때 오스트리아의 비엔나에서는 혁명적 해방군으로서의 프랑스군과 혁명적 영웅으로서의 나폴레옹을 찬미하는 제3번 교향곡 〈영웅〉를 작곡하던 베토벤이 황제 나폴레옹에 관한 소식을 듣자 실망한 나머지 나폴레옹에 대한 헌사를 찢어버린다. 그리고 나폴레옹은 축제 분위기 속에서도 홀연 긴장했다. 그의 제국에 대한 새로운 위협인 제3차 대불 동맹에 관한 소식이 전해지고 있었기 때문이다. 나폴레옹은 전쟁과 제국을 통해서 이른바 '보나파르트 식 국가'를 수립했으나, 결국 프랑스에 대항한 유럽의 열강 세력에 의해 패하고 프랑스는 다시 왕정복고를 맞이하게 된다. 그러나 나폴레옹은 자신이 폐위되고 세인트헬레나 섬으로 귀양 간 후에도 여전히 이 '프랑스 황제'라는 칭호를 고집했다.

⚜

"그대는 보나파르트가 정녕 국가의 안녕과 공적인 자유를 회복할 것이라고 말하는 거요?"

- 프랑스 수학자·정치인 라자르 카르노Lazare Carnot(1753 -1823)

"나는 프랑스 왕관이 땅에 떨어져 있는 것을 보았소.
그래서 나는 그것을 나의 무기로 건져 올렸다오."

- 황제 나폴레옹

트라팔가르 해전
(1805년 10월 21일)

그때 세계는 –
1805 이집트, 무함마드 알리 집권

새로 프랑스 황제가 된 나폴레옹에게 1805년 10월, 적어도 10월 20일까지는 그야말로 풍요로운 결실의 날들이었다. 전장에서 다년간 혁혁한 공을 세운, 유럽 최강의 베테랑 군인들과 원수들로 구성된 나폴레옹의 대육군Grande Armée은 영국, 스웨덴, 오스트리아, 러시아, 독일연방 국가들로 결성된 제3차 대불 동맹군을 격파하느라고 정신없이 분주했다. 나폴레옹의 권세가 어찌나 하늘을 찔렀던지 영국의 부제독 허레이쇼 넬슨Horatio Nelson(1758-1805)조차도 다음과 같이 한탄했을 정도였다. "과연 여태껏 이 코르시카인 만큼 보편적인 왕조의 실현이 거의 목전까지 도래한 자가 있었던가!" 나폴레옹도 자기편의 동맹이 없었던 것이 아니었다. 스페인의 주도 하에 바이에른, 뷔르템베르크 같은 독일연방국들이 프랑스와의 동맹에 참가했다. 10월에 나폴레옹은 자신의 가장 위험한 대륙의 적인 오스트리아와 러시아 쪽으로 향했다. 프랑스 육군은 10월 오스트리아군을 물리치고, 수도 비엔나를 점령했다. 그리고 오스트리아를 구원하러 온 러시아의 알렉산드르 1세Alexander I(1777-1825)의 군대가 오스트리아의 프란츠 2세Franz II(1768-1835)의 군대와 합류, 12월 2일 프랑스군과 격돌하여 아우스터리츠Austerlitz 전투를 치르게 된다. 나폴레옹의

트라팔가르 해전

교묘한 작전 덕분에 프랑스군은 완승을 거두었고, 오스트리아는 프레스부르크Pressburg 조약을 체결하여 항복을 선언했다. 나폴레옹이 황제로 즉위한 지 딱 1년 만의 성과다. 이 전투는 3명의 황제가 한 전장에 모였기 때문에 '3황제 회전'이라고도 불린다. 오스트리아와 러시아 두 나라를 혼자서 능히 제압한 프랑스 육군의 명성은 가히 전 유럽에 울려 퍼지게 되었다. "제군들은 승리의 개선문을 통해 집으로 돌아가게 되리라!" 나폴레옹은 이 날 전투에서의 승리를 기념하기 위해 파리에 '개선문'을 세우도록 명했다. 승리하는 동안에만 국민들이 열광적으로 환호한다는 사실을 정확히 간파했던 나폴레옹은 자신을 믿고 따르는 병사들에게 영광을 주고 자신의 업적을 홍보하기 위한 선전물이 필요했던 것이다. 그래서 옛 로마에서 승전한 장군과 군대가 돌아올 때 개선문을 만들어 환영하던 전통을 그대로 따랐다.

서유럽의 대부분을 제패한 나폴레옹은 자신의 제국을 동쪽으로 더 넓히고, 영국을 정복하고자 했으나 이는 트라팔가르 전투의 패배로 인해 일장춘몽이 되고 말았다. 1805년의 영국 해군은 그야말로 '세계의 경이'였다. 당시에 영국 해군만큼 규모가 큰 해군은 없었다. 제3차 대불 동맹이 결성되었을 때 이미 나폴레옹은 영국을 침략할 계획을 세우고 있었고, 이 작전의 성공을 위해서는 반드시 영국해협을 장악할 필요가 있었다. 그래서 그는 툴롱의 부제독 피에르 드 빌뇌브Pierre de Villeneuve(1763-1806)에게 넬슨의 봉쇄를 피해서 카리브 해의 스페인 해군과 접선하라는 명령을 내렸다. 빌뇌브는 툴롱 함대를 이끌고 스페인 해군과 합류하여 영불해협을 장악하는 막중한 임무를 맡았으나 나일 해전[3] 이후 영국 해군에 대한 두려움을 보였던 그는 영국군을 피해서 스페인 서남부, 대서양에 면한 카디스 항으로 가면서 나폴레옹의 작전은 무산되고 말았다. 빌뇌브는 33척의 전함을 소유하고 있었으나, 그의 수하들은 인력도 경험도 부족했다. 대혁명을 거치면서 프랑스는 유능한 해군 장교들을 잃었고 새로이 그 자리를 차지한 나폴레옹의 하수인들은 대규모의 함대를 운용할 능력 자체가 없었다.

나폴레옹은 빌뇌브를 경질하고 그의 후임으로 로실리François de Rosily-Mesros (1748-1832) 제독을 카디스로 보냈으나 빌뇌브는 로실리가 도착하기 3일 전 함대를 이끌고 지중해를 떠나게 된다. 그러나 빌뇌브는 넬슨의 함대가 기다리고 있다는 사실에 다시 카디스로 돌아가려 하지만 넬슨의 함대는 트라팔가르 곶에서 프랑스 스페인 연합함대를 기다리고 있었다. 27대의 전함과 4대의 프리깃함[4]을 이끌고 빌뇌브를 추격해 온 넬슨은 대항해 시대에 자주 일어났던, 언제 끝날지도 모르는 지지부진한 싸움 대신에 결정적인 승리를 노렸다. 그러기 위해 넬슨은 전통적인 전열 대신에 27척의 함대를 두 열로 나누어, 한 열은 중앙으로, 다른 한 열은 후미에서 적을 기습하는 작전을 세웠다. 드디어 11시경 넬슨의 함대는 프랑스 스페인 연합군을 향해 돌진했다. 45분 후에 넬슨은 통신장교에게 "영국은 제군이 각자 의무를 다하기를 기대한다"라는 신호를 게양하도록 명했다. 넬슨의 기함이 르두타블Redoubtable

---

3 나일 해전(1798년 8월 1-2일)은 넬슨의 지휘하의 영국 해군이 이집트에 주둔하던 나폴레옹의 프랑스 해군을 격침시킨 사건이다. 프랑스군의 손해는 약 1,700명이 전사하고 약 3천명이 포로로 사로잡힌 것으로 평가된다. 영국군은 218명이 전사했다.

4 프리깃함(艦)은 상중(上中) 두 갑판에 포를 장비한 목조 쾌속 범선을 가리킨다.

개선문(1840년)

과 얽혔을 때, 넬슨은 프랑스 해병에게 왼쪽 어깨에 총을 맞았다. 제독은 그
자리에서 쓰러졌고 전쟁이 끝나기 30분 전에 사망했다. 그는 갑판에 쓰러지
며 "그들은 결국 성공했다. 나는 죽는다!"라고 외쳤다. 넬슨이 간신히 목숨을
부지하고 있는 동안 그의 함대는 우두머리인 빌뇌브를 위시하여 프랑스 스
페인 연합군 함대를 무찔렀다. 해전이 끝나갈 무렵에 넬슨은 오후 4시 반경
에 사망했다. 영국의 역사에서 가장 위대한 해전인 트라팔가르 전투에서 넬
슨은 18척의 배를 파괴했다. 반면에 프랑스 측은 3,243명이 사망, 2,538명이
부상을 당했고, 7천 명이 포로로 붙잡혔다. 영국군은 배를 잃지는 않았지만
1,500명의 해군이 목숨을 잃거나 부상을 당했다. 넬슨의 마지막 유언은 이랬
다. "이제 나는 만족한다. 신께 감사드린다. 나는 내 임무를 다 완수했다." 넬
슨은 조국의 구원자로 칭송을 받았다. 런던의 트라팔가르 광장에는 그의 동
상이 세워졌으며 그를 기리기 위해 그의 이름을 딴 거리들이 수없이 많은 반
면에, 오늘날 프랑스에 나폴레옹 이름을 딴 거리는 파리에 단 하나 있을 뿐
이다. 트라팔가르 해전 이후 프랑스는 영국 해군의 심각한 도전이 될 수 없
었다. 그러나 넬슨의 해전의 성공에도 불구하고 제3차 대불 동맹은 울름과
아우스터리츠의 승리 덕분에 나폴레옹에게 유리하게 전개되었다. 그래서 많

은 사가들은 트라팔가르 전투의 중요성에도 불구하고, 과연 나폴레옹전쟁의 운명이 트라팔가르 곳에서 결정된 것인지 아니면 워털루 전장에서 판가름 난 것인지에 대하여 열띤 논쟁을 벌였다.

한편 넬슨의 영국 함대에게 대패하고 자신의 부하 200명과 함께 포로로 붙잡힌 빌뇌브는 넬슨의 장례식도 참가했으며, 1805년 말 석방되어 프랑스로 귀국했다. 그는 다시 군대 복귀를 희망했으나 그의 요청은 당연히 묵살되었다. 1806년 4월 22일 빌뇌브는 프랑스 도시 렌Rennes의, 하필이면 '조국(祖國)Hôtel de la Patrie'이라는 이름의 여관에서 죽은 채로 발견되었다. 심장에 하나, 왼쪽 허파에 여섯 개의 칼자국이 나 있었는데, 사인은 자살로 판명되었다. 나폴레옹이 자신에 대한 실망이 큰 것을 알고 빌뇌브가 결국 자살했다는 얘기인데, 당시 영국 신문들은 나폴레옹이 빌뇌브의 살해를 명했다는 소문이 파다하다며 이를 조롱했다. 역사가들도 역시 빌뇌브에 대한 평가가 인색하기 이를 데 없었다. 1911년 영국의 백과사전에 따르면, 빌뇌브는 그의 패배가 불가피하다는 사실을 인지하고 있었다. 그럼에도 불구하고 그가 단독으로 전장에 나갔던 것은 자신이 경질된 것을 미리 알고 있었기 때문이다. 그것은 그의 자만심에 씻을 수 없는 상처를 안겨주었다. 그러나 트라팔가르의 패전에도 불구하고 그의 이름이 개선문에 새겨져있다는 것은 정말 아이러니다. 1807년 여름 나폴레옹은 '유럽의 평화를 회복한 자'라는 새로운 명성을 얻고 이 개선문을 통해 파리에 당당히 입성했다. 그에게 남은 적은 단 하나, 영국뿐이었다.

"신사 여러분, 만일 적이 실수를 저질렀다면, 우리는 너무 빨리 그를 막아서는 안 된다오."

- 영국 해군 제독 허레이쇼 넬슨Horatio Nelson(1758-1805)

"제군들은 승리의 개선문을 통해 집으로 돌아가게 되리라!"

- 나폴레옹

보로디노 전투:
나폴레옹의 러시아 원정(1812년 9월 7일)

그때 세계는 -
1811 홍경래의 난
1811 베네수엘라 독립선언

1812년의 봄까지만 해도 나폴레옹은 유럽의 지배자였다. 과도한 자부심 때문에 나폴레옹은 러시아를 침공할 계획을 세웠으나, 그 참혹했던 결과는 너무도 잘 알려져 있다. 러시아인들은 그들의 영토를 시간과 맞바꾸었다. 제 국의 광활한 영토와 혹한의 겨울, 굶주림이 한때 영광스러웠던 나폴레옹 군 대를 초토화시킨 셈이었다. 나폴레옹은 70만 대군을 이끌고 러시아에 진격 했으나, 퇴각할 때는 겨우 10만 정도의 군사들밖에 남지 않았다. 1811년 알 렉산드르 1세는 나폴레옹과 동맹관계였으나 중부 유럽 쪽으로 진출할 야심 을 품고 있었던 그는 대륙봉쇄령을[5] 거부했다. 게다가 영국과의 교역이 국가 경제의 상당수를 차지했던 러시아는 피해가 심해지자 1810년 봉쇄령 협력 을 파기하고 영국과의 무역을 재개하지 않을 수가 없었다. 이에 분노한 나폴 레옹은 러시아 원정을 강행했지만, 러시아의 청야전술과 혹독한 기후를 견 디지 못하고 대패를 당해 결국 나폴레옹은 몰락의 길을 걷게 된다.

---

5 대륙봉쇄령은 프랑스 제국과 그 동맹국의 지배자였던 나폴레옹 1세가 당시 산업혁명이 진행 중인 영국을 봉쇄한 뒤 프랑스와 통상을 맺게 하여 유럽대륙의 경제를 지배하기 위해 내놓은 경제 봉 쇄령이다.

러시아의 네멘 강을 건너는 나폴레옹의 대 육군

　러시아는 국경지대에 군대를 집결시켰다. 그러자 나폴레옹은 러시아 대사에게 다그쳐 물었다. "도대체 이것이 무엇을 의미하는 것인가? 러시아는 과연 짐으로부터 무엇을 원하는가?" 그러나 전쟁을 개시하기는 쉬워도 막상 끝내기는 어려운 일이다. 나폴레옹은 여러 자문관들의 충고를 무시한 채, 1812년 6월 24일 러시아를 침공했다. 이탈리아인, 폴란드인, 프랑스인 등 그의 제국에서 모여든 군인들의 수는 자그마치 70만 명으로 역사상 이렇게 많은 군대가 한꺼번에 소집된 적은 거의 없었다. 그러나 프랑스 군인의 수는 30만 정도밖에 되지 않았다. 나폴레옹은 단 20일 만에 전투가 끝날 것이라고 호언장담을 했다. "짐은 알렉산드르를 잘 안다. 나는 그에게 상당한 영향력을 행사했다. 그러나 만일 그게 아니라면 영국에 대한 내 증오심 아래서 러시아가 완전히 박살 나는 운명을 맞이하기를!" 자신이 '운명을 지배하는 사람'이라고 굳게 믿었던 나폴레옹은 러시아를 능히 패배시킬 수 있을 거라고 확신했다. 나폴레옹은 적을 신속히 섬멸시키기를 원했으나, 러시아의 노련한 명장 미하일 쿠투조프Mikhail Kutuzov(1745-1813)가 이끄는 러시아제국군은 그들보다 숫자가 두 배나 많은 나폴레옹 군대와 정면으로 맞서 싸우려 들지 않았다. 러시아 군대는 후퇴하기 시작했다. 그러나 후퇴하면서 그들은 모든 것을 방화함으로써 나폴레옹 군대의 힘을 약화시켰다. 또한 배후에 남겨진 코

사크 기병들은 나폴레옹 군대의 후미와 측면을 재빨리 공격하고는 쏜살같이 달아나버렸다. 또한 러시아의 무더운 여름 날씨는 나폴레옹 병사들을 지치고 병들게 했다. 그래서 하루에 5천 명이 도주할 정도로 군대 이탈 현상이 심각했다. 두 달이 지났을 때, 즉 나폴레옹이 전투를 개시하기도 전에 15만의 병사들이 이미 전투력을 상실했다. 특히 많은 외국 병사들이 탈영했다. 그들은 프랑스인이 아니었기 때문에 나폴레옹에게 특별히 충성을 바칠 이유가 없었다. 그들이 참전했던 이유는 단지 그들의 국왕이 나폴레옹과 동맹을 맺었기 때문이다.

드디어 여름이 끝나자 러시아제국군은 모자이스크 서쪽 보로디노Borodino의 마을 교차로에서 그들의 적과 대면했다. 러시아의 신성한 도시 모스크바가 위험에 빠졌다. 드디어 9월 7일의 아침 짜르의[6] 군인들은 "이것은 신의 의지다!"라고 제창을 하면서 전쟁을 준비했다. 그들은 러시아를 위해 기꺼이 죽을 각오가 되어있었다. 모두가 이날을 '신성한 날'로 간주했다. 그들은 위대한 목적을 위해 죽으러 가는 것이다. 러시아에는 죽기 전에 깨끗한 속옷을 입는 전통이 있었다. 그들은 모두 희고 깨끗한 속옷을 갈아입고 전쟁에 나갔다. 이 보로디노의 전투는 그야말로 잔인한 난타전이었다.[7] 나폴레옹은 이전의 섬세하고 정교한 전략을 무시한 채, 자신의 대군을 러시아 군인들 속에 무작정 밀어 넣었다. 양측 군대는 마치 아귀처럼 달려들어 상대방을 죽였기 때문에 엄청난 사상자를 냈다. 양쪽 합쳐 25만에서 35만 명의 군대가 뒤엉켜 싸운 끝에, 최소한 7만 명의 사상자가 생겼다.[8] 대략 나폴레옹의 병사 1/3이 죽거나 다쳤고, 러시아군의 피해는 이것보다 훨씬 컸지만 러시아의 거대한 인구는 이를 원래 위치로 되돌려 놓았다. 전투는 새벽 6시 반에 시작되어 오후 3시경에야 끝났다. 양쪽 다 기진맥진한 상태였다. 러시아제국 군은

---

6 짜르는 러시아나 불가리아 등 정교회 슬라브족의 군주 칭호다.

7 보로디노 전투는 1812년 9월 7일 러시아 원정 중 하루 동안의 전투에서 가장 거대하고, 많은 피를 흘렸던 전투다.

8 제1군단장 루이-니콜라 다부Louis-Nicolas d'Avout(1770-1823)는 적의 좌익에 주력을 집중할 것을 제안했으나 묵살 당했고 평소의 나폴레옹답지 않게 진행되었던 혼전은 러시아 4만, 프랑스 3만, 도합 7만에 이르는 손실을 입고 종식되었다.

작전회의에서 나폴레옹에게 모스크바를 열어주기로 결단을 내리는 쿠투조프 (왼쪽)

나폴레옹 황제의 군대에 대항해서 죽기를 각오하고 싸웠고, 그 다음날 나폴레옹이 혼자서 승리를 선포하도록 내버려 둔 채 퇴각을 했다. 모스크바는 이제 나폴레옹의 수중에 놓이게 되었지만 러시아는 평화조약을 거부했다. 9월 14일 나폴레옹 군대가 모스크바에 입성했을 때 도시는 완전히 버려진 상태였다. 그날 밤 모스크바는 불타기 시작했다. "바다의 거대한 파도처럼 붉게 타오르는 불꽃의 산이여! 그것은 여태껏 세계가 보지 못했던 가장 위대하고 장엄하며 무서운 광경이었노라!" 나중에 나폴레옹은 모스크바의 대화재를 이렇게 묘사했다. 러시아인들은 그들 스스로 모스크바를 불태웠고, 그것은 나폴레옹 군대에 대한 최악의 치명타였다. 나폴레옹은 모스크바를 점령하면 알렉산드르 1세가 강화를 맺을 것이라 판단해서 세 번이나 항복을 권유했지만 알렉산드르 1세는 묵묵부답으로 일관했다. 나폴레옹은 더 이상 모스크바에 머무를 수가 없었다. 10월 19일 드디어 퇴각의 명령이 떨어졌다. 그러나 원거리 행렬, 식량보급의 결핍, 또 빨리 찾아온 러시아 겨울의 혹한의 날씨는 나폴레옹 군대의 퇴각을 문자 그대로 '비극'으로 바꾸어 놓았다.

1812년 11월 23일 나폴레옹 군대가 강둑이 눈과 얼음으로 뒤덮인 베레지나Berezina 강을 통과할 때, '러시아 땅의 마지막 프랑스인'으로 알려진 미셸네Michel Ney(1769-1815)원수의 후위 부대는 가까스로 전멸을 피했다. 그래서

당시에 '베레지나'라는 용어는 '패주' 또는 '쓰라린 실패'라는 말과 동의어로
도 통했다. 나폴레옹의 대 육군이 러시아 국경을 통과할 무렵에는 인명 손실
이 거의 50만 명에 달했다. 나폴레옹 군대는 러시아군에 의해 죽임을 당하거
나 전쟁 포로로 붙잡혔다. 전쟁의 참화는 거의 만회하기 어려운 수준에 도달
했다.

⚜

"짐이 싸운 60번의 전투 중, 보로디노의 전투가 가장 끔찍했었다.
전투에서 프랑스군은 그들이 승리의 자격이 있다는 것을 보여주었지만,
러시아 또한 그들이 쓰러지지 않을 자격을 얻었노라."

- 나폴레옹

"나폴레옹은 우리가 저지할 수 없는 하나의 급류다.
모스크바는 그를 말리고 빨아들이는 스펀지 역할을 하게 되리라."

- 러시아 원수 미하일 쿠투조프

비엔나 회의의 최종 의정서
(1815년 6월 9일)

비엔나 회의는 유럽에서 가장 중요한 국제 정상 회담 중 하나다. 덕분에 음악의 도시 비엔나의 경쾌한 무도회와 왈츠는 가히 국제적인 명성을 얻게 되었다. 이때 '왈츠의 왕' 요한 슈트라우스의 아버지 요한 슈트라우스 1세 Johann Strauß I(1804-1849)가 오케스트라의 연주를 담당했다. 1814년 11월에서 1815년 6월까지 비엔나는 '세계의 중심'이 되었다. 이 비엔나 회의는 열강 간의 여러 가지 이해와 갈등을 조정하고, 거의 40년간 평화의 시대를 이룩하는데 기여했으나, 역사의 수레바퀴를 거꾸로 역행시키려 했다는 부정적인 평가를 받고 있다. 비엔나회의는 프랑스 혁명과 혁명의 민주주의, 자유, 평등사상을 배척했으며, 소위 '3월 혁명 전시대Vormärz'(1815-1848)로의 시동을 걸었다. 결국 이러한 반동적인 비엔나 체제는 1848년 3월 혁명 발발로 인해 무너지게 되었다.

비엔나 회의는 일종의 '문화올림픽' 행사였다. 9개월 동안 비엔나는 유럽 각국에서 온 200명의 외교사절과 대표들을 극진히 영접했다. 그리하여 나폴레옹 제국의 분할을 결정하기 위해 모여든 명사들의 허영심과 비위를 맞추기 위해, 날마다 성대한 무도회와 사교 이벤트가 벌어졌다. 오스트리아의 외

비엔나 회의. 왼쪽에서 6번째 인물이 오스트리아의 재상 메테르니히다.

상 클레멘스 폰 메테르니히Klemens von Metternich(1773-1859)의 주재 하에 오스트리아, 프로이센, 영국, 러시아는 나폴레옹 전쟁 이후 유럽의 재편성을 논의했다. 그러나 각국의 복잡한 이해타산에 의한 대립 때문에 러시아와 프로이센이 한 팀이 되고, 영국과 오스트리아가 다른 한 팀이 되어서 싸우는 동안, 이 혼란을 틈타서 패전국 프랑스가 교묘히 이 국제회의에 참가해 어부지리를 노렸다. 이 비엔나 회에 참석한 프랑스 대표는 귀족 출신이면서 교활하기 짝이 없는 정치인 탈레랑이다. 나폴레옹으로부터 '자기 아비까지 팔아먹을 배덕자'라는 혹평을 들었던 탈레랑은 나폴레옹이 실각하자, 나폴레옹 타도에 적극적으로 활약했던 알렉산드르 1세를 설득시켜 프랑스에 부르봉 왕조를 부활시키고 그 대가로 프랑스의 수석대표가 되어 비엔나 회의에 참석하는 놀라운 외교적 수완을 발휘했다.[9] 이때부터 비엔나 회의의 중심세력은 프랑스까지 5개국이 되고, 비엔나 회의는 5개국의 회의나 다름없게 되었다.

각국의 정상들은 전통적인 왕권의 복권(정통주의)과 유럽 대륙에서 또 다른 혁명을 결단코 저지해야 한다는 것에는 두말없이 동의했지만, 저마다 자국의 이해관계에 얽힌 문제들을 협상 테이블 위에 내놓았다. 강대국들은 제각

9 나폴레옹 밑에서 외상까지 지냈던 그는 이제 루이 18세의 대표가 된 것이다.

회의는 춤춘다. 그러나 진전되지는 않는다. 가운데 3인이 오스트리아, 러시아, 프로이센의 군주를 나타낸다(비엔나회의에 대한 풍자화)

기 약소국가들을 희생시켜서 더욱 강대해지려고 하지만, 여기에도 '세력균형'의 원리가 작용하여 서로 견제하려 했기 때문에 강대국 사이의 대립이 격화되었다. 메테르니히는 이들의 대립을 완화하고, 또 지리멸렬해하는 제3세계 대표들을 위로하는 차원에서 툭 하면 열병식, 연극 관람, 무도회 따위를 열었다. 그래서 회의가 열리는 날보다 향락의 날들이 더 많았다. 그래서 오스트리아령 네덜란드 장군이자 노작가인 샤를 조제프 드 리뉴Charles Joseph de Lingne(1735-1814)가 한마디 했다. "회의는 춤춘다. 그러나 조금도 진전되지는 않는다Le Congrès ne marche pas, il danse!"

1815년 초 폴란드와 작센 때문에 격화된 대립은 러시아와 프로이센에 대항한 영국, 오스트리아, 프랑스 등의 비밀동맹으로 발전, 한때 회의는 결렬되는 위기에 봉착했다. 그러나 바로 이때 위기를 해소시켜 준 것은 아이러니하게도 이 회의에 참석한 열강에 의해서 엘바 섬에 추방되어 있던 영웅 나폴레옹이었다. 그가 엘바 섬을 탈출해서 1815년 3월 1일 남프랑스의 칸느 근처에 상륙해서 곧장 파리로 진격하고 있다는 마법 같은 뉴스가 삽시간에 전해졌다. 그러자 각국의 정상들은 이제 한시바삐 나폴레옹의 재기에 대한 대비책을 마련해야 했다. 3월 13일 영국, 오스트리아, 프로이센, 스웨덴, 네덜란드, 스페인, 포르투갈 등 8개국은 메테르니히의 주선으로 연합해서 공동선언을 발표하고, 나폴레옹을 타도하기 위한 통일전선을 결성했다. 또한 러시아와 프로이센이 내놓은 타협안에 메테르니히가 먼저 찬성하고, 뒤이어 영국과 프랑스가 찬성했다. 이 찬성의 결과가 바로 1815년 6월 9일 조인된 '비엔나 회의 최종 의정서'인데 이 의정서의 조인은 러시아, 프로이센, 영국, 오스트리아, 프랑스 등의 5개국 대표자 비밀회의에서 급히 행해지고, 그 밖의 약소국가 대표들은 다시 춤이나 추면서 불평을 억제하고 있었다. 유럽 대륙을 재분할하는 이 최종 의정서는 총 17개의 조약으로 이루어져 있는데, 나폴레옹전쟁 당시에 민중들의 가슴속에 싹튼 민족주의나 자유주의에 대한 열망은 완전히 무시되고 있었다. 힘없는 약소국들은 강대국에 흡수·통합되었고, 이른바 유럽의 새로운 '균형'이 프로이센, 오스트리아, 러시아, 그리고 '프랑스 완충국'이 된 프랑스 주변국들 간의 '신성동맹'의 서약에 의해 보장되었다.[10]

그러나 메테르니히가 주도한 이 비엔나 체제의 정통주의 및 세력균형의 원칙은 미래에 대한 비전을 기초로 하지 않았기 때문에 단지 회의 결과는 전통적인 지배권의 재확인에 그쳤을 뿐만 아니라, 이런 '묵은 돌'에 의한 재건은 또 다른 전쟁과 혁명을 일으키는 불씨가 되었다. 한편 나폴레옹이 워털루 전투에서 다시 패배하여 완전히 몰락, 미국으로 망명하려다 못하고 영국 해군에 항복해서 멀리 남 대서양의 세인트헬레나 섬으로 유배된 것은 문제의 비엔나 회의 최종 의정서가 조인된 직후의 일이다.

✤

"외교관이 '예'라고 말하면 그것은 '아마도'라는 의미다. 외교관이 '아마도'라고 말하면 그것은 '아니다'라는 의미다. 그러나 '아니다'라고 말하는 외교관은 외교관이 아니다."

- 프랑스 외교관 탈레랑

---

10 신성 동맹은 1815년 9월 26일, 프랑스 파리에서 러시아와 오스트리아, 프로이센 간에 체결된 동맹이다. 영국에도 제안되었지만, 영국은 자신들의 전통적인 외교정책을 고수하며 참가를 거부했다.

DIGEST 61 FRANCE

워털루 전투:
나폴레옹 최후의 전투(1815년 6월 18일)

지금으로부터 약 200년 전 벨기에의 작은 마을 워털루 근처에서 벌어진 '9시간의 유혈극'은 세계사의 흐름을 완전히 바꾸어놓았다. 1815년 6월 18일 영국, 네덜란드, 벨기에, 독일 군인들로 이루어진 대불 동맹군은 프랑스 장군이며 황제인 나폴레옹 보나파르트의 유럽 제패의 시도를 좌절시켰다. 이 워털루 전쟁은 무려 5백만 명의 인명을 희생시킨 '나폴레옹전쟁(1813-1815)'의 종지부를 찍은 사건이다.

1815년 2월 말 유럽은 충격적인 소식을 들었다. 나폴레옹이 대담하게도 엘바 섬을 탈출해서 프랑스를 향해오고 있다는 것이 아닌가! 그가 탈출했다는 소식에 모두들 프랑스의 제국주의적인 팽창이 재개되거나 유럽 전역이 또다시 전쟁의 소용돌이에 휘말리게 되지나 않을까 몹시 두려워했다. 나폴레옹을 '공동의 적'으로 간주하는 오스트리아, 영국, 러시아, 프로이센 등은 곧 전쟁을 준비했다. 나폴레옹은 새로운 군대를 편성하고, 동맹군이 서로 힘을 합쳐 자신을 총공격하기 전에, 하나씩 개별적으로 날랜 선제공격을 가하기로 작정했다. 1815년 6월 나폴레옹의 군대는 영국군과 프로이센군이 각기 따로 주둔하고 있는 벨기에로 행군했다. 6월 16일 리니Ligny 전투는 나폴레옹이 승리한 마지막 전투였다. 나폴레옹은 게프하르트 폰 블뤼허Gebhard von Blücher(1742-1819)원수가 이끄는 프로이센 군대를 물리쳤으나 그들을 완전히 괴멸시키지는 못했다. 이틀 후인 6월 18일 나폴레옹은 그의 군대 7만 2천 명을 이끌고, 워털루 마을 근처에서 야영하고 있는 6만 8천 명의 영국군을 향해 진격했다. 벨기에인, 네덜란드인, 독일군이 포함되어 있는 영국군을 총지휘했던 인물은 바로 스페인·포르투갈의 반도전쟁(1807-1814)에서 단 한 번도 패배하지 않은 것으로 유명한 아서 웰즐리Arthur Wellesley, 즉 웰링턴 공작 Duke of Wellington(1769-1852)이었다. 그때까지 그는 나폴레옹 본인과는 한 번도 싸워본 적이 없었는데 이 워털루 전투에서 나폴레옹을 패배시킴으로써 그의 명성은 오늘날까지도 이어지게 되었다. 웰링턴은 워털루에서 능선 뒤에 보병을 감추고 능선 위에는 포병대만 늘어놓는 지루한 '방어전법'으로 결국 나폴레옹을 패배시켰다. 어쨌든 웰링턴은 수비 전술로도 승리할 수 있다는 것을 증명해 보였으나, 만일 블뤼허의 원군이 없었다면 패배했을 지도 모른다. 나폴레옹은 웰링턴을 무찌르고 벨기에를 차지하기 위해 프로이센군과 영국군을 분리시키는 각개격파 작전을 세웠으나, 그가 저지른 결정적 실수는 지난밤의 폭우로 침수된 땅이 마르기를 기다리느라 공격명령을 정오까지 미루었다는 점이다. 그러는 사이 3만 명 정도로 추산되는 블뤼허의 잔존 부대가 워털루에 도착할 수 있는 시간을 벌어주었던 셈이다. "밤이나 프로이센군이 우리를 구하리라!" 웰링턴은 절망적으로 블뤼허 장군의 도착만을 기다렸다. 드디어 오후 4시경부터 블뤼허의 군대가 플랑스누아Plancenoit와 파프로트Papelotte 마을에서 프랑스 군의 측면을 공격하기 시작했다. 비록 나폴레옹 군대는 영국군에게 강공을 퍼부었으나 프로이센군의 도착은 프랑스군의 사기를 꺾고, 전세를 불리하게 역전시켰다. 결국 나폴레옹의 군대는 대혼란 속에서 퇴각할 수밖에 없었다. 벨기에 출정 기간 중에 피로가 누적되고 건강이 허약해진 나폴레옹은 작전상의 실수를 범했고 우유부단하게 행동했다. 또한 6월 16일 카트르 브라Quatre Bras 전투에서 어처구니없는 실수를 범한 미셸 네Michel Ney(1769-1815) 같은 지휘관들을 부적절하게 임명했다는 비난을

워털루 전쟁

받았다.[11] 궁극적으로 워털루 전투는 나폴레옹시대의 대단원의 막을 내린 사건이다. 나폴레옹은 회한의 눈물을 흘리면서 말을 타고 전장을 떠났다고 전해진다. 그래서 오늘날 영미권에서 "워털루를 만나다"라는 표현은 결정적인 패배나 좌절을 의미하는 용어가 되었다.

1815년 6월 22일 나폴레옹은 다시 폐위되었고, 그 해 10월에 멀리 남 대서양의 영국령 세인트헬레나 섬으로 유배당했다. 이른바 '세계의 지배자'가 되기를 원했던 영웅 나폴레옹은 거기서 51세를 일기로 1821년 5월 5일 사망했다. 사인은 위암으로 판정되었으나, 영국군의 학대나 비소에 의한 독살설도 심심치 않게 나오고 있다. 나폴레옹은 그 섬에 매장되었으나 1840년 그의 유해는 프랑스로 돌아와서 파리의 앵발리드 군사 박물관 지하에 안치되었다. 한편 수비 전술이 주특기였던 웰링턴은 나폴레옹을 물리친 공로로 영국의 총리가 되었고, 워털루 전투에 참가했을 당시에 이미 70대의 고령이었던 블뤼허 원수는 전쟁이 끝나고 불과 몇 년이 지나서 사망했다.

"진 전투 다음으로 가장 슬픈 것은 이긴 전투다" 전쟁이 끝난 후 대량학살

---

11 나폴레옹의 마지막 승리의 전투인 리니에서 나폴레옹은 프로이센의 후퇴로를 차단하기 위해 데를롱 장군General d'Erlon에게 그의 군대를 프로이센군의 후미 쪽으로 이동하라는 명을 내렸다. 그러나 데를롱은 갑자기 다른 곳으로 이동했는데 그 이유인 즉 카트르 브라 전투의 사령관 네가 그에게 지원을 요청했기 때문이다. 결국 데를롱 군대가 프로이센의 후퇴로를 막지 않았기 때문에 리니 전투의 승리는 불완전했고, 프로이센군도 완전히 괴멸시키지 못했다. 그래서 결국 프로이센의 잔존부대가 워털루 전투에 합류하여 승리를 이끌었다.

의 처참한 장면에 충격을 받은 웰링턴이 했다는 얘기는 자주 인용되는 편이다. 과연 이 워털루 전투에서 얼마나 많은 인명이 희생되었는지는 누구도 정확히 알지 못한다. 프랑스군은 사상자, 부상자, 포로 등을 모두 포함해서 3만 4천 명 이상의 피해를 입었던 반면(사상자 2만 5천 명, 포로 9천 명)에 영국군과 프로이센의 군의 피해는 2만 3천 명 정도라고 알려져 있으나[12] 프랑스 측의 손실은 단지 추정치일 뿐이다. 세계 최초의 저격 부대라는 '제95 라이플' 연대의 조니 킨케이드Johnny Kincaid라는 영국 장교는 프랑스군의 맹공에도 가까스로 생존을 했는데, "나는 모두가 다 죽었다는 전쟁 이야기를 단 한 번도 들어본 적이 없다. 그러나 이 전쟁만큼은 예외다"라고 유감스러운 소회를 밝혔다. 한편 영국 쪽에서는 워털루 전투의 승리를 "웰링턴의 지도력과 영국군 병사들의 불굴의 의지" 덕으로 보는 반면, 독일 쪽은 "오직 블뤼허와 용맹한 프로이센 병사들" 덕에 이겼다고 주장한다. 그러나 웰링턴과 블뤼허, 또 영국군과 프로이센군 중 하나라도 없었다면 워털루의 승자는 나폴레옹이었을 것이다. 영국과 프로이센, 즉 웰링턴과 블뤼허는 그 자신이 가장 잘 할 수 있는 '방어와 저돌적인 공격'을 맡아서 각자의 역할을 잘 수행한 결과가 바로 워털루 전투의 승리라고 볼 수 있겠다.

워털루는 후일 나토나 유엔의 토대를 마련해 준 셈이다. 영국의 육군 원수 에드윈 브라몰Edwin Bramall(1923-)은 워털루 전투를 첫 번째 나토 작전으로 간주했다. 영국의 시인 바이런George Gordon Byron(1788-1824)은 《차일드 헤럴드의 순례》에서 '국제연합united nations'이라는 단어를 사용했다. 영국 정치가 윈스턴 처칠은 진주만 습격 이후 동맹전을 논의하면서 이 단어를 선택했고, 그것은 그대로 국제기구 UN의 공식 명칭이 되었다. 워털루 전투 이후 체결된 비엔나 조약은 영국에 유럽의 영토를 제공하지는 않았지만 영국은 오늘날 남아프리카, 트리니다드, 스리랑카 등의 소유권을 인정받았다. 이 해외 식민지들은 영국의 전략적인 해군기지가 되었고 방대한 식민지 제국 건설의 기초가 되었다. 그동안 프랑스가 유럽의 패권 국가였다면, 이제 영국은 20세

---

12 영국군 만 5천 명, 프로이센군 8천 명 정도이다.

기 미국이 등장할 때까지 세계적인 강대국으로 우뚝 서게 되었다.

그리고 워털루 전투는 장차 2차 세계대전으로 이어지는 '독일 민족주의'시대를 예고하는 것이었다. 워털루에서 프랑스군을 패배시킨 프로이센의 공헌은 1870년 새로운 독일제국의 형성에 중심적인 역할을 했던 민족주의와 프로이센 국가의 위대한 신화를 만들었다. 이러한 초(超) 민족주의의 대두는 나치당의 성장과 히틀러 치하의 제3제국(1933-45)의 출현을 가능케 했으며 유럽연합의 미래를 예고하는 것이다.

"워털루는 단순히 하나의 전투가 아니다. 그것은 세계의 얼굴이 바뀌는 순간이었다."

- 프랑스 문호 빅토르 위고Victor Hugo(1882-1885)

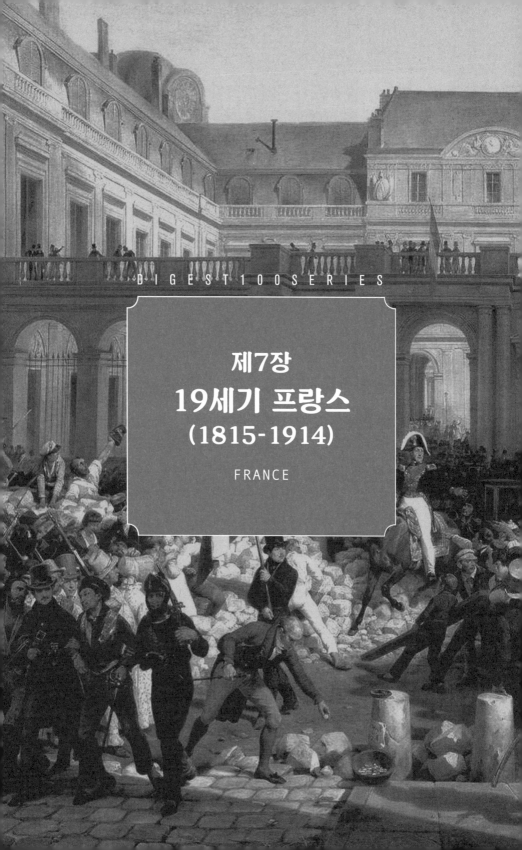

제7장
19세기 프랑스
(1815-1914)

FRANCE

그때 세계는 −
1814 비엔나 회의 개최
1816 아르헨티나가 스페인에게서 독립을 선언

유럽의 대부분을 피로 적신 나폴레옹 전쟁이 일단 종말을 고한 후,
1814년의 봄 부르봉 왕조가 부활해서 루이 16세의 아우인 루이 18세 Louis
XVIII(1755-1824)가 기나긴 23년간의 망명생활을 끝내고 즉위했다. 첫 번째
왕정복고기에 루이 18세는 스스로 '신의 은총에 의한 프랑스 국왕'임을 자처
하고, 또 혁명 기간 중에 채택된 삼색기를 없애고 부르봉 왕가의 문장(백합)
을 이용한 흰 깃발을 프랑스 국기로 삼았다. 그러나 루이 18세는 감히 전제
정치의 전면 부활을 꿈꾸지는 못했다. 그 해 6월 탈레랑의 진언에 따라서 헌
장 Chartre을 발표하고 영국식의 입헌 왕정을 시도했으나 루이 18세는 별로
인기가 없었다. 전술한 대로 오스트리아의 수도에서 진행 중이던 비엔나 회
의가 지지부진한데다 참가국 사이의 대립이 심해지자 1815년 3월 나폴레옹
이 엘바 섬에서 탈출 국민의 열렬한 환영을 받으며 귀국했고, 루이 18세는
다시 국외로 망명하는 처량한 신세가 되었다. 하지만 나폴레옹의 재기는 '백
일천하'로 끝나고, 그 해 7월 루이 18세는 러시아, 프로이센, 오스트리아 등
동맹국 군대가 점령 중이던 파리에 다시 귀환하여 왕정을 재가동시켰다.
1815년의 두 번째 왕정복고는 부르봉 왕가의 귀환으로 상징되는 '전통'과

루이 18세

혁명이 주창했던 '자유'의 타협의 소산이었다. 그리하여 복고 왕정은 반동적이고 혁명이나 나폴레옹 시대의 개혁은 거의 다 부정되었으나 소위 '헌장'에 의해 왕권에 여러 가지 제한이 가해졌다. 복고 왕정 기간의 새로운 현상으로 가장 주목되는 것은 근대적인 의미의 '반대당'에 의해서 의회정치가 시작되었다는 점이다. 우선 이 시대의 새로운 정당을 꼽아보면 우선 '극우 왕당파'를 들 수 있다. 루이 18세의 아우인 아르투아 백comte d'Artois(1757-1836)(후일 샤를 10세)을 중심으로 해서 망명 귀족과 성직자들로 구성되었다. 이들 극우 왕당파는 루이 18세를 종주로 보면서도 국왕의 우유부단한 태도나 헌장에 불만을 품고 혁명에 의한 토지개혁을 '불법'으로 보고 구제도의 완전 부활을 요구했다. 중도적인 입장의 '입헌 왕당파'는 부르봉 왕조와 헌장을 지지하는 복고 왕정의 중심세력인데, 온건한 귀족과 상층 부르주아, 또 학자와 지식인들로 구성되어 있었다. 그러나 이 당파에는 입헌 왕당의 좌파에 가까운 사람들도 있었고, 나폴레옹을 존경하는 보나파르트파 및 오를레앙 공 루이 필리프Louis Philippe(1773-1850)를 왕위에 올려놓고 싶어 하는 오를레앙파도 끼어 있었다.

1815년 8월 14일, 22일에 복고 왕정 최초의 하원 선거가 있었다. 그러나 극우 왕당파의 선동에 의해서 보나파르트 주의자나 공화주의자들에 의한 복수의 학살극 '백색테러'가 빈발하는 가운데 극우 왕당파가 압도적으로 승리 (90%), 극도로 반동적인 의회가 성립했다. 그래서 루이 18세조차도 이를 두고 '유례없는 의회Chambre introuvable'라면서 혀를 내둘렀을 정도였다. 의회는 나폴레옹의 '백일천하' 음모에 관해 예외법을 적용시켜, 1815년 12월 7일 나폴레옹에 가담했던 미셸 네 원수는 총살되었고, 지방에서는 많은 보나파르트파들이 대량학살을 당했다.

나폴레옹이 엘바 섬을 탈출해서 파리로 오고 있다는 소식이 들려오자 네는 "나폴레옹을 잡아 쇠창살에 가두고 끌고 오겠노라!"라고 큰소리를 쳤지만, 그는 부르봉 가문을 배신하고 나폴레옹의 막하로 들어갔다. "나폴레옹과 비교했을 때, 부르봉 가는 피그미족에 불과하다. 내가 전장에서 그를 위해 여러 차례나 죽을 뻔했던 것은 전혀 놀랄만한 일이 아니다" 비록 부르봉 왕조에 충성했지만, 복고 왕조에서 느낀 소외감과 부당한 대우에 분노한 그는 귀족들을 몹시 증오했다. 그는 자신이 가진 모든 것을 잃어버릴 위험이 있다는 것을 알면서도 다시 나폴레옹의 편을 들었다. 평민 출신의 그에게 공작이나 대공이라는 작위와 토지를 하사하고, 또 전쟁의 불길 속에서도 강한 충성심을 불러일으켰던 이는 바로 나폴레옹이었기 때문이다. 그러나 네는 워털루 전투에서 연이은 실수로 패배하고 말았고 결국 총살당했다. 그는 죽기 전에 눈을 가리는 것을 거부했고 자신이 직접 발사 명령을 내리도록 했다고 전해진다.

극우 왕당파는 계속해서 자유주의자들을 탄압하는 동시에 지주 귀족층을 옹호하기 위한 보호관세 따위의 반동적인 법률의 제정을 서둘렀고 가톨릭 세력의 확장에도 주력했다. 그러자 과거의 대불 동맹국 측에서는 극우 왕당파의 반동 정치가 다시 혁명을 유발할지도 모른다면서 루이 18세에게 주의시켰다. 국왕은 이때 리슐리외 공작duc de Richelieu(1766-1822)을 수반으로 한 순리파 내각을 들어앉히고 또 극우 왕당파가 압도적으로 우세한 반동적인 의회, 일명 '유례없는 의회'를 해산시켰다. 1816년 9월 5일, 이렇게 해서 극단 왕당파는 커다란 타격을 입었다. 게다가 극우 왕당파의 지방장관들이 거의 다 파면되고 또 어떤 반동적인 선전이나 테러 행위도 철저히 단속 받는 가운데 총선거가 실시되자 이번 하원에는 입헌 왕당파가 대거 진출, 이때부터 4-5년 동안은 내각도 의회도 입헌 왕당파에서 독차지한 가운데 의회정치가 본 괘도에 오르고 또 자유주의적인 정책이 채택되었다. 새로운 내각의 지도자가 된 온건한 입헌주의자 드카즈 공작Duc de Decazes(1780-1860)은 소위 '국왕을 국가화시키고, 국가를 왕당화시킨다'는 모토 하에 국정을 이끌었다. 한편 프랑스가 영국, 오스트리아, 프로이센, 러시아의 4개 동맹국에게 막대한 전쟁 배상금을 상환한 후, 1818년 9월에 열린 엑스 라 샤펠Aix-la-Chapelle(독일 아헨) 회의는 프랑스에서 동맹국의 완전한 철수를 인가했다.

❧

"나는 혁명 당시 아무것도 배우지 않았고, 혁명 전의 어떤 것도 잊지 않았노라"

- 프랑스 국왕 루이 18세Louis XVIII(1755-1824)

"나는 프랑스를 위해 수없이 싸웠지만, 프랑스에 대항해서 싸운 적은 없었노라!"

- 프랑스 육군 원수 미셸 네Michel Ney(1769-1815)의 유언

에르나니의 논쟁:
낭만주의자와 고전주의자의 대립
(1830년 2월 25일)

그때 세계는 -
1821 그리스 독립전쟁
1823 미국, 먼로주의 선언

'에르나니의 논쟁'은 고전주의 아성의 몰락이자 '낭만주의자들의 승리'라고 일컬어진다. 당시 파리의 많은 보헤미안 작가와 예술가들은[1] 이 세기의 논쟁을 전통적인 인습을 뒤집고, 그것을 자신들의 '타자성'을 과시하는 기회로 적극 활용했다. 이 19세기 프랑스판 문화전쟁《에르나니Hernani》는 고전주의자들을 규탄하고 낭만주의의 이상을 널리 고양시키기 위해 위고가 쓴 야심 찬 희곡의 제목이다.

프랑스의 문호 빅토르 위고Victor Hugo(1802-1885)는 1802년에 태어났다. 위고의 아버지는 나폴레옹 전쟁 당시에 고위급 장성이었고 어머니는 매우 보수적인 여성이었다. 자신의 일기장 속에 "나는 샤토브리앙이 아니면 아무것도 되지 않겠다"라고 썼던 위고는 천부적인 문학적 재능을 발휘하여 18세 때 시(詩)로 루이 18세로부터 상을 받았고, 나중에 왕실 연금까지 받게 되었다. 원래 어머니에 의해 '왕당파'로 키워졌던 위고는 이처럼 구제도의 예술 후원

---

1   원래 집시를 의미하는 '보헤미안'이란 용어는 19세기 후반 경에 사회의 관습에 구애되지 않는 방랑자, 자유분방한 생활을 하는 예술가 · 문학가 · 배우 · 지식인들을 지칭하는 용어가 되었다.

제도의 수혜자였으나, 1822년부터 자신의 공화주의적인 정치적 견해를 본격적으로 확장시켰다. 1827년에 위고는 사극《크롬웰》의 서문 발표를 통해, 고전주의 문학에 정면으로 대항하고 나서면서 낭만주의 작가들을 선도했다.

이 '낭만주의 연극이론의 선언서'로 통하는《크롬웰》의 출판 덕분에 위고와 그의 아내 아델은 자신의 살롱을 운영할 수가 있었고 위고의 영향력은 더욱 막강해졌다. 왕정복고와 7월 혁명을 거치면서 사람들은 프랑스에는 이제 더 이상 '상류사회'는 존재하지 않는다고 믿게 되었다. 그러나 재치 있는 담소와 대화를 나누는 사교적 공간인 파리의 살롱들은 여전히 존재했으며, 대부분 상류층 여성들이 운영을 했다. 그러나 위고가 이끄는 낭만주의 작가들의 모임인 '세나클Cénacle'에서는 참가자가 거의 압도적으로 남성들이었고, 예전처럼 살롱을 주도하는 귀부인도 없었다. 위고의 살롱은 당시 '낭만주의 적'이라는 꼬리표가 붙어있었는데, 그것은 위고의 살롱에 모여든 손님들이 매우 시끌벅적하고 통속적이며 전통적인 가치에 대한 존경심이 완전히 결여되어 있다는 것을 의미했다. 그들은 중세나 르네상스 스타일의 비인습적이고 기발한 복장을 즐겨 입었고, 항상 시가를 입에 물거나 테이블 위에 다리를 척 걸치기를 좋아했다.

영국 소설가 찰스 디킨스Charles Dickens(1812-1870)가 위고의 살롱을 한 번 방문한 적이 있었다. 그는 위고의 소설에 나오는 한 장(章)처럼 살롱의 분위기가 매우 낭만적인 쇼와 같았다고 평했다. 위고를 열렬히 추종하는 젊은 작가들은 위고의 살롱을 좀처럼 떠나지 못했다. 오스트리아 대사관의 프랑스 대사 앙투안 아포니Antoine Apponyi(1782-1852)는 "이 젊은 작가들이 아침부터 저녁까지 위고에게 아첨을 떨고, 마치 그를 신처럼 존경했다"라고 했는데, 그것이 위고를 자만과 어리석음에 빠지게 만들었다고 꼬집었다. 위고의 살롱을 들락거리는 작가와 예술가들은 위고의 입장에서 고전주의자들을 맹렬히 공격했다. 그들은 "이론과 시스템을 타도하라!" "예술의 얼굴 속에 숨어있는 윗가지와[2] 회반죽을 벗겨내자!"라는 선동적인 구호를 노상 외쳤다.

---

2   지붕이나 벽에 회반죽을 바르기 위해 엮어 넣는 가느다란 나무 막대기

에르나니의 초연 당시에 서로 싸우는 관객들

　7월 혁명의 해인 1830년 2월 25일 문제의 희곡《에르나니Hernani》의 초연 당시에 위고는 고전주의자들의 아성인 '코미디 프랑세즈Comedie-Fraçaise' 극장을 만원으로 가득 채우기 위해 자신의 젊은 작가와 예술가들을 총동원한다는 계획을 짰다. 프랑스 검열관들이 최근에 자신의 극의 상연을 금지시키자, 위고는《에르나니》공연의 무산을 막기 위해 소위 '낭만주의 군대'를 끌어모았던 것이다. 이 싸움에서 위고는 고전주의자들의 방해에 대비하여 미리 수많은 동지들을 '손뼉 치는 사람'으로서 극장 안에 배치시켰고, 빨간 조끼를 입은 청년 시인 테오필 고티에Théophile Gautier(1811-1872)가 이 전투의 선봉에 섰다는 일화는 유명하다. 이 에르나니의 싸움은 고전주의적 이상과 부르주아의 위선에 대한 가장 충격적이고 노골적인 반항의 사례였다. 낭만주의 전사들은 모두 이상야릇한 옷차림을 하고 나타나서 당시 사회의 부유층과 주류 계급을 마음껏 조롱했다. 다행히 상연은 야유와 박수가 엇갈리는 가운데 별다른 지장 없이 끝나, 이 사건은 프랑스 문학사에 있어 낭만주의자들이 문학상의 '주도권'을 획득한 사건이 되었다. 《에르나니》는 100회 정도 상연되었지만, 단 한 번도 격투나 항의 없이 공연된 날은 없었다고 한다. 이 싸움의 승리 후에 낭만주의는 고전주의를 압도하여 1850년경까지 문단을 점유했다. 이 에르나니 논쟁에 참여했던 혈기에 넘치는 젊은이들은 기존 체제에 얽매이지 않는 자유분방한 보헤미안 작가들이었지만 위고는 본질적으로 '부르주아'였기 때문에 이 보헤미안 서클을 떠나서 보다 대중적인 대다수 독자들의 품으로 돌아갔다.

그러나 젊은 작가들은 위고가 떠난 후에도 그를 여전히 대중적인 《레미제라블》의 작가보다는, 《크롬웰》의 서문을 쓴 투쟁적인 작가로 기억하고 싶어했다. "자유가 사방을 관통하고 있는데, 가장 자유로워야 할 사상의 영역이 '예외'라는 것은 실로 기이하지 않은가!" (《크롬웰》의 서문 중에서)

"공화국의 원리는 평등이고, 제국의 원리는 무력이며, 왕정복고의 원리는 자유다."

- 프랑스 작가 프랑수아 르네 드 샤토브리앙François-René de Chateaubriand(1768-1848)

영광의 3일간 Trois Glorieuses
(1830년 7월 27, 28, 29일)

루이 18세의 사후, 부르봉가의 마지막 국왕인 샤를 10세Charles X(1757-1836)의 즉위는 극우 왕당파의 귀환을 예고하는 사건이었다. 1830년 7월 26일 샤를 10세는 '헌장'의 긴급 칙령권을 남용해서 '4개의 칙령'을 발포했는데, 그것은 새로 선출된 의회의 해산과 선거법 개정, 또 언론 탄압을 주요 골자로 하고 있다. 특히 선거법의 개정은 선거권을 오직 지주들에게만 주어서 극단 왕당파를 다수 당선시키려는, 너무도 노골적인 속셈을 드러내는 것이었다. 프랑스의 헌정은 복고 왕정이래 최악의 위기에 처했다. 그러나 샤를 10세는 문제의 칙령 4개조에 서명을 한 뒤, 유유히 말에 올라 사냥터로 나갔다. 그날 오후 아돌프 티에르Adolphe Thiers(1797-1877)를 위시한 자유주의 성향의 저널리스트들은 일간지 《르 나시오날Le National》의 신문사에 모여 국왕의 칙령에 대해 항의하는 글을 공동으로 작성하여, 정부와 파리 시내의 각 카페에 배포했다. 민중의 궐기를 호소하는 이 선언문에는 총 43명의 저널리스트들이 서명을 했다. "법의 제도는 중단되었고 폭력이 시작되었노라. 이제 복종은 의무가 아니다" 그날 저녁에 군중들은 "부르봉 타도!" "헌장 만세!"라는 구호를 외치면서 팔레-르와이얄 공원에 운집했다. 밤이 되자 경찰은 공원의 출입구를 폐쇄했다. 그러자 군중들은 근처 거리에 다시 집결해서 거리의 램프 같은 기물들을 파손했다.

그 다음날 7월 27일 경찰은 《르 나시오날》을 포함, 반정부 성향의 신문사들을 급습했다. 날이 새자 팔레-르와이얄 공원에 다시 몰려든 군중들은 이 소식을 접하자 군인들에게 마구 돌을 던졌고, 그들도 역시 군중을 향해 발포하는 것으로 맞대응했다. 이제 파리 시민들은 거의 다 혁명을 주장하면서 거리에 쏟아져 나왔고 이른바 '영광의 3일간'이라는 전투가 시작되었다. 이날 샤를 10세가 임명한 파리 방위 사령관은 1814년 나폴레옹을 배신하고 동맹국에 가서 항복했던 마르몽Auguste de Marmont(1774-1852) 원수라는 자였다. 그래서 4개조의 칙령 때문에 흥분해 있던 시민들의 감정은 더욱 악화되었다. 파리의 곳곳에 바리케이드가 쳐졌고, 폭도들은 이제 부르봉 왕가를 상징하는 흰 색기 대신에 삼색기(혁명기)를 휘둘렀다. 그날 저녁 도시는 폭력이 난무했고, 거리의 상점들은 약탈을 당했다. 마르몽 원수는 폭도들을 향해 공세를 취했으나 그의 부하들 중에서는 이미 폭도 편에 가세한 자들이 늘어났다. 결국 오후에 그는 튈르리 궁으로 후퇴해야만 했다. 하원 의원들은 5명의 대표를 마르몽 원수에게 보내서, 국왕이 4개 칙령의 취소를 통해 시위하는 민중들을 진정시킬 것을 촉구했다. 마르몽 원수의 요청에 따라 총리가 국왕에게 직접 청원을 했지만 완고한 샤를 10세는 모든 타협안을 일체 거부했고 오후에는 장관들을 모두 해임시키는 무모함을 보였다.

그러자 사태의 심각성을 느낀 하원 의원들은 그날 저녁 막후의 실력자로 알려진 금융가 자크 라피트Jacques Laffitte(1767-1844)의 저택에 모여 사후 대책을 논의했다. 공화주의자들은 물론 공화정을 주장했고, 온건파의 자유주의자나 금융업자들은 영국식의 입헌 왕정이야말로 '공화정 가운데서도 가장 훌륭한 것'이라고 맞섰다. 이때 온건파들이 국왕으로 추대하고 싶어 했던 인물은 바로 왕의 사촌이자 '평등공'의 아들인 오를레앙 공 루이 필리프Louis Philippe(1773-1850)였다. 그의 부친은 자유주의 사상 때문에 '평등공'이란 별칭을 얻었을 뿐 아니라, 국민공회에서 루이 16세의 처형 문제를 논할 때 사형에 찬성하기까지 했다. 루이 필리프 본인도 대혁명 때에는 자코뱅 당원으

7월 혁명을 기념하는 낭만주의 역사화 〈민중을 이끄는 자유의 여신〉(1830년). 프랑스 낭만주의화가 으젠 들라크루아Eugène Delacroix(1798-1863)의 작품으로 그림 가운데 여성은 '자유'를 상징하며, 한 손에는 프랑스 국기를 다른 손에는 총검을 휘두르고 있다.

로 활약하고 그 후에는 자제를 부르주아 학교에 보내고 자신은 자유주의자들 그룹에 가담하고 있었다.

7월 28일 아침 파리 시내의 거리는 모두 바리케이드와 삼색기로 뒤덮여있었다. 어리석은 권력자 특유의 정치적 둔감증 때문인지 샤를 10세가 고집을 부리는 사이 시내에서는 시가전이 치열해졌다. 이때 낭만주의 화가 으젠 들라크루아Eugène Delacroix(1798-1863)는 32세였다. 이미 〈키오스의 학살〉이란 그림으로 유명해져있던 그는 자신의 최대 걸작인 〈민중을 이끄는 자유의 여신〉을 그리기에 앞서 미친 듯이 민중들 틈에 뛰어다녔다. 전투는 밤에도 계속되고 다음날 29일 아침에는 유명한 〈환상 교향곡〉의 작곡을 끝내고 펜을 던진 베를리오즈도 거리에 나가서 피스톨을 들고뛰었다. 정오가 되자 파리 시내는 1789년 때와 마찬가지로 국민 위병 대장으로 임명된 라파예트 백작 Marquis de Lafayette(1757-1834) 지휘하의 국민군이 거의 다 장악했다. 민중은 승리를 거두었고 당황한 국왕은 이때야 비로소 4개조의 칙령을 취소한다는 선언을 했다. 그러나 때는 이미 늦어 국왕은 퇴위를 선언한 후 8월 2일 다시 영국으로 새로운 망명길에 올라야만 했다.

파리의 시청에서는 라파예트가 급하게 공화정을 선포하기에 이르렀다. 자유주의 온건파 의원들과 금융업자들은 다시 혁명과 분열의 시대로 되돌아가고 싶어 하지 않았던 반면, 공화주의자들은 왕년의 혁명투사 라파예트를 대통령으로 하는 공화정을 꿈꾸고 있었다. 그러나 대혁명 때에도 과격한 개혁에는 반대해서 국외로 망명했던 라파예트가 이번에도 역시 과격한 개혁에는 반대하면서 입헌 왕당파에 동조, 루이 필리프의 즉위에 동의했다. 그리하여 31일 오후 라파예트의 안내로 시청 광장의 민중 앞에 루이 필리프가 등장했다. 늙은 라파예트는 그에게 삼색기를 건넸고, 군중들의 환호성 속에서 그는 그것을 끌어안았다. 8월 9일 하원은 그를 루이 필리프 1세라는 칭호 하에 '프랑스인의 국왕roi des Français'으로 선포했다. 이렇게 해서 프랑스 역사는 7월 왕정의 시대로 접어들었다.

1830년 7월 혁명에서 우리가 주목해야 할 점은 바로 노동 계급의 성장이다. 지배층의 입장에서 볼 때 노동 계급은 단지 그들에게 정치적으로 종속된 계급에 지나지 않았다. 그러나 7월 혁명 당시에 노동 계급은 그들 자신의 정치사상을 공식화하고 독자적인 행동 노선을 취했다. 이 7월 혁명은 노동 계급의 혁명가들에게 매우 중요한 분기점이 되었는데, 그 이유인즉 사회와 정치 영역에서 최초로 그들 자신의 목소리를 낼 수가 있었기 때문이다. 7월 혁명 이후 파리의 노동자들은 영구적이고 잘 조직화된 세력이 되었다. 그렇다면 1830년의 노동자들의 정치 이데올로기는 과연 무엇이었는가? 그들의 이데올로기는 1789년의 상퀼로트들과 매우 유사했다. 그들은 성직자와 귀족, 왕당파를 몹시 증오했고 국가와 군대, 그리고 소위 '나폴레옹의 전설'을 지지했다. 실제로 1830년에 투쟁했던 자들 가운데에는 나폴레옹전쟁에 참가했던 왕년의 고참병들이 많았다. 노동자들은 그들의 선구자들과 마찬가지로 부르봉 왕가, 귀족과 성직자들에 대항했는데, 그들은 또 다른 새로운 불만을 가지고 있었다. 그것은 그들의 전통적인 생계수단과 존엄성을 위협하는 거대한 산업화의 세력이었다.

그러나 지배층은 노동 계급이 이처럼 정치적 요구를 하고 독자적 행동을 하는 것에 충격을 받았다. 실제로 노동 계급은 정부와 반정부 엘리트 간의 권력투쟁에는 개입하지 않았다. 1820년대 말 경기 침체기에 수천 명의 파리 노동자들은 일자리 부족에다 낮은 임금, 높은 빵 가격 등 각종 생활고에 시달리고 있었기 때문에 왕정과 반정부 엘리트 간의 세력 다툼에는 아무런 관심이 없었다. 지배층이나 부르주아 계층은 노동 계급이 그들 자신만의 정치적 어젠다를 가지고 있다는 것을 인식하지 못했고 노동 계급의 정치적 힘을 과소평가하고 있었다. 노동 계급은 무엇보다 그들의 일자리가 우선이었다. 노동자들은 그들 자신의 자유, 즉 노동의 자유와 보다 나은 노동과 생활 조건의 개선을 위해 투쟁했다. 빅토르 위고의 《레미제라블》에서도 나왔듯이, 1830년의 혁명의 출발점은 바로 노동 계급의 '정치 참여'에서부터였다. 그것이 노동자들을 일치단결해서 그들의 권리를 요구하도록 만들었으며, 그렇게 함으로써 노동 계급도 프랑스 사회에서 그들의 발언권을 갖게 되었던 것이다.

만일 혁명이 무엇인지 알고 싶다면 진보라고 불러라.
만일 진보가 무엇인지 알고 싶다면 그것을 내일이라고 불러라.

- 프랑스 문호 빅토르 위고

리용의 견직공의 반란
(1834년 4월 9일)

불어의 카뉘Canut는 리용의 견직공을 가리키는 용어다. 그들은 오래된 중세도시 리용에 살았으나 적어도 4미터의 공간을 요구하는 '자카르식 자동직조기'의 출현으로 인해,[3] 크루아-루스Croix-Rousse언덕 쪽으로 강제 이주를 해야만 했다.[4] 이 크루아-루스 지역은 여러 가지 장점이 있었는데, 첫째 입시세l'octroi(간접세)를 면제받는 지역인 데다 지대가 높아서 홍수의 위험이 없었고, 리용보다 임대료도 훨씬 저렴했다. 즉 이곳에서 카뉘라는 전문적인 견직(실크) 노동자들의 공장지대가 탄생한 것이다. 그들은 매일 18시간 노동을 했으나 겨우 기초 생계유지를 할 만큼 그들의 생활이나 노동조건은 매우 열악했다. 그래서 이 카뉘들의 반란은 1831년, 1834년, 1848년에 세 차례나 발생했다. 독일의 사회주의 철학자 프리드리히 엥겔스Friedrich Engels(1820-1895)는 '1831년의 카뉘반란'을 초기 자본주의의 발전단계에서 '첫 번째 노동자들의

---

3 프랑스 직조업자·상인인 '자카르Jacquard'라는 별칭의 조제프 마리 샤를Joseph Marie Charles(1752
   -1834)이 발명한 직조기로 현재 IBM이 사용하는 디지털 컴파일러의 선구자적인 프로그램기라
   고 할 수 있다.
4 당시 크루아-루스는 리용에 속해있지 않았다.

리용의 견직공들(1840년)

봉기'라고 높이 평가했다. 제1차 카뉘의 반란은 1831년의 불경기와 견직 주문과 가격의 하락, 그로 인한 노동자들의 임금 하락으로 인해 발생했다. 나폴레옹 제정(1804-1814) 당시에 그들의 임금은 법정 최저임금에 의해 보장을 받았다. 10월 18일 론의 지사 부비에-뒤몰라르Bouvier-Dumolart가 최저가격제를 도입하려고 했으나 이를 '경제적 자유의 장애물'로 여긴 104명의 견직 제조업자(고용주)들이 반대했다.

일하면서 자유롭게 살거나 싸우다가 죽거나!

그러자 이에 몹시 격노한 견직공들이 "일하면서 자유롭게 살거나 싸우다가 죽거나!Vivre libre en travaillant ou mourir en combattant"를 외치면서 공개적인 반란에 나섰다. 그들은 크루아-루스의 공장을 점령했고, 리용으로 진격해서 무기고를 탈취하고 국민군에 맞서 싸웠기 때문에 그야말로 피비린내 나는 유혈사태가 벌어졌다. 11월 22일 밤과 23일 동안 격렬한 전투 끝에, 양측에는 각각 600명의 희생자가 발생했다. 드디어 폭도들이 리용을 장악하자, 당시 리용 시장인 빅토르 프뤼넬Victor Prunelle은 파리로 줄행랑을 쳤으나, 아무도 이 청천벽력 같은 소식을 믿으려고 하지 않았다. 12월 3일 국왕 루이-필리프는 폭동을 진압하기 위해 2만 명의 군대와 150개의 대포를 보냈다. 나폴레옹 전쟁에 참가했던 장군 장-드-디외 술트Jean-de-Dieu Soult(1769-1851)가 사령관을 맡았는데 리용에 도착한 그는 어떤 유혈극의 발생이나 노동자들과의 타협의 시도도 없이 도시를 재탈환하는데 성공했다. 물론 몇몇 노동자들이 구속되기는 했어도 대부분 무혐의로 풀려났다. 그래서 반란은 종결되었으나 최소 가격제는 폐지되었고 노동자들의 생활은 하등 나아지거나 달라진 것이

프랑스의 풍자가·판화 제작자 오노레-빅토랭 도미에Honoré-Victorin Daumier(1808~1879)의 작품 〈트랑스노냉 Transnonain거리의 학살〉. 제2차 리용 폭동이 파리로까지 번졌으나 단순한 시가전으로 전락, 4월 14일 바리케 이드가 군대의 수중에 들어가 '트랑스노냉 거리(현재 파리의 3구 샤퐁 거리)의 학살'이 벌어졌다. 한 중년 노동자 일가에 대한 잔혹한 학살 장면을 적나라하게 표현한 이 작품이 얼마나 거대한 반향을 불러일으켰던지, 국왕 루이-필리프는 이 판화 작품의 시중유통을 전면 금지시켰다.

없었다.

제2차 카뉘의 반란은 1834년 호경기에 발생했다. 경기가 회복되자 노동자들의 임금이 급상승했으나 임금이 너무 높다고 생각한 고용주들이 임금 인하를 시도하자 정부에 대항하는 좌파 '공화주의자들의 음모'와 서로 맞물려 카뉘들은 또 한 번 봉기했다. 1834년 2월 14일 카뉘들이 리용의 고지대를 점령하면서 반란은 6일 동안 지속되었으나 만 2천 명의 군대에 진압되었고, 거의 1만 명의 폭도들이 국외로 추방당하거나 감옥에 갇히게 되었다. 종교사가인 제라르 숄비Gérard Cholvy(1932-2017)는 이 사건이 가톨릭교회 안에서 이른바 '사회주의 독트린의 선구자'라고 알려진 프랑스 학자 앙투안-프레데릭 오즈남Antoine-Frédéric Ozanam(1813-1853)에게 심오한 영향을 주었다고 평가했다.

3차 카뉘의 반란은 온 유럽이 혁명의 소용돌이 속에 휘말렸던 1848년에 발생했으나, 1831년의 봉기처럼 대단한 명성(?)을 얻지는 못했다. 실제로 1831년의 2차 봉기는 19세기의 수많은 노동자들의 반란을 조장했던 매우 파급력 있는 사건이었다. 비록 실패는 했지만 이 카뉘의 반란은 노동자 공동체 속에 서로 공유된 이해관계를 형성시켜 서로 결속하는 결정적 계기가 되었고, 초기 자본주의 시대의 노동자들의 열악한 생활수준 논쟁과 관련된, 이른바 '사회적 권리의 청구' 시대의 포문을 열었다. 이 사건을 계기로 이른바 '사회 전염병학의 창시자'로 알려진 의사·경제학자 루이-르네 빌레르메Louis-René Villermé(1782-1863)는 공장과 감옥의 위생 조건의 시급한 개선을 주장했다. 이 카뉘의 반란은 후일 1879년 파리 코뮌 사건에도 영향을 미쳤다.

참고로 인형극 공연자 로랑 무르게Laurent Mourguet(1769-1844)란 인물은 원래 실직한 카뉘였는데, 자신의 이미지에 따라서 '기뇰Guignol'이라는 인형 캐릭터와 동명의 어린이 인형극을 창시했다. 또한 리용에는 '세르벨 드 카뉘Cervelle de canut'라는 특산물이 있다. 문자 그대로 '견직공의 두뇌'를 의미하는 이 식품은 빵에 발라먹는 치즈다. 또한 카바레의 가수이자 코미디언인 아리스티드 브리앙Aristide Bruant(1851-925)은 이 카뉘를 주제로 한 노래를 열창하기도 했다. 과거의 피어린 투쟁의 역사와는 상관없이, 오늘날 이 카뉘라는 용어는 리용 시민들을 다정하게 지칭하는 보편적 용어가 되었다.

❧

"우리는 낡은 구세계의 수의를 짜노라.
우리는 벌써 노호하는 반란의 소리를 듣기 때문이다. 우리는 카뉘(리용의 견직공)이노라.
우리는 더 이상 헐벗지 않으리라 우리는 더 이상 헐벗지 않으리라."

- 프랑스의 카바레 가수 아리스티드 브뤼앙Aristide Bruant(1851-1925)

루이-필리프 퇴위하다
(1848년 2월 24일)

1840년 이후 루이-필리프 정부의 실권을 장악했던 인물은 바로 왕정복고기의 자유주의 역사가이며, '안정 위주' 정책의 수호자였던 프랑수아 기조 François Guizot(1787-1874)였다. 보수화된 그가 선거법 개정의 요구를 거부한 것이 결국 1848년의 '2월 혁명'을 촉발시키는 원인이 되었다.

원래 자유주의 우파였던 기조는 "국왕이 '헌장'에 따라 통치한다"라는 전제하에 복고 왕정을 지지했으나 샤를 10세가 '칙령'에 의한 통치를 시도하자 오를레앙가로 전향해버렸다. 7월 혁명 당시에 기조는 루이-필리프를 지지했고, 1830년에 내무장관으로 발탁되었다. 그 후로 2년간, 연쇄적인 파리 폭동으로 인해 '무정부'상태를 두려워한 그는 더욱 보수화되었다. 독실한 칼뱅파 신교도였던 기조는 하나님의 부름을 받은 거룩한 '선민'(選民)과 대중들을 통치하는 신성한 임무를 부여받은 '정치적 엘리트'를 똑같이 동일시했다. 1832년 10월에 교육장관이 된 기조는 '중도 우파'의 수장이 되었다. 당시 그의 업적 중 하나는 프랑스의 공립 초등학교 제도의 기초를 설립한 것이었다. 기조 같은 자유주의자들은 성장하는 상층 부르주아계급의 경제적 이해관계를 대표했다. 그래서 기조는 선거권의 확대를 요구하는 사람들에게 "투표권

파리의 수플로 거리에 쳐진 바리케이드에서의 항쟁

을 얻고 싶으면 부자가 되시오Enrichissez-vous!"라는 망언을 남긴 것으로도 유
명하다.[5] 이처럼 프랑스의 자유주의 우파들은 소(小) 중산층이나 무산대중들
의 지지를 이끌어내는 데 실패했고 그냥 보수적 엘리트 집단으로 남았다는
것이 한계로 지적된다.[6] 반면에 보다 급진적인 자유주의 좌파들, 즉 공화주의
자들은 '개인'보다는 '시민'으로서의 국민peuple을 강조함으로써 프랑스 대중
들로부터 보다 폭넓은 지지와 영향력을 행사하게 되었다.

　기아 소동이나 실업, 주식 폭락 같은 경제적 위기에 몹시 격앙된 프랑스
의 중소 부르주아와 노동자계급은 끊임없이 선거권의 확장을 요구했다. 보

5　그러나 이 문제의 어록은 당시 기조의 적들이 그를 중상모략하기 위해 꾸며냈다는 설도 있다. 기조
　는 극단적 자유주의자도 아니었고, 프랑스인들에게 정신세계를 희생하고 배금주의를 숭상하라고
　권고한 적도 없었기 때문이다.

6　프랑스사가 르네 레몽René Rémond은 혁명의 원년에서 21세기까지 프랑스 우파의 계보를 ①전통주
　의자traditionalist ②자유주의자liberal ③보나파르트주의자Bonapartist로 나누었는데, 나중에 이스라엘
　정치학자 지브 스터넬Zeev Sternel이 주조해 낸 용어인 ④'혁명적 우파'까지도 여기에 포함시켰다.

다 공화주의적인 프랑스를 건설하기 위해, 알렉상드르 르드뤼-롤랑Alexandre Ledru-Rollin(1807-1874)이나 오딜롱 바로Odilon Barrot(1791-1873)같은 급진적인 공화주의자들은 '개혁 연회banquet'라는 정치집회를 수차례 조직해서 반정부적인 정치선전의 시동을 걸었다. 1848년 2월 중순, 반정부파 의원들이 선거권의 확대를 요구하는 대대적인 시민대회를 파리에서 개최하려고 하자, 놀란 정부는 군대를 동원해서 이를 막으려고 했다. 그런데 그날 저녁 예기치 않은 정부군의 일제사격으로 16명의 시위자들이 총살을 당하는 불상사가 발생했다. 그래서 일종의 '전시용'으로 그들의 싸늘한 주검을 실은 마차가 파리의 골목과 거리들을 밤새도록 누비고 돌아다녔다. 그 다음날 파리가 다시 한 번 바리케이드로 뒤덮이면서, 이것이 놀랍게도 '혁명'으로 발전했다. 파리의 폭도들은 국왕과 기조를 협박했고 그들은 곧 퇴위한 후 영국으로 도망갔다. "여기는 혁명이라는 돌발 뉴스 때문에 모두들 놀라워하고 있다"라는 엑스Aix의 검찰 총장의 말대로, 갑자기 발생한 혁명에 대하여 그 누구도 아직 준비가 안 된 상태였다.

2월 혁명은 '노동자들의 혁명'이었다. 노동자들은 루이-필리프와 기조의 엄격한 보수주의에 의해 가장 고통을 받고 신음했던 계층이었다. 3일간의 시가전 끝에 새로운 임시정부가 수립되었다. 프랑스 소설가 플로베르(1821~1880)는 "이것이야말로 민중의 승리다. 즉, 노동자와 중산 계층의 승리다"라고 《감정 교육》(1869년)에 썼다. 이 임시정부에는 온건한 공화주의자이자 낭만주의 시인인 알퐁스 드 라마르틴Alphonse de Lamartine(1790-1869), '노동자계급의 챔피언'으로 알려진 르드뤼-롤랑과 보다 급진적인 사회주의자 루이 블랑Louis Blanc(1811-1882)과 '노동자 알베르'란 별칭의 알렉상드르 마르탱Alexandre Martin(1815-1895)도 함께 참가했다. 24일 임시정부의 수반이 된 라마르틴은 25일 '황금 하프'라고 불리는 도도한 웅변으로 노동자들이 요구하는 적기(赤旗)를 물리치고, 삼색기를 신성한 프랑스 공화국의 국기로 채택했다.

이로써 혁명과 소요의 시대에 국가를 제대로 통치하지 못했던 루이-필리프 1세는 프랑스의 마지막 국왕이 되었다. 루이-필리프는 공화파나 왕당파에게서도 제대로 환영을 받지 못했다. 샤를 10세가 퇴위하면서 자신의 손자

1830년의 헌장의 준수를 선언하는 국왕 루이-필리프

에게 왕위를 이양했기 때문에, 부르봉 왕가를 옹호하는 전통주의자(왕당파)
들은 그를 '왕위 찬탈자'로 간주했기 때문이다. 그래도 집권 초기에 그는 제
법 인기가 있었다. 그는 국민 앞에서 '1830년의 헌장'의 준수를 맹세했으며,
국민들은 그를 '프랑스인의 국왕' 또는 '시민 왕'으로 불렀다. 튈르리 궁으로
들어간 그는 제 스스로 검소한 생활을 택하고 우산을 들고 파리 시내를 걸
어 다니면서 누구를 대하든 허물없이 얘기하고 혁명가 '라마르세예즈'를 부
르기도 했다. 그러나 그가 의회와 헌장을 무시하고 점점 '독재자'로 군림하
자 그를 지지했던 많은 이들이 등을 돌리게 되었다. 프랑스가 경제적 위기에
직면하면서 1830년대에 많은 봉기가 일어났는데, 그는 반대자나 노동자들
의 반란을 가차 없이 진압했다. 그래서 그는 오직 부자들의 이해만을 대변한
다는 오명을 얻게 되었고 빈곤계층의 원성을 사게 되었다. 7월 혁명 당시에
금융가 라피트가 시청광장 앞에서 "이제는 은행가들이 프랑스를 지배하게
될 것이다!"라고 예견한 대로 금융업자나 대산업 자본가들이 정치와 경제권
을 모두 장악하게 되었다. 대체로 대혁명과 나폴레옹 시대 및 7월 왕정의 시
대는 이러한 '상층 부르주아의 황금시대'로 얘기된다. 펜 하나로 제2의 나폴

레옹이 되겠다고 외쳤던 발자크가 《인간희극》에서 이 시대 프랑스인의 돈에 대한 무서운 집념과 그 추악한 면을 적나라하게 사실적으로 묘사한 바 있는데, 삼색기를 국기로 걸어 놓고 오히려 그 깃발이 상징하는 자유·평등·우애의 정신을 유린한 지배자들, 그것이 7월 왕정의 모순이었다. 루이-필리프의 치세 하에 무려 8번이나 암살 시도가 있었으나 그는 용케 피해나갔다. 그러나 1848년의 혁명 발발 이후 사면초가에 빠진 루이-필리프는 2월 24일 양위를 했고, '스미스 씨'란 이름으로 영국으로 또다시 망명했다. 그는 인생의 나머지를 영국에서 보냈고, 1850년 8월 26일 76세를 일기로 세상을 떠났다.

참고로 '1848년'은 19세기 전반과 후반을 가르는 중요한 분기점이 된다. 유럽 역사상 1848년만큼 여러 지역에서 혁명이 연쇄적으로 전개된 적은 없다. 그 결과, 나폴레옹 시대 이후 유럽의 반동 정치를 주도하던 '비엔나 체제'가 완전히 붕괴되었다. 자유주의적 낭만주의 시대에서 현실 정치Realpolitik의 사실주의로 넘어가는 이 해는 흔히 '광란의 해'로 거론된다. 1848년에 발생한 모든 혁명에서는 자유주의, 민족주의, 사회주의 등 삼대 사상이 각양각색으로 반영되며, 프랑스의 '2월 혁명'은 이 광란의 해의 출발점이 되었다.

⚜

"자유, 평등, 우애 아니면 죽음을!" 이라는 슬로건은 혁명기에 매우 인기 있는 구호다. 그러나 자유는 프랑스를 온통 구치소로 뒤덮었고, 평등은 직함과 훈장만 증대시켰을 뿐 아니라 우애는 우리를 분열시켰고 오직 죽음만이 만연해 있다.

- 프랑스의 반혁명 철학자 루이 드 보날드Louis de Bonald(1754-1840)

"나는 아무래도 그들의 대장이니 그들을 따라가야겠어요!"

- 프랑스 정치가 알렉상드르 르드뤼-롤랭Alexandre Ledru-Rollin(1807-1874),
1848년 혁명 당시 바리케이드에 모인 파리 폭도들 사이에서

노예제의 폐지
(1848년 4월 27일)

온건한 공화주의자들이 1848년 4월 23일-24일 선거에서 승리를 거두었다. 1848년의 정신, 즉 자유와 민주주의라는 시대정신에 의해 제헌의회는 노예폐지론자 빅토르 쉘셰르Victor Schoelcher(1804-1893)의 제안에 따라 3월 4일 노예제 폐지를 결정했다. 당시 16만 명의 노예들이 앤틸리스 제도에서 노역에 종사하고 있었다. 1848년 4월 27일 마침내 노예제 폐지 법령이 가결되었다. 그 핵심은 이행기 없이 노예제를 즉각 폐지하고, 해방 노예들과 유색인 주민들에게 참정권을 포함한 완전한 프랑스 시민권을 부여하는 것이었다. 식민지를 본국과 동등한 법적·행정적 체제하에 통합시키려 한 그의 계획은 이후 '식민지 동화주의'의 기조가 되었다.

이 노예제의 폐지는 사실상 기나긴 오랜 투쟁의 성과였다. 루이 14세의 통치기에 제정된 '코드 누아르Code Noir'(흑인법)(1685년)는 흑인 노예들의 질서유지와 통제를 위해 프랑스 식민지 제국의 노예제의 조건을 명시하고 있다. 미국의 역사 교수 타일러 스토발Tyler Stovall이 "인종, 노예제, 자유에 관한 한, 유럽에서 가장 포괄적인 공식 기록"이었다고 평가한 이 악명 높은(?) 코드 누아르는 노예들의 악조건을 단지 한시적으로 누그러뜨렸을 뿐이었다. 흑인 노예에 대한 노예 주의 의무를 규정하면서 잔혹한 제재를 정당화시켜 많은 노예들이 매장되었고, 말라리아와 모기가 창궐하는 습지로 쫓겨나거나 살해를 당했다. 또한 자유 흑인(해방 노예)들의 활동을 제한하고 로마 가톨릭이 아닌 다른 종교를 엄격히 금지하는 한편, 프랑스 식민지의 모든 유태인들에게는 추방령을 내렸다.

볼테르의 작품 《캉디드Candide》

18세기 계몽주의 철학자들도 인간의 평등과 자유에 대한 자연권 사상과 관련하여, 이 '노예제의 정당성'을 놓고 갑론을박을 벌였다. 생-도맹그Saint-Domingue는 18세기 프랑스의 식민지 제국에서 가장 부유한 식민지였는데 1791년 생-도맹그에서 발생한 격렬한 노예 반란은 최초로 일반의 양심을 일깨우는 계기가 되었다. 여성학과 젠더, 섹슈얼리티의 연구가인 자크린 쿠티 Jacqueline Couti는 자신의 저서 《프랑스 식민지 카리브 해의 담론 속 위험한 크리올 관계, 성과 민족주의(1806-1897)》(2016)에서 크리올 여성들이[7] 프랑스 본토나 식민지에서 노예사의 중요한 획을 그었다고 주장했다. 이 크리올 여성들은 프랑스 백인 남성들의 상상력 속에서 신비한 모험과 이국주의의 주요한 원천이 되었다. 이 크리올 여성들이 머나먼 아프리카 대륙의 원주민 태생이라는 것 때문에 프랑스 남성들은 까무잡잡한 크리올 여성들이 백인 여성과는 다른, 이국적인 성적(性的) 관행을 가지고 있다는 환상을 품게 되었다는 것이다. 이 혼혈 여성들은 노예였기 때문에, 노예주들은 프랑스 백인 여성들을 내버려 둔 채 여성 노예들을 자신의 성적 노리개의 대상으로 삼았다. 많은 노예주들이 아버지로서의 의무를 저버리고 이 크리올 여성들의 육체를 탐닉했기 때문에, 당시 식민지의 이상적 여성상은 순수한 '백인 여성 어머니'

---

7 남아메리카 제국 · 서인도 제도 · 마르티니크섬 태생의 프랑스 사람 · 스페인 사람.

〈프랑스 식민지의 노예제 폐지〉(1848년 4월 27일). 프랑스 화가 프랑수아 비아르François Biard(1798-1882)의 작품 (1849년)

였다고 한다.

18세기 말 절대왕정이 몰락하고 등장한 새로운 혁명정부는 만인의 〈인권 선언문〉과 더불어, 프랑스의 전통적인 왕조적 이미지를 평등하고 올바른 국가로 개조하고 싶어 했다. 그래서 1794년 프랑스공화국에 의해 최초로 노예제의 폐지가 선언되었다. 그러나 혁명기에 프랑스를 의인화한 '마리안느 marianne'나 들라크루아의 〈민중을 이끄는 자유의 여신〉도 모두 백인 여성을 형상화한 이미지였다. 또 프랑스의 제1통령 시절에 나폴레옹은 앤틸리스제도의 대농장주들의 압력에 의해 1802년에 폐지된 노예제를 다시 부활시켰다. 1814년 5월 30일 프랑스는 영국의 압력에 의해 파리조약에 따라서 노예제를 포기할 것을 약속했지만 기존의 노예들을 해방시키지는 않았다. 1848년 4월 27일 프랑스는 드디어 전술한 대로 식민지의 노예제를 무조건부로 폐지했다.

위의 프랑스 화가 프랑수아 비아르François Biard(1798-1882)의 그림은 노예제 폐지가 선언되었을 때, 식민지에서 환호하는 노예들의 모습을 감동적으로 묘사하고 있다. 중앙의 두 명의 흑인 노예가 번쩍 들어 올린 손에 '풀린 족쇄'의 사슬을 움켜쥐고 기쁨의 함성을 외치고 있는 사이, 다른 노예들은 경건하게 무릎을 꿇은 채 연단 위에서 이 소식을 전하는 의원을 축복하고 있다. 의원이 모자를 들어 가리키는 것은 바로 프랑스 공화국의 상징인 삼색기다. 이 비아르의 작품 속에서 노예제의 폐지는 그야말로 기쁨의 축제다. 서로 다른 두 개의 지배 공동체와 피지배 공동체가 격정 속에서 서로 한데 뒤섞이는 뭉클한 장면을 표현하고 있다. 비아르의 작품은 공상적인 2월 혁명가 quarante-huitarde들의 이상향을 시각적으로 담고 있기는 하지만, 물론 프랑스가 노예제를 폐지한 최초의 혁신 국가는 아니었다. 이미 1808년부터 영국이 노예무역을 폐지하고, 다른 유럽 국가들에게도 이와 똑같이 하라고 계속 선동을 해왔기 때문이다.[8] 어쨌든 노예제의 폐지는 '자유의 획득'이라는 인류의 더디고 험난한 고난의 역사에서 일보를 내디딘 기록적인 사건이었다. 그것을 비아르는 공화주의에 대한 숭고한 예배로 승화시킨 동시에 식민지 국민에 대한 제국주의의 온정주의와 정당성, 또 승리하는 제국주의의 위상을 당당하게 표현하고 있다. 이 노예제 폐지의 결과, 생-도맹그는 독립을 획득하여 독립된 아이티 공화국을 수립했으며, 그 후로 프랑스의 지배를 받는 섬들은 주로 소(小) 앤틸리스의 작은 섬들에만 국한되었다.

⚜

"논리적인 사고를 안 하려는 자는 고집통이고 그런 사고를 할 수 없는 자는 바보이며, 만일 그런 사고를 감히 하지 못하는 자가 있다면 그는 노예다."

- 영국 시인 조지 고든 바이런George Gordon Byron(1788-1824)

"우리가 쉘셰르를 상기하는 것은 과거의 헛된 유령을 불러내는 것이 아니라, 아직도 폭발적인 총알 같은 언어의 위력을 지닌 인간을 불러내는 것이다. 쉘셰르는 노예폐지를 넘어서, 현실에 발을 올려놓고 역사(노예제)를 종말로 이끄는, 가히 혁명적 인간 계보의 반열에 오른 인물이다."

- 마르티니크 출신의 프랑스 시인 에메 세제르Aimé Césaire(1913-2008)

---

8 1807년에 영국은 모든 노예무역을 금지했고 1833년에 영국의회는 노예제를 폐지했다.

사회주의 공화국의 실패
(1848년 6월 23-26일)

1848년 5월 4일, 제헌의회는 2월 24일(실제로는 25일)에 선포된 공화국이 프랑스의 공식 정부임을 선언했다. 그리하여 루이-필리프의 폐위와 2월 혁명의 결과로 '제2공화정'이 탄생했다. 그러나 과연 어떤 체제의 공화국이란 말인가? 제헌의회의 우파에는 200명의 왕당파와 가톨릭이, 극좌파에는 100명의 사회주의자(당시에는 사회주의 공화국의 신봉자들partisans), 그리고 중도파에는 500명의 온건한 공화주의자들이 선출되었다. 옆의 풍자화는 온건 공화파가 절대다수의 의석을 차지하게 된 4월 선거를 마음껏 조롱하는 풍자화다. "다수가 부름을 받았으나 단지 소수만이 선택을 받았다"라는 문구가 쓰인 이 풍자화 속에서, 뒤의 남성이 꼭대기에 매달

당시 4월 선거에 대한 풍자화

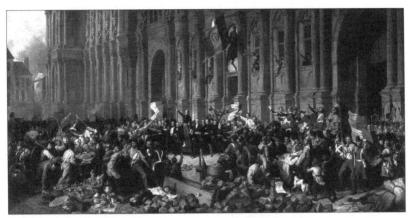

파리의 시청 앞에서 노동자들의 적색기를 거부하는 라마르틴(1848년 2월 25일)

린 돈지갑을 차지하기 위해 기둥을 타고 악착같이 올라가는 모습이 보인다. 여기서 돈지갑은 선출된 대표의 일급 25프랑을 의미한다. 즉 이 풍자화는 선출된 의원이 정치적 대의가 아니라 돈을 위해 선거를 치렀음을 비웃고 있다.

프랑스 대혁명의 연장선상에서 임시정부는 최초로 모든 성년 남성에게 '보통 선거권'을 부여했고, 언론의 자유, 집회와 결사의 자유를 보장하며 부유한 시민만이 참여할 수 있었던 국민군(프랑스 혁명 초기에 중류 이상의 시민들이 자위를 목적으로 조직한 시민 군)의 문호도 일반 소시민이나 노동자에게도 확대했다. 그래서 7월 왕정 말기에 불과 24만 명밖에 안 되던 유권자가 갑자기 9백4십만 명으로 늘어나게 되었다. 또한 인권 차원에서 사형제도와 식민지 제국의 노예제도도 폐지했으며, 정부는 경제 위기에 의해 심각한 타격을 받은 장인과 노동자들의 기대도 저버리지 않았다. 정부는 노동권과 교육권 등을 천명하면서 이른바 사회주의 정책을 실시했다. 사회주의 운동의 이론가인 루이 블랑Louis Blanc(1811-1882)이 이끄는 위원회가 공화정을 선포한 지 3일 만인 1848년 2월 27일에 '국립 작업장Ateliers Nationaux'을 열었으나 엄청난 고비용과 비효율성 때문에 비난을 받았다. 당시 프랑스에는 실업자가 많았기 때문에 국립 작업장에 들어가 생계를 유지해보려는 사람들이 3월 16일에 6만 6천 명, 5월 말에는 10만 명으로 불어났다. 그러나 일거리는 제한되어 있었기 때문에 그들의 태반은 작업장에 나가서 빈둥거리며 놀다가 수당을 받아 갔다. 그래서 정부는 그들한테 지불해야 할 엄청난 수당 때문에 고민하게 되었을 뿐 아니라 그 국립 작업장 때문에 일반산업체의 노동자가 줄고 임금이 전체적으로 하락하는 새로운 혼란이 야기되었다. 자본가들이 불만을 토로하는 사이, 국립 작업장의 노동자들은 정부에서 지급하는 수당으로 놀고먹으면서도 밖에 나가서는 공공연히 반정부적인 언사를 일삼았다. 국립 작업장은 점차로 불온한 반란의 온상지가 되었다.

6월이 되자 보수파가 장악한 의회에서는 문제의 작업장을 폐쇄하기로 결정했다. 6월 21일 작업장이 폐쇄되자 분개한 노동자들은 "자유냐 아니면 죽음이냐!"하는 절망적인 구호를 외치며 반정부 투쟁을 벌였다. 4일간의 치열한 시가전 끝에 루이-으젠 카베냐크Louis-Eugène Cavaignac(1802-1857) 장군이 폭도들을 진압했다. 이때의 희생자는 무려 1만 명이 넘었고 전투가 가장 심했던 파리 동부에는 며칠간 시체로 뒤덮여 있었다고 한다. 그밖에 체포된 자들 1만여 명 가운데 지도적 인물들은 사형 또는 알제리의 유형에 처해졌고 루이 블랑은 간신히 영국으로 도망쳤다. 이렇게 해서 프랑스 제2공화정의 사회주의자들은 처절하게 진압되었다. 이것이 '6월 사건'이다. 이 노동자들의 반란은 계급투쟁의 성격을 띠었고 제2공화국은 더 이상 민중들의 지지를 얻지 못했다.

"사회주의는 실패의 철학이며, 무지의 신조, 질투의 복음이다.
사회주의의 태생적인 미덕은 가난의 평등한 분배이다."

- 영국 정치가 윈스턴 처칠Winston Churchill(1874-1965)

"왕정이 무위도식자들을 거느리고 있었다면, 공화정은 게으름뱅이들을 갖게 되리라."

- 빅토르 위고, 국립 작업장에 관해 1848년 6월 20일 의회에서 연설하다

6월 폭동 후, 질서당parti de l'order이 승리했다.[9] 이제 노동권이나 교육권 등 사회주의적 수확물은 거부되었다. 파리에는 계엄령이 실시되고 계엄 하에서 새로운 공화제 헌법이 제정되었다. 그것은 당시로서는 매우 민주적인 헌법이었고 이 헌법에 따라 12월에 대통령 선거가 실시되었다. 대통령의 임기는 4년, 임기 후 4년 동안은 재선이 불가능하며 의회 해산권도 없었다.

1848년 12월 10일 프랑스 역사상 최초의 대통령 선거가 실시되었다. 그런데 선거의 결과는 놀랍게도 2월 혁명을 주도한 공화파 계통의 지도자를 제쳐놓고, 질서당으로 입후보한 '나폴레옹의 조카' 루이 나폴레옹 보나파르트Louis Napoléon Bonaparte(1808-1873)가 압도적인 다수로 당선되었다. 7월 왕정 이래 계속해서 자본가와 노동자들에게 불만을 품고 있던 절대다수의 농민들이 공화파의 자본주의적 정책과 사회주의자들의 '위험 사상'에 반발하는 한편, 일찍이 그들의 '수호신'과도 같은 위대한 영웅 나폴레옹을 그리워하

---

9 이 질서당은 왕당파가 반공화주의적인 상층 부르주아와 손을 잡고 조직한 당으로 재산·가족·종교·질서의 유지를 강령으로 내세웠다.

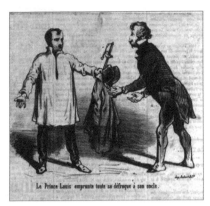

Le Prince Louis emprunte toute sa défroque à son oncle.

루이 나폴레옹이 속옷 차림인 삼촌 나폴레옹에게서, 무기와 회색 코트와 모자 등 모든 의상을 협찬받고 있는 것을 코믹하게 묘사한 풍자화

면서 그 나폴레옹의 후계자요, '제2의 나폴레옹'같기도 한 루이 나폴레옹에게 몰표를 던진 것이었다. 빅토르 위고의 말마따나 이처럼 "거대한 오해" 덕분에 그는 우파는 물론이고 사회주의자들로부터도 지지를 받아 프랑스 공화국의 초대 대통령에 당선되었다. 도시의 노동자들도 6월 사건 때의 탄압자인 카베냐보다는 《빈곤의 절멸》이라는 저서를 낸 적이 있는 루이 나폴레옹을 쌍수 들어 환영했다. 자신을 스스로 사회주의 사상을 지닌, '권위적인 민주주의자'로 간주했던 그는 최종 5백43만4천표를 득표해서, 온건한 공화파인 카베냐(1백44만8천표)은 물론이고 사회적 공화주의자인 르드뤼-롤랑(37만1천표), 혁명적 사회주의자인 프랑수아 라스파이François Raspail(1794-1878)(3만7천표)도, 라마르틴(1만7천910표)도 다 물리치는 개가를 올렸다.

"정치에서 악은 복수가 아니라 치유의 대상이다."

- 루이 나폴레옹

"황후는 정통왕조파, 나의 사촌은 공화파, 모르니 공(황제의 이복형제)은 오를레앙파, 나는 사회주의자, 보나파르트파는 페르시니 내무 대신밖에 없다. 그런데 그는 머리가 돈 사람이다."

- 루이 나폴레옹

엘리제궁에서의 쿠데타
(1851년 12월 2일)

그때 세계는 −
1851 청, 태평천국 운동 시작 리스 독립전쟁
1853 일본, 페리 함대의 내항

1851년 반의회주의적 정서가 유행하자, 미래의 나폴레옹 3세는 장차 수백 명의 목숨을 앗아가게 될 쿠데타의 음모를 계획했다. 그는 자주 지방 시찰을 나가서 그럴듯한 변설로 농민들의 환심을 사고, 군대의 지지도 확보했다. 1851년 12월 2일 파리는 새벽부터 비가 부슬부슬 내리고 있었다. 일찍 일어난 사람들은 파리 시내의 거리마다 나붙은 포고문을 읽기 시작했다. '12월 2일'이라는 이 날짜는 나폴레옹 1세의 대관(1804년 12월 2일)과 '아우스터리츠 전투(1805년 12월 2일)의 승리 기념일을 의도적으로 맞춘 것이었다. 포고문의 내용은 헌법에 위반되는 하원의 해산, 보통선거의 부활, 또 국민투표를 통해 새로운 제도에 대한 찬반을 묻는 국민소환제의 채택 등이었다. 그는 의회를 무시한 채 자신이 '국가의 엘리트'라고 칭한 군대와 공화국의 유일한 주권자인 '국민'에게 직접 호소문을 보낸 것이다. 1848년 성인 남성의 보통선거에 의해 당선된 최초의 공화국 대통령이 이처럼 자의적인 '셀프 쿠데타'를 획책했다는 것은 그야말로 충격적인 사건이 아닐 수 없다. 파리와 지방에서 공화주의자들이 일제히 들고일어났지만 루이 나폴레옹은 계엄령을 선포하고 군대를 동원하여 모든 저항을 철저히 분쇄시켜버렸다.

오전 10시경에 루이 나폴레옹은 군마를 타고 거리에 나와서 "황제 만세!"

루이 나폴레옹의 쿠데타 당시에 파리 시내를 활보하는 기병대

"공화국 만세!"를 외치는 군인과 시민 사이를 돌아다녔다. 군대가 거의 2만 6천 명 이상의 공화주의자들을 체포했는데, 다행히 운 좋게도 아직 체포되지 않은 공화파나 왕당파의 요인들은 부지런히 파리를 탈출했다. 9천5백30명이 알제리로 추방되었고 2백50명이 프랑스령 기아나의 카이엔Cayenne감옥에 수감되었다. 당시의 왕당파·자유파·공화파를 차례대로 거쳐 사회주의자가 되어있던 빅토르 위고는 저항위원회를 조직해서 민중봉기를 획책하다 체포되어 국외로 추방되었다. 그는 프랑스 민중들의 비참한 삶과 프랑스의 '6월 봉기'를 소재로 한 장편소설《레미제라블》외에도, 루이 나폴레옹을 풍자한《소인 나폴레옹》과《징벌 시집》같은 비방 팸플릿을 집필하기 시작했다.

> "그가 무엇을 할 수 있지? - 모든 것tout. 그렇다면 그가 무엇을 했지? - 아무것도rien!"
>
> -빅토르 위고의 비방 팸플릿《소인 나폴레옹》중에서

이처럼 쿠데타에 성공한 루이 나폴레옹은 대통령의 임기를 10년으로 연장시킨 이 쿠데타의 가부를 첫 번째 국민투표에 부쳐 7백40만 표 대 64만 표로 동의를 얻고 이듬해 1852년 1월 14일 새로운 헌법에 의해서 대통령의 '독재'를 확립했다. 그리고 1852년 11월 21일에는 제정의 부활을 또 두 번째 국민투표에 부쳐 8백70만 표 대 25만 표로 승리를 얻고 12월 2일 나폴레옹 3세로 제위에 올랐다. 그래서 2월 혁명의 성과는 공화정에서 제2제정으로 바뀌어 갔다.

⚜

"내가 합법성의 밖으로 나온 것은 다시 법속으로 들어가기 위함이라는 것을
프랑스는 잘 이해하고 있다."

- 루이 나폴레옹

"헤겔은 어디선가 세계사에서 위대한 중요성을 지닌 모든 사건과 인물들은
반복된다고 언급한 적이 있다. 그러나 그는 다음과 같은 말을 덧붙이는 것을 잊었다.
한 번은 비극으로, 다음은 소극(笑劇)으로 끝난다는 사실 말이다"

- 칼 마르크스Karl Marx(1818-1883)의 《루이 보나파르트의 브뤼메르 18일》(1852)

황제 스당에서 항복하다
(1870년 9월 2일)

그때 세계는 –
1868 일본, 메이지 유신
1869 이집트, 수에즈 운하 개통

1870년 9월 2일 나폴레옹 3세가 스당에서 독일군에게 항복한 사건은 제 2제정(1852-1870)의 몰락과 제3공화국(1870-1940)의 출범을 가져왔다. 그러나 1872년에 출간된 빅토르 위고의 시집《끔찍한 해L'Année terrible》가 암시해 주듯이, 공화주의자들은 그야말로 숱한 어려움과 곤경에 직면했다.

1866년 이래, 즉 사도바Sadowa 전투에서[10] 승리한 후 프로이센은 '철혈재 상' 오토 폰 비스마르크Otto von Bismarck(1815-1898)의 주도하에 역사적 숙원 인 '독일통일'을 이루기 위해 전력을 다했다. 이때 프로이센이 지나치게 강대 해지는 것을 두려워했던 나폴레옹 3세는 프로이센-오스트리아 전쟁 때 중 립을 지킨 대가로 영토의 보상을 요구했으나, 프로이센의 빌헬름 1세Wilhelm I(1797-1888)는 이러한 팁 내지 '행하(行下)의 정책Politique des pourboires'을 거절 했다. 팁 정치란 용어는 비스마르크가 영토 보상에 따라 행동 노선의 유무를 취한 나폴레옹 3세의 얄팍한 국제정치 · 외교술을 꼬집기 위해 채택한 용어

---

10 1866년 프로이센-오스트리아 전쟁 중 프로이센군이 보헤미아의 도시 쾨니히그레츠 북서쪽의 사도 바 마을에서 대승한 전투를 가리킨다. 이 사도바 전쟁은 불과 7주일 만에 끝났기 때문에 '7주일 전 쟁'이라고 부르기도 한다.

스당에서 만난 나폴레옹 3세와 독일재상 비스마르크

다. 비스마르크는 프랑스와의 전쟁을 통해서만 독일의 정치적 통일이 이루어질 수 있다고 판단했다.

1870년 7월 프로이센 국왕의 친척인 호엔촐레른가의 레오폴트Leopold, Prince of Hohenzollern(1835-1905)가 스페인 왕위에 도전했다가 프랑스의 항의로 포기하는 사태가 발생했다. 레오폴트의 즉위는 예상외로 프랑스인들을 흥분시켰는데, 일찍이 카를 5세Carl V(1500-1558)가 스페인 국왕 겸 신성로마제국 황제란 입장에서 유럽 대륙을 지배했던 시대가 회상되었기 때문이다. 프로이센 국왕의 권고로 레오폴트가 자진 사퇴했음에도 불구하고, 의기양양해진 프랑스 대사 뱅상 베네데티Vincent Benedetti(1817-1900)가 엠스Ems에서 아침 산책을 즐기는 빌헬름 1세에게 다가가 레오폴트가 다시는 스페인 왕위를 노리지 않게 하겠다는 각서를 써달라고 요청한 것이 그만 화근이 되었다.[11] 이것이 이른바 유명한 '엠스 전보' 사건인데 비스마르크의 뛰어난 모략 중에서도 가장 교묘한 것이라 회자된다. 후일 비스마르크는 이 사건을 두고

---

11 사실 프랑스 대사는 외상 그라몽 공Duc de Gramont(1819-1880)의 지시로 그렇게 한 것인데, 나중에 그라몽이 모든 외교적 실패를 자신에게 뒤집어씌우자 코르시카로 퇴임한 후 그는 자기변론 차원에서 《프로이센에서의 나의 사명Ma Mission en Prusse》(1871)란 회고록을 발간했다.

공화정을 선포하는 레옹 강베타

마치 '황소 앞의 빨간 천red rag to a bull'처럼 다혈질의 프랑스인들을 격분시키는 효과가 있었다고 회고했다. 드디어 천운의 기회가 왔다고 생각한 비스마르크는 국왕한테 받은 전문을 수정해서 간단히 줄이는 동시에, 프랑스 대사 베네데티가 빌헬름 1세를 협박했기 때문에 왕이 노해서 대사를 쫓아 보낸 것 같이 내용을 고쳐 쓰고 곧 신문에 공포해버렸다. 과연 그 엉터리 전문의 내용은 독일인들을 격분시켰고 '각개주의particularism' 일변도의 남독일 사람들조차도 프로이센에 동정을 해서 프랑스에 선전포고를 해도 괜찮게끔 되었다. 이제 프로이센은 더 이상 혼자가 아니었다. 그런가 하면 프랑스에서도 문제의 전문내용 때문에 발칵 뒤집혀서 나폴레옹 3세 이하 국민의 대부분이 주먹을 움켜쥐며 외쳤다. "베를린으로, 베를린으로!" 이 장면은 졸라의 유명한 소설《나나Nana》의 마지막 대목이기도 하다.

프랑스 정부에서 개전을 결의한 것이 7월 14일, 프로이센에 선전포고를 한 것이 19일, 그러나 만반의 준비를 갖추고 있었던 것은 프로이센이었으므로 처음부터 독일군은 파죽지세로 프랑스에 침입, 알자스와 로렌에서 승리했고 9월 2일에는 스당에서 프랑스 황제 나폴레옹 3세와 그의 군대 8만 5천 명을 한꺼번에 항복시켰다. 스당의 패전 비보가 파리에 전해지자 제정의 지지자들은 제정을 지키려고 했지만, 9월 4일 수많은 군중들이 부르봉 궁Palais Bourbon(국회소재지)으로 몰려가서 "상실" "프랑스 만세" "공화국 만세!" 등을 이구동성으로 외쳤다. 공화파 의원들이 떼를 지어 시청으로 몰려갔고, 거기서 레옹 강베타Léon Gambetta(1838-1882)가 공화정을 선포하면서 국민방위 정부가 수립되고 제2제정은 종말을 고했다.

그러나 제정의 몰락은 대외전쟁의 실패 때문이지, 결코 국내 정치의 요인 때문은 아니었다. 제2제정은 프랑스 자본주의의 발전과 경제 근대화의 시기로 특징지어지는데, 제정은 정치적 불만세력에도 불구하고 이러한 경제 호황 덕분에 인기를 누렸다. 1870년 5월 8일, 헌법의 개정을 묻는 국민투표에서 무려 82% 이상의 프랑스 국민들이 제정에 대한 지지도를 보였다. 이 결과에 몹시 만족했던 나폴레옹 3세는 "내 수치(數値)를 다시 회복했노라!J'ai retrouvé mon chiffre"고 외쳤다. 그때 낙담해 마지않던 공화파의 지도자 강베타는 "제정은 그 어느 때보다도 견고하다. 이 제도가 이렇게 프랑스에 깊숙이 뿌리를 내린 것은 바로 (보수적인) 농촌의 지지 덕택이다"라는 결론을 내렸다.

❧

"정치는 가능성의 예술이다."

- 독일 재상 오토 폰 비스마르크Otto von Bismarck(1815-1898)

"제국, 그것은 평화다.L'Empire, c'est la paix"

- 루이 나폴레옹 보나파르트Louis-Napoléon Bonaparte (1808-1873),
1852년 10월 9일 보르도의 연설 중에서

프랑크푸르트 조약
(1871년 5월 10일)

그때 세계는 –
1871 신미양요
1871 독일제국 성립

스당의 쓰라린 패배 소식이 전해진 1870년 9월 4일 파리에서는 노동자와 급진적인 소시민들의 봉기가 일어났다. 이 혼란 속에서 공화정이 선포되었고 파리의 군사 총독 루이-쥘 트로쉬Louis-Jules Trochu(1815-1896)를 수반으로 하는 부르주아 공화파의 국민방위 정부가 수립되었다. 이 국민방위 정부 요인 중에서도 레옹 강베타Léon Gambetta(1838-1882)는 그의 철저한 애국심과 민주주의 공화정에 대한 애착 때문에 최후까지 저항할 것을 주장했다. 1870년 9월 13일 파리가 프로이센군에 의해 포위되자 강베타는 열기구를 타고 파리를 탈출, 독일과 끝까지 싸울 것을 전 국민에게 호소하여 전쟁을 5개월 동안이나 연장시켰다. 그러나 포위된 파리를 구출하지는 못했다.

한편 비스마르크는 남독일 4개 영방을 북독일 연방에 정식으로 끌어들인 후, 파리가 항복하기 10일 전인 1월 19일에 북독일 연방의 각 영방군주들을 베르사유궁의 '거울의 방'에 불러놓고 빌헬름 1세를 통일 독일제국의 초대 황제로 대관시키는 의식을 거행했다. 이것이 프로이센의 무력과 비스마르크의 탁월한 정치력으로 탄생된 신생 독일제국의 출발이다. 1890년까지 장기 집권한 비스마르크는 독일의 '국민적 영웅' 내지는 당대 '제1의 국제정치인'

베르사유궁에서의 독일 황제 대관식

으로 평가를 받게 되었다.

1871년 2월 26일 프랑스는 이 독일제국을 상대로 가조약을 체결한 후 5월 10일에는 굴욕적인 '프랑크푸르트 강화조약'을 체결, 알자스와 로렌 두 지방을 할양하는 동시에 50억 프랑의 배상금을 지불하게 되었다. 당시 50억 프랑은 천문학적 액수였기 때문에 비스마르크조차도 프랑스가 돈을 갚는데 아마도 수년 이상 걸릴 것으로 예측했다. 그러나 이를 '국민적 수치'로 여긴 프랑스 전 국민이 국민적 성금운동을 하여 불과 몇 달 만에 갚게 되었고 독일군은 철수할 수밖에 없었다.

한편 알자스와 로렌을 빼앗은 것은 독일의 커다란 실책(?) 이었다. 이곳의 주민들은 원래 독일인이었지만 1세기 이상 프랑스인으로 생활했기 때문에 독일보다는 오히려 프랑스를 더 사랑했고 독일에 편입되는 것을 적극 반대하고 있었다. 그래서 그 뒤에 이곳에서 선출된, 이른바 '시위(示威) 의원들 députés protestataires'은 독일제국 의회에서 계속 반정부적인 태도를 취했다. 프랑스 작가 알퐁스 도데Alphonse Daudet(1840-1897)의 《마지막 수업》은 어린 화자(소년 프란츠Franz)의 눈을 통해서, 전쟁의 패배로 알자스·로렌 지역이 독일로 강제 이양된 당시의 상황을 드라마틱 하게 묘사하고 있다. 불어 교사 아멜Hamel이 '프랑스 만세!Vive la France!'라는 글귀를 칠판에 쓰고 차마 말을 잇지 못하는 가슴 뭉클한 장면으로 끝나는 이 소설은 패전국 국민에 대한, 식민지 제국주의적 권력의 '언어와 문화 헤게모니' 장악을 은유적으로 비판하고 있다. 사실상 알자스 · 로렌 지역의 근대사는 프랑스와 독일 양국의 치열한 '민족주의 경쟁'에 의해 상당히 많은 영향을 받았다.

일찍이 중앙집권화를 추구해 온 프랑스는 소위 '자연 국경설'이란 것을 주장하면서[12] 신성로마제국 안에 위치한 라인 강 서부지역의 영토를 꾸준히 병합시키려고 노력해왔다. 그래서 오늘날 '알자스'라고 알려진 지역이 17세기 루이 14세에 의해 정복되었고, '로렌'은 18세기 루이 15세의 시대에 프랑스 영토에 병합되었다. 한편 독일이 군사 천재 나폴레옹 1세의 말발굽에 짓밟히면서 불길처럼 일어난 독일의 민족주의는 이전 신성로마제국 시대의 독일어권 주민들을 모두 하나의 단일민족 국가라는 기치 아래 통합시키고자 했다. 알자스나 모젤(북부 로렌 지역)에서는 다양한 독일 방언들이 사용되었는데, 독일의 민족주의자들은 이 지역이 장차 통일된 독일의 정당한 '일부'라고 생각했다. 그래서 독일 역사가 하인리히 폰 트라이치케Heinrich von Treitschke(1834-1896)는[13] 1871년에 다음과 같이 기술했다. "독일과 프랑스를 다 알고 있는 우리 독일인들은 알자스인들에게 과연 무엇이 더 좋은 것인가를 '불운한 그들 자신보다' 더 잘 알고 있다. 그들은 타락한(?) 프랑스 생활 때문에, 독일에 과연 무엇이 중요한지를 정확히 알지 못한다."

그래서 새로 탄생한 독일제국이 프랑스에 알자스 · 로렌 지역을 요구했을 때 그것은 단순히 보복 조치 때문만은 아니었다. 이 지역의 할양은 독일인들 사이에서도 커다란 논쟁의 대상이었다. 초기에 비스마르크는 독일에 대한

---

12 이 자연국경설은 라인강, 대서양, 지중해, 피레네산맥, 알프스산맥이라는 자연지물로 둘러싸인 영역이 프랑스 민족의 거주지역이며, 고로 이 영역을 모두 프랑스 영토로 편입시켜 국경으로 삼아야 한다는 주장이다.

13 독일의 역사가 트라이치케는 프로이센 중심의 배타적인 권력국가주의를 제창하여 반(反)마르크스주의와 반유대주의를 강조했으며 저서로는 ≪19세기 독일사≫, ≪정치학 강의≫ 등이 있다.

프랑스인의 영구적 증오심을 불러일으킬까 봐 두려워해서 이 조치를 반대했다. 독일의 산업가들도 알자스 산업과의 경쟁을 원하지 않았고, 칼 마르크스도 역시 독일국민에게 다음과 같이 경고했다. "만일 알자스와 로렌을 취하게 되면, 프랑스는 러시아와 협력해서 독일에 전쟁을 선포하게 될 것이다. 그러니 공연히 위태로운 결과를 불러일으킬 필요가 없다." 그러나 독일 황제 빌헬름 1세는 독일원수 헬무트 폰 몰트케Helmuth von Moltke(1800-1891)와 생각을 같이 하고 있었고, 다른 장성들도 역시 국경을 프랑스 쪽으로 이동시키는 편이 군사적 완충지대의 확보 면에서나 독일 방언을 사용하는 사람들을 독일로 흡수한다는 차원에서 훨씬 국익에 이롭다고 생각했다.

프랑크푸르트 조약은 이 지역의 주민들에게 1872년 10월 1일까지 프랑스로 이민을 가든지, 아니면 이 지역에 남아서 그들의 국적을 독일로 바꾸든지 둘 중의 하나를 선택하도록 했다. 대략 알자스·로렌 주민의 10.4%인 16만 1천 명이 프랑스 시민권을 선택했지만, 결과적으로는 5만 명이 프랑스로 이주했고 나머지는 모두 독일 시민권을 취득했다. 그러나 독일에 병합된 지 처음 16년 동안 프랑스에 대한 그들의 소속감은 매우 강렬했다. 게다가 이 두 지방의 할양은 프랑스인들에게 깊은 원한과 복수심을 갖게 해서 그 뒤 프랑스와 독일의 대립은 장기화되었고, 20세기의 양차 대전에서도 프랑스와 독일의 '대립'에 적지 않은 영향을 미쳤다.

⚜

"우리 시대의 중대한 문제가 결정되는 것은 (공허한) 담론도 다수결 투표도 아니다.
그것은 바로 철과 피다."

- 비스마르크(1862년)

파리코뮌의 종말
(1871년 5월 28일)

1871년 5월 28일 프랑스 정부군에 의해 파리 코뮌Commune de Paris은 잔혹하게 진압되었다. 파리코뮌은 파리 민중, 즉 노동자와 시민계층이 최초로 세운 사회주의 자치 정부다. 탄생일인 1871년 3월 18일에서 사망일인 5월 28일까지 72일간 지속되었다. '코뮈나르Communard'(파리코뮌지지자)들이 학살당하거나 생포된 지 이틀 후 공산주의의 대부 격인 칼 마르크스Karl Marx(1818-1883)는 국제노동자협회(제1인터내셔널)의[14] 총회에서 1871년의 '프랑스의 내전'에 대하여 발표했고 그것은 그의 마지막 정치 팸플릿이 되었다.[15] 마르크스는 코뮌의 단명에도 불구하고 그것이 프롤레타리아트(무산계급)에 의한 최초의 역사적 정부임을 인정했다. 후일 소비에트연방의 창시자인 블라디미르 레닌Vladimir Lenin(1870-1924)도 1871년의 코뮌과 1917년 러시아 혁명의 연관성 내지 연속성에 주목하면서, 전자를 '1917년을 위한 총 예행연

---

14 국제노동자협회, 또는 비공식 명칭으로 제1인터내셔널은 1864년 9월 28일 영국 런던에서 결성된 최초의 국제적인 노동운동조직으로, 1863년 폴란드 봉기의 탄압에 항의하는 집회를 계기로 결성되었다.

15 나중에 프리드리히 엥겔스Friedrich Engels(1820-1895)가 이를 수정해서 1891년 출간했다.

습'으로 보았다. 즉 파리코뮌을 1917년 10월 혁명(볼셰비키 혁명)에 선행하는 ' 프롤레타리아트 독재 혁명정부의 전신으로 본 것이다. 이처럼 파리코뮌이라 는 이색적인 정권은 레닌의 《국가론》 및 20세기 공산주의 혁명에서 하나의 본보기 사례로 거론되지만, 당시 파리코뮌의 내부에서는 많은 결함과 미숙 함이 포함되어 있었다. 명색이 노동자 정부라고는 하지만 노동자의 비율은 전체의 30% 정도였고, 그들 중 상당수가 아직도 상퀼로트적인 수공업자와 공장노동자의 중간적 존재였다. 더욱이 독일군이라는 외부의 적과 왕당파라 는 내부의 적 및 반동적인 농촌에 대한 광범위한 반감 때문에 파리코뮌에는 애국파, 공화파, 사회주의 파 등 잡다한 세력이 모여들어서 하나의 오합지졸 을 연상케 했다. 그들에게는 일정한 강령이나 행동방침이 없고 구성 분자가 잡다하여 곧 정규군과 임시정부의 공격을 받고 무너졌다.

2개월간의 항쟁

1870-71년의 보불 전쟁에서 프랑스의 패배로 제2제정(1852-1870)은 몰락 했고, 제3공화국(1870-1940)이 새로 출범하는 계기가 되었다. 이처럼 보불 전 쟁의 패배로 건국된 제3공화국은 향후 '독일과의 대립'이라는 맥락 속에서 발전했다. 1871년 1월 15일부터 정부는 파리 민중의 반발에도 불구하고 프

로이센과 휴전협정에 들어갔고, 휴전 기간 중인 2월 8일에 프랑스의 보르 도에서 새로운 의회를 구성하는 총선 거가 촉박하게 실시됐다. 의원 675명 가운데 2/3가 왕당파(182명의 정통왕조 파/214명의 오를레앙파), 나머지는 거의 다 부르주아 공화파(250명)였고, 사회주 의자나 자코뱅파(급진파)는 모두 합쳐야 20명도 안 되는 적은 수였다. 즉 이런 보르도 국민의회는 농촌의 보수 세력 을 대표하는 '농촌 의회'나 다름없었고

아돌프 티에르. 역사가 출신으로 두 번째 선출된 대통령이며, 프랑스 제3공화국의 초대 대통령

왕당파의 대거 진출은 공화파를 위협했으므로, 파리 민중을 대표하는 국민군(주전파)과 국민의회(평화파)의 대립은 곧 '도시와 농촌' 또는 '공화파와 왕당파'의 대립으로 발전 더욱 국내 정세를 긴장시켰다. 이렇게 성립된 보르도의회에서 왕당파는 절대 다수가 되었고 오를레앙의 아돌프 티에르Adolphe Thiers(1797-1877)를 수반으로 한 임시정부를 구성했다. 앞서 설명했던, 굴욕적인 프랑크푸르트 강화조약을 맺은 것도 바로 이 임시정부와 국민의회였다.

파리코뮌은 수도의 항복과 1871년 2월 선거에 의해 보르도에서 소집된 국민의회에 대한 거부로 탄생했다. 3월에 국민군뿐 아니라 파리 시민들의 대부분은 티에르 정부에 반감을 품고, 즉시 불온한 움직임을 보였다. 파리에서는 독일군이 입성할 때 검은 깃발을 내거는 한편[16] 국민군(의용군)과 노동자들은 독일군 및 티에르 정부와 국민의회에 저항하기 위해 '국민군 공화 연맹'을 조직하고 또 무기와 탄약을 북부지구의 몽마르트에 집결시켰다. 티에르 정부는 위험을 느끼고 3월 18일 무장해제를 명령했지만 이것이 오히려 반대파의 감정을 악화시켜서 프랑스 역사상 유례가 없는 파리코뮌의 반란이 시작되었다.

파리는 사상의 진원지이며 세계의 눈!

3월 10일 티에르 정부는 절대왕정의 상징인 베르사유로 물러났는데, 이는 진보사상의 진원지이며 반란의 온상지인 파리의 수도 자격을 마치 박탈하려는 것처럼 보였다. 3월 18일 정부군은 몽마르트 언덕에 집결된 국민군의 227개의 대포를 빼앗으려고 시도했으나 실패했다. 3월 26일 국민방위대중앙위원회는 코뮌 선거를 실시한 결과 85명이 당선되었는데, 이중 20명의 온건 공화파를 제외하고는 모두 사회주의 경향의 인물들이었다. 그리고 3월 28일, 드디어 붉은 '적색기'의 기치 아래 정식으로 파리코뮌이 선포되었다.

---

16 3월 1일 파리에 입성한 프로이센군은 파리시민의 무언의 적의와 소극적 저항을 받으면서 3일 후에 철수했다.

비록 단명했지만 파리코뮌은 새로운 유형의 정치 제체를 제시했다. 세계 최초로 노동자 계급의 자치에 의한 직접민주주의 정부라고 평가되고 있는 이 파리코뮌은 역사상 최초로 사회주의 정책들을 실행에 옮겼다. 다양한 스펙트럼의 좌익으로 구성된 코뮌 정부의 정책은 무엇보다 기존의 위계질서적이고 특권적인 권력을 서로 균등하게 나누는데 초점이 맞추어져 있었다.

첫째, 기존의 무장한 국가기구를 해체하는 것이 그들의 당면 과제였다. 그래서 징병제와 상비군, 경찰은 폐지되었고 무장한 노동 계급이 이를 대체했다. 또한 사형을 개인에 대한 국가권력의 '살인'으로 간주, 사형제도 폐지되어 단두대와 방돔 광장에 있는 나폴레옹 동상 같은 독재와 군국주의의 상징물들을 방화하거나 철거했다. 둘째, 공직의 선출과 소환제를 들 수 있다. 모든 공직자는 보통선거로 선출되며, 노동자에게 책임을 지고 언제나 해임시킬 수 있는 노동자나 노동자계급의 공인을 받은 대표자들로 이루어진다. 셋째, 코뮌은 기존의 의회와는 달리 동시에 집행하고 입법하는 행동적 기관이었다. 의회가 입법권과 함께 각 분야의 행정기관 일까지 맡다 보니 업무가 과다해지고, 의원들과 혁명적 열기에 넘치는 시민들 사이에 알력이 생기는 부작용이 발생했다. 넷째, 근로 수당의 균등화 조치로, 코뮌 의원과 그 이하의 공무는 노동자와 동일한 임금수준에서 수행되었다. 다섯째, 코뮌은 공장주에 의해 버려진 공장시설의 접수와 노동자 협동조합에 의한 관리 운영을 명시했고, 사업장의 경영진은 노동자에 의해 선출되도록 정했다, 또한 고용주들이 노동자들의 규율 차원에서 시행했던 노동자의 벌금제와 임금 공제를 금지했다. 여섯째, 경제의 위계질서를 철폐한다는 명목하에 그들은 10시간 노동제 도입, 노동자의 건강권을 침해하는 제빵 노동자의 '야간노동' 폐지, 코뮌을 수호하다가 죽은 유가족(남편을 여읜 여성)에게 연금을 지급했다. 또한 임대료를 체불한 세입자(노동자)들이 쫓겨나지 않게 했다. 일곱째, 종교와 정치의 분리를 제정하고, 이른바 세속성laïcité의 원리에 따라 통치했다, 코뮌 역사가인 자크 루즈리Jacques Rougerie(1932-)에 의하면 코뮌의 교육은 한마디로 '교육의 반 교권주의화(세속화)décléricalisation de l'éducation'로 요약된다. 그들은 교회 재산을 만인이 사용할 수 있는 공공재산으로 규정하고, 이른바 무상

교육과 세속 교육을 실천했다. 즉 아동교육을 무상으로 제공하고 교육과정에서 가톨릭 종교를 철저히 배제시켰다. 그 외에 파리 코뮌 기간 동안에 여성참정권이 실현되었고 달력도 프랑스 혁명력이 사용되었다. 또 채무에 대한 이자발생과 도박도 폐지했다. 한편 파리코뮌은 프랑스를 '자유로운 코뮌들의 연맹체'로 변화시키기 위해 "인민들에 의한 지방정부인 코뮌을 수립하라!"라는 호소문을 풍선에 매달아 전국에 날려 보냈다. 그래서 리용, 생-테티엔, 마르세유 같은 지방 도시에서도 같은 코뮌 결성이 선언되었지만 모두 단기간에 진압되었다.

파리코뮌은 다양한 이념을 가진 좌익 분파로 나뉘었다. 자코뱅파, 블랑키파,[17] 무정부주의자, 제1인터내셔널파와 프루동파가 존재하였는데 대체적으로 무정부주의와 사회주의로 나눌 수 있다. 특히 무정부주의자들은 파리코뮌의 수립에 적극적으로 참여했다. 그들 중에는 '무정부의 귀부인', 또는 "몽마르트의 붉은 처녀"란 호칭의 열렬한 코뮌주의자 루이즈 미셸Louise Michel 1830-1905), 르클뤼Reclus 형제들, 최초의 제1인터내셔널 회원이자 프랑스 생디칼리슴Syndicalisme(급진적 노동조합주의)의[18] 선구자인 으젠 바르랭Eugène Varlin(1839-1871)등이 있었다. 코뮌의 사회주의 정책의 실험들 중에서도 직접 보통선거로 해임 가능하고 강제 위임을 통해 구속받는 '대표자들의 연맹'은 "소유를 절도"로 간주한 프루동Pierre-Joseph Proudhon(1809-1865)이나 러시아의 무정부주의자 미하일 바쿠닌Mikhail Bakunin(1814-1876)의 영향을 받은 것이었다. 프루동의 무정부주의는 "시민 사이의 상호부조와 국가기구의 연방제에 기반을 둔, 통치와 권위가 사라진 자율적인 사회의 건설"로 요약된다. 그의 무정부주의 사상을 받아들인 이가 바쿠닌이었다. 코뮌을 강력히 지

---

17 블랑키주의Blanquism는 프랑스의 사회주의자 루이 오귀스트 블랑키Louis Auguste Blanqui(1805-1881)가 주창한 사회주의혁명의 개념으로, 그의 혁명사상은 소수의 잘 훈련된 활동가가 중심이 되어 독재정부를 구성해야 사회주의 실현이 가능하다는 것이었다. 혁명을 통한 국가국력의 장악 이후, 이것은 국가권력을 동원해 사회주의를 실현하는 것을 목표로 한다. 후일에 등장하게 되는 레닌주의이론은 이 사상과 상당히 비슷한 면모를 갖게 되었으며, 공산주의자 행동강령의 기원이 되었다.

18 생디칼리슴은 공장·사업체 등은 그 속에서 일하는 모든 사람들이 소유하고 경영해야 한다는 주의를 가리킨다.

지했던 바쿠닌은 코뮌을 '국가에 대항한 반란'으로 보았고 코뮌나르들에게 만악의 근원인 국가뿐만 아니라 혁명적 독재도 거부하라고 적극 권고했다. 이후 바쿠닌의 무정부주의와 마르크스 사상은 혁명운동의 진영 안에서 치열한 주도권 싸움을 벌이나 결국 후자의 승리로 귀결된다.

피의 일주일

5월 중순에 정부군은 파리 서쪽의 성새를 점령한 후 5월 21일 스파이들이 열어 준 생 클루Saint-Cloud의 성문을 통해서 파리 시내에 돌입했다. 파리코뮌의 공안위원회는 "혁명의 종이 울리고 있다. 무기를 들어라" "전원 바리케이드로!"라고 외치면서 파리 시민의 궐기를 호소했다. 이날부터 26일까지 일주일간 파리에서 '피의 일주일간'으로 얘기되는 처참한 시가전이 벌어졌다. 그러나 제2제정 때에 넓혀진 시가는 장비도 훈련도 부족한 민중 측에 불리해서 이미 24일에는 시가의 태반이 정부군에게 점령되었다. 코뮌의 전투원들은 이런 절망적인 상황에서 저항을 계속하며 시내의 곳곳에 불을 지르고 자기네 동료가 학살된 데 대해 피로 보복하기 위해 파리 대사교를 비롯한 인질들을 처형했다. 말 그대로 파리는 분노와 절망의 아수라장이었다.

코뮌 측의 전투원 속에는 부녀자들도 많았다. 부인들은 석유 방화범 pétroleuses이라는 전설을 낳았을 만큼 맹활약을 했다. 유서 깊은 튈르리 궁이 이때 불타서 없어졌다. 이들 코뮌 측의 마지막 집단적 저항은 27일 페르-라셰즈Père-Lachaise 묘지에서 전개되었다.[19] 피의 주간에 죽임을 당하거나 포로로 사형당한 사람들의 시체는 도시 근처의 표시가 없는 공동묘지에 매장되었다. 전투는 밤새 계속되다가 이튿날 낮에야 끝났다. 열렬한 공화주의자였던 여류 소설가 조르주 상드George Sand(1804-1876)는 "끔찍한 모험이 계속되고 있다. 그들(코뮌나르)은 시청과 모든 공공건물을 장악하고 탄약과 식량공급을 약탈했다"라고 일기장에 썼다. 이에 앞서 티에르는 국민의회에서 '법과 정의'를 강조했고, 프랑스 사실주의 문학의 선구자인 플로베르Gustave

---

19 현재 그곳에는 이 학살을 추모하는 기념비가 세워져있다.

피의 주간에 정규군에 의해 포획된, 볼테르 거리에 설치된 바리케이드

Flaubert(1821-1880)는 상드에게 보낸 편지에서 "이제 파리코뮌은 중세로 뒷걸음질 쳤다. 인간이 이렇게 저열할 수는 없다." "마치 인구의 반이 다른 인구의 반을 교수형에 처하려는 것과 같다"라며 몸서리를 쳤다. 젊은 아나톨 프랑스Anatole France(1844-1924)도 코뮌을 "암살자들의 위원회" 내지 "불량배의 무리" "범죄와 광기의 정부"라고 비난했다. 파리코뮌 당시 파리 주재 미국 대사인 엘리후 워시번Elihu Washburne(1816-1887)은 자신의 일기장에 코뮈나르를 산적이나 암살자, 불한당에 비유하면서 "나의 강렬한 혐오감을 표현할 시간조차 없다. 그들은 자신들이 항복하기 전에 파리를 파괴시키고, 모든 이를 그 폐허 속에 매장시키겠노라고 협박했다"라고 적었다.

그러나 '피의 일주일'부터는 티에르나 플로베르, 워시번 등의 이런 말이 무색해질 정도로 정부와 그 군대의 횡포가 극심했다. 예컨대 파리 시민이라면 남녀노소를 막론하고, 코뮌에 가담한 혐의가 있는 자는 누구나 체포돼서 약식재판을 통해 총살되었다. 이때 파리에 입성했던 최초의 기자 중 한 명이었던 소설가 에밀 졸라Emile Zola(1840-1902)는 파리의 센 강 다리 밑을 흐르는 시체들의 떼를 보고 '인육 저장소'라고 말하면서 어떤 곳에서는 머리와 다리들이 무참하게 절단되어 내버려진 것까지 눈에 띄었다고 적었다. 빅토르 위고는 양측이 저지른 잔혹행위를 모두 비난했다. 4월 9일의 일기장에서 그는 "코뮌이 백치라면, 국민의회는 잔혹하다. 양쪽 다 어리석다"라고 적었다. 그러나 그는 잔인한 탄압의 대상이 된 코뮈나르들에게 연민과 지지를 보냈다. "누구를 벌하는 것일까? 파리를 벌하는 것인가? 파리는 자유를 원했을 뿐이다"라고 항의했다. 피의 1주일이라고 불리는 참혹한 시가전 끝에 코뮌은 완전히 진압되었다. 그동안 2만 5천 명이 총살당하고, 4,586명이 유형에 처해졌고 4,606명이 투옥되었다. 그 후 제3공화국이 수립되었으나 왕당파와 군부 및 가톨릭교회 등 극우파의 공화제 반대로 그 앞날은 평탄치 않았다. 1873년 7월 24일 국민의회는 "코뮌이 저지른 범죄를 속죄하기 위해" 몽마르트 언덕에 사크레-쾨르Sacré-Cœur 성당을 짓는다는 법령을 공포했다.

파리코뮌에 대한 역사적 평가는 마르크스 사가와 비(非)마르크스사가들의 해석으로 크게 양분된다. 공산주의자. 좌익 사회주의자, 무정부주의자들은 코뮌을 '해방된 사회'의 예시 내지는 모델로 간주했다. 코뮌을 '인민의, 인민에 의한, 인민을 위한 통치' 즉 밑으로부터의 참여 민주주의에 근간을 둔 정치제도로 보았다. 마르크스와 엥겔스, 바쿠닌, 레닌과 마오쩌둥에 이르기까지, 소위 프롤레타리아트 독재나 국가 소멸론에 관한 한 그들은 모두 코뮌의 제한된 경험으로부터 이론적 교훈을 얻고자 노력했다. 마르크스는《프랑스의 내전》에서 코뮌의 업적을 찬양했고, 그것을 미래 혁명정부의 원형으로 간주했다. "마침내 프롤레타리아트의 해방을 위한 형식이 발견되었다"라고 마르크스는 기술했다. "코뮌과 더불어 파리의 노동자들은 새로운 사회의 영광스러운 선구자로서 영구적으로 기념될 것이다. 코뮌의 순교자들은 노동 계급의 가슴속에 영원히 간직될 것이다. 코뮌의 근절자들은 "역사가 그들을 영원한 사형대에 못 박으리라. 그리하여 성직자의 어떤 기도도 그들을 다시 구제하지 못하리라"라고 독설을 퍼부었다. 엥겔스도 상비군의 부재나 자치 치안 등을 미루어 볼 때 코뮌은 더 이상 억압적인 의미의 낡은 국가가 아니라, 국가 소멸로 가기 위한 이행단계의 형태였으므로 코뮌은 노동자가 노동자의 이익을 위해 경영하는 국가, 즉 '프롤레타리아트의 독재'였다고 천명했다.[20]

---

20 한국의 좌파학자들은 도시민중이 주축이 되어 수립된 자치정부, 외부 지역으로부터의 완전한 고립, 정부군의 무자비한 진압과 시민군의 처절한 저항 등이 비슷하다는 점을 들어 파리코뮌을 5·18 광주의 민주항쟁과 비교하기도 한다.

반면 비(非) 마르크스적인 해석에 따르면, 파리코뮌은 20세기 사회주의 혁명의 모델이 아니라 그간 프랑스 혁명의 근간을 이루어 온 상퀼로트들의 최후의 폭력을 동반한 혁명의 '마지막 장(章)'이라고 할 수 있다. 파리코뮌의 연구를 종래의 좌익 이데올로기적 해석에서 해방시킨 프랑스사가 자크 루즈리는 파리코뮌을 상퀼로트적 성격의 19세기 프랑스의 혁명 전통에 대한 '종말'로 보았다. 영국역사가 데이비드 톰슨David Thomson(1912-1970)도 역시 코뮌을 프랑스의 낡은 전통(혁명)의 절망적 클라이맥스로 보면서, 그것은 하나의 시발점이 아니라 종말이었다고 확언했다. 파리코뮌이 근대문명에서 보기 힘들 정도로 야만적이고 잔인한 유혈극으로 끝나버리자 사람들은 이후 피어린 '폭력에의 호소'를 불신하게 되었다. 그래서 프랑스가 평화적 타결을 통해 혁명을 이어가는 이유가 바로 파리코뮌에 있다고 해석하는 것이다.

영국사가 베리J. P. T. Bury(1908-1987)는 파리코뮌을 통해 프랑스가 얻은 교훈으로 우선 파리코뮌을 통해 혁명의 중심이 파리에서 벗어났다는 점을 들었다. 혁명 이전에 수도 파리는 '프랑스의 심장', 또는 자신의 지체를 잘라먹고 사는 '가분수의 괴물'에 종종 비유되기도 했다. 프랑스의 정치적 중심은 파리였고, 프랑스 혁명을 시작으로 모든 혁명은 파리에서 시작되고 지방의 반발은 파리의 중심을 차지한 혁명세력에게 짓눌려왔다. 그러나 파리코뮌은 파리를 차지했는데도 지방에 밀려 패배했다. 즉 파리의 절대적인 우위가 사라진 것이다. 그리고 파리코뮌의 실패로 조직화된 사회주의 운동의 성장을 지연시킨 측면이 있다. 동시대 문학비평가·작가인 에드몽 드 공쿠르Edmond de Goncourt(1822-1896)도 역시 피의 주간이 끝난 지 3일 후에 "유혈극이 철저하게 자행되었다. 혁명 인구를 살육함으로써 차기 혁명을 지연시켰다"라고 평가한 바 있다. 물론 코뮌 이후에도 프랑스에서 (혁명적) 사회주의는 어느 정도 영향력을 가졌지만 '주류'가 되기는 힘들었다. 이처럼 말썽 많던 좌익 과격파들이 한꺼번에 거세됨으로써, 오랫동안 사람들의 마음속을 짓누르고 있던 폭력과 불안정, 위기의식이 불식되어 절대다수의 프랑스인들의 단합이 가능하게 되었다. 그리하여 프랑스의 좌우 진영은 치열한 이데올로기 전쟁을 치르면서도, 소위 '국민적 합일'이라는 혁명의 신화에 의해 어느 정도 균형점을 이룩할 수가 있었다. 마지막으로 베리 교수는 파리코뮌이 해체되면서 국민군도 해체되어, 19세기 내내 정부와 별개로 민중을 대변했던 힘이 소멸되었다는 점도 지적했다. 즉, 코뮌 발발의 직접적 원인이 되었던 국민방위대를 해체함으로써 19세기를 통해 민중적 민주주의의 힘이 되어왔던 세력이 사라지게 되었다.

문화재 파괴

파리코뮌 기간 중에, 파리를 상징하는 유서 깊은 역사 건축물들과 문화재들이 대거 파괴되었다. 파리코뮌이 진압되고 나서 도시가 거의 잿더미로 변해 있었던 것은, 과격한 코뮈나르들의 엄청난 방화 때문이었다. 그들은 파리 시내에 있던 궁전, 의회, 정부, 법원, 오페라하우스 건물 등 역사적 건축물에 의도적으로 방화했다. 코뮌 당시에 파리에서 근무했던 런던 출신의 젊은 영국인 에드윈 차일드Edwin Child는 사방에 석유를 뿌리고 다니는 코뮌의 여성들이 마치 성난 암호랑이들처럼 기세등등했다고 기술했다. 혁명적 사회주의자인 이폴리트 리사가레Hippolyte Lissagaray(1838-1901)가 노동자 여성들이 그릇된 신화나 도시 괴담 같은 전설로 인해 '석유 방화범'으로 억울하게 기소되었다고 주장했으나, 그는 자신의 주장을 뒷받침할 만한 근거를 대지는 못했다. 또한 리사가레는 피의 주간에 발생했던 방화의 절반이 프랑스 정부군의 대포 공격 때문이라고 주장했지만 당시 폐허가 된 튈르리 궁이나 시청 건물의 사진들을 보면, 건물 외부에 대포 흔적은 없으며 고의적인 방화로 인해 내부가 온통 시커멓게 타버린 흔적만이 남아있다. 1871년 5월 23일, 파리코뮌의 진압 시기에 파리코뮌의 대장이었던 쥘 베르즈레Jules Bergeret(1830-1905)는 저녁 7시경쯤 12명의 남성들에게 석유와 타르, 송진액 등을 이용해서 튈르리 궁을 방화할 것을 명했다. 화재는 장장 48시간 동안이나 계속되었고 그 사이 도서관과 루브르의 일부가 화마에 의해 완전히 소실되었다. 베르즈레는 뉴욕으로 도주하고 그곳에서 죽었는데, 그는 자신의 행위(방화)를 생애의 업적인 양 자랑했다. 사실주의 운동의 선구자인 귀스타브 쿠르베Gustave Courbet(1819-1877)는 열성적인 코뮌 지지자였다. 그는 1871년

아우스터리츠 전쟁의 승리를 기념하기 위해 나폴레옹에 의해 세워진 방돔 기둥. 파리코뮌 당시에 사실주의 화가 쿠르베의 건의로 '제국주의적 전제주의의 상징물'이라고 하여 파괴됨

방돔 광장의 기둥을 해체할 것을 제의했는데 결국 이러한 제안은 쿠르베를 파멸시켰다. 화단의 반항적 이단아인 쿠르베는 초기의 문제적 발언 때문에, 코뮌의 진압 이후 대략 32만 3천 프랑으로 예상되는 방동기둥 재건의 총 공사 경비를 향후 30년간 매년 1만 프랑 씩 내라는 막대한 벌금형을 선고받았다. 이를 지불할 능력이나 전혀 그럴 의사도 없었던 쿠르베는 스스로 스위스 망명길을 선택했다. 그는 거기에서 죽음을 맞이했는데 한 푼도 내지 않고 그냥 유명을 달리했다.

"프롤레타리아 독재가 어떤 것인지 알고 싶은가? 파리코뮌을 보라!
그것이 프롤레타리아 독재였다!"

- 독일의 사회주의 철학자 프리드리히 엥겔스Friedrich Engels(1820-1895)

만인을 위한 초등교육의 시행
(1882년 10월 2일)

그때 세계는 –
1882 조미수호 통상조약 체결
1882 삼국 동맹 성립

프랑스의 전(前) 대통령 프랑수아 올랑드 François Hollande(1954-)는 대통령으로 취임한 첫날 프랑스 역사에서 가장 위대한 인물로 '프랑스 근대교육의 창시자'로 알려진 쥘 페리 Jules Ferry(1832-1893)와 세계적으로 유명한 물리학자 마리 퀴리 Marie Curie(1867-1934) 이 두 사람을 꼽은 적이 있다. 프리메이슨이며, 실증주의자, 반성직주의자인 쥘 페리는 1880년대에 교육부 장관을 지냈던 인물이다. 1881년에서 1882년까지 그는 1년에 걸쳐 교육을 종교에서 분리해, 세속적인 의무·무상교육을 창설함으로써 교육이 더 이상 특권층의 전유물이 아님을 천명했다. 그리하여 1882년 10월 2일부터 6세에서 13세까지 초등학교 남녀 어린이(5,341,000명) 모두가 무상 의무 교육의 혜택을 받게 되었다. 이처럼 공교육에 평등교육을 도입하여 현대교육제도의 기초를 마련한 쥘 페리는 프랑스의 교육 분야에서 오늘날 거의 상징적 인물로 남아있다.

대내적으로는 공화주의자, 대외적으로는 제국주의자

쥘 페리는 근대 '공화국 학교 école républicaine'를 창설한 공교육의 아버지로 알려져 있지만, '식민지 르네상스의 사도'라고 불릴 만큼 열렬한 팽창주의자

성직자를 와작와작 씹어 먹는 쥘 페리에 대한 풍자화

였다. 1879년부터 프랑스에서는 '기회주의자opportunistes'(온건 공화파)와 '급진주의자radicaux' 이렇게 둘로 나뉜 공화파가 정권을 장악하게 되었다. 온건한 공화주의자인 그는 교육이 권력의 중요한 근원임을 인식하여 교육 분야에 온 정치력을 집중, 교육이라는 토대 위에 공화적이고 세속적인 프랑스를 수립하고자 했다. 즉, 가톨릭교회로부터 교육 통제권을 탈환하여 사회적 영향력을 감소시키고, 공화주의적인 정치체제와 사고방식을 프랑스 도처에 깊숙이 뿌리내리기 위함이었다. 그래서 그의 이름을 딴 '페리법loi Ferry'은[1] 공화주의의 미덕과 시민의 임무, 애국사상을 널리 보급시켰다. 교육을 개혁한 후 그는 외무장관을 맡았고 식민지 확장정책을 채택했다.

새로운 제국주의 시대에 제3공화국은 위대한 프랑스의 '문명화' 사명을 프랑스(본국)와 알제리(식민지)에서 지속해 나갔다. 그래서 이전의 프랑스 식민지 지도자는 "그들(프랑스인)은 언제나 만인을 위한 빵, 만인을 위한 자유, 또 만인을 위한 사랑을 외친다. 그러나 그것은 반드시 '프랑스적'이지 않으면 안 된다"라며 불평을 토로한 바 있다. 페리를 위시한 프랑스 공화주의자와 교육가들은 표준 불어로 가르치는 초등교육이 문맹 퇴치는 물론이고, 언어적으로나 문화적으로 다양한 인구를 하나로 통합시키는데 매우 효과적인 수단이라고 생각했다. 이른바 '보편성universalité'이라는 혁명적 가치에 기반을 둔 공화주의적 가치들은 공화제를 지속 가능케 하며 왕정을 복원시키려는 노력을 좌절시키고, 또 정치적으로는 미래의 능동적인 프랑스 시민들을 양성하

---

1 무상교육(1881년)과 의무 · 세속 교육(1882년).

게 될 것이다. 이와 동시에 그들은 프랑스 제국의 '왕관의 보석'인 알제리의 교육제도도 개선하려고 했다. 그들은 소위 '문명화'라는 거창한 미션을 그들의 정당화 수단으로 내세우며, 식민지인들에게도 프랑스적 가치를 주입시키기 위해 본국의 개혁된 커리큘럼을 알제리에 그대로 이식시켰다. 그리하여 알제리에서 프랑스 군사 통치를 나타내던 '칼과 쟁기'의 상징이 '책과 학교'라는 새로운 두 개의 상징으로 바뀌었다. 즉 군사 통치에서 '민간 통치'로 이행된 것이다. 칼과 쟁기가 인간과 토지를 정복하는 것이라면, 사람의 마음을 변화시키고 마음을 얻는 것은 바로 책과 학교라는 것이다. 그러나 동화주의적인 신념에 근거를 둔, 불어 교재의 독점적이고 배타적 사용은 알제리 고유의 문화와 언어, 전통의 평가절하 내지는 파괴를 가져왔다. 결국 페리는 비인기적인 식민지정책으로 말미암아 사임하게 되었기 때문에, 당시 시사평론가들은 왜 사회주의 대통령 올랑드가 하필이면 그를 선택해서 우대했는지 의문을 표명했다. 세속적인 인문주의 지지자인 전 교육부 장관 뤽 페리Luc Ferry(1951-)도 그와 성이 같은 쥘 페리의 식민지 이데올로기가 진정한 인종주의 이론에 근거하고 있다면서, 쥘 페리에게 프랑스 아동들을 교육하는 것과 아프리카인들을 교육하는 것은 결국 같은 맥락에서 출발했음을 강조한 바 있다.

결론적으로 프랑스인들이 자랑하는 '공화국의 학교'는 국가 만들기nation-building의 가장 기본적인 제도가 되었고 공화주의적 가치를 주입시키는 데 중요한 장이 되었다. 그것은 달리 환언하면, 프랑스 공화주의 시민의 정체성을 주조하기 위한 국가통일의 과정이었다. 오늘날 프랑스 교육은 이처럼 제3공화국 시기에 수립되고 공포된 중립성, 무상성, 평등성, 이 3대 이념을 근간으로 하고 있으며, 학제는 초등에서 고등교육까지 5-4-3-3을 기본으로 하고 있다.

블랑제 장군 엘리제궁으로의 진격을 주저하다(1889년 1월 27일)

그때 세계는 –
1887 프랑스령 인도차이나 성립
1889 일본제국 헌법 제정

　제3공화국은 표면상 공고해진 것처럼 보였지만, 그것을 무너뜨리려는 우익들의 음모로 인해 여러 차례 위험한 고비를 넘겨야 했다. 그 대표적인 위기가 바로 지금 이야기될 블랑제 사건, 파나마 운하 사건, 그리고 드레퓌스 사건이었다. '내각이 약하고 의회가 강하다'라는 프랑스 공화정의 특징은 운영 면에서 이면공작이 매우 중요시되는데. 여기에는 독직 현상이 발생할 소지가 높다. 독직 현상이 발생하면 정치적 효율성이 자연 저하되고 의회에 대한 국민의 신임도 떨어진다. 급진 공화파는 자본가와 밀착되어 있는 온건 공화파(기회주의자)와의 협조를 거부하고, 정부가 식민지 획득에 열중하고 있는 사이에 노동조합이나 사회주의자들은 국내의 사회개혁을 선행시켜야 한다고 주장하는 등 공화국의 정치는 심각한 '분열' 상태에 빠지게 되었다. 이렇게 사회적 불만이 최고조로 누적된 가운데, 체제 비판의 정점 위에 우뚝 서게 된 인물이 바로 조르주 블랑제Georges Boulanger(1837-1891)장군이다. "우리에게 필요한 것은 바로 블랑제C'est Boulanger qu'il nous faut"라는 선동적인 대중가요의 주제가 될 만큼 그의 인기는 천정부지로 치솟았다. 블랑제와 그가 애용하는 흑마는 단연 파리 시민들의 우상이 되었고, 그는 사방에서 대통령 선거에 출마하라는 빗발치는 종용을 받게 되었다. 블랑제는 자신을 '왕들의 복원자'이기보다는 카리스마 있는 지도자로 간주했지만, 수많은 왕당파들이 그에게 재정적 지원을 아끼지 않았다.

복수의 장군

블랑제는 원래 알제리 식민지의 반란이나 파리코뮌을 진압한 경력을 지닌 우익적 인사였다. 그렇지만 공화 정치가 점차 국민의 지지를 얻게 되자 '공화주의자'로 카멜레온처럼 변신하여 육군대신에 취임했다. 블랑제는 '독립급진파'의 주요 인물인 조르주 클레망소Georges Clemenceau(1841-1929)와는[2] 낭트Nantes의 리세lycée(고등학교)출신의 동창이었고, 그의 임명에 적극 조력한 배후 인물도 역시 클레망소였다.

당시에 가히 폭발적이었던 블랑제의 인기는 첫째, 프랑스 영토에서 왕족을 추방한다는 '1886년 1월 법'(왕족 추방령)을 엄격히 시행하여 평등왕 루이 필립의 아들인 오를레앙파의 지도자인 오말 공duc d'Aumale(1822-1897)을 군대에서 내쫓았기 때문이다. 둘째, 광부들의 동맹 파업을 지지했다. 셋째, 그는 신식 총기 교체 및 군인들의 병영생활 수준을 개량하고 군제의 민주개혁을 부르짖었다. 넷째는 '슈네블레 사건Schnaebele affaire'(1887년 4월)때문이다. 프랑스의 경찰관 슈네블레Guillaume Schnaebelé(1831-1900)가 국경지대에서 스파이 혐의로 독일군에게 체포되었을 때, 블랑제는 외무장관을 제쳐놓고 독일에 대한 강경책을 폈다. 그 결과, 비스마르크가 양보하여 문제의 경찰관을 석방하자 프랑스 국민들은 그를 가리켜 '복수 장군', '비스마르크를 떨게 한 사나이'라고 부르며 숭앙했다. 프랑스와 독일 양국 간에 거의 전쟁 일보 직전까지 갔던 이 슈네블레 사건의 주모자가 독일의 철혈재상 비스마르크라는 추측이 무성했지만, 혹자는 단순히 블랑제의 지나친 과잉대응이 야기한, 예

---

2 프랑스 정치학자 앙드레 시그프리드André Siegfried(1875-1959)는 클레망소의 '독립급진파'를 사회주의적 보수주의자들로 표현했다. 즉, 경제적 이해관계에 있어서는 우파, 정치적 이슈에 관해서는 좌파를 표방하는 중도우파라는 것이다.

파란 눈에 금빛 수염을 기른 채, 흑마를 타고 으스대기를 좋아하는 블랑제 장군에 대한 풍자화.

기치 못한 사건으로 보고 있다. 어쨌든 당시 '카페-콩세르cafés-concerts'의 [3] 창시자 중 하나인 인기 샹송 가수 폴뤼Paulus(1845-1857)가 블랑제 장군에게 바치는 송가 "나는 오직 우리의 용감한 블랑제 장군을 찬양할 뿐이라네!"를 부르면서 그의 대중적 인지도는 더욱 급상승했다.

이러한 그의 인기를 이용하여 극우파인 애국자 연맹Ligue des Patriotes에서는 음모를 꾸몄다. 즉, 국민적 영웅이 된 그의 인기를 업고 의회정치를 타도하려 했던 것이다. 블랑제도 역시 프랑스 보수주의의 좌절감에 편승해서 ①독일에 대한 복수 주의 ②헌법개정 주의 ③왕정복고주의 등 세 가지 원리를 주창하면서 자신의 지지 세력들을 집결시키려 했다. 그의 지지자들이나 정적들은 모두 이를 가리켜 '불랑제주의Boulangisme'라고 불렀다. 그러자 공화파 정치가들은 블랑제를 위험시하여 그를 육군대신에서 물러나게 하고 지방으로 좌천시켰다. 이 무렵 온건공화파의 장수(長壽) 대통령 쥘 그레비Jules Grévy(1807-1891)의 사위가 정치가로부터 돈을 받고 관직과 훈장을 팔아먹은 독직 사건이 발생했다. 이에 블랑제 일파는 이를 '의회 정치의 타락'이라고 비난하며 헌법 개정을 요구하고 나섰다. 사태가 이렇게 되자 정부에서는 그를 예비역으로 만들었으나 이 사건은 오히려 역효과를 불러일으켰다. 당시의 선거법은 한 사람이 여러 곳에서 입후보할 수 있도록 규정되어 있어 현역이 아니었던 블랑제는 피선거권을 얻어 5개 지역에 출마하여 모두 당선되었다. 특히, 1889년 1월 파리를 포함한 센Seine 주의 선거전에서 '244,000 대 160,000표'의 차이로 그가 공화당 측의 단일 후보를 물리치고 대승을 거두었을 때, 쿠데타의 위기는 목전에 도달한

3   식사와 음료를 들면서 음악·쇼 따위의 라이브 공연을 즐길 수 있음.

것처럼 여겨졌다. 블랑제는 이제 의회제 공화국에 대한 위협이 되었다. 그런데 이 결정적인 순간에 블랑제 자신이 거사를 망설였다. 그는 쿠데타가 아닌 합법적 선거로 정권을 잡겠다고 선언한 것이다.

만일 그가 한 치의 망설임 없이 반란의 수뇌가 되었다면 아마도 쿠데타는 성공했을 것이고 그는 프랑스를 통치하게 되었을 지도 모른다, 그러나 정작 본인이 주저앉는 바람에 기회는 날아가고, 그는 자신의 정적들에게 반격할 수 있는 시간

LE SUICIDE DU GÉNÉRAL BOULANGER
au cimetière d'Ixelles

블랑제의 자살 사건을 보도한 일간지 《르 프티 주르날》(1891년 10월 10일)

만 벌어준 셈이었다. 당시 제3공화국의 지도자들은 이 위기를 매우 심각하게 받아들였다. 그들은 무엇보다 만국 박람회, 에펠탑과 더불어 공화정의 승리를 자축하는 '프랑스 혁명 100주년 기념제'를 망치지 않기를 원했다. 당시 내무장관인 에르네스트 콩스탕Ernest Constans(1833-1913)은 이 문제를 조사하기로 결정했고, 비밀결사단체의 활동을 법으로 금지하면서 프랑스 극우단체 '애국자 연맹'을 공격했다. 콩스탕은 곧 그를 체포할 것이라는 소문을 퍼뜨렸고, 이에 신변의 위협을 느낀 블랑제는 브뤼셀로 도주했다. 그는 궐석 재판에서 금고형의 판결을 받았다. 이 야심가의 최후는 비참했다. 그는 폐병으로 1891년에 병사한 정부 본느맹 부인Madame de Bonnemains(1855-1891)의 무덤 앞에서 자살하고 말았다. "너 없는 세상에서 난 두 달 반 살 수 있었더란 말이냐?"라는 신파조의 문구를 그녀의 비문 "또 만나요A bientôt"에 하나 더 추가시켰다. 영국 총리 윈스턴 처칠의 어머니인 제니 스펜서-처칠Jennie Spencer-Churchill(1854-1921)은 "블랑제의 생각은 오직 한 여성에게만 집중되어 있었고 그녀의 조종을 받았다. 그녀는 그의 인생의 유일한 원천이었다. 그는 선거 이후에도 본느맹 부인의 저택으로 부리나케 달려갔지만 그녀를 찾지는 못했

다"라며 회고한 바 있다.

극우냐 극좌냐?

이 블랑제 사건은 '좌파로부터 사회주의적 가치'와 '우파로부터 민중적 가치'를 차용한 제도가 얼마나 쉽게 대중들의 지지를 받을 수 있는지를 선구적으로 입증해 준 사건이었다. 블랑제주의는 프랑스 사가 르네 레몽René Remond이 지적한 대로, 프랑스의 정치 전통인 '보나파르트주의Bonapartisme'와도 일맥상통하는 면이 있다. 가령, 블랑제의 선거전 압승은 1848년 대통령 선거에서 루이 나폴레옹이 거둔 승리의 재현이라고 할 수 있다. 마르크스 역사가들은 이 블랑제주의를 극우 파시스트 운동의 원형으로 보았다. 파시즘에 관한한 세계 최고의 권위자 중 하나인 폴란드 출신의 이스라엘 학자 지브 스타넬Zeev Sternhell이나 스탠리 페인Stanley Payne같은 미국 역사가도 역시 블랑제 주의를 파시즘의 선구로 보았다.

프랑스 우파는 원래 왕정이나 구 귀족에 토대를 두고 있었지만, 이 새로운 운동은 계급의식이 아니라 보다 대중적인 '민족주의' 감정에 근거를 두고 있다. 그래서 자크 네레Jacques Néré(1917-2000) 같은 프랑스 역사가는 블랑제주의를 우선적으로 '극좌'의 대중운동으로 간주했다. 캐나다 사가인 윌리엄 어빈William D. Irvine도 역시, 비록 블랑제가 왕당파의 지원을 받고 있었지만 그의 운동을 좌파의 파편적 세력들의 일종의 '타협'의 산물로 보는 편이 타당하다고 주장했다. 이처럼 블랑제주의가 오히려 극좌의 선구라는 반대해석이 가능한 것은 프랑스의 급진적 우파가 소위 드레퓌스 시대에 블랑제를 지지했던 급진적 좌파들에 의해 형성되었다는 점에 주목한 결과이다. 또한 블랑제는 파리코뮌에 참여했던 코뮈나르나 블랑키주의자들에게도 지지를 얻었다.

한편 학자들은 블랑제주의 또는 블랑제 운동의 실패 요인을 블랑제 자신의 '약체성'으로 꼽는데 만장일치로 동의한다. 블랑제는 군사적 카리스마에도 불구하고 침착성, 일관성, 그리고 결단력이 부족했다. 그는 비전도 용기도 없는 그저 범용한 이류급 지도자였다. 그는 자신의 지지 기반인 극우에서 극좌에 이르기까지, 다양한 정치적 스펙트럼의 세력들을 통합할 의지도, 그럴 능력도 없었다. 그러나 그는 적어도 공화파들을 놀라게 하는 재주는 있어서, 그동안 삼삼오오로 분열되어 있던 공화파들을 다시 재정비시키고, 블랑제라는 공통의 적에 대항해서 그들의 연대를 강화시켜 서로 똘똘 뭉치게 만들었다.

❧

"우리는 (독일에 대항한) 불행한 방어정책을 포기할 수 있다.
프랑스는 공격적인 정책을 취해야 한다."

- 블랑제 장군, 1886년의 리부른Libourne 연설 중에서

"이제 의회주의는 끝장이다. 기회주의는 죽었고, 사람들은 착취자와 매수자들에게
완전히 질려버렸다."

- 사회주의 샹송가수 몽테위Montéhus(1872-1952)가 만든 혁명가 중에서

"그는 자신이 소위로 살았던 것처럼 그렇게 죽었다"

- 그의 자살 소식을 듣고 난 후, 조르주 클레망소Georges Clemenceau(1841-1929)

드레퓌스 사건
(1898년 1월 13일)

그때 세계는 –
1897 대한제국 성립
1898 청, 변법자강운동
1898 미국 · 스페인 전쟁
1898 필리핀 독립선언
　　　 수단, 파쇼다 사건 발생

　19세기의 스캔들은 사람들의 기억 속에서 대부분 사라진 지 오래다. 그러나 이 드레퓌스 사건만큼은 프랑스 역사에서 영원히 사라지지 않을 중요한 사건으로 기록된다. 이 사건의 발단은 1894년에 시작되었다. 파리 주재 독일 대사관의 군사 담당관 막시밀리안 폰 슈바르츠코펜Maximilian von Schwartzkoppen대령의 휴지통을 비우던 청소부가 관례대로 그 내용물을 프랑스 군사 보안부에 넘겼는데, 찢긴 서류 속에서 미확인의 프랑스 장교가 독일인에게 중요한 기밀을 누설하는 내용이 나왔다. 이 프랑스 청소부는 군사 보안부가 비밀리에 고용한 스파이였다. 그녀가 넘긴 서류는 나중에 '비망록 bordereau'으로 불리게 된다. 프랑스 반 스파이 활동부서에서는 이 비망록의 필적을 감정한 결과, 그것이 알자스의 부유한 유태인 가문의 34세의 젊은 장교 알프레드 드레퓌스Alfred Dreyfus(1859-1935)의 것으로 추정을 내렸다. 그래서 드레퓌스는 즉시 비밀리에 군사재판을 받고 유죄로 판결되었다. 군부는 그에게 일부러 모욕감을 주기 위해 공개적으로 드레퓌스의 계급장을 떼고 그의 면전에서 칼을 부러뜨렸다. 그러자 모여든 군중들은 그에게 "우"하면서 노골적인 야유를 던졌다.

드레퓌스는 절망적으로 자신의 결백을 주장했으나 결국 종신형을 선고받고 악마의 섬으로 유배되었다. 그러나 드레퓌스의 형 마티유Mathieu는 동생의 무죄를 강력히 주장했다. 그의 이러한 노력은 차츰 소설가 에밀 졸라Emile Zola(1841-1902)나 정치가 조르주 클레망소Georges Clemenceau(1841-1929) 같은 유명 인사들로부터 지지를 얻기에 이르렀다. 그런데 당시 스

'반역자'라는 제목의 앙리 메이예Henri Meyer작품으로 드레퓌스가 군인의 지위를 박탈당하는 굴욕의 순간을 묘사했다.

파이 활동의 거점인 독일 대사관의 슈바르츠코펜의 휴지통의 구겨진 비망록에서 또다시 새로운 증거들이 나왔다. 그것은 사실상 으스대기 좋아하는 난봉꾼 기질의 오스트리아-헝가리 출신 장교 발쟁-에스테라지Walsin-Esterhazy 백작(1847-1923)의 소행이었다. 원래 처음에 발견된 비망록에 있었던 필적도 역시 에스트라지의 것이었다. 그러나 그러한 사실을 상관에게 보고했던 방첩장교는 튀니지 국경으로 전출되고 말았다. 이 드레퓌스 사건에서는 무엇보다 '반유태주의'의 정서가 크게 한몫했다. 그러나 "군은 절대 무오류의 조직이다" "군의 위신이 곧 국가의 위신이다. 따라서 군부가 잘못을 인정하는 것은 곧 국가의 멸망이다"라는 극단적 주장을 일삼으며 그들의 과오나 실패를 인정하기를 거부하는 당시 군대 고위층의 독선과 아집도 무시할 수는 없다.

동생의 구명을 위해 필사적인 노력을 기울여온 마티유는 1897년에 진범인 에스테라지를 기소했으나 그는 그냥 석방되었다. 그러자 졸라는 유명한 공개서한 〈나는 고발한다J'accuse〉를 클레망소의 신문 〈로로르L'Aurore〉(여명)에 기고했다. 진실과 정의를 중시한 도덕주의자이자 이상주의적 사회주의자였

UN DINER EN FAMILLE

카랑 다슈Caran d'Ache의 가장 유명한 풍자화로 드레퓌스사건으로 인해 양분된 프랑스 사회를 극명하게 보여주고 있다. 카랑 다슈는 가공의 가족 만찬을 묘사하고 있는데 위의 그림에서 누군가 "드레퓌스 이야기는 거론하지 말자"라고 극구 만류했음에도 불구하고, 아래 그림에서는 가족 난투극을 보여주고 있다. 풍자화는 "결국 그들은 그 얘기를 했다"라고 적고 있다.

던 졸라는 이 서한을 통해 드레퓌스의 무죄를 주장하고, 드레퓌스에게 간첩죄를 뒤집어씌운 수구적인 군부세력의 부패를 통렬히 비판했다. 졸라의 이 같은 고발문은 여론과 대중매체, 또 국가의 정체성을 형성하는데 프랑스 지식인들(작가, 예술가, 학자)의 새로운 역량을 보여준 최고의 선언문으로 평가받고 있다. 이 신문은 그날 30만 부가 팔려나 갔는데, 보통 판매 부수의 10배 가량이 나간 셈이었다. 그때부터 프랑스 사회는 국론이 분열되어 거대한 논쟁의 소용돌이 속으로 휘말리게 되었다. 언론에서는 비방이 난무했고 결투도 많이 발생했다. 반(反)드레퓌스파들은 이 사건을 프랑스를 굴복시키기 위해 독일의 지지를 받는 유태인 사회주의자들의 음모로 파악했던 반면에, 드레퓌스파들은 공화국이 보수적인 군사 귀족들에 의해 위협을 받고 있다고 주장했다. 특히 로마가톨릭 교회가 드레퓌스에 대한 적대감을 보이자, 많은 반성직주의자들이 친(親) 드레퓌스 진영으로 대거 몰려들었다. 공개서한을 작성한 졸라는 '명예훼손죄'로 기소되어 일 년 형을 선고받았으나 런던으로 망명했다. 1898년에 정보부 장교 앙리Hubert-Joseph Henry(1846-1898)대령은 드레퓌스의 유죄를 입증하기 위해 자신이 허위 문서를 작성했노라고 자백한 후에 면도날로 혀를 잘랐다. 나중에 그는 감옥에서 숨진 채로 발견되었는데, 반(反)드레퓌스파들은 그를 영웅으로 간주했다. 반역자 에스테라지는 해외로 도피했고 군부대신과 참모총장은 둘 다 사임했다.

드레퓌스는 악마의 섬에서 돌아왔고, 1899년에 다시 군법회의가 열렸지만 그는 여전히 유죄로 판명되었다. 대통령 에밀 루베Emile Loubet(1838-1929)는 다시 '정상을 참작해서' 공식적인 특사를 내렸지만 그것은 바로 '민사재판'을 통해서였다. 드레퓌스는 몹시 낙담을 했지만 대통령의 사면을 그대로 받아들였다. 그것은 그가 반역죄를 저질렀다는 것을 시인하는 것을 의미했다. 그렇지만 그것은 드레퓌스에게 '죽느냐 사느냐'의 문제였고, 그는 무엇보다 자신이 악명 높은 악마의 섬으로 도로 돌아갔을 때 자신의 생존 가능성을 두려워했던 것이다. 그러자 그의 결백을 믿고 그의 석방을 위해 함께 싸웠던 드레퓌스파들은 깊이 낙심했다. 샤를 페기Charles Peguy(1873-1914) 같은 시인은 "우리는 그를 위해 죽을 각오까지 했지만 드레퓌스는 그러지 않았다"라며 실망감을 감추지 못했다. 드레퓌스를 옹호하는 신문들도 "내게 명예 없는 자유는 아무런 의미가 없다"라며 허탈해했다. 1906년에 드디어 드레퓌스 사건은 파기되었다. 그러나 군부가 드레퓌스의 '결백'을 공식적으로 인정하고 사과한 것은 백 년이 지난 후의 일이다. 드레퓌스는 군대에 다시 복직했고 레지옹 도네르 훈장을 받았다. 그는 1차대전 때 참전했고, 75세의 나이를 일기로 파리에서 사망했다. 이 세기의 드레퓌스사건에서 드레퓌스 본인보다 더 중요한 역할을 담당했던 졸라는 1902년 파리의 자택에서 그만 미궁 속에 질식사를 했다. 1923년에 진범 에스테라지도 역시 영국의 하펜덴에서 몰락해서 사망했다.

보불 전쟁의 패배 이후, 프랑스에 남아있던 긴장과 악화된 감정의 앙금을 그대로 여과 없이 보여준 이 드레퓌스사건은 프랑스 국론을 좌익과 우익으로 양분시켰을 뿐 아니라, 자유와 혁명의 본고장인 프랑스에서 얼마나 반유태주의가 뿌리 깊은지 그 위력을 제대로 보여준 사건이었다. 이 사건은 이른바 세속성laïcité의 원리에 근거한 1905년 '교회와 국가 분리법'의 제정에도 크게 기여했다.

한편 프랑스뿐만 아니라 세계 도처에 거주하는 유태인들은 이 사건에 모두 커다란 충격을 받았다. 왜냐하면 드레퓌스처럼 국가에 충성을 맹세하고 군대에 복무하던, 즉 프랑스 문화에 완전히 동화된 인물도 공정한 재판을 받지도 못하고 맹렬한 반유태주의적인 증오의 희생물이 되었기 때문이다. 특히 유태계 오스트리아인 기자 테오도어 헤르츨Theodor Herzl(1860-1904)에게 이 사건은 '동화주의'가 결코 반유태주의에 대한 방어책이 될 수 없다는 것을 적나라하게 보여준 사건이었다. 그는 원래 시온주의Zionism를[4] 반대했으나 드레퓌스 사건 이후부터 그것을 옹호하게 되었고, 오직 유태 국가의 창설만이 반유태주의 문제를 근본적으로 해결할 수 있다고 믿게 되었다.

흔히 드레퓌스 사건을 '졸라의 사건'이라 부르기도 한다. 만일 그의 고발장이 없었더라면, 진실과 정의를 위해 대대적으로 동원된 드레퓌스파 지성인들과 전통주의적 우파인 샤를 모라스Charles Maurras(1868-1952)를 중심으로 한 반드레퓌스파의 대립, 즉 '좌파 대 우파', '보편주의 대 민족주의' 등의 첨예한 대결도 없었을 것이다. 졸라가 이 사건에 뛰어들게 된 동기는 물론 부당하게 형을 선고받은 한 개인을 변호하기 위함이지만, 그는 바로 이것이야말로 시대적 소명을 다하는 지성인의 진정한 책무라고 판단했기 때문이다. 그래서 졸라는 〈나는 고발한다〉에서 "내가 수행하고 있는 행위는 진실과 정의의 개화를 앞당기기 위한 하나의 혁명적 수단일 뿐"이라며 장중히 선언했다. 반면에 반드레퓌스파인 모라스는 이 드레퓌스사건의 본질을 코즈모폴리턴적인 무정부주의자, 반 애국주의적인 사회주의자, 유태인, 신교도들이 서로 가세해서 만들어낸 일종의 '국기 문란'으로 간주했다.[5] 드디어 드레퓌스의 무죄가 입증되고 그의 명예 회복이 이루어진 후에도 모라스와 그의 지지자들은 여전히 드레퓌스사건을 왜곡시켜 재구성했을 뿐 아니라, "슬프게도 현실인 것을 '바람직한 것'으로 대체하기 위해" 프랑스 역사에도 과감하게 수술용 메스를 댔다. 1940년 7월 10일, 나치 독일의 프랑스 침공으로 1차대전의 영웅 페탱 원수Philippe Pétain(1856-1951)가 마침내 프랑스의 국가 원수(비시 프랑스)가 되었고, 제3공화국은 실질적으로 막을 내리게 되는데, 이 제3공화국의 몰락에 대해서도 반공화적 우익주의자 모리스는 그야말로 '신성한 경

---

4 시온주의는 팔레스타인Palestine에 유대인 국가를 건설하려는 민족 운동이다.

5 그는 유태인, 프리메이슨, 신교도, 혼혈인들에 대항하여 '진정한 국가'를 지킨다는 명분하에 1899년에 우익단체인 '악시옹 프랑세즈Action Française'를 창설했다.

이 내지 놀라움'이라 표명한 바 있다. 그는 결국 '적과의 공모'혐의로 1945년 1월 27일 론Rhone의 법정에서 종신형을 선고받았다. 이때 모라스는 법정에서 "이것이야말로 드레퓌스의 복수C'est la revanche de Dreyfus"라고 절규하듯 외쳤다고 전해진다.[6]

혹자는 이 드레퓌스사건을 프랑스 역사에서 세계대전보다 더 중요한 사건이라고 추켜세우는 반면, 또 다른 혹자는 드레퓌스 사건의 중요성이 실제보다 과장되었고, 프랑스 국민의 태반이 정의와 진실을 부르짖는 이 프랑스 지식인 전사들의 무용담의 실체에 그다지 감동을 받지 않았다고도 주장한다. 그러나 이 드레퓌스사건이 향후 프랑스 정치학의 지형에 지대한 영향을 미쳤다는 것은 아무도 부인할 수 없는 사실이다.

⚜

"나는 고발한다"

- 프랑스 작가 에밀 졸라Emile Zola(1840-1902)

"(드레퓌스 사건이) 진실이라고? 그것은 외면의 바람직성으로 정교하게 조작된 날조일 뿐"

- 드레퓌스를 지지한 프랑스 작가 아나톨 프랑스Anatole France

---

6 모라스는 1952년 3월에 사면을 받았고 동년에 투르에서 사망했다.

DIGEST100SERIES

제8장
20세기 프랑스
(1914-현재까지)

FRANCE

...songes qui vous ont fait tant de mal. La Terre, elle, ne ment pas. Elle demeure votre recours - Au
...AYSAN FRANÇAIS qui a soutenu ma confiance - La TERRE DE FRANCE n'est pas m...
...ous voit son champ dévasté par la grêle. Il ne désespère pas de la moisson prochaine. Il creuse avec
...les Français refusent à la France l'amour et la foi qu'ils accordent à la plus petite parcelle de leur...
...ITRA DE VOTRE FERVEUR! (Paroles du Maréchal - 1940).

프랑스 제1차 세계대전에 참가하다
(1914년 8월 1일)

그때 세계는 -
1912 토지조사령 공포
1912 제차 발칸전쟁(~1913)
1912 중화민국 성립
　　　 일본, 다이쇼 데모크라시
1914 제차 세계대전 발발(~1918)

　예기치 않은 사라예보의 총성으로부터 발발한 이 전쟁을 가리켜, 우리는 '제1차 세계대전(1914-1918)'이라 명명하는데 어떤 이의를 제기하지 않는다. 그러나 그것이 과연 '최초의' '세계 전쟁'이었을까? 이 '세계전'이라는 용어는 1914년 독일에서 처음으로 등장했다. 영국과 프랑스는 초기에는 '대전쟁 Great War, La Grande Guerre'이라는 용어를 사용했지만 나중에 '세계 전쟁'이란 용어를 채택했다. 당시 독일은 영국과 프랑스라는 세계적인 두 제국을 상대로 자신들이 싸운다고 생각했기 때문에, 처음부터 세계가 그들에게 '적대적'이라고 생각했다. 이 세계대전이라는 용어는 마치 전 세계가 몰락하는 것 같은, 즉 우리 인간이 전쟁에 관해 본능적으로 느끼는 대공포의 스케일을 총체적으로 표현하고 있는지도 모른다. 역사가들은 2차대전이 종결된 1945년부터 '제1차 세계대전'이란 용어가 적절하다고 생각했다. 왜냐하면 제1차 세계대전은 세계에서 첫 번째로 산업화된 총력전total war이었고, 뒤이어 제2차 세계대전(1939-1945)으로 이어졌기 때문이다. 그러나 1차 세계대전이라는 용어는 여전히 약간의 오해의 소지가 있다. 이미 18세기 중반에 유럽 열강들의 주도권 다툼을 위한 '7년 전쟁'이나 19세기의 '나폴레옹 전쟁'도 역시 세계

무역을 교란시키면서 세계의 여러 대륙에서 동시다발적으로 치러졌기 때문이다. 가령 2차대전은 유럽뿐만 아니라 중국, 동남아, 태평양 등지에서 전투가 벌어졌지만, 1차대전은 전 지구적이라기보다는 오히려 유럽 지역의 갈등이라는 성격이 더 강하지 않은가?

하나의 '암살' 사건 이후, 1차대전은 기정사실화되었다. 즉, 사라예보에서 오스트리아 국적을 지닌 19세의 젊은 세르비아

이탈리아 신문에 게재된 사라예보 암살사건의 삽화. 앞에서 세르비아 학생이 대공 부처를 향해 총을 쏘고 있다.

학생이 오스트리아 · 헝가리 제국의 상속자인 오스트리아 대공 프란츠 페르디난드Franz Ferdinand(1863-1914)와 대공 비(妃)인 조피를 암살하는 사건이 발생했다. 사실상 이에 앞서 대공부처가 오픈카를 타고 이동하는 사이에 19세의 세르비아 식자공이 폭탄에 의한 첫 번째 암살을 시도했지만 불발되었고, 두 번째 세르비아 학생이 쏜 두 발의 총성에 의해 대공 부부는 그만 불귀의 객이 되었다. "조피, 조피, 죽지 말아요. 아이들 때문에..." 그것이 대공의 마지막 음성이었다. 조피가 먼저 숨이 끊어졌고 이어 대공도 그 뒤를 따랐다. 두 범인은 오스트리아의 보스니아 · 헤르체고비나의 병합으로 '대(大) 세르비아'의 건설이 방해되었다고 원한을 품고 있던 세르비아의 민족주의 비밀결사조직 '검은 손'의 일원들이었다. 젊은 민족주의자에 의한 이 암살사건이 1차대전의 방아쇠를 당긴 셈이었다.

그러나 유럽에서 제1차 세계대전을 일으킨 근본적인 요인은 러시아, 독일, 프랑스, 이탈리아, 오스트리아, 헝가리, 영국 등을 포함한 구 열강 세력들의 오랜 갈등과 애증의 역사 속에 있다고 하겠다. 즉, 1차대전의 진정한 원인은 유럽의 패권정치, 비밀동맹, 제국주의, 또 민족주의의 발흥에 있었다. 전쟁이

발발하기 전까지도 유럽의 강대국들은 서로 힘겨루기와 동맹을 만들기에 여념이 없었다. 독일은 1881년에 오스트리아 · 헝가리, 이탈리아와 동맹을 맺었다. 이 '삼국 동맹'은 만일 어느 한 국가가 프랑스로부터 공격을 받게 되면 서로를 보호해 주기로 합의했다. 그러나 이탈리아는 프랑스와 비밀리에 독일을 돕지 않는다는 동맹조약을 맺었다. 독일의 이 같은 동맹정책에 대한 대응책으로, 프랑스와 러시아는 1892년에 동맹을 맺었고 1904년에는 영국과 프랑스가 각기 동맹을 맺었다. 1907년에는 드디어 영국 · 프랑스 · 러시아 간의 '삼국 협상Triple Entente'이 체결되었다. 독일은 이 유력한 삼국협상을 유럽에서의 자국의 존립과 패권에 매우 심각한 위협으로 받아들였다.

암살사건 이후 오스트리아 · 헝가리 제국은 세르비아 측에 여러 가지 가혹한 요구를 했다. 만일 48시간 내에 그들의 요구에 응하지 않는다면 침략을 감행하겠노라고 엄포를 놓았는데, 세르비아 측이 이에 부응하지 못하자 7월 28일 드디어 오스트리아 · 헝가리 제국은 세르비아에 선전포고를 했다. 오스트리아 · 헝가리는 일거에 세르비아를 제압하기를 희망했고, 세르비아의 동맹국인 러시아가 전쟁을 감수하는 위험을 무릅쓰지는 않을 것이라 낙관했으나 그것은 명백한 착오였다. 러시아는 즉시 군대를 동원, 전쟁을 준비했다. 이에 대한 대응으로 8월 1일 오스트리아 · 헝가리의 동맹국인 독일이 러시아 측에 전쟁을 선포했다. 그리고 8월 3일 독일은 프랑스에 선전포고를 하고 벨기에를 침공했다. 그러자 8월 4일 영국이 중립국 벨기에를 침범한 독일에 선전포고를 했고 이렇게 제1차 세계대전의 역사적인 서막이 올랐다. 원래 오스트리아 대공(황태자)의 암살에 가담했던 이 세르비아의 애국청년들은 그들의 행위가 가져올 결과를 명확하게 인식하지는 못했다. 후에 두 범인은 미성년이기 때문에 사형은 면하고 20년 징역을 선고받아 복역 중에 있었으나, 그들은 모두 결핵환자로서 세계대전의 결말도 보지 못하고 짧은 생애를 마쳤다.

결과적으로 이 끔찍한 전쟁은 수백만의 소중한 인명을 앗아갔고 세계지도를 다시 재편성하도록 했다. 전쟁 기간 동안 발생한 전사자는 약 950만 명인데 그중에서 프랑스는 140만 명, 독일은 200만 명, 러시아는 180만 명이 죽거나 실종된 것으로 추산된다. 강대국 중에서는 비례적으로 볼 때 5인 당

1명의 군사가 전사한 프랑스의 경우가 가장 인명 손실이 컸다. 특히 1894년 생, 즉 1914년에 20세가 된 프랑스 청년들의 반 이상(52%)이 전화에 희생되었다. 이는 실로 프랑스 사회의 거대한 충격이 아닐 수 없었다. 일부 학자들은 이 전쟁에 참가한 국가들 대부분이 제국주의 국가라는 점을 들어, '제국전쟁Imperial War'이라고도 부른다. 이 전쟁으로 독일제국, 오스트리아 · 헝가리 제국, 오스만 제국, 러시아 제국이 몰락하고 나머지 대영제국, 프랑스 식민제국들도 역사의 주도권을 사실상 상실하는 등 제국주의가 몰락했다.

2014년 6월 말에 많은 참전국들이 이 오스트리아 대공 암살 백 주년을 기념했지만, 프랑스는 특별히 또 다른 암살 백 주년을 기념했다. 즉 1914년 7월 31일 프랑스 사회주의의 지도자이자 지식인인 장 조레스Jean Jaurès(1859-1914)의 죽음을 추모했다. 1차대전 전야에 조레스도 역시 파리의 한 카페에서 라울 빌랭Raoul Villain(1885-1936)이라는 젊은 프랑스 민족주의자의 총에 맞고 쓰러졌다. 그는 카페에서 사회주의자 군중에게 둘러싸여 한창 재미있는 얘기를 들려주던 중이었다. 빌랭은 명백한 암살자였지만 당시의 뜨거운 민족주의 열풍에 힘입어, 1919년에 그는 재판 도중에 방면되었다. 조레스는 대륙에서의 전쟁의 가능성에 대하여 맹렬히 반대하던 평화주의자였다. 그는 프랑스인의 정치적 상상력 속에서 20세기 정치가 샤를 드골만큼이나 위상이 높았던 정치인이었다. 그는 뛰어난 웅변가였고, 유럽의 열강들을 갈등으로 치닫게 하는 제국주의적 야심을 통탄해마지않던 인문주의자였다. 그는 이러한 제국주의적 갈등에

파리 교외의 프레-생-제르베Pré-Saint-Gervais에서 연설하는 장 조레스(1913년 5월 25일)

항거해서, 수천만의 군중들 앞에서 유럽 전역의 노동자들의 총파업을 조직하기 위한 열변을 토했다. 전쟁 전야임에도 불구하고 그는 강한 반전(反戰) 구호를 외쳤다. "수천억의 돈이 불필요한 전쟁 준비 대신에 노동자들을 위한 주택 건설, 교통수단의 개선, 토지 간척 등 인민들의 복지를 증진시키는 유용한 일에 쓰인다면 우리의 미래는 얼마나 달라질 것인가? 제국주의의 열기는 이제 질병이 되었다. 그것은 가정에서 에너지를 어떻게 사용해야 되는 지도 모를 만큼 관리가 엉망인 사회의 질병이다." 그러나 프랑스는 조레스가 사망한 바로 다음날 전쟁에 들어갔다.

8월 4일 이른바 프랑스 좌파들의 '신성연합Union Sacrée'이 결성되었다. 조레스의 무덤 앞에서 프랑스 노동총연맹CGT의 사무총장 레옹 주오Léon Jouhaux(1879-1954)는 사회주의자들의 전쟁 가담을 선포했다. 즉 전쟁 기간 동안에 좌파 진영이 정부에 대항하거나 노동자들의 파업을 일으키지 않겠다는 일종의 '정치적 휴전'의 선언이었다. 소위 애국주의라는 미명하에 이루어진 이 신성연합은 사실상 국제 노동자 동맹 프랑스 지부SFIO(프랑스사회당의 옛 명칭)의 '국제주의'나 '부르주아 전쟁'에는 결코 가담하지 않겠다던 전 사회주의 지도자 조레스의 유지에는 어긋나는 것이었다.

1914년 초만 해도 프랑스는 전쟁을 기대하지 않았으나, 8월이 되자 전 국민이 '조국 수호'라는 기치 하에 2년간 열광적으로 일치단결했다. 그러나 낭만적인 생각을 가지고 전쟁에 자원했던 젊은이들을 기다리고 있던 것은 그야말로 생지옥이었고, 1차대전 이후로 프랑스를 위시한 유럽 문화는 상당 부분 비관적이고 염세적인 분위기가 지배적이었다. 스스로 '문명국'임을 자처하던 유럽이 그 어떤 야만인들보다 더 끔찍한 전쟁을 벌였던 것에 엄청난 충격과 고통을 받았기 때문이다. 산업혁명 이후 급속도로 발전한 '서구 문명'의 우월성이 모든 것을 해결해 줄 것으로 믿었던 낙관적인 분위기는 문명의 이기들을 이용해 서로 죽고 죽이는 살육 전쟁을 통해 완전히 산산조각 나고 말았다. 그렇다면 과연 누가 전쟁 발발의 책임이 있었던가? 오늘날 많은 사가들은 후발 산업국인 독일이 전쟁을 원했다는데 동의한다.[1] 독일의 지도자들은 그들이 프랑스와 러시아 같은 적들에 의해 포위되어 있기 때문에, 전쟁은 결국 숙명적으로 일어날 수밖에 없다고 느끼고 있었다. 또한 독일은 전쟁이 속전속결일수록 그들이 승리할 공산이 높아진다고 판단했다. "만일 모든 것이 순조롭게 진행된다면 전쟁은 수개월 안에 끝날 것이다." 그래서 독일은 동부에서 러시아군과 싸우기 전에, 서부전선에서 프랑스를 신속히 선제공격했다.[2] 프랑스의 저조한 출생률 때문에 독일은 프랑스군과 대적하는 것이 훨씬 용이할 거라고 판단했다.

⚜

"총알 한 방을 맞고 죽는 것은 아무것도 아니다. 그래도 우리의 사지는 멀쩡히 남아있기 때문이다. 그러나 사지가 해체되거나 살점이 공중에서 분해되는 것은 우리 육신이 도저히 감당하기 어려운 공포다. 그것은 폭격으로 인한 엄청난 고통이다."

- 프랑스 병장 폴 뒤브릴Paul Dubrulle

---

1 독일은 자신이 세계분할 경쟁에서 뒤처져 수출시장 확보와 원료수급에서 문제가 생길 수 있다는 두려움에 사로잡혀 있었다.
2 서부 전선은 제1차 세계대전 중, 프랑스와 벨기에의 전선이었다. 이로 인해 프랑스 동북부, 벨기에 전역은 폐허가 되었고 많은 사람이 학살되거나 다치거나 자살했다.

프랑스 군대의 반란
(1917년 6월 1일)

┃ 그때 세계는 -
┃ 1917 러시아 혁명

"인생이여 안녕, 사랑이여 안녕, 모든 여성들이여 안녕! 이 비열한 전쟁에
서 모든 것이 영원히 끝났도다."

- 크라온느의 노래La Chanson de Craonne

위의 '크라온느(지명)의 노래La Chanson de Craonne'는 1차대전 중에 프랑스
군인들이 불렀던 반체제의 가요다. 이 노래는 "우리는 고개를 낮추고 지옥으
로 간다. 우리의 불쌍한 대역(代役)들은 그들의 무덤을 찾으러 간다"라는 반
전주의, "모든 것이 잘 끝났다. 우리는 완전히 질려버렸어. 누구도 이제 더 이
상 행진하려 들지 않는다"라는 패배주의, 그리고 "다 끝났다. 우리 군인들은
동맹파업을 할 거야!"라는 체제 전복 주의를 담고 있는 가사 내용 때문에 군
의 엄명에 의해 금지곡이 되었다. 프랑스 영토에서 전쟁이 한창 벌어지고 있
는 막중한 상황에서 군 지도부는 프랑스군의 사기를 해치는 불온한 가요의
유통을 결코 좌시할 수는 없었다. 이 극좌파 성향의 정치 참여 가요는 "소위
배불뚝이 뚱보, 돈을 움켜쥔 자들, 그들의 재산" 등을 언급하면서 자본주의
에 대한 적대심도 여과 없이 드러내고 있다. 이 노래는 1917년 10월 러시아

프랑스의 엔Aisne 도(道)에 위치한 '귀부인의 길Chemin des Dames'은 1차대전 당시 격전의 장소로 유명하다. 우아한 도로명은 18세기에 루이 15세의 두 공주가 여행했던 길이라 해서 붙여진 이름이다.

의 공산주의 혁명과 궤를 같이하는 동시대의 반전주의 · 반자본주의 선동 가요였다. 이 적색혁명의 여파로, 프랑스 중부의 작은 도시 라 쿠르틴La Courtine 이나 동부전선에 주둔해있던 (그때까지만 해도 프랑스와 동맹국이었던) 러시아의 공산주의자 군인들이 폭동을 일으키거나 군대를 철수하는 비상사태가 발생했다. 당시 '체제 전환'이라는 극도의 혼란기에 러시아 농민들은 전쟁을 싫어하고 평화를 염원하고 있었으며, 무엇보다 자기 토지를 갖고 싶어 했다. 이 두 가지 요구를 모두 충족시켜 주겠다고 자처한 레닌Vladimir Lenin(1870-1924)은 혁명에 성공한 후 독일에 평화 협상(사실상 항복)을 요구했다. 이어 독일과의 불리한 브레스트-리토프스크 강화조약Treaty of Brest Litovsk의[3] 조인으로 러시아는 러시아제국의 영토였던 핀란드, 폴란드, 발트지방을 잃은 데다 우크라이나로부터의 철병을 승인하게 되었고, 다시 60억 마르크의 배상금을 지불하게 되었다. 이로써 동부전선에서 전쟁이 신속히 끝났고, 독일은 서부전

---

3   브레스트-리토프스크 조약은 1918년 3월 3일 소비에트 러시아의 볼셰비키 정권과 동맹국(독일 제국, 오스트리아헝가리 제국, 불가리아 왕국, 오스만 제국) 사이에 맺어진 평화조약으로, 이 조약의 결과 러시아는 제1차 세계대전에서 이탈하고 동부전선이 마무리되었다.

선에만 주력할 수 있게 되었다. 나중에 전쟁이 끝난 후 이 금지곡은 1919년에 프랑스 작가에 의해 일부가 출판되었다.

프랑스 측 인명 손실이 심했던 이른바 '귀부인의 길chemin des dames의 전투' 또는 '제2차 엔Aisne 전투'(1917년 4월 16일-25일)의 비극 이후, 그동안 수많은 희생과 고통을 감수했던 프랑스군의 사기는 그야말로 땅에 떨어졌다. 로베르 니벨Robert Nivelle(1856-1924) 장군은 "자 이제 (결전의) 시간이 다가왔다. 신뢰와 용기, 그리고 위대한 프랑스 만세!"를 외치면서 48시간 안에 독일군을 무찌르고 전쟁을 끝낼 대승리를 장담했으나 결과는 참패였다. 그래서 이 암울했던 '제2차 엔의 전투'를 가리켜, 일명 '니벨의 공격전투'라고 칭하기도 한다. 니벨의 공세적인 구호와 종전의 희망에 한껏 도취되어 전투에 임했던 프랑스 군인들은 극도로 실망하게 되었다. 그 후 군인들의 폭동이나 이와 연관된 불복 현상이 다양한 양상으로 나타났다. 군인들의 첫 번째 반란이 5월 4일에 발생했다. 공격명령이 떨어졌음에도 불구하고 병사들이 참호에서 기어 나오기를 거부한 것이었다. 뒤에서는 누군가 "전쟁 타도!"를 외쳤고, 드물게는 좌파의 공식 찬가인 '인터내셔널L'Internationale'을 부르기도 했다. 거기에는 어떤 구체적인 계획도 주동자도 없었다.

이러한 반란의 움직임은 1917년 6월 1일, 2천 명의 군인들이 전선으로 복귀하는 것을 거부하면서 정점에 달했다. 그렇지만 이 반란의 사태는 제한적인 데다가 3주를 넘기지 못했다. 사실상 '반란'이니 '폭동'이니 하는 용어는 이 사태를 적절하게 설명해 주지는 못한다. 왜냐하면 군인들은 전선을 제멋대로 이탈한 것이 아니라 참호 속에 계속 남아있었고, 그들은 '방어'를 원했으며 단지 공격명령을 거부했기 때문이다. 니벨의 뒤를 이은 새로운 사령관은 1차대전의 영웅 필리프 페탱Philippe Pétain(1856-1951)이었다. 페탱은 이제 더 이상 무모한 자살공격 따위를 행하지 않으며, 지치고 고갈된 군대에게는 충분한 휴식을 제공하고, 또 귀가(휴가)와 덜 고된 훈련 방침을 공약함으로써 군인들의 사기를 다시 회복시켰다. 그는 해이해진 군 기강을 바로잡기 위해 3천4백 명을 군사재판에 회부했다. 무려 554명의 군인들이 사형선고를 받았지만 실제로 처형된 사람은 단 49명뿐이었다.

이 사건의 직접적 원인은 니벨의 공격전투에서 기인한 극단적인 낙천주의와 그로 인한 상실감을 꼽을 수 있지만, 다른 요인들로는 러시아 혁명이나 노동조합운동에서 자극을 받은 좌파식 '평화주의'의 대두나, 기다리고 기다리던 미군의 불착에 대한 실망감 등을 들 수가 있다. 이러한 프랑스군의 반란 사건은 특히 독일군에게는 한동안 비밀에 부쳐져있었는데, 이처럼 독일이 프랑스군 내부의 소요에 대하여 전혀 알지 못했다는 점은 가장 중대한 정보전에서 독일이 실패한 사례로 회자된다.

"가장 강력한 두 전사는 인내와 시간이다"

- 러시아 작가 레오 톨스토이Leo Tolstoy(1828-1910)

클레망소 전쟁을 독려하다
(1917년 11월 16일)

조르주 클레망소Georges Clemenceau(1841-1929)는 1917년 11월, 즉 전쟁 기간 중에서도 가장 어둡고 암울했던 시기에 76세의 고령으로 프랑스 총리에 임명되었다. 그 당시까지만 해도 누구도 승리를 장담하기 어려운 불리한 상황이었다. 당시 프랑스 군대의 반란 해프닝에서도 알 수 있듯이, 어마어마한 인명 손실을 기록하면서 그야말로 전쟁에 대한 피로감도 극심했다. 정부 일각에서는 독일과의 타협을 모색하기도 했으나 클레망소 총리는 오로지 승리를 위해 전력투구했다.

폴 팽르베Paul Painlevé(1863-1933) 총리가 단 9주 만에 실각한 후, 1917년 11월 16일 푸앵카레 대통령(재위: 1913-1920)은 클레망소에게 새로운 내각의 구성을 지시했다. 11월 20일 클레망소는 의회에서 다음과 같이 자신의 확고한 계획을 공표했다. "나는 결단코 전쟁을 하리라. 우리는 총력전을 선포한다." 그는 어떤 평화주의 캠페인도 용납하지 않을 것이며 "어떤 반역도, 그 어떤 준(準)반역 행위도 절대로 안 된다, 오직 전쟁이다!"라고 우렁차게 외쳤다. 그러자 모든 사람들이 그의 연설에 박수갈채를 보냈으나 오직 사회주의자들은 그에 대한 신임투표를 거부했다.

전쟁 초기부터 클레망소는 자신이 창간한 저널《사슬에 묶인 인간 L'Homme enchaîné》이나[4] 또 자신이 군사 위원회 의장을 맡고 있던 상원에서 국익을 좀먹는 패배주의, 반(反)군사주의, 평화주의, 장군들의 범용함, 정부의 무능을 줄기차게 공격해 왔다. 전시에 다른 사람들을 늘상 공격만 해오던 클레망소에게 이처럼 갑작스럽게 찾아온 최고의 권력은 엄청난 도전이자 시련이었다. 실제로 그는 정치적으로도 고립되어 있었다. 전쟁 중에 그가 비판의 날을

1917년 총리가 된 클레망소

세웠던 의회 지도자들과도 배척 관계에 있었기 때문에, 그는 오직 자신과 그의 서클 친구들에게만 의존하지 않을 수 없었다.

클레망소의 집권 초기에 병사들은 별다른 감흥 없이 그를 '또 다른 정치인'으로만 간주했으나 시간이 갈수록 총리의 진정성 있는 격려와 용기 있는 행보에 그들은 차츰 고무되었다. 장병들은 "우리는 우리의 조상들이 잔 다르크를 믿었던 것보다 더 클레망소를 믿는다!"면서 이구동성으로 외쳐대기 시작했다. 그들은 불시 공격의 위험도 마다하지 않은 채 거대한 노구를 이끌고 최전선을 수시로 방문하는 열혈 총리에게 몹시 열광했다. 때때로 그는 맞은편 참호에서 기어 나온 독일군을 향해 아주 근거리에서 모욕을 주거나 위협을 가하기도 했다. 노년의 클레망소가 이처럼 자신의 목숨을 전혀 사리지 않았기 때문에 그는 '승리의 아버지 Père la Victoire'라는 최고의 별명까지 얻었다.

클레망소는 '드레퓌스 사건'에서 보수주의의 아성인 군을 공개적으로 비

---

4   원래 저널명은《자유의 인간 L'Homme libre》이었으나 언론검열에 항의하는 의미에서《사슬에 묶인 인간》으로 개칭했다.

판했던 인물이 아니었던가?[5] 그는 원래 급진적 자유주의(공화주의)나 좌파 성향에 가까운 정치인이었으나 이제 전쟁의 선두에서 군을 지휘하여 프랑스를 승리로 이끌었다. 그가 총리로서 제일 먼저 취했던 행동은 "그가 거기 있어서는 안 된다"면서 모리스 사라이Maurice Sarrail(1856-1929)장군의 테살로니키 전선의 지휘권을 박탈했던 것이었다. 사라이가 파면된 이유는 당시 독일과 반역 모의를 했다는 혐의를 받고 있던 조제프 카이오Joseph Caillaux(1863-1944)와 루이 말비Louis Malvy(1875-1949) 같은 사회주의 정치인들과의 깊은 커넥션 때문이었다. 특히 사라이장군은 가톨릭, 보수주의자, 왕당파들이 지배적이던 프랑스군에서 사회주의 정치노선을 공공연히 표방했던 제법 희소성의 가치가 있던 인물이었다.

그는 효율적인 군사작전을 위해 군 지휘부를 경질하는 동시에, 특히 앙리 모르닥Henri Mordacq(1868-1943) 장군을 자신의 참모총장으로 임명해서 군으로부터 정부에 대한 신뢰와 상호 존중을 이끌어냈다. 물론 전쟁에 관한 그의 정책이 항상 효율적인 것은 아니었지만 클레망소는 언론으로부터도 좋은 평가를 받았다. 프랑스는 그 어느 때보다 '강한 리더십'을 필요로 했기 때문이다. 그래서 클레망소의 강한 정부가 '독재'라는 식의 비판은 여론의 지지나 호응을 별로 얻지 못했다. 1918년 초에 전시상황은 더 악화되었지만 클레망소는 총력전을 지지하면서 '끝까지 전쟁'을 사수한다는 정치 신조를 굽히지 않았다.[6] 특히 그의 3월 8일자 연설은 미래의 영국 총리 윈스턴 처칠Winston Churchill(1874-1965)에게도 강렬한 인상을 남겨, 1940년에 그도 역시 클레망소와 유사한 연설을 영국민에게 하게 된다. 클레망소의 전쟁 정책이란 무엇보다 정의와 전사들의 애국충정으로 승리를 기약하는 것이며, 국가에 대한 모든 반역죄를 엄중히 처단하는 것이었다. 이러한 점에서 클레망소는 제2차

---

5 1898년 1월13일에 그는 에밀 졸라의 유명한 공개서한을 자신이 주필로 있던 신문《로로르L'Aurore》(여명)지 1면에 게재했다. 원래 졸라는 '대통령에게 보내는 서한'이라는 제목을 붙였으나, 클레망소가 나서서 '나는 고발한다'라는 도발적인 제목으로 바꾸었다.

6 그러나 혹자는 만일 그가 전시체제에서 장기집권을 했더라면 그도 역시 다른 전쟁지도자들과 마찬가지로 침체되었을 것이라고 폄하하기도 했다.

세계대전의 처칠, 포클랜드 전쟁의 마거릿 대처, 또 걸프전의 조지 허버트 부시 등과 더불어 전시 국가 지도자의 '모범' 사례로 자주 인용된다.

❧

"전쟁이란 결국 승리로 귀결되는 재앙의 연속이다."

- 프랑스 총리 조르주 클레망소

베르사유 조약(1919년 6월 28일): 평화조약 또는 강권조약?

그때 세계는 -
1919 3·1운동
1919 중국 5·4운동
1919 간디의 비폭력·불복종 운동
1920 국제연맹 창설

'1871년의 설욕'(보불 전쟁에서의 패배)을 갚기 위해, 베르사유 조약Traité de Versailles은 클레망소가 요구한 대로 1919년 6월 28일 베르사유궁의 '거울의 방'에서 거행되었다.[7] 이 베르사유 조약은 오스트리아 대공의 암살 이후 정확히 5년 만에 1차대전을 종결시킨 중요한 국제조약이다.

이 베르사유 조약은 승전 국가들에게는 '평화'를 대표했지만 다른 패전 국가들에게는 '강권diktat'을 의미했다. 이는 장차 20년 후에 발생하게 될 2차대전을 예고한 셈이었다.

27개국(승전국·중립국)의 지도자들이 강화회의에 참석했으나 패전국들과 러시아는 제외되었고, 협상은 5대 강국(영국, 프랑스, 이탈리아, 미국, 일본)에 의해 지배되었다. 그 후 일본이 탈락하여 '4대 강국'이 되고 그 후 이탈리아가 빠져 3대 강국으로 좁혀져 회의가 진행되었다. 그것은 미국 대통령 우드로 윌슨Woodrow Wilson(1856-1924), 프랑스 총리 클레망소, 영국총리 로이드 조

---

[7] 바로 이곳에서 40년 전 보불전쟁에서 패배한 프랑스가 독일에게 굴욕적인 강화조약에 서명했고 독일황제 빌헬름 1세Wilhelm I(1797-1888)는 대관식을 열었다.

제1차 세계대전 후의 4대 강국 영국·프랑스·이탈리아·미국. 왼쪽으로부터 영국 총리 데이비드 로이드 조지, 이탈리아 총리 비토리오 오를란도, 프랑스 총리 클레망소, 미국 대통령 우드로 윌슨.

지Lloyd George(1863-1945) 등 3대 정치가의 세기의 대결장이었다. 협상은 다시 '프랑스 대 영국·미국'으로 갈라졌다. 클레망소는 무엇보다 프랑스의 안전과 '침략자' 독일이 야기한 전쟁 피해의 복구에 올인했다. 그는 다시는 독일이 프랑스를 상대로 전쟁을 재개하지 못하도록 독일의 '해체'를 원했다, 한편 영국 총리 로이드 조지는 프랑스 세력이 너무 강대해지는 것을 두려워한 반면에, 미국 대통령 윌슨은 새로운 국제기구의 창설을 통해 또 다른 새로운 전쟁의 발발 가능성을 막고자 노력했다. 윌슨은 1918년 10월에 출판된 '14개 조항'에 기초해서[8] 평화가 이루어지기를 희망했으나 윌슨이 독일국민에게 약속한 14개 조항은 이루어지지 못했다. 독일에 대하여 일방적으로 가혹한 군비제한을 가한 것은 14개 조항의 정신에는 어긋나는 것이었다.

이 회의의 대부분은 주로 파리의 외무성에서 이루어지고 조약에 독일이 조인할 때에만 베르사유궁이 이용되었다. 그러므로 평화회의는 '파리강화회의'라 일컬어지고, 조약을 말할 때는 '베르사유 조약'이라 칭하는 것이다. 베르사유 조약의 가장 중요한 내용은 패전국 독일에 대한 처우 문제였고, 그중에서도 가장 중대한 영향을 가져오게 된 것은 막대한 '배상금'의 부과였다.

베르사유 조약의 가장 큰 문제점은 조약의 논의부터 체결과 이행과정까

---

8 '14개 조항'은 1918년 1월 8일 미국 대통령 윌슨이 제1차 세계대전 이후 평화체제 수립을 위해 미국의회에서 행한 평화원칙선언문이다. 각각의 민족은 스스로 정치적 운명을 결정할 권리가 있으며, 다른 민족의 간섭을 받을 수 없다는 '민족자결주의'가 담겼다.

1차대전 중 폭격으로 얼굴이 심하게 파괴되거나 변형된 군인들 Gueules Cassées. 1919년 6월 21일 클레망소는 강화조약의 조인을 위해 발 드 그라스Val de Grâce병원에 입원해 있던, '전화의 상징'인 5명의 상이군인들을 베르사유궁에 초대했다.

지 연합국들은 서로 자신의 이해관계만 내세워 이견과 갈등의 연속이었다는 점이다. 전쟁으로 국토가 초토화된 프랑스와 벨기에는 독일에 극도의 증오심을 드러내며 가혹한 처벌을 주장한 반면, 미국의 윌슨 대통령은 이상주의를 내세워 독일의 영토 분할과 배상금 요구를 반대했다. 클레망소는 독일에 대한 적개심으로 불타는 국내 여론을 이용해서 최대한의 배상금을 과할 결심을 했고, 영국 총리 로이드 조지도 역시 "마지막 한 푼까지 받아내겠다"라는 공약으로 승리한 이상 윌슨의 제안을 받아들이려 하지 않았다. 클레망소는 "내가 만일 이를 허락한다면 그동안 전장에서 죽거나 고통을 당했던 수백만의 프랑스인들에 이어, 나의 후임 총리도 역시 내 목덜미를 잡고 나를 쏘리라!"라고 로이드 조지에게 얘기한 바 있다. 전승국들은 휴전(1918년 11월 11일) 후에도 독일의 해상봉쇄를 계속했는데 그 결과 1918년 12월 763,000명의 독일 민간인이 아사했다. 영국의 노동조합·노동당 정치인인 로버트 스밀리Robert Smillie(1857-1940)는 1919년 6월에 독일 민간인 10만 명이 다시 기아로 죽었다면서 독일 봉쇄를 공격하는 성명문을 발표했다. "특히 기아 때문에 여성과 아동들의 질병과 사망률이 가장 심각했다. 독일인들은 아주 절망적이 되어 기아로 죽느니 차라리 총탄을 맞고 세상을 하직하는 편이 낫다고 생각할 정도였다" 전승국의 일방적인 통보에 따라, 울리히 브로크도르프-란차우Ulrich Brockdorff-Rantzau(1869-1928)를 수반으로 하는 독일 대표단이 도착했다. 브로크도르프-란차우는 봉쇄를 비난하는 연설을 다음과 같이 했다. "전시의 범죄는 용서받을 수 없을 지도 모른다. 그러나 우리는 국가의 양심을 무디게 만드는 '열정'이라는 열기 속에서 승리를 위한 투쟁에 참여했던 것이다. 11월 11일이래 수십만의 비전투원들이 봉쇄를 통해 죽임을 당했다"

로이드 조지는 봉쇄가 독일 민간인들을 죽이고 제2의 볼셰비키 혁명의 위험을 초래한다는 사실을 인정했지만, 독일이 평화조약에 조인하려면 이런 물리적 조치가 필요하다고 생각했다. 영국 경제학자 존 케인즈John Keynes(1883-1946)는 조지의 부모가 웨일스 태생이라는 점에 빗대어 "고대 켈트의 마법에 걸린 숲과 악몽의 마술에서 빠져나와 오늘날 우리 세계를 방문한 반인반수의 사티로스(염소 인간)"에 그를 비유했지만 정작 로이드 조지는 클레망소나 이탈리아 총리 오를란도와는 달리 비교적 온건하고 관용적인 입장에 있었다. 그는 클레망소처럼 천문학적 배상금을 요구하여 독일 경제나 정치제도를 완전히 파괴하려고 하지는 않았다.

클레망소와 로이드 조지는 서로를 몹시 증오했다. 클레망소는 로이드 조지가 정식 교육을 받지 못한 데다 영국을 넘어선 세계에 대해서는 무지하다고 믿었다. 그가 보기에 영국 총리는 결코 젠틀한 영국 신사는 아니었다. 반면에 로이드 조지는 클레망소를 "매우 불유쾌하고 심술궂은 늙은 야만인"이며, "큰 머리통을 가지고 있음에도 그 속에 전혀 자비와 존경심, 친절 머리가 없는 작자"로 간주했다. 한편 클레망소 총리와 정치노선이 달랐던 레이몽 푸앵카레 대통령도 역시 "나 없이도 그들이 잘 해낼 수 있는지 끝까지 지켜볼 것"이라며 "결코 양보하지 않겠노라"라는 로이드 조지의 언사를 비평하면서, "로이드 조지는 사기꾼이다. 그는 가장 최상의 약속으로 나를 기만했다. 그러나 우리는 다행히 미국 측의 지원을 기대할 수가 있다"라고 지적한 바 있다. 나중에 로이드 조지는 파리강화회의에 대한 기자의 질문에 대하여, 자신은 예수(이상주의자 윌슨)와 나폴레옹 보나파르트(현실주의자 클레망소) 사이에서 아주 잘 대처했다고 여유만만하게 응수했다.

베르사유 조약은 15부와 440조라는 방대한 내용을 포함하고 있었다. 1부는 이상주의자 윌슨의 주장이 관철된 '국제연맹'의 창설,[9] 2부는 독일의 새로

---

9   독일은 1926년까지 국제연맹 가입이 허용되지 않았다.

베르사유 강화조약

운 국경을 명시하고 있다. 즉 독일은 알자스-로렌을 프랑스에 반환하며, 유펜-말메디Eupen-Malmedy를 벨기에에 할양하고, 동부지역은 폴란드에게, 메멜Memel은 리투아니아에게, 또 슐레스비히Schleswig의 상당 부분은 덴마크에게 넘겨주게 되었다. 3부는 비무장지대를 명시하고, 15년간 독일 서부의 주(州) 자르Saar를 독일로부터 분리시켜 프랑스 통제 하에 두게 했다. 4부는 독일로부터 모든 식민지를 빼앗는 것, 5부는 독일의 무장 축소 등이 들어 있다. 문제의 독일 배상금은 자그마치 1320억 마르크 금화에 해당했고, 그중 52%는 프랑스에 배상해야만 했다. 그러나 독일 측의 복수(?)는 이론상 불가능했다. 독일은 대포 5,000문과 비행기 25,000대, 장갑차와 모든 함선을 양도해야 하고, 군대는 육해군을 합쳐 10만 명으로 제한하고, 항공 전력과 새로운 전차 개발 및 배치도 금지되었기 때문이다. 독일은 유럽에서 88,000km²의 영토와 8백만 명의 주민을 잃었다. 태평양의 독일령 식민지는 호주나 일본에 주어졌고, 아프리카 식민지는 벨기에, 영국, 프랑스가 서로 분할해서 차지했다. 결국 이 평화회의는 전승국만으로 조약이 결정되고, 독일은 다만 그 결과를 수락하느냐의 선택권만 있었다. 특히 제 231조의 전쟁에 관한 '유죄 조항'(세계대전 발발에 관한 책임을 모두 독일에 전가)이나 군사적 점령은 독일인들의 민족적 감정을 격앙시켰다. 독일정부는 이의를 제기하면서도 어쩔 수 없이 조약에 조인했다. 독일의 우익정당들은 이를 '배신'행위로 간주했고, 좌익 테러리스트들은 격분하여 그들이 책임이 있다고 간주하는 독일 정치인들을 암살하기도 했다. 독일인의 집단 심리 속에는 베르사유 평화조약은 '강제 조약diktat'이라는 등식이 강력히 자리 잡게 되었고, 이는 불타는 증오심으로 바뀌었다. 너무도 복잡한 베르사유 조약의 비준을 놓고서 프랑스 내에서도 여론이 양분되었다. 프랑스 우파는 조약이 너무 순(順)해서 프랑스 국가의 안전 보장이나 독일의 재무장을 막지도 못한다고 주장한 반면에, 좌파는 너무 가혹하기 이를 데 없다고 비판했다. 여기에 대해서 클레망소는 이렇게 천연덕스럽게 응수했다. "조약은 그대들이 원하는 것을 원하게 될 것이고, 그대들이 한 대로 그대로 될 것이다." 한편 미국도 민주당은 베르사유 조약을 지지하고 공화당은 '고립주의'를 주장하는 등 서로 의견을 일치시키지 못했다. 결국 미 의회는 베르사유 조약의 비준을 거부했고 윌슨이 제창한 국제연맹에도 가입하지 않았다. 이는 전적으로 윌슨의 리더십 부재에 있었다.

　베르사유 조약은 방대한 내용의 조약들을 효율적으로 실행에 옮기는 방법도 거의 부재했을 뿐 아니라, 미국이 빠진 국제연맹도 역시 군사적 제재를 보장하지 못했다. 베르사유 조약은 내용만 본다면 분명 매우 가혹한 것이었다. 그러나 실상 그 내용을 보면 나중에 나치스의 지도자 아돌프 히틀러Adolf Hitler(1889-1945)가 그러했듯이, 독일이 마음만 먹으면 얼마든지 빠져나갈 수 있도록 되어 있었다. 설령 독일이 이를 지키지 않는다 해도 연합국으로서는 제재수단과 감시수단이 부족했던 것이다. 이 말도 많고 탈도 많았던 베르사유 조약의 조인에 이어, 오스트리아 · 헝가리 제국의 해체에서 생겨난 신생 국들(체코슬로바키아, 유고슬라비아, 헝가리, 폴란드의 부활)의 개별 조약도 차례로 조인되었다.[10] 이로 인해 중부 유럽의 정치지형도는 심오하게 달라졌는데, 이

10　1919년 9월 10일의 생-제르맹-앙-레 조약Treaty of Saint-Germain-en-Laye을 통해 합스부르크에서 떨어져 나온, 대부분 독일어권으로 구성된 오스트리아공화국이 건국되었다. 오스트리아 제국은 왕실 소유지를 양도해서 체코슬로바키아, 폴란드, 또 슬로베니아, 크로아티아 및 세르비아 왕국(1929년에 유고슬라비아로 변경)과 같은 승계국을 새로 건국했다.

전에 유럽 지도가 이렇게 근본적으로 변경된 적은 없었다. 독일, 오스트리아 · 헝가리, 러시아 및 오스만 제국은 더 이상 존재하지 않게 되었고, 나머지 대영제국, 프랑스 식민제국들도 역사의 주도권을 상실하는 등 사실상 '제국주의'가 쇠락의 길을 걷게 되었다. 그래서 1차대전은 '20세기 왕정의 몰락'의 신호탄을 쏘아 올린 전쟁으로도 평가받고 있다.

경제학자 케인즈는 자신의 세계적 베스트셀러 《평화의 경제적 귀결 Economic Consequences of Peace》(1919년)에서 베르사유 조약이 전후 참전국들의 경제적 회생과 유럽의 안정성을 모두 놓친 조약이라고 신랄하게 비판했다. 그는 베르사유 조약의 과도한 전쟁배상금이 유럽 경제에 미칠 악영향도 언급했는데, 이후 전쟁배상금이 2차대전 발발의 불씨가 되면서 케인즈의 예언은 그대로 적중하게 되었다. 그러나 베르사유 조약이 독일을 위시한 중부 유럽의 열강을 분쇄시키기 위해 고안된, 즉 패자에게 가혹한 '카르타고 식 화평'이었다는 그의 주장은 베르사유 조약의 조인과 국제연맹 가입에 대한 미국 내의 반대 여론 형성에도 크게 기여했을 뿐 아니라, 독일이 불공정한 처우를 받았다는 동정적인 영국 여론의 확산에도 많은 영향력을 행사했다. 이는 침략자 히틀러에 대한 영국 '유화정책'의 우호적인 여론 분위기 형성에도 결정적 역할을 했다.

⚜

"베르사유의 외과 의사들은 종기를 제거하지 않은 채로 유럽의 배(腹部)를 재봉합하는 수술을 했다. 그래서 베르사유 조약은 영원한 전쟁을 준비했던 셈이다."

- 프랑스 역사학자 자크 뱅빌Jacques Bainville(1879-1936)

조세핀 베이커 파리의 뮤지컬쇼 '르뷔 네그르Revue Nègre'에 출연하다
(1925년 10월 2일)

그때 세계는 -
1922 소비에트 사회주의 공화국연방(소련) 성립
1924 중국, 제차 국공합작
1925 팔레비 왕조의 성립
1926 6 · 10 만세운동

　미국 태생의 전설적인 흑인 댄서 조세핀 베이커Josephine Baker(1906-1975)
는 1925년 10월 2일에 파리의 뮤지컬 쇼 '르뷔 네그르Revue Nègre'에서 댄스
를 공연했다. 그때 그녀의 나이는 19세였다. 전후 프랑스인들은 1920년대 소
위 '광란의 해Années folles'의 시대에 [11] 전쟁에서 살아남은 자의 생에 대한 희열
과 미국에서 온 새로운 유행에 몸을 맡기면서 무사태평주의를 마음껏 구가
하고 있었다. 파리의 샹젤리제 극장에 이어, 카바레 음악당 '폴리 베르제Folies
Bergère'의 무대에 젊고 매혹적인 무희의 등장은 파격 그 자체였다. 다음 사진
에서도 알 수 있듯이 거의 옷을 걸치지 않은 상태에서, 원시토인들이 두르는
간단한 바나나 장식의 허리띠 의상을 걸친 채 나른한 재즈의 선율에 맞춰 미
국흑인 춤을 추는 베이커의 섹시하고 도발적인 자태에 사람들은 그만 경악
을 금치 못했다. 그러나 그녀는 곧 파리 여론을 완전히 정복했다. 프랑스로
귀화한 그녀는 "나는 두 개의 사랑을 가지고 있어요. 그것은 나의 조국과 파

11　이 '광란의 해'라는 용어는 프랑스에서 1920년대의 10년을 의미한다. 이 시대의 풍요로운 사회 · 예
　　술 · 문화적 협력을 설명하기 위해 주조된 용어로, 미국의 '포효하는 20년대'나 '재즈시대'와 일치
　　한다.

'광란의 해의 아이콘' 조세핀 베이커

리랍니다"라는 노래로 공연하면서 폭발적인 인기를 얻었다. 물론 미국에서 수입한 미국 흑인 춤도 관객들의 열렬한 환호를 받았다.

이러한 열광은 전쟁의 대학살 이후, 프랑스 사회의 기저에 흐르는 '변화'와 '다양성'에 대한 끊임없는 갈구의 표현이라 하겠다. 이 광란의 해는 자유분방한 창조성과 열광적인 개인주의의 창궐로 특징되나, 1929년의 경제 위기로 갑작스럽게 끝나버렸다.

조세핀 베이커의 활동 무대는 주로 유럽이며, 그중에서도 그녀가 프랑스 산업가와의 혼인을 통해 귀화한 나라 프랑스였다. 그녀에게는 '검은 비너스' '흑진주' '청동 비너스', 또 '크리올의 여신'이라는 각종 수식어가 줄곧 따라다녔다. 그녀는 그동안 유럽인들이 흑인에 대해서 갖고 있던 희화적인 이미지를 변화시키는 데 기여했다. 수차례의 화려한 이혼 경력에다, 자유분방한 생활을 하는 사내아이 같은 이미지의 여성, 중성적인 '가르손느garçonne'의 헤어스타일은 그녀의 트레이드마크였다. 또한 자신의 몸을 자유롭게 해방시킬 권리를 주장했던 그녀는 완벽한 '해방 여성'의 모델이었다.

그녀는 시민운동가로 변신해서 적십자운동의 자원봉사자로 활동, 2차대전 때는 레지스탕스 운동에도 참여해서 프랑스의 무공 십자 훈장을 받기도 했다. 2차대전의 영웅 샤를 드 골은 그녀를 가리켜 프랑스 최고 권위의 훈장인 '레지옹 도뇌르Légion d'honneur의 기사'라며 칭송했다. 그리고 그녀는 1960년대에 미국의 인종차별주의에 항거해서 마르틴 루터 킹Martin Luther King(1929-1968)목사가 이끄는 흑인 해방운동을 위해 투쟁했다.

"나는 무대에서 '야생녀'를 상징한답니다.
그러니 인생에서는 자연히 문명화되기를 시도하지요."

- 조세핀 베이커

스타비스키 사건
(1934년 1월 8일)

그때 세계는 −
1930 베트남, 공산당 창당
1932 이봉창·윤봉길 의거
1933 독일, 나치 집권
1934 중국 공산당, 대장정 시작

    스타비스키 사건은 1934년 프랑스에서 발생한 최대 금융 사기 사건이었다. 1934년 1월 8일 이 사건의 주인공인 세르주 알렉상드르 스타비스키 Serge Alexandre Stavisky(1886-1934)의 변사체가 몽블랑 산기슭에 위치한 샤모니 Chamonix의 샬레(오두막집)에서 발견되었다. '잘생긴 사샤le beau Sacha'라는 별명을 지닌 이 폴란드계 유태인 미남 스타비스키는 프랑스의 정·재계 인사들, 특히 급진당Parti radical(중도파) 정치인들을 부패시켰던 대형 사기꾼이었다. 참고로, 제3공화국 최대의 정치적 스캔들인 '드레퓌스 사건'이후 정치적 영향력을 쥐게 된 이 급진당은 말 그대로 급진좌파가 아니라 "심장은 왼쪽에, 그러나 지갑은 오른쪽에"있다는 이중적 평가를 받았던 '중도좌파'였다.

    프랑스 작가 콜레트Colette(1873-1954)는 이 신비의 베일에 가려진 스타비스키를 가리켜 '얼굴 없는 남자'로 표현한 적이 있다. 오늘날 우크라이나 태생의 스타비스키는 자신의 유태인 부모를 따라서 프랑스로 이주했다. 그는 젊은 시절에 카페 가수에서 나이트클럽의 매니저, 수프 공장의 직원에다 도박장 운영자 등 여러 가지 직업을 전전했다. 1930년대에 그는 바이욘느 Bayonne시의 시립 전당포를 운영했고 곧 금융계에도 손을 뻗쳤다. 세련된 매

스타비스키의 얼굴. 왼쪽 사진은 가장 잘 알려진 그의 용모이며, 오른쪽 사진은 1926년경 자신의 자취를 숨기기 위한 합성사진

너와 빼어난 화술로 사교계의 스타가 된 그는 전당포에서 수백만 프랑의 정크 본드를 발행해 팔았다. 그는 독일제국의 마지막 황후가 소장했던 희귀한 에메랄드라고 본인이 주장한 보석(나중에 '유리'로 판명됨)들을 담보로 전당포의 운영자금을 충당했다. 생명보험 회사들이 이 정크 본드를 대량 매입했는데, 그들은 공화국의 식민지 장관으로부터 자문을 받았고, 그 식민지 장관은 통상부 장관으로부터, 그 통상부 장관은 바이욘느 시장으로부터, 그 바이욘느 시장은 작은 전당포의 매니저인 스타비스키로부터 자문을 받았다는 그런 식이었다. 스타비스키는 자신의 화려한 허울을 정·재계의 중요한 인맥과의 커넥션으로 유지했다. 몇몇 신문사들이 수상쩍은 그의 사건을 조사하려고 나서면, 스타비스키는 굵직한 광고 계약으로 그들을 매수하거나, 아예 그 신문사를 통째로 사버렸다. 1927년에 스타비스키는 사기 사건으로 최초로 법정에 서게 되었다. 그러나 재판은 끝도 없이 연기되었고 그는 무려 19번이나 보석을 허가받았다. 그는 이 기간 중에도 계속 사기행각을 벌였던 것으로 알려져 있다. 그에 관련된 비밀문서를 갖고 있다고 주장했던 한 판사는 나중에 목이 잘린 시체로 발견되기도 했다.

1933년 12월 사건의 전모가 발각될 위기에 처하자 그는 도주했다. 1934년 1월 8일, 경찰은 샤모니의 샬레에서 권총에 의한 부상으로 다 죽어가는 그를 발견했다. 공식적으로 스타비스키의 죽음은 '자살'로 판명되었지만 세간에서는 경찰관들이 그를 살해했다는 소문이 무성했다. 프랑스 주간지 《르 카나르 앙셰네Le Canard enchaîné》는[12] "누군가 스타비스키를 자살시켰다!"라는 선동적인 제목으로 이 사건을 크게 보도했다.[13] 이 스타비스키 사건은 그의 체포, 도주, 죽음, 그리고 살해 소문과 더불어 세상에 공개되었고, 횡령 · 신용사기 같은 기나긴 범죄기록도 다 까발려졌다. 당시 카미유 쇼탱Camille Chautemps(18851-1963) 정부의 식민지 장관 알베르 달리미에Albert Dalimier(1875-1936)가 이 사건에 직접 연루되었다는 혐의를 받고 사임했다. 프랑스 우파, 특히 극우파는 이 '유태인' 출신의 '외국인 사기꾼'의 스캔들을 이용해서 급진당정부를 타도할 목적으로 국회의사당 청사인 부르봉 궁전 Palais-Bourbon 앞에서 "암살자들! 도둑놈들, 다 나가라!"를 외치며 시위를 벌였다. 희대의 사기 사건에 연루된 장관들이 여럿 사임하자 급진당 정부의 수반인 카미유 쇼탱 총리도 물러나지 않을 수가 없었다. 우익정당은 쇼탱 총리와 경찰이 여당의 유력인사들을 보호하기 위해 스타비스키를 살해했다고 강력히 비난했다.

• 프랑스 제3공화국의 중요한 4개의 정치집단

사회주의자	온건한 공화주의자 (기회주의자)	급진파	왕당파
1890년 이후 정치세력 형성. 그들 중 다수가 칼 마르크스의 이론을 따르는 혁명가들	대부분의 내각을 구성했던 정당으로 중산층과 사회적 보수주의자로 구성됨	드레퓌스 사건 이후 정치적 영향력이 커졌으며 반교권주의적 성향이 매우 강함	매우 가톨릭이며, 공화국을 약체와 부패의 상징으로 간주. 보나파르트파와 전통적인 왕당파로 분열되어있음

쇼탱은 같은 급진당의 에두아르 달라디에Edouard Daladier(1884-1970)로 교체되었다. 달라디에 총리의 첫 번째 행동은 반정부 시위를 독려했다는 의심을 받고 있는 우익 성향의 파리시 경찰국장 장 시아프Jean Chiappe(1878-1940)를 해고한 것이었다. 두 번째 행동은 귀족계층과 민중 계층의 극심한 대립을

---

12 《르 카나르 앙셰네Le Canard enchaîné》는 불어로 '쇠사슬에 묶인 오리'라는 뜻이지만, 오리canard는 프랑스어 속어로 '신문'이라는 의미를 갖고 있다.

13 14개의 파리 신문들이 이를 자살로 보도했고, 나머지 8개 신문은 '타살'로 보았다.

갈등의 축으로 하는 윌리엄 셰익스피어William Shakespeare(1564-1616)의 비민주적인(?) 비극《코리올레이너스Coriolanus》를 장기 공연한 '코미디 프랑세즈Comédie Française'의 극장장을 해고하고 그 자리에 좌익 성향의 보안 위원장을 앉힌 것이었다. 세 번째는 우익 시위대를 향해 '총살감'이라고 주장했던 문제의 인물 으젠 프로Eugène Frot(1893-1983)를 새로운 내무장관에 임명했다.

경찰국장 시아프의 해고는 1934년 2월 6일 우익 폭동의 직접적인 원인이 되었다. 반의회적인 분위기가 팽배한 가운데 '악시옹 프랑세즈L'Action française'와[14] '불의 십자가Croix-de-Feu'(1927-1936)[15] 등 각종 우익 정치단체와 반유태주의자, 왕당파, 파시스트 집단이 소위 '썩은' 정당들에 대항해서 대규모 반정부 투쟁을 벌였다. 그들의 거리 시위는 곧 콩코드 광장에서의 폭동으로 바뀌었다. 그러자 파리 경찰은 시위대를 향해 발포했고 15명의 시위자들이 그 자리에서 사망했다. 2월 7, 9, 10일의 연이은 폭동에서 발생한 사망자까지 전부 합치면, 총 31~37명이 사망했고 부상자는 2천 명에 달했다. 1891년에 발생했던 '푸르미Fourmies의 총격사건'보다[16] 훨씬 더 많은 희생자가 나왔던 이 콩코드의 총격 사건은 제3공화국에서 가장 유혈적인 사태였다. 결국 달라디에 총리는 사임할 수밖에 없었고, 그의 후임자로 보수 우파인 가스통 두메르그Gaston Doumergue(1863-1937)가 연립내각을 구성했다.[17] 이 우익 쿠데타의 성공 가능성에 대해서 미국사가 조엘 콜튼Joel Colton(1918-2011)은 이 우익단

---

14 악시옹 프랑세즈는 '프랑스의 행동'이라는 뜻이다. 악시옹 프랑세즈의 창시자인 샤를 모라스Charles Maurras(1868-1952)는 '드레퓌스사건'에서도 드레퓌스의 유죄와 반유태주의를 부르짖으며 강한 민족주의를 표방했는데, 그들의 극단적 민족주의와 반유태주의적 성향은 오늘날 극우정당 국민전선FN의 강령에 의해 잘 전수되고 있다.

15 프랑수아 드 라 로크François de La Rocque(1885-1946) 대령이 주도했던 이 우익연맹은 가톨릭주의를 내세운 프랑스의 반유대주의 성향의 우익정치단체다. 이들은 프랑스 제3공화국의 민주주의 · 자유주의를 위협하는 가장 강력한 세력으로 필리프 페탱 원수의 국민혁명과 르팽의 국민전선의 선구자로 여겨진다.

16 오늘날 '노동절'의 기원이 된 푸르미 총격사건은 1891년 5월 1일 푸르미Fourmies에서 발생했던 사건이다. "우리에게 필요한 것은 하루 8시간노동"이라고 외치며 평화롭게 시위하는 푸르미의 노동자들을 향해 군대가 사격하는 바람에 9명의 사망자와 35명의 부상자가 발생했다. 사망자 9명 중 8명이 모두 21세 미만의 젊은 노동자들이었다.

17 신교도에다 프리메이슨이었던 두메르그는 초기에 급진당이었으나 말년에 정치적 우파로 전향했다.

체들이 제대로 통합되지도 않은 데다 정부 타도의 의지도 그리 확고하지 않았다고 평가했으며, 파시즘의 연구사가인 르네 레몽René Rémond(1918-2007)도 역시 폭동 수준도 아닌 그저 길거리 시위에 불과했다고 인색하게 평가했다. 그러나 당시 좌파는 공공연한 파시스트의 음모를 몹시 두려워했고, 제3공화국에서 야당의 시위대들에 의해 내각이 사퇴한 경우는 이번이 처음이었다. 결국 스타비스키 추문을 이용한 우익의 전복 시도는 실패했고, 이는 1936년에 좌파연합 '인민전선Front populaire'이 성립하는 계기가 되었다.

프랑스 경제를 일대 혼란에 빠뜨려 공화정을 전복 위기까지 몰아넣었던 이 대형 사기 스캔들은 유명한 정계 인사, 파리의 사교계와 지식인 층을 모두 곤경에 빠뜨렸다. 당시 유명 배우이자 가수였던 미스탱게트 Mistinguett(1875-1956)는 왜 나이트클럽에서 스타비스키와 사진을 찍었느냐는 추궁을 받았고, 벨기에 소설가인 조르주 심농Georges Simenon(1903-1989)은 경찰에서 사건을 진술한 후에 스타비스키의 전 보디가드로부터 물리적 폭력의 위협까지 받았다. 1935년부터 스타비스키 사건에 연루된 20명의 인물들이 재판을 받았는데, 그들의 혐의가 적힌 공소장은 무려 1200페이지가 넘었다. 그러나 스타비스키의 미망인, 두 명의 의원들, 장군 등을 포함한 피고 전원이 그 이듬 해에 모두 무죄로 방면되었다. 스타비스키의 사기 총액은 대략 천 8백만 달러에서 5천4백만 달러 정도로 추정되는데, 그가 축적한 부의 행방은 아직도 묘연하다고 한다. 이 스타비스키 사건은 불안정한 내각이 특징인 제3공화국(1870-1940)의 정치체제를 약화·분열시켰다. 그러나 이러한 정치적 약체성이 비단 프랑스에만 국한된 현상은 아니었다. 이 사건은 총체적으로 1차대전 후 유럽의 민주적 가치와 제도 붕괴의 상징이라고 할 수 있다.

⚜

"거짓말은 다리가 없지만, 스캔들은 날개를 달고 있다."

- 영국 성직자·역사가 토머스 풀러Thomas Fuller(1608-1661)

인민전선의 승리
(1936년 5월 3일)

그때 세계는 –
1935 페르시아, 국호를 이란으로 변경
영국, 신인도 통치법 제정
1936 중국, 시안사건
1936 스페인 내전

1935년 7월 14일 새로 탄생한 좌파연합 '인민전선Front populaire'과 [18] 함께 50만 명의 군중들이 프랑스 혁명일을 기념하기 위해 파리의 버팔로 경기장에 구름처럼 운집했다. 공산당과 '노동자 인터내셔널 프랑스 지부 SFIO(사회당의 전신)', [19] '노동총연맹 CGT' 등 48개의 좌익 정치 · 문화 · 스포츠 단체들이 집회에 참여했다. 그들은 종전의 부르주아 공화국의 과시적인 군사 퍼레이드를 거부하고, 소위 노동자 인민들의 '사회민주주의 공화국'의 방식대로 혁명일을 기념하고 좌파연합의 승리를 기원했다. 이날 행사에서 사회주의자 · 무신론자인 프랑스의 저명한 물리학자 장 바티스트 페랭Jean Baptiste Perrin(1870-1942)이 [20] 전체 집회 참가자들의 대표로 '인민전선의 서약'을 낭독했다.

---

18 파시즘fascism 및 전쟁에 반대하는 좌익과 중도파들의 광범위한 연합전선을 가리킨다.

19 1871년 파리 코뮌의 여파로 프랑스 좌파는 사실상 괴멸 상태에 이르렀다. 자잘한 정당들이 난립하는 가운데 중산층은 급진당을 지지했고 노동자계급과 좌익세력은 분열된 상황이었다. 1906년에 이르러 '노동자 인터내셔널 프랑스 지부SFIO(Section Française de l'Internationale Ouvrière)'라는 이름의 단일정당으로 힘을 합치게 되는데 이 정당이 사실상 오늘날 프랑스 사회당의 모체다.

20 프랑스 국립과학연구센터CNRS의 창시자로 알려져 있다.

1935년 7월 14일 바스티유 광장에 모인 50만 명의 시위대

　1934~1935년에 세 개의 정부가 들어서는 사이에 좌익세력은 극우 파시스트 연맹의 선동에 대응하기 위해 그들끼리의 연합을 추진했다. 1934년 10월부터 공산당이 좌파연합의 창설을 주도했다. 그때까지도 공산당과 SFIO(사회당)는 상충하는 관계에 있었으나, 1934년 7월에 그들의 행동 노선을 일치시키는 협약을 맺었다. 공산당 서기장인 모리스 토레Maurice Thorez(1900-1964)는 중간층을 대표하는 급진당과도 동맹을 제의했다. 그리하여 전술한 대로 1935년 7월 14일 "빵, 평화 그리고 자유!"를 외치며 50만 군중이 공산주의자 토레, 사회주의자 레옹 블룸Léon Blum(1872-1950), 급진당의 달라디에 이 세 지도자의 뒤를 따라서 시가를 단체로 행진했다.

　1936년 5월 3일 인민전선은 '378석 대 220석'으로 우파를 누르고 선거에서 대승을 거두었다. 스페인의 인민전선 집권, 독일의 라인란트 재무장[21] 등

21　1936년 3월 7일 나치 독일 총통 아돌프 히틀러Adolf Hitler(1889-1945년)에 의해 전격적으로 단행된 라인란트 지역의 독일군 주둔사건. 이 독일군의 라인란트 점령사건은 베르사유 조약에 대한 정면 도전이었고, 독일이 자발적으로 체결한 1925년의 '로카르노 조약'에 대한 위반이었다.

역사적 바람을 타고 인민전선이 크게 승리하면서 좌파연합전선에서 '다수'를 차지하는 SFIO(사회당)의 지도자 레옹 블룸이 연립내각을 구성하게 되었다. 프랑스 역사에서 최초로 사회주의자가 총리가 된 케이스였다. 그는 여성 투표권도 없던 프랑스에서 비록 미미한 역할이기는 하지만 3명의 여성 장관을 입각시키고, 노동조합조차 인정되지 않던 시기에 주 40시간 노동, 연 2주의 유급휴가, 임금 인상, 단체행동권과 노동총연맹 CGT의 인정 등을 골자로 하는 마티뇽 합의Accords de Matignon(1936)를 체결해 노동자들의 삶의 질을 향상시키는 등 상당히 진보적인 업적을 남겼다. 그는 평화주의를 외치던 SFIO 출신임에도 독일의 위협을 꿰뚫어보고 국방예산을 크게 증액하기도 했다.

블룸은 다음과 같이 선언했다. "여기에 프롤레타리아트 다수는 없다. 그러나 인민전선의 다수는 존재한다. 우리가 사회제도권 안에서 행동하는 것은 당연한 귀결이다." 그러나 이상과 현실의 차이, 급진당과 공산당의 다툼으로 1938년에 인민전선은 사실상 붕괴했다. 그리고 1940년 나치 독일에게 파리가 함락되고 비시 프랑스가 들어서면서 프랑스의 인민전선은 제3공화국과 함께 역사의 뒤안길로 사라지게 되었다. 많은 사가들은 '인민전선의 유산'을 경제, 대외정책, 장기적인 안정면에서 커다란 '실망'과 '실패'로 간주한다. 그것은 초창기에 좌파들의 엄청난 열광과 기대 속에 출발했으나 그 장밋빛 약속을 실행하는 데에는 완전히 실패했다.

레옹 블룸의 연립내각은 여러 가지 사회개혁 정책들을 실시했다. 1936년 5~6월 2백만의 노동자들이 총파업을 일으켜 선거의 승리를 환영했고, 이른바 프랑스 '사회권'의 초석이 되는 '마티뇽 합의'를 이끌어냈다. 많은 공장들을 점거한 노동자들의 총파업은 자발적이고 비조직적이었다. 경제계는 패닉 상태에 빠졌고 비밀리에 블룸을 만나서 일련의 개혁안들을 협상, 그 결과 블룸은 노조들에게 마티뇽 합의라는 커다란 선물을 안겨 줄 수가 있었다.

인민전선 내각이 수립되기 전에는 오직 부유한 자들만이 바캉스(휴가)와 '영국식 주일 근무제la semaine anglaise'(토요일 반휴 혹은 전휴, 일요일 전휴의 근무방식)의 혜택을 누릴 수가 있었다. 그러나 모든 임금노동자에게 의무적으로 부과된 '연 2주의 유급휴가' 덕분에 수많은 노동자들이 단조로운 노동의 일상

을 탈피해서 할인된 요금의 기차 여
행이나 자전거 여행을 즐길 수가 있
게 되었다. 그래서 특히 젊은 커플
들이 '2인승 자전거tandem'[22]를 타
고 바다로 산으로 구름 떼같이 몰려
다녔다. 이 '36년의 여름'은 첫 번째
대중관광 시대의 서막을 알리는 사
건이라고 할 수 있다. 블룸 정부의

1936년 여름 바캉스의 2인승 자전거

또 다른 혁신은 레오 라그랑주Léo Lagrange(1900-1940)를 스포츠 · 여가 차관
으로 임명한 것이었다. 라그랑주의 추진 하에 유스호스텔auberges de jeunesse이
발달했다. 1936년 6월에서 12월까지 유스호스텔의 숫자는 250에서 400개
로 늘어났다. 라그랑주는 대중 스포츠를 권장했고, 라디오, 극장, 영화관 등
을 통해서 모든 사람의 문화 항유권을 적극적으로 모색했다. 그러자 우파는
'게으름의 정부부처'를 신설해서 노동자의 여가를 거의 도발적인 수준으로
증폭시켰다고 레옹 블룸을 비난했다. 그러나 노동계에서는 프랑스 역사에서
최초로 그들의 문제를 우선시해주는 좌파 정부가 탄생했다고 쌍수 들어 환
영해 마지않았다.

이렇게 고조된 노조의 분위기에 고무된 SFIO(사회당)의 '혁명적 좌파' 마르
소 피베르Marceau Pivert(1895-1958)는 자신의 유명한 기고문 〈모든 것이 가능
하다Tout est possible〉"(5월 27일자)에서 사회혁명의 가능성을 시사했고, 레옹 블
룸에게는 '자본주의'를 거부하라는 압력을 행사했다. 사실상 인민전선 자체
가 좌파인 SFIO(사회당)와 극좌파인 공산당, 중도파인 급진당이 한데 모인 불
안한 연합이어서 내부의 알력이 불가피했다. 그런데 뜻밖에도 공산당의 기
관지《위마니테L'Humanité》가 〈아니, 모든 것이 가능하지는 않다Non, Tout n'est
pas possible!〉는 반론을 펼쳤다. 이처럼 모두가 '폭탄'으로 간주했던 공산당

---

22 레옹 블룸은 "온통 2인승 자전거로 뒤덮인 도로를 볼 때마다 나는 그래도 힘들고 어두운 인생에 날
씨 갬 내지 일시적 호전을 가져왔다고 (자부심을) 느끼게 된다."라고 말한 바 있다.

이 오히려 레옹 블룸 정부에 협조적이었던 이유는, 물론 스탈린이 인민전선에 협력하라고 명한 것도 있고 SFIO와 급진당이 공산당을 자제시킨 것도 있으나, 공산당 자체 내에서도 독일 공산당이 계속 발목잡기만 하다가 나치가 집권하게 만든 것에서 얻은 뼈아픈 교훈도 있었다. 결국 피베르는 블룸에게 "나는 자본주의와 은행 앞에서 항복하지 않겠다"면서 SFIO를 떠나서, 사회주의와 스탈린주의 사이에서 어중간한 '노동자 · 농민 사회주의당Parti Socialiste Ouvrier et Paysan(PSOP)'을 창설했다.

1937년 2월 13일 급진당의 압력과 심각한 재정 위기에 봉착한 레옹 블룸은 기업의 신뢰 회복을 기대하면서 드디어 개혁의 '중단'을 선언했다. 48%의 파격적인 임금 인상도 46%의 물가 상승(인플레 현상)으로 상쇄되고 말았다. 또 고실업에다 전반적인 산업 생산도 침체되었으며 기업들이 의무화된 '주 40시간 노동제'에 적응하느라 고전을 겪는 와중에 프랑스는 군수산업에서 독일을 따라잡기 위해 필사적이었다.[23] 엄격한 긴축정책에 공산주의자들은 반발했고, 1937년 5월 16일 노동자의 근거지인 클리시Clichy에서 사회당이 극좌에 대한 시위를 하자 결국 좌파 진영은 결별 수순을 밟게 되었다. 보수가 지배하는 상원에 의해, 1937년 6월에 블룸은 집권 1년 만에 급진당의 카미유 쇼탱에게 총리직과 인민전선의 주도권을 넘겨주게 되었다. 1938년 3월 블룸은 다시 총리가 되었으나 그의 2차 내각도 역시 한 달도 안 되어 종료되었고 급진당의 달라디에가 후임 총리가 되었다. 스페인 내전(1936-1939)과 연계된 국내 알력,[24] 우파의 반대, 대불황의 지속적인 여파로 인해 인민전선의 불운한 사회주의 실험은 이렇게 종지부를 찍게 되었다.

여담이지만 1943년 나치 점령하의 비시 정부는 전 '유태인' 총리 레옹 블

---

23 블룸은 군수공장의 전면적인 국유화 조치로 무기생산량의 감소를 가져오는 실책을 범했다.

24 스페인 내전의 발단은 제2공화국을 무너뜨린 프랑코 장군의 쿠데타에서 시작되었다. 이 내전은 스페인을 초토화시켰으며 프랑코의 승리로 끝났다. 공화국 정부군은 소련과 멕시코, 전 세계의 의용군들이 결성한 국제여단의 도움을 받았던 반면에 프랑코 진영은 히틀러(독일), 무솔리니(이탈리아), 살라자르(포르투갈)의 지원을 받았다. 프랑스는 스페인 내전에서 공화주의자들을 돕는 것을 거부함으로써 프랑스의 많은 좌파들을 실망시켰다. 왜냐하면 우파들이 프랑스에서 또 다른 '내전'을 초래할 수 있다고 블룸 정부를 협박했기 때문이다.

룀을 고위층 죄수들을 수감하는 부헨발트Buchenwald 강제 수용소에 투옥시켰다. 그런데 미래에 그의 부인이 될 잔느 르빌리에Jeanne Levylier(레옹 블룀의 먼 사촌)가 강제수용소에서 그와 동거하는 길을 과감히 선택했고 그들은 거기서 결혼했다. 연합군이 부헨발트 수용소까지 거의 육박해오자 독일 나치는 다른 고위층 포로들과 함께 블룀을 다른 곳으로 강제 이송시켰다. 전쟁의 막바지에는 처형 명령을 내렸으나 지방 당국이 이를 불복했고 그는 연합군에 의해 극적으로 구출되었다. 몬테카를로의 오페라발레단의 창시자인 그의 형제 르네René도 역시 1942년에 파리에서 체포되어 아우슈비츠 수용소에 끌려갔고 1943년의 4월에 잔인한 고문을 받고 죽었다. 원래 정치에 무관심했으나 반유태주의의 상징인 '드레퓌스 사건'으로 충격을 받아 정계에 입문했던 레옹 블룀은 프랑스 사회주의자 장 조레스의 문하생이었다가 1914년에 조레스의 후임자가 되었다. 1936년 2월 13일, 총리가 된 지 얼마 안 돼서 블룀은 '왕의 카멜롯'이란 반유태주의·왕당주의 청년연맹 조직에 의해 차에서 강제로 끌려 나와 거의 죽을 정도로 구타를 당했던 사건도 있었다. 레옹 블룀의 파란만장한 정치 인생은 '자유와 평등, 인권의 나라' 프랑스에 완전히 동화된 유태인들의 특수한 정체성과 딜레마에 대하여 다시 한번 성찰해보는 계기를 제공한다.

"자유인은 자기 사상의 종말을 두려워하지 않는 자다."

- 사회주의 정치가 레옹 블룀Léon Blum(1872-1950)

뮌헨 협정
(1938년 9월 29-30일)

그때 세계는 –
1937 중일 전쟁 발발, 제2차 국공합작
1938 일제 한글교육 금지, 조선 의용대 창설

1938년 9월 30일 독일의 아돌프 히틀러Adolf Hitler(1889-1945) 총통의 요구대로, 프랑스의 달라디에 총리는 영국의 네빌 체임벌린Neville Chamberlain(1869-1940) 총리, 이탈리아의 베니토 무솔리니Benito Mussolini(1883-1945) 총리와 함께 이른바 '뮌헨 협정Accords de Munich'의 조인식을 가졌다. 프랑스 공산당은 이 협정을 인민전선의 반(反) 파시스트주의에 대한 '배신'으로 간주해서 정부를 비판했으나 사회주의자들은 이를 수용했다. 1919년 제1차 세계대전 승전국들의 베르사유 조약으로 탄생한 신생 독립국 체코슬로바키아는 당사자이면서도 이 협상에 초대받지도 못한 채 강대국들끼리 자국을 해체하는 과정을 그저 속수무책으로 지켜보아야만 했다. 체코슬로바키아가 불참한 가운데 독일은 1938년 9월 29-30일 뮌헨의 협상을 통해 4개국 정상의 합의를 이끌어냈다. 체코슬로바키아의 해체와 체코슬로바키아의 독일인 거주 지역인 주데텐란트Sudetenland[25]의 독일 합병을 골자로 하

---

25 주데텐란트는 20세기 초 체코슬로바키아 서부지역의 독일 민족이 다수 거주하던 지역을 가리킨다. 현재는 체코의 영토이며, 주데텐란트라는 단어는 수데티산맥에서 유래했다. 1938년 뮌헨 협정에 따라 동년 10월에 나치 독일이 체코슬로바키아의 영토인 이곳을 합병했다.

체임벌린, 달라디에, 히틀러와 무솔리니(1938년 9월 29일)

는 이 뮌헨 협정은 '유럽 평화'를 추구하려는 서구 민주주의 국가들의 맹목적인 의지와 추축국에 대한 무기력의 소산이었다.

뮌헨 협정: 어떤 대가를 치르는 한이 있어도 기필코 평화인가?

1933년 독일에서 아돌프 히틀러의 나치가 정권을 장악하고, 단계적으로 팽창정책을 취했다. 히틀러는 독일어권 주민들을 제3제국(1933-1945) 안에 통합시킬 목적으로 1936년 비무장지대인 라인란트에 독일군을 진주시키고, 1938년 3월 오스트리아를 합병했다. 다음 목표는 체코슬로바키아였다. 영국과 프랑스는 독일이 베르사유 조약을 하나둘씩 야금야금 위반하는 것을 방관하면서 타성에 물들게 되었다. 문제의 1938년도는 히틀러가 범-게르만주의Pan-Germanism이론을[26] 공세적으로 실천에 옮겼던 다사다난한 한 해였다. 1938년 9월 히틀러는 자국민을 보호한다는 미명 하에 주데텐란트에 거주하는 독일인 3백2십만 명을 나치 독일에 합병시킨다는 선언을 했고, 만일 여의

---

26 독일인과 게르만 민족(스칸디나비아의 북게르만어군 포함)의 통일을 주장하는 정치이념이다.

악수를 나누는 4국의 정상들

치 않으면 10월 1일 체코슬로바키아를 침공하겠다고 협박을 했다. 이 위기의 상황은 베르사유 조약 체결 당시 오스트리아·헝가리 제국의 해체와 연관이 있었고, 보다 근본적인 문제는 '민족자결주의'와 베르사유 조약 사이의 모순에 있었다. 그런데 상황이 더욱 복잡하게 꼬인 것은 소련과 프랑스가 오스트리아-헝가리 제국의 해체 과정에서 생겨난 체코슬로바키아와 동맹국이었다는 점이었다. 히틀러는 이 난국을 타개하기 위해 (1936년부터 동맹관계인) 무솔리니의 중재로 영국, 프랑스, 이탈리아, 독일 간의 4자 회담을 제의했는데 정작 이해당사자인 소련이나 체코슬로바키아는 이 회담에 초대를 받지 못했다.

위의 사진을 보면, 군복을 걸친 호전주의자(무솔리니, 히틀러) 대 양복을 입은 평화주의자(달라디에, 체임벌린) 간의 날선 진영 대립을 엿볼 수가 있다. 나치당의 마크가 달린 군 유니폼을 입은 히틀러나 무솔리니는 당당한 자세로 꼿꼿이 서 있는 반면에, 무솔리니의 손을 잡고 있는 달라디에는 고개를 숙이고 있다. 여유로운 만족의 미소를 띠고 있는 무솔리니와는 달리, 히틀러의 팽창정책에 날개를 달아 주게 될 이 뮌헨 협정을 조인해야 하는 프랑스 총리 달라디에의 표정에는 수치와 무기력감이 역력하다.

뮌헨 협정의 결과를 놓고서 비열한 안도감과 쓰라린 패배감을 느끼는 자들, 두 패로 갈라졌으나 그 안도감도 그리 오래가지는 않았다. 유럽 평화에 대한 보장은커녕 1939년 3월에 히틀러는 기어이 체코슬로바키아를 침공했고, 8월 23일에는 뮌헨 협정과는 이반된 소련과의 '독소불가침' 조약을 맺었다. 그리고 9월 1일 드디어 독일은 프랑스의 동맹국인 폴란드를 침공했고 결국 프랑스와 영국은 울며 겨자 먹기로 2차대전에 돌입하지 않을 수가 없게 되었다. 그런 의미에서 이 뮌헨 협정은 2차대전을 1년 정도 늦춘 동서유럽 국가들 간의 '야합'이라 폄하된다. 특히 공산당을 위시한 반파시스트 주의자들은 이를 '서구의 배신'내지 '기권'이라며 강도 높은 비난을 퍼부었다.

오늘날 뮌헨 협약은 안보불감증에 걸린 유화정책의 처절한 실패, 즉 팽창주의적 전체 국가의 도발 앞에서 평화를 구걸하다가 실패한 사례로 회자된다. 프랑스와 영국의 두 정상이 뮌헨 협정에 대하여 이처럼 수동적인 자세를 취하게 된 데에는 여러 가지 요인들이 있다. 프랑스와 영국이 히틀러의 위험성을 과소평가했다는 비판 여론도 있지만, 당시 국내 사정이 별로 좋지 못했다. 경제 불황에다 골이 깊어진 사회적 갈등, 파시즘과 공산주의에 대한 적대감, 첨예한 좌우 대립, 또 1차대전에 의한 외상 등으로 인해 프랑스 사회는 심각한 분열의 위기에 처해 있었다. 외교적 무기력과 비열함의 극치인 이 뮌헨 협정을 통해 우리는 달라디에나 체임벌린이 히틀러를 믿었다고 생각하기 쉽지만 실제로는 그렇지 않았다. 달라디에는 귀국해서 군중들의 분노에 직면하게 될까 봐 잔뜩 겁을 먹었지만 막상 자신을 열렬히 환호하는 국민들을 보고 엄청 놀랐다. "아 이 돌대가리들, 그들이 실상을 제대로 깨닫게 된다면!" 그는 이렇게 중얼거렸다고 한다. 그것이 향후 다가올 일을 적어도 인지하는 지도자와 일단 최악은 피하고 싶어 하는 군중심리 간의 극명한 차이일 것이다. 윈스턴 처칠Winston Churchill(1874-1965)은 뮌헨 협약을 다음과 같이 요약했다. "우리는 전쟁과 불명예라는 선택의 갈림길에서 불명예를 선택했다. 그래서 우리는 전쟁을 하게 될 것이다!" 서구 국가들의 이처럼 무기력한 '수동성'을 예의 주시하던 소련은 동구를 집어삼키기 위해 1939년 8월 23일 독일과 동맹을 맺었다. 프랑스 일간지《엑셀시오르Excelsior》는 영국, 프랑스, 이탈리아 국민의 심정을 한마디로 '안도감'이라고 요약했는데 사실상 그것은 2차대전의 서막이었다.

✤

"영국 총리가 독일에서 명예로운 평화를 들고 돌아왔습니다.
나는 이것이 우리 시대의 평화라고 믿습니다."

- 영국 총리 네빌 체임벌린Neville Chamberlain(1869-1940)

덩케르크의 기적
(1940년 6월 4일)

그때 세계는 –
1939 제2차 세계대전 발발(~1945)
1940 한국광복군 창설

카니발 축제로도 유명한 덩케르크Dunkerque는 영국에서 불과 47마일 (75km) 정도 떨어진 프랑스 북부의 작은 항구도시다. 이곳은 2차대전 초기에 아르덴Ardennes 고원을[27] 이용해 기습적으로 넘어온 나치군에 완전히 봉쇄된 영·불·벨기에 연합군 30-40만 명이 영국으로 기적적으로 탈출했던 역사의 장소이기도 하다. 그 당시 프랑스인들은 이 철수작전의 존재를 별로 알지 못했지만, 여기에 대한 상당히 많은 이미지 자료들이 오늘날 존재한다. 승전국인 독일도 정치적 선전용으로 많은 사진들을 찍어 대대적으로 보도했고, 패배한 연합국들도 역시 그들의 극적인 '대탈주' 장면을 사진으로 찍거나 촬영해서 남겼다. 이 덩케르크에 관한 사진이나 영상 자료들은 일차적 기록보관이라는 차원을 넘어 국가적 절체절명의 위기에 직면한 영국민의 상처받은 자존심을 다시 회복시키고 '국가적 영웅주의'를 고양시키는 수단으로 활용되었다. 거의 신화로 승격된 이 덩케르크의 놀라운 기적은 후일 문학작품이나 영화의 좋은 소재가 되었다.

---

27 프랑스 북동부, 벨기에 남동부에 걸친 삼림·구릉지로 제1·2차 세계대전의 격전지다.

덩케르크 철수에 성공한 프랑스 군인들이 영국 항에 하선하면서 서로 부둥켜안는 감격의 장면

독일의 폴란드 침공 이후 독일의 서부 국경에서는 기묘한 '정적'이 유지되고 있었다. 프랑스는 1939년 9월 3일 독일에 전쟁을 선포한 지 8개월 동안 국경을 넘어서 공세를 취하지 않고 오로지 '주시'만 하고 있었다. 1939년 10월에 이 지방을 여행한 미국기자 윌리엄 L. 셰리어William Lawrence Shirer(1904-1993)는 《베를린 일기》(1941년)에서 "전쟁 같은 분위기는 어디에도 없다. 기차 승무원의 말에 의하면 이 전선에서는 아직 한 발의 포탄도 발사되지 않았다고 한다. 기묘한 전쟁이다" 그러는 사이에 프랑스군의 사기는 저하되었다. 1940년 5월 10일 나치 독일은 초기의 '가짜 전쟁drôle de guerre' 또는 '전쟁 없는 전쟁phony war'을 끝내고 유럽 전역에 걸쳐 '전격전blitzkrieg'을 가동했다. 독일은 5월 10일에 룩셈부르크, 5월 14일에 네덜란드, 그리고 5월 말에는 벨기에 이렇게 베네룩스 3국을 점령했다. 곧이어 독일은 프랑스를 침공했다. 그러나 연합국의 예상과는 달리 독일의 거대한 기갑부대는 프랑스군이 공들여 구축한 마지노선Maginot line이[28] 아닌, 아르덴 고원을 통해 솜므 Somme계곡을 따라 영불해협 쪽으로 이동했다. 독일군은 이처럼 무서운 속도

---

28 1936년 독일과의 국경에 만들어진 프랑스의 요새선으로 제2차 세계대전 때 독일 공군에 의해 파괴됨.

로 전진하면서 프랑스 북부와 남부에 주둔해 있던 영·프 연합군을 분단시키는 데 성공했다. 즉 연합군의 모든 보급로와 통신 수단을 차단시키는 동시에, 북부 연합군을 프랑스 해안 쪽으로 밀어붙여 그야말로 패닉 상태로 만들었다.

패배 속의 승리: 다이나모 작전

5월 19일 대륙에 파견된 영국 해외 원정군BEF의[29] 총사령관 존 고트John Gort(1886-1946)는 나치군이 점점 숨통을 조여오자 전멸의 위기에 처한 자기 군인들을 구하기 위해, 전 병력을 영국으로 철수시키는 방안을 검토하기 시작했다. 연합군의 선택은 사실상 '항복' 아니면 '전멸'이었다. 그러는 사이 히틀러에게 평화를 구걸했던 영국 총리 네빌 체임벌린은 사퇴의 압력을 받고 물러났으며, 윈스턴 처칠이 이끄는 새로운 전시연립내각이 들어섰다. 초기에 영국 사령부는 철수를 반대했고 프랑스군도 역시 항전하기를 원했으나 벨기에 국경으로부터 불과 10km 떨어진 덩케르크에 주둔한 BEF와 연합군의 안전을 고려해서 처칠도 '철수'만이 유일한 선택이라고 확신하게 되었다. 5월 26일 영국은 덩케르크에서 연합군을 성공적으로 철수시키기 위해 이른바 '다이나모 작전Operation Dynamo'의[30] 계획을 수립했다. 그런데 아이러니하게도 이 위험한 계획의 조력자는 바로 히틀러였다. 해안으로 돌진하던 독일 기갑부대가 히틀러의 명령에 의해 5월 24일 덩케르크 전방 16km 지점에서 갑자기 멈춘 것이다. 히틀러의 이런 결정(실책)은 아라스 전투(1940년 5월 21일) 때처럼, 연합군의 '역공' 가능성을 우려한 장군들의 만류 때문이었다고 한다. 게다가 나치 공군Luftwaffe 총사령관 헤르만 괴링Hermann Göring(1893-1946)은 자신의 공군력만으로도 얼마든지 덩케르크의 어떤 철수 작전도 충분히 저지할 수 있다고 호언장담했다. 5월 26일 히틀러는 다시 탱크부대에게 전진을 명했지만 이미 연합군은 결정적인 준비 시간을 확보할

---

29 영국은 유럽을 지키기 위해 BEF를 편성해 벨기에와 프랑스의 북부 방어선에 투입했다.

30 영국 해군중장 버트람 램지Bertram Ramsay(1883-1945)가 작전을 계획하여, 영국총리 처칠에게 도버 성 지하의 해군지휘소 다이나모 방에서 이 작전에 대한 개요를 설명한 것에서 유래된 이름이다.

수가 있었다.

다이나모 작전이 시행되기 전날 영국 국왕 조지 6세King George VI(1895-1952)는 국영방송에서 거국적인 '국가기도의 날'을 선포하고 영국민이 모두 한마음으로 기도할 것을 촉구했다. 국왕은 참회의 정신으로 하느님의 품으로 돌아가 신의 도움을 요청하라고 독려했다. 그런데 그 후로 두 개의 기적 같은 사건이 연이어 일어났다. 해안에 있는 수천 명의 군인들의 목숨을 앗아갈 독일 전투기가 뜰 수 없을 만큼 심한 강풍이 덩케르크 지역을 강타한 후에, 한 세대 동안

2차대전에서 침략자 독일에 대항해서 반드시 승리하려는 영국인의 불굴의 투지의 상징이 된 조지 6세

한 번도 경험해보지 못한 '위대한 정적'이 영불해협의 바다를 지배했다. 그 덕분에 영국군은 이 다이나모 작전을 성공적으로 이행할 수가 있었고 영국인들은 이를 '덩케르크의 기적'이라고 부르기 시작했다.

5월 26일 저녁 영국군은 철수작전을 개시했다. 그런데 덩케르크 해안은 수심이 얕아서 영국 구축함이 도달할 수가 없었다. 그래서 연합군은 병사들을 해안에서, 바다에서 대기 중인 대형 구축함으로 이송하기 위해 860척의 선박을 긴급 동원했는데 그중 영국 배는 693척이었다. 거의 700척이 '덩케르크의 작은 배들'이란 닉네임으로 잘 알려진 영국 민간 소유의 화물선, 어선, 유람선 및 왕립 구명정 협회의 구명정 등이었다. 특히 탬진Tamzine이란 오픈 형 보트는 15피트(4.5m)의 길이에 최대한 5명을 태울 수 있는 초소형의 고기잡이배였다. 주로 해군 장교나 경험 있는 자원자들이 배를 운전했는데 그중 몇몇 작은 배들은 수백 명의 군인들을 영국까지 직접 실어 나르기도 했다. 이 작은 배들의 놀라운 기적은 영국민의 마음속에 깊이 각인되어 사기를 북돋아 주었으나, 실제로는 병사들의 80% 이상이 항구의 방파제에서 42척의 구축함 등 기타 대형 선박에 탑승해서 철수했다.

작은 배를 한 줄로 여러 척 띄워 놓고 그 위에 널판을 건너질러 깐 주교(舟橋)에 승선하는 영국군의 비장한 모습

그리하여 5월 27일에서 6월 4일까지 9일 동안 860척에 달하는 선박이 긴급 출동해서 총 338,226명의 병사(영국군 192,226명, 프랑스군 139,000명)를 덩케르크에서 구출했다. 첫날은 오직 7,699명의 군인들을 픽업했으나 작전의 마지막 날에는 총 338,226명의 병사들을 용케 탈출시킬 수가 있었다. 철수 기간 내내 연합군은 '악마의 사이렌'이란 별명의 독일 슈투카Stuka(급강하 폭격기)의 폭격 위험에 치명적으로 노출되어 있었다. 덩케르크 전투 기간 중 독일 공군Luftwaffe은 1,882번의 폭격과 1,997번의 전투기 소탕작전을 벌였고, 이처럼 무자비한 공습은 철수 과정을 더디게 만들었다. 영국 공군RAF은 이런 독일 슈투카의 공습을 지연시키거나 해안으로의 접근을 막다가 많은 전투기를 잃었다. 많은 병사들이 공중으로부터의 폭격 위험에 노출된 것은 말할 것도 없고, 그들은 어깨까지 물에 잠긴 채 몇 시간을 대기해야만 했다. 그러나 병사들은 서로 용기를 잃지 않고 구조될 때까지 참을성 있게 기다렸다. 한 영국인 병사는 이렇게 적었다. "우리는 마치 버스를 기다리는 사람들 같았다. 아무도 먼저 타려고 상대를 밀치거나 떠미는 사람이 없었다" 초기에 처칠이나 영국 사령부는 기껏해야 45,000명을 구조할 수 있을 거라고 생각했으나, 다이나모의 성공은 모두의 예상을 뒤엎었다. 다이나모 작전은 6월 4일 아침에 막을 내렸고 독일군은 덩케르크를 점령했다!

대부분의 군대가 구조되었지만 그래도 35,000명의 프랑스 군인들은 전쟁 포로가 되었다. 게다가 연합군은 2,472대의 대포와 65,000대의 차량,

20,000대의 오토바이, 377,000톤의 보급품, 68,000톤의 탄약과 147,000톤의 연료를 그대로 두고 철수해야만 했다. 바로 이러한 이유 때문에 처칠은 다이나모 작전의 마지막 날에 대국민 담화 연설에서 "우리는 이 구출작전을 두고 결코 승리라고 자만해서는 안 된다. 어떤 전쟁도 '철수'로 이기지는 못 한다"라고 신중한 태도를 보였다. 그러나 히틀러가 초기에 압박 공격을 가하지 않고 영국군들을 전원 포획하는데 실패한 것은 대전 중에 그가 저지른 가장 중대한 군사적 '실책' 중 하나로 간주된다. 이 덩케르크의 기적은 장차 연합군 승리의 중대한 전환점이 되었다. 독일군은 나머지 프랑스를 공략했고 6월 14일 드디어 수도 파리가 함락되었다. 1940년 6월 22일 프랑스는 항복했다. 1941년까지 미국과 소련은 아직 전쟁에 참가하지 않았기 때문에 영국만이 유일하게 추축국(제2차 세계대전 당시의 독일·이탈리아·일본의 3국)과 싸우는 유일한 강대국이었다.

❦

"영국인에게 덩케르크는 정신의 관대함, '공동선'을 위한 거룩한 희생의 의지를 상징한다. 미국인은 덩케르크하면 MGM의 로맨틱한 전쟁영화 〈미니버 부인Mrs. Miniver〉(1942)이나, 폴 갤리코Paul Gallico의 단편소설 《스노우 구스: 덩케르크 스토리》를 떠올릴 것이다. 그러나 프랑스인에게 그것은 쓰라린 패배였고, 독일인에게는 영원히 놓쳐버린 기회였다."

- 미국 기자·작가 월터 로드Walter Lord(1917-2002)의 《덩케르크의 기적Miracle of Dunkirk》(1982) 중에서

"우리는 지치거나 실패하지 않으리라. 우리는 끝까지 가리라. 우리는 프랑스에서 싸울 것이다. 우리는 바다에서, 대양에서 싸울 것이다. 우리는 공중에서도 신뢰와 힘을 가지고 싸우리라. 우리는 어떤 대가를 치르더라도 기필코 우리의 섬(영국)을 지키리라. 우리는 결코 항복하지 않으리라!"

- 윈스턴 처칠Winston Churchill(1874-1965)

페탱, 전권을 장악하다
(1940년 7월 10일)

"나의 조국은 패배했다. 그들은 나를 소환해서 평화를 만들고 나치와의
휴전조약에 서명하도록 했다. 이것은 바로 '마르크스주의' 30년의 작품
(결과물)이다. 그리고 그들은 나한테 국가를 내맡겼다"

위의 어록은 프랑스 총리 폴 레이노Paul Reynaud(1878-1966)가 프랑스의 사
기를 북돋기 위해 1차대전의 영웅 필리프 페탱Philippe Pétain(1856-1951)을
소환한 후, 1940년 5월 17일 스페인의 독재자 프란시스코 프랑코Francisco
Franco(1892-1975)에게 페탱이 직접 한 말이라고 전해진다.[31]

페탱 정부는 호텔이 즐비한 온천휴양도시 비시에 자리 잡았다. 프랑스가
독일에 항복하기 바로 일주일 전, '일인자'가 된 페탱은 스스로를 '비시 프랑
스Vichy France'의 국가수반이라 칭했다. 1940년 6월 22일 '점령당한' 프랑스
는 히틀러의 독일과 휴전에 서명했다. 독일은 프랑스의 반(3/5)을 합병시켰
고, 나머지 반은 비시 정권의 수중에 두었다. 1944년 6월 6일 연합군의 노르

---

31 1939년에 그는 스페인의 프랑스 대사로 임명되었다.

독일과의 콜라보(협력)를 대가로
페탱정부는 이른바 '자유지역'의
치안을 허락받았던 반면에 독일
은 수도 파리를 포함한 프랑스
북·서부를 점령했다.

망디 상륙작전이 성공할 때까지 이 비시 정권(1940-44)은 명맥을 유지했다.

한편 비행기를 타고 보르도에서 런던으로 탈출한 항전파 드골 장군
Charles de Gaulle(1890-1970)은 '자유 프랑스France libre'를 대표하면서 '패배'로
탄생한 괴뢰정권에 저항하는 구국 운동을 벌였다. 1918년 아버지와 형제, 남
편들이 흘린 피로 굳건히 지켰던 프랑스는 이제 전투의지를 완전히 상실했
다. 84세 고령의 페탱은 프랑스의 '구세주'로 찬미되었다. "프랑스는 상처 입
은 아이다. 나는 그 여아를 내 팔에 안노라!"면서 그는 자신을 비통해하는 국
부(國父)에 비유했다. 페탱은 1차대전 중 가장 악명 높은 대규모의 최장 전투
인 '베르당 전투Bataille de Verdun'(1916년 2월 21일-12월 18일)에서 군대의 사기
를 회복시킨 '베르당의 라이언' '국가의 영웅'으로 널리 숭앙을 받던 인물이
었다. 그러나 2차대전 후 그는 '반역죄'로 기소되어 사형선고를 받았고, 1차
대전 때의 무훈과 고령인 점을 참작해서 샤를 드골에 의해 종신형으로 감형
되었다. 그는 1951년 95세의 나이로 디유 섬Ile d'Yeu에서 사망했다. 그는 베
르당 전투의 전사자들과 함께 묻히기를 소원했으나 브레타뉴 해안의 작은
섬에 홀로 매장되었다.

1940년 7월 10일, 국민의회는 거의 만장일치의 투표로 페탱에게 '전권'을

비시 정부의 선전포스터. 왼쪽
은 '공산주의' '유태인'이라는 구
호와 함께 붕괴되는 프랑스, 오
른쪽은 '노동' '가족' '조국'이란
구호를 토대로 안전한 나라 페
탱의 프랑스를 나타내고 있다.

수여했다. 페탱 자신의 표현에 따르면 그것은 절대왕정의 상징인 태양왕 루
이 14세보다 막강한 권력이었다. 제3공화국(1870-1940)의 마지막 총리로서
페탱은 의회를 폐지하고 나치와 협력하는 '비민주주의' 정부를 운영했다.[32]
페탱은 공화국의 모토인 '자유, 평등, 우애' 대신에, 보다 가부장적이고 온정
주의적인 '노동, 가족, 조국'이라는 복고풍의 슬로건을 내걸고 이른바 프랑
스 국가L'État Français의 '국민적 부흥'을 추구했다. 왕당주의와 샤를 모라스
Charles Maurras(1868-1952)의 원리주의intégrisme에 근거한 프랑스의 극우사상
을 채택한 이 비시 프랑스의 이데올로기는 다음과 같다. 입법권과 행정권의
융합, 반의회주의, 분열을 조장하는 다당제에 대한 거부, 페탱에 대한 개인숭
배주의 등을 들 수 있다. 그래서 사방에 페탱의 초상화가 나붙었고 그의 얼
굴이 그려진 화폐와 우표, 동상도 제작되었다. 심지어 그에게 바치는 송가가
비공식적인 국가(國歌)가 되었고 국가지도자에 대한 복종과 위계질서가 고양
되었다. 노동헌장과 더불어 협동조합주의corporatism가 채택되었다. 노동조합
과 쟁의권도 폐지되고, 1936년에 인민전선이 수립했던 사회보장책들은 모두
백지화되었다. 가톨릭교회는 페탱을 지지했다. 리용의 대주교 피에르-마리
게르리에Pierre-Marie Gerlier(1880-1965)추기경은 "페탱은 프랑스다. 프랑스는

---

32 제3공화국의 몰락 이후 비시 정권은 1940년 7월부터 1944년 8월까지 프랑스를 통치했다.

페탱이다!"라며 기쁨의 환호성을 외쳤다.

페탱은 이렇게 평소의 보수적인 신념을 바탕으로 패전은 나약한 '좌파'의 탓이며 1차대전 이후 약화된 프랑스 전통사회와 국가를 복원시키고 다시 한 번 강력한 프랑스를 만들겠다고 선언했지만, 사실상 피점령국의 지도자인 그가 할 수 있는 일은 거의 없었다. 1942년 4월, 85세의 페탱은 실권을 피에르 라발Pierre Laval(1883-1945)에게 넘겨주었고, 라발은 공공연히 독일과의 긴밀한 협력정책을 추진했다. 라발은 독일이 반드시 승리할 것을 믿었고 프랑스도 가급적이면 독일의 전체주의를 모방하지 않으면 안 된다고 확신했다.

과거 프랑스 공화국과는 달리, 거의 유사 '경찰국가'인 비시 프랑스는 나치 독일과 적극 협력해서 독일군에게 점령된 프랑스 북부뿐만 아니라, '자유지대'인 남부에 숨어있는 유태인들을 모조리 색출하거나 소탕했다. 프랑스 군대는 해체되었고, 오직 10만의 병력만이 국내 치안용으로 유지되었다. 독일군에게 포획된 150만의 프랑스 병사들은 전쟁 포로가 되었다. 비시 정부는 군인들에게 나라를 떠나는 것을 멈추도록 명했고 시민(민간인)들에게도 독일군에게 저항하지 않도록 지시했다. 또한 프랑스는 독일에 막대한 전쟁배상금을 물게 되었다. 후일 페탱은 자신이 이중 게임, 즉 나치 치하에서 불가항력적으로 양다리를 걸칠 수밖에 없었다고 주장했지만 비시 정부는 어떤 면에서는 독일보다 더 억압적인 유태인 탄압 정책을 독자적으로 시행했다. 반(反) 유태인 법을 공포해서 외국인 유대인의 자의적 체포 및 프랑스 수용소에의 감금, 프랑스 유대인의 공민권 제한을 규정했다. 그래서 유태계 독일화가 막스 에른스트Max Ernst(1891-1976)나 마르크스주의 작가 발터 벤야민Walter Benjamin(1892-1940)도 프랑스에서 체포되었다. 벤야민은 1940년 9월에 자살했는데, 이유인즉 히틀러의 비위를 맞추느라고 비시 프랑스가 독일 망명자들에게 출국비자의 발부를 거절했기 때문이다. 미국이 아직 대전에 참전하지 않고 '중립'을 선언했을 당시에, 1940-1942년에 프랑스의 미국 대사였던 윌리엄 레이히William Leahy(1875-1959)는 오페라하우스에서 페탱이 공연 막간에 한 연설이, 마치 히틀러의 연설과 판박이처럼 들렸다고 회고한 바 있다.

현 프랑스 대통령 엠마누엘 마크롱Emmanuel Macron은 1차대전의 종전을 기리는 백 주년 기념행사에서 나치 협력자인 필리프 페탱에게 2차대전 때 그가 비록 재앙적인 선택을 하기는 했지만 '위대한 군인'이었다고 경의를 표했다가 프랑스 좌파 정치인들과 유태인 지도자들로부터 공격의 포화를 받았다. 특히 프랑스 극좌 정치인 장-뤽 멜랑숑Jean-Luc Mélenchon은 페탱을 '반역자 및 반유태주의자'로 비난하면서, 마크롱에게 "프랑스 역사는 당신의 장난감이 아니야"라는 공격적인 트위터를 날렸다.

　그동안 프랑스 지도자들은 비시 정권이 파시즘의 능동적 협력자가 아니라 사실은 '나치의 희생물'이었다는 환상을 품고 싶어 했다. 그런데 우파 대통령 자크 시라크Jacques Chirac(1932-2019)가 최초로 이러한 침묵의 금기를 깨고 비시 정권이 독일 점령자들의 범죄적인 광기에 적극 동조했음을 시인했다. 프랑스의 극우 정치인 장 마리 르팽Jean-Marie Le Pen(1928-)은 과거 대선 캠페인 때 비시 정권과의 정책적 연계성은 극력 부인 내지 혐오하면서도 혁명의 구호인 '자유, 평등, 우애'보다 '노동, 가족, 조국'의 구호를 선호한다고 피력한 적이 있다. 그러나 1940년에 3만 명의 공무원들이 비시 정권의 행정수도인 비시로 이주했을 때, 비시의 원주민(?)들은 "우리는 프랑스인에 의해 침략 당했다!"라며 불평해 마지않았다고 한다. 1945년 페탱은 반역죄로 재판을 받을 때 부당한 취급을 받은 희생자의 코스프레cosplay를 했다. "권력은 내게 합법적으로 주어졌다. 그것은 바티칸에서 소련에 이르기까지 모두 승인을 받은 것이다" 국가의 절체절명의 위기 시에 늙은 페탱을 구원투수로 소환했던 프랑스의 전 총리 폴 레이노도 전후 법정에서 페탱을 고발했던 주요 기소자 중 하나였다. "그 누구도 페탱 원수가 프랑스인들에게 했던 행위보다 국가에 해악을 끼친 적은 없었다"라고 레이노는 성토했다.

"그는 고대 드루이드(제사장)들의 나무처럼 곧고 강인하며 훌륭한 노인이다. 그는 두 번이나 상처 입은, 그러나 언제나 살아있는 프랑스를 나락에서 구해냈다."

- 프랑스 어린이들에게 들려주는 페탱 원수의 위대한 생애 중에서(1941년)

샤토브리앙의 총상자들
(1941년 10월 22일)

그때 세계는 –
1941 영국·소련, 이란 분할 점령
1941 일본, 진주만 기습(태평양 전쟁 발발)

1940년 말부터 다양한 레지스탕스Résistance 운동이 프랑스 북부에서 서서히 뿌리를 내리기 시작했다. '저항'을 의미하는 이 레지스탕스라는 용어는 포괄적인 의미로는 파시즘Fascism에 저항하는 시민군을 가리키며, 좁은 의미로는 프랑스인의 비시 프랑스 정권에 대한 저항운동을 가리킨다. 1941년 10월 낭트의 독일 야전 사령관이 살해된 후, 1941년 10월 22일 이른바 '공산주의자'로 분류된 27명의 프랑스 레지스탕스 인질들이 프랑스 북서부 도시 샤토브리앙Châteaubriant에 있는 숲속의 공터에서 전원 총살을 당했다. 공산당 의원의 아들인 귀 모케Guy Moquet는 겨우 17세의 소년이었다. 다른 21명의 인질들은 낭트의 감옥에서 처형되었고, 51명은 보르도 근처에 있는 수즈 수용소camp de Souge에 수감되었다가 처형되었다.[1] 그러자 런던의 드골 장군은 독일 나치의 새로운 추가 보복 조치를 막는 차원에서, 직접적인 행동을 자제하도록 프랑스 국내의 레지스탕스대원들에게 권고했다. 1941년 12월 15일에는 92명이 몽-발레리앵Mont-Valérien요새에서 총살형을 당했다.

---

1 해방 후 수즈 수용소에서 처형된 총 256명의 총상자들을 기리는 추모제가 매년 열리고 있다.

27명의 인질들이 총살당하기 전에 찍은 사진으로 오른쪽에서 5번째, 뒤에 서 있는 인물이 바로 최연소 소년 귀모케다.

프랑스 레지스탕스 운동은 과연 얼마나 '저항적'이었는가?

미국소설가 어니스트 헤밍웨이Ernest Hemingway(1899-1961)가 《누구를 위하여 종은 울리나》(1940)를 집필하기 전에도 이미 전시의 빨치산partisan 영웅들,[2] 즉 교량이나 철도를 폭파하는 임무를 완수하고 정규군을 상대로 싸우는 날랜 유격대원들의 놀라운 활약상은 충분히 낭만화되어 있었다. 이렇게 낭만적으로 윤색된 이미지가 근대 프랑스 레지스탕스 운동을 용감한 시민들의 위대한 무훈시로 신화화하는데 상당히 기여했다고 본다. 그러나 스페인 내란(1936-39)을 배경으로 하는 반전주의 소설《누구를 위하여 종은 울리나》에서 등장하는 헤밍웨이의 빨치산에 대한 낭만적 견해는 프랑스 레지스탕스 운동의 실상과는 별로 연관성이 없다.

프랑스 레지스탕스 운동이 무엇이었는지, 레지스탕스 운동이 과연 어떤 성과를 거두었는지 그 성과의 크기를 결정하기가 그리 쉽지는 않다. 왜냐하면 2차대전 당시의 프랑스는 흡사 바람에 휘날리는 더러운 휴지조각(?)과도 같았기 때문이다. 프랑스는 독일군의 군화에 무참하게 짓밟힌 여러 유럽 국가들 중에서 유일하게 적과 적극적으로 협조했던 국가였다. 프랑스 국민들

---

2   적의 배후에서 통신·교통 시설을 파괴하거나 무기나 물자를 탈취하고 인명을 살상하는 비정규군. 특히, 우리나라에서 6·25 전쟁 때와 그 전후에 각지에서 준동(蠢動)했던 공산 게릴라를 가리킴.

은 연합군이 그들을 해방시키자, 곧 그 '선택'을 매우 수치스럽게 여겼다. 그래서 프랑스는 이 수치심을 상쇄시키기 위해, 독일을 상대로 스파이 활동을 했거나 직접 싸웠던 프랑스 레지스탕스 영웅들의 업적을 실제보다 과장시켰다. 영국사가 이안 오스비Ian Ousby (1947-2001)는 저서 《프랑스의 시련 1940-1944》에서 '레지스탕스

미국 병사와 함께 있는 레지스탕스 대원

의 나라' 프랑스에 대한 신화의 실체를 정확히 꼬집었다. 실제로 프랑스는 레지스탕스 활동과는 거리가 멀었다. 유고슬라비아, 폴란드, 그리스의 항독 빨치산들이 더욱 효과적이었고, 전체 인구에서 그들이 차지하는 수적 비율도 훨씬 높았다. 나치 점령기의 프랑스를 그린 마르셸 오퓔스Marcel Ophuls(1927-)의 다큐 필름 《슬픔과 연민》은, 마치 프랑스인은 단 한 명도 나치에 부역하지 않았던 것처럼 자기기만에 빠진 부르주아 신화의 허상을 날카롭게 폭로하고 있다. 거의 90%의 프랑스인들이 비시 정권을 지지했고, 그들은 지하에서 무언가 활동을 벌이기에는 너무도 겁을 먹은 상태였다. 민간인들은 전쟁의 '일부'가 되기를 거부했고 군인들도 역시 전투의지를 상실했다. 독일 군인들은 프랑스가 항복했을 당시에 몇몇 프랑스인들이 지그 춤을 추거나 민요를 부르고 전투가 끝난 것을 환호하는 것에 놀랐다고 한다. 많은 프랑스 남성들과 여성들도 역시 철저한 협력자들이었다. 그들에게 '콜라보collaboration'의 의미는 '공간' 또는 '침대'를 적과 공유하면서 이 환난을 그나마 최선으로 만드는 것이었다. 그들은 프랑스 노동자들의 커다란 지지를 얻고 있는 '공산주의'보다는 그래도 '국가 사회주의'가[3] 낫다고 생각했다. 독일

---

3   국민사회주의 또는 국가사회주의는 인종주의 및 반유대주의와 반자유주의가 결합된 전체주의의 분파로, 경멸적인 의미에서 나치즘Nazism이라 흔히 일컫는다.

인들도 여기에 화답해서 프랑스인들에게 제법 매너 있는 행동을 보였다. 노인들에게 메트로(지하철) 좌석을 양보하고 아이들에게는 캔디를 건네며, 파리의 카바레, 레스토랑, 고급 의상점 등에서는 돈을 마구 헤프게 썼다. 무려 7천 명 이상의 프랑스인들이 독일군에 자원입대해서, 베를린과 동부전선에서 싸웠던 '샤를마뉴 사단'을 편성했다.[4] 그래서 프랑스의 레지스탕스 운동은 매우 천천히 더디게 성장했다. 1944년 8월 해방 때까지도 프랑스 점령지역의 관공서와 호텔에서는 나치의 십자 기장(卐)이 창공에 펄럭였다. 이와 반대로 그리스는 독일군이 아크로폴리스에 나치기를 걸었을 때, 그리스 레지스탕스들은 밤새 그것을 갈기갈기 찢어버렸다. 어쨌든 대다수의 프랑스인들이 '투쟁'보다는 독일인들과 잘 지내는 쪽을 선택했다.

프랑스 레지스탕스 운동은 지하의 반(反) 나치 출판물 제작과 은밀한 유통으로부터 시작되었다. 이는 발각되면 체포되거나 투옥, 고문, 사형까지도 당할 수가 있었기 때문에 그것은 명백한 '저항'운동이었다. 이 지하 출판물은 초기 프랑스 빨치산들의 재능을 잘 활용한 것이었다. 왜냐하면 그들 대부분이 '지식인'이었기 때문에 총기를 제대로 다룰 줄을 몰랐기 때문이다. 이것이야말로 프랑스 레지스탕스 운동의 초기 딜레마였다. 그러나 소수의 지식인과 부르주아 계층에 이어 살인청부업자·불평분자·사회 부랑자들, 또 반-파시스트 운동가와 공산주의자들이 적극 합류하면서부터 레지스탕스 운동은 점점 직접적인 '행동주의'로 나가기 시작했다.

프랑스 레지스탕스 운동이 이처럼 군사적 전문가들을 갖지 못했던 원인은 바로 독일에 의한 프랑스인의 '바빌론유수' 현상 때문이다. 프랑스 군대의 대부분이 체포되어 무려 1,540,000명이 독일 수용소에 구금되어 있었다! 그들 중 소수가 영국으로 도망가서 드골의 '자유 프랑스France libre'군에 합류하기도 했으나 프랑스에 잔류했던 소수의 군인들조차도 잘 몰라서, 아니면 알고서도 게릴라전에 참가하지 않았다. 그래서 프랑스 레지스탕스는 반 나치 선

---

4 이 샤를마뉴 사단은 베를린 공방전 당시 총통엄폐호 수비에 참여했으며 대전 마지막 순간까지 싸운 독일군 부대 중 하나다.

샤토브리앙의 총상자들. 그들은 눈을 가리는 것을 거부했고, 죽기 전까지 혁명가인 '라 마르세예즈la Marseillaise'를 불렀다.

전물들을 지하에 몰래 유포할 수는 있어도, 정작 싸울 줄은 모르는 '아마추어' 부대였다. 레지스탕스 전투원들이 초기에 소지했던 무기들도 1차대전 때 사용되었던 구식이었고, 그들 중에는 사냥총이나 소총도 어떻게 사용하는지 모르는 자들이 부지기수였다. 또한 영국이 1943년에 무기, 탄약, 폭탄 등을 전투기로부터 낙하산으로 투하해 주기 전까지 그들은 무기를 제대로 확보할 방법조차도 없었다.

프랑스의 첫 번째 '무장' 레지스탕스의 활동은 1941년 8월 21일 파리의 메트로에서 독일 해군 부관인 알폰스 모제르Alfons Moser를 쏜 사건이었다. 저격수는 프랑스 공산주의자인 피에르 조르주Pierre Georges였다. 1941년 10월 22일의 '샤토브리앙의 총살 사건'에서도 알 수 있듯이 초기 레지스탕스 운동의 핵심은 대중 선동이나 조직적인 파업에 노련한 경험이 있는 프랑스 공산당이었다. 공산당은 히틀러가 '독소불가침' 조약을 깨고 1941년 6월 22일 동부전선을 공격하자, 본격적으로 레지스탕스 운동에 뛰어들었다. 독일과 소련이 동맹국인 상황에서 프랑스 공산당이 국제공산주의 운동의 우두머리인 스탈린의 뜻을 어기고 독일에 맞서기는 어려웠기 때문이다. 그러나 프랑스 공산당은 독일의 소련 침공 이전에는 저항에 미온적이었던 사실을 애써 숨기려 했다. 그리고 공산당이 주축이 되었던 프랑스의 무장 레지스탕스의 주요 상대는 그들의 국토를 유린한 독일인이 아니라 프랑스의 '극우'였다고 해도 과언이 아니다. 물론 유태인들도 레지스탕스의 주요 일원들이었다. 독일 못지않게 반유태주의 국가라는 명성(?)을 지닌 프랑스에서, 전체 인구의 1%를 차지하는 유태인들이 레지스탕스 운동에서 자그마치 15-20%나 차지했다! 전술한 대로 비시 정부는 프랑스로 망명한 외국 유태인들을 모조리 색출해서 소탕하거나 독일에 넘겼다. 그들은 대부분 수용소에서 죽거나 강제노동에 동원되었다. 또 1940년 '유태인 법령'에 따라 프랑스에서 태어난 유태인들도 프랑스 국적을 박탈당한 후에 강제수용소에 보내졌다. 프랑스의 저명한 사학자이며 아날학파의 창시자인 마르크 블록Marc Bloch(1886-1944)도 역시 유태인이었다. 그는 생전에 유태인 혈통을 부인하지 않았으나, 무엇보다 그 자신을 '프랑스인'으로 생각했다. 그는 사랑하는 '조국' 프랑스를 위해 레지스탕스 활동을 하다가 1944년 3월 8일 밀리스Milice라는 프랑스 극우 민병대의 불시 검거로 리용의 다리 광장Place de Pont에서 체포된 후, 리용의 게슈타포의 손에 넘겨져 결국 총살형을 당했다. 죽기 전에 그는 총알이 아플까봐 잔뜩 겁먹은 16세 소년의 손을 꼭 잡아주면서 "절대로 아프지 않아!"라고 위로해 주었다는 감동적인 일화가 있다. 그는 총에 맞고 쓰러지기 전에 "프랑스 만세Vive la France"를 여러 번 외쳤다고 한다.

상기한 '메트로 암살사건'(1941년 8월 21일) 이후, 독일은 매우 무자비하고 효율적인 대응조치를 취했다. 그들은 레지스탕스에 의해 독일인이 한 명씩 살해될 때마다 그 보복 조치로 수십 명, 어떤 때는 수백 명의 민간인들을 대량 살상했다. 초기에 독일은 현존하는 죄수나 인질(공산주의자, 무정부주의자, 드골주의자)들 중에서 그들의 희생제물을 골랐다. 독일은 이런 가혹한 보복 과정에서 해방될 때까지 대략 3만 명의 무고한 프랑스 남녀 시민들을 죽였다. 프랑스 레지스탕스의 가장 가치 있는 활동은 영국군, 나중에는 미군에게 중요한 군사정보(지도와 사진자료)를 제공한 것이었다. 그러나 전후에 연합군 총사령관인 드와이트 아이젠하워Dwight D. Eisenhower(1890-1969)가 프랑스 레지스탕스가 특별 6개 사단보다 더 가치가 있었노라고 평가한 것은 아무래도 드골의 체면을 봐주기 위한 제스처에 불과한 것이지, 실제로 프랑스 레지스탕스가 제공한 첩보의 가치가 90,000명의 정규 무장군인에 맞먹는다는 (헛) 소리는 아닐 것이다.

런던에서 '자유 프랑스' 정부를 수립한 드골도 레지스탕스 활동을 이끄는 데 공적을 세웠지만 그것도 역시 과장되고 부풀려진 것이다. 1940년 6월 그는 BBC 방송에서 '저항'할 것을 강력히 촉구했으나 그것은 독일에 대항하기 위해 사지가 멀쩡한 프랑스인들이 런던에 와서 자유 프랑스군에 조인하라는 뜻이지, 애당초 그의 명령 하에 있지 않은 자생적 레지스탕스를 염두에 둔 것은 아니었다. 또한 자유 프랑스와 프랑스 레지스탕스 간에는 일종의 적대 감이 자리하고 있었다. 영국으로 망명한 프랑스인들은 레지스탕스들을 비겁하게 뒤에 남은 자들로 평가 절하했고, 레지스탕스들도 역시 런던의 프랑스인들을 '안전'을 찾아 도망간 자들로 간주했기 때문이다.

⚜

"나는 프랑스를 위해 죽으리라. 나는 항상 공산주의가 세계의 청춘임을 믿노라.
나는 국가의 밝은 미래를 준비하리라"

- 프랑스 공산주의자·레지스탕스 대원 가브리엘 페리Gabriel Péri(1902-1941), 1941년 12월 15일 총살당함.

조세프 다르낭, 친독 의용대 밀리스를 조직하다 (1943년 1월 30일)

┃ 그때 세계는 –
┃ **1943** 카이로 회담

1942년 12월 19일 히틀러는 라발을 소환, 나치와 긴밀히 협력해서 레지스탕스를 소탕할 특별경찰을 창설하라는 지시를 내렸다. 비시 정부는 이미 ① 민주주의 ②유태인이라는 문둥병 ③드골주의자에 대항해서 싸울 것을 서약한 치안부대SOL(Service d'ordre légionnaire)를 거느리고 있었고, 그 우두머리는 1차대전의 영웅이며 극우주의자인 조세프 다르낭Joseph Darnand (1897-1945)이란 인물이었다. 다르낭은 필리프 페탱과 비시 프랑스를 지지했고 프랑스 레지스탕스를 소탕하는데 적극 조력할 것을 제안했다. 1943년 1월 30일 그는 SOL을 '밀리스 Milice'라는 친독 의용대로 바꾸었다. 총리인 피에르 라발이 이 밀리스의 공식적인 총수를 겸했으나 다르낭이 실질적인 우두머리였다.

조세프 다르낭

다르낭의 정치 성향은 '극우'로 잘 알려져 있지만⁵ 그는 원래 배독(排獨)주의자였다고

1944년 7월 친독 의용대 밀리스에 의해 체포된 레지스탕스 대원들.

한다. 그는 세 번이나 레지스탕스에 가입하거나 아니면 '자유프랑스'로 가려고 시도를 했지만 번번이 퇴짜를 맞았다. 자유 프랑스로 가려던 마지막 시도가 좌절되자 그는 나치 독일로 결정적으로 전향했다. 그는 나치스 친위대의 장교로 임명되었다. 프랑스 공산당(극좌)이 주축이 된 레지스탕스의 타도 대상은 독일군이 아니라 바로 프랑스 극우였다는 얘기가 충분히 설득력을 얻는 대목이라 하겠다. 그것은 일종의 '내전'이었던 셈이다. 다르낭이 친위대에 들어가게 된 것은 의용대들이 레지스탕스의 암살 목표가 되었을 뿐 아니라. 비시 정부와 독일군은 정규군이 아닌 민병 의용대의 무장을 거부했기 때문이다. 다르낭은 나치 친위대에 합류함으로써 히틀러에게 개인적인 충성을 맹세했다.

1943년 12월에 그는 경찰총장이 되었고 나중에 치안 사무국장을 맡게 되었다. 그 당시 라발은 "민주주의는 볼셰비즘(소련 공산주의)의 전 단계"라고 선

---

5 조세프 다르낭은 1차대전 후 니스에서 운송회사를 차리기 전에 가구상으로 일했다. 그는 정치에 관심을 갖게 되었고 악시옹 프랑세즈의 지지자가 되었다. 1930년대에 그는 더욱 더 우향우해서 네오-파시스트적인 정치적 견해를 갖게 되었다.

언했다. 이 밀리스의 주요 임무는 프랑스 레지스탕스를 검거하는 것이었고, 독일 게슈타포와 마찬가지로 그들은 정보를 얻기 위해 '고문'을 즐겨 사용했다. 다르낭은 밀리스 조직을 더욱 확장시켜, 1944년에는 총인원이 35,000명을 넘게 되었다. 밀리스는 같은 프랑스 출신이기에 언어에 능통하고 지역 사정에 밝았기 때문에 레지스탕스들은 게슈타포보다 이 밀리스를 더욱 위험시했다. 노르망디 상륙작전 이후 다르낭은 1944년 9월에 독일로 도주했고 거기서 지크마링겐Sigmaringen시의 페탱의 괴뢰정부와 합류했다. 1944년 11월 1일 다르낭은 독일의 돌격대 지도자로 승진했다. 1945년 4월 그는 지크마링겐에서 이탈리아의 도시 메라노Merano로 도망갔다가 6월 25일 영국군에 의해 체포되어 프랑스로 송환되었다. 그는 1945년 10월 10일 샤티옹Châtillon 요새에서 사격 부대에 의해 총살당했다.

❖

"국민을 돕지 않는 지도자는 국민이 교체시켜야 한다."
- 미국의 진보주의 작가·운동가 다샨 스토크스DaShanne Stokes(1978-)

2차대전의 흐름을 바꾼 지상 최대의 작전: 노르망디 상륙작전(1944년 6월 6일)

　영국 총리 처칠이 언급한 대로 "나치즘의 새로운 암흑시대를 끝내기 위해" 1944년 6월 6일 연합군은 노르망디 해안에 위대한 십자군 원정을 감행했다. 6월 6일 새벽 0시 15분부터 1,662대의 비행기와 512대의 글라이더가 15,500명의 미군 공수부대를 노르망디의 생트-메르-에글리즈Sainte-Mère-Église 해안에 투하시켰다.[6] 곧이어 0시 20분에 733대의 비행기와 355대의 글라이더가 노르망디의 위스트르암Ouistrham항에 영국군 7,990명을 공중에서 낙하시켰다. 그리고 5시 30분에 200,000명의 군인과 수천 톤의 군수물자를 실은 722척의 전함과 4,266척의 상륙용 함정이 해안에 대거 포진했다. 이미 10,000여 대 가량의 비행기에 의해 폭격을 당한 독일군 진지를 해군 포병대가 집중사격을 가했다. 6시 30분에 보병과 공격 전차부대가 노르망디 해안에 상륙했다. 이렇게 역사적인 '오버로드 작전Operation Overload'(노르망디 전투에 대한 암호명)이 시작되었다![7]

6　이 생트-메르-에글리즈는 미군 공수부대의 전투 끝에 프랑스에서 최초로 해방된 마을이 되었다.

7　오버로드 작전은 노르망디 전투에 대한 암호명으로, 연합국이 제2차 세계대전의 서부 전선에서 성공적으로 마친 작전이다.

미국 공격부대가 유타 해변에 상륙하는 장면

1941년 독일 · 소련의 개전 이래,[8] 동부전선에서 독일의 주력부대와 힘겨운 사투를 벌이던 스탈린Joseph Stalin(1879-1953)은 연합군이 북프랑스에 '제2전선'을 구축할 것을 끊임없이 요구했다. 1944년 6월 6일 연합군 총사령관 드와이트 아이젠하워Dwight Eisenhower(1890-1969)의 총 지휘 하에 연합군은 북프랑스 노르망디에 상륙했다. 연합군은 독일군을 교란시키기 위해 그들의 상륙지점이 영국과 가장 가까운 프랑스 해안선 파-드-칼레Pas-de-Calais라는 소문을 일부러 퍼뜨렸다. 연합군은 라디오에 가짜 뉴스를 전파하는 가하면 이중첩자를 이용하고 심지어 미 육군 장군 조지 패튼George Patton(1885-1945)이 지휘하는 '유령 부대'를 만들기까지 했다. 이른바 '디데이'에 프랑스 해안의 교두보를 성공적으로 확보한 연합군은 영국해협을 통해 미리 제작된 두 개의 이동식 인공 항구, 즉 '멀베리 항구Mulberry harbour'를 오마하 해변(멀베리 A)과 골드 해변(멀베리 B)으로 운반해왔다.[9] 전선에서 각 전투원은 적

8　인류역사상 최대 규모의 단일전쟁으로, 나치독일과 그 동맹국(추축국)들과 소련 사이에 벌어진 제2차 세계대전의 한 전선이다. 1941년 6월 22일 독일이 소련과의 불가침조약을 일방적으로 파기하고 선전포고 없이 소련을 대규모로 침공한 바르바로사 작전Operation Barbarossa이 펼쳐지면서 발발했다.

9　이 멀베리 항구는 2차대전 중 화물의 신속한 하역을 위해 영국이 개발한 '운반이 가능한' 임시항구다.

어도 하루에 40kg의 군사 장비를 필요로 한다. 즉 한 개의 보병사단이 매일 300~400톤의 장비를 소모하는 것이다. 이미 쓸 만한 항구는 독일군이 다 점령한 상태라서 궁여지책으로 인공 항구를 제작한 것인데, 이 두 개의 인공 항구는 미군과 영국군이 각각 운영해서 증원군과 군수물자 보급에 지대한 공헌을 했다. 이 멀베리 항구는 전시 영국의 지도자인 윈스턴 처칠의 이름을 따서 '윈스턴 항구'라고도 불린다. 이 윈스턴 항구를 통해 250만 명의 군인과 50만 대의 차량, 4백만 톤의 군수물자가 당도했다. 두 개의 인공 부두는 8월 말 쉘부르Cherbourg를 비롯한 여러 프랑스 해안 항구들이 연합군에게 확보되어 필요 없게 될 때까지, 병참과 수송에서 커다란 역할을 담당했다.

육군 원수 에르빈 롬멜Erwin Rommel(1891-1944)이 이끄는 독일군은 이른바 '대서양 방벽'에 의거해서 [10] 맹렬하게 저항했다. 연합군이 프랑스 해안을 통해 침입할 것을 예상했던 히틀러는 롬멜에게 프랑스에 나치 방어물을 요새화하라는 지령을 내렸다. 1943년에 롬멜은 대서양 방벽을 완성했는데 그것은 거대한 콘크리트 벙커와 대포, 지뢰, 해안과 수중의 각종 장애물들로 이루어진 총 연장 2,400마일(3,860km)의 거대한 방어선이었다. 나치군은 노르망디 해안을 따라서 무려 4백만 개나 되는 지뢰를 묻었다고 알려져 있다. 오늘날에도 프랑스 아로망쉬Arromanches의 해변에 가면, 마치 그로테스크한 '폐허의 성'과도 같은 이 철벽 콘크리트 벙커의 유적을 볼 수가 있다. 결국 노르망디 상륙 작전 시 이미 설치해 놓은 각종 방어 기구가 그 위력을 발휘하고 장벽 뒤에 숨은 독일군이 완강히 저항하며 상륙부대에게 커다란 타격을 입히기는 했으나, 기갑 부대의 후속 지원을 얻지 못한 상태에서 제공권의 상실과 대규모 함포사격에 노르망디의 대서양 방벽은 흔들리기 시작했다.

엄청난 인명 손실에도 불구하고 그날 저녁에 135,000명의 군인들이 노르망디 해안을 장악했고 독일군의 방어 체제는 무너졌다. 그러나 그것은 단

---

10 제2차 세계대전 당시 연합군이 프랑스에 상륙하는 것을 저지하기 위해 나치독일이 만든 방어선이다. 전체구간은 명목상으로는 프랑스의 가스코뉴 만Golfe de Gascogne에서 네덜란드와 독일의 국경까지지만 실제로는 노르망디에서 파-드-칼레Pas-de-Calais까지 이어지는 총 연장이 3,860km에 이르는 방어선이다.

디데이에 노르망디 해변의 절벽에 기대어 담배를 태우거나 음식을 먹으면서 휴식을 취하는 미국 부상병들

지 '시작'에 불과했고 교두보전은 그 이후로도 6주 동안이나 계속되었다. 드디어 연합군은 서부전선에 교두보를 확보하게 되었고 독일의 패망은 가속화되었다. 프랑스의 해방은 이 노르망디 상륙작전으로 가능했지만 그 대가도 엄청나게 컸다. 단 하루 만에 10,000명이 사망했고 그중에서 미군 사망자는 6,000명이었다. 8월까지도 질질 끌게 된 이 노르망디 전투의 총 사망자는 226,000명이었다. 그러나 이 지상 최대의 상륙작전의 성공으로 6년간의 전면전은 막을 내리게 되었다. 프랑스의 수도 파리는 8월 25일 해방되었다. 그리고 일 년이 채 못 되는 1945년 5월 7일에 독일은 무조건 항복에 서명했다.

"프랑스는 마치 신바닥 흙털개 취급을 받았소. 6월 4일에 처칠이 알제리에서 런던행 전용 기차에 마치 성주가 자신의 수석 웨이터를 부르듯이 나를 불러서는 6월 6일 상륙작전에 대한 소식을 처음으로 알려주었소. 우리는 서로 매우 거칠게 다투었다오. 나는 '유럽의 의지'를 보여주는 대신에 오직 루스벨트의 명령에 복종했다고 그를 비난했다오. 그러자 처칠은 폐가 찢어질 만큼 내게 고성을 질렀다오. '만일 당신과 루스벨트 중 하나를 선택하라면 나는 언제나 루스벨트요. 만일 프랑스인과 미국인 중 하나를 선택하라면 언제나 미국인이오. 만일 유럽과 대양 중 하나를 선택하라면 나는 언제나 대양'이라면서 말이오" 드골이 직접 언급했던, 자신과 처칠이 서로 나누었다는 이 대화의 사실 여부는 오직 당사자인 두 사람만이 알겠지만, 여기서 특히 처칠이 언급했다는 '대양open seas, le grand large'이라는 표현은 후일 영국인이 결코 '좋

은 유럽인'이 아님을 나타낼 때 자
주 인용되곤 한다. 드골이 대통령
이 된 후에 한 기자가 유럽의 유명
한 작가 세 사람을 선택해 달라고
부탁하자, 드골은 서슴없이 이탈
리아의 단테, 프랑스의 샤토브리앙
과 빅토르 위고를 꼽았다. 그러자
놀란 기자가 "영국 문호 셰익스피
어는요?"라고 반문하자 "아니, 당
신이 방금 '유럽'이라고 하지 않았

루스벨트, 드골, 그리고 처칠. 역사가들은 나폴레옹과
드골을 프랑스의 19, 20세기의 가장 위대한 두 지도자
로 손꼽는다.

소!"라고 대꾸했다는 유명한 일화
가 있다. "드골은 항상 우리의 주적은 '독일'이라고 되뇌곤 했지만 그의 기질
상으로 본다면 그의 적은 영국이 맞을 것"이라고 드골의 한 고문이 메모한
대로, 처칠과 드골의 사이는 좋지 못했다. 두 사람은 '동맹'이었지만 결코 '친
구'는 아니었던 셈이다. 처칠은 드골을 '운명을 지배하는 남성man of destiny'으
로 간주했지만 그들의 관계는 마치 상호 찬미, 의심, 그리고 특히 처칠의 입
장에서 본다면 '혐오'의 롤러코스터 같은 매우 아슬아슬한 관계였다. 1963년
과 1967년에 영국이 유럽경제공동체EEC에 들어오려는 것을 '미국의 트로이
목마'라면서 이를 두 차례나 막은 것도 바로 드골이었다. 드골의 주장에 의
하면 노르망디 상륙작전은 어디까지나 앵글로 색슨(영미권)의 문제였고 거기
서 프랑스는 철저히 제외되었으며, 그들은 마치 '적의 영토'에 들어오는 것처
럼 무례하게 행동했다는 것이다.

드골은 2차대전 중에 미국 대통령 프랭클린 루스벨트Franklin D. Roosevelt
(1882-1945)를 가장 화나게 만든 장본인이었다. 세계 최고 권력자인 미국 대
통령과 초토화된 조국의 '명예'사수를 최우선으로 하는 이 고집불통의 프랑
스 장군 사이에 끼어서 가장 난처했던 인물은 바로 처칠이었다. 물론 미국
인들도 드골을 스스로 '위대함'이라는 과대망상에 사로잡혀 고통을 받는 인
물로 간주했다. 그럼에도 불구하고 드골의 완고한 고집과 두둑한 배포, 또

'배신자의 대명사'로 불리는 유다가 무색해질 정도의 파렴치한 배은망덕 ingratitude의 전략 덕분에 프랑스는 2차대전의 '승자들'의 대열에 당당하게 합류할 수가 있었다. "우리는 우리의 '배은망덕'으로 당신들을 깜짝 놀라게 할 것이오!" 독일을 무찌르기 위해 연합군이 프랑스에게 제공한 군사적 원조에 대하여 1945년에 드골이 과연 처칠에게 이런 말을 실제로 했는지 진위는 알 수 없으나, 아이러니하게도 프랑스 국민들도 역시 전후에 프랑스를 구한 영웅 드골에게 제대로 감사의 뜻을 표하지 않았다. 프랑스 국민들이 그가 초안을 작성한, 즉 그 자신에게 권력이 온통 집중된 헌법을 거부하자 드골은 콜롱베-레-두-에글리즈Colombey-les-deux-Églises에 있는 자택으로 은퇴해서 자신의 《전쟁 비망록Mémoires de Guerre》(1954-59)을 집필했다. 그의 후계자인 조르주 퐁피두Georges Pompidou(191-1974)는 이 책을 가리켜 '그 자신에게 바치는 세 권의 러브레터'라고 칭한 바 있다.

⚜

"미국인과 영국인들이 과연 우리를 기쁘게 해주기 위해 노르망디에 상륙했다고 믿는 거요?
그들이 원했던 것은 바다를 따라 북쪽으로 침투해서 독일을 공격하기 위함이지,
파리와 프랑스는 그들의 관심 대상이 아니라오. 그들의 전략은 단 하루도 지체 없이
곧장 병기고가 있던 루르에 도착하는 것이었소."

- 샤를 드골

6월 6일 상륙작전 이후 노르망디 전쟁은 맹위를 떨쳤다. 6월 말에 노르망디에는 백만 명의 연합군이 있었지만, 사생결단으로 저항하는 독일군 때문에 거의 진군하지 못했다. 특히 독일군은 노르망디 숲Bocage normand에 매복해서 그야말로 살인적인 '울타리 전쟁guerre des haies'을 벌였다. 이 울타리 전쟁은 보병전으로 거의 정글전에 비유될 수가 있다. 미군의 전진은 매우 더디었고 엄청난 인명피해가 따랐다. 울타리나 목초지 하나를 점령하는데 거의 수십 명이 한꺼번에 목숨을 잃었고, 그나마 어렵사리 점령한 산울타리조차도 저번 것과 너무 똑같아서 분간이 어려웠기 때문에 노르망디 숲은 '울타리의 지옥'이란 별명을 얻었다. 이렇게 힘겨운 소모전에서 미군의 사기는 땅에 떨어졌다. 거의 7월 말이 돼서야 남쪽으로의 전진이 가능했다(코브라 작전). 7월 30일에 조지 S. 패튼George Smith Patton(1885-1945) 장군은 아브랑쉬Avranches를 탈환한 후 브레타뉴Bretagne 지역을 공략할 수가 있었다. 8월 초에 히틀러의 명령에 의한 독일군의 무모한 대반격으로 노르망디에서 힘겹게 싸우던 독일군의 일부가 포위되거나 값없는 죽임을 당했다. 물론 파리 해방이 연합군의 군사적 목표는 아니었지만 독일군의 후퇴로 인해 파리의 탈환 문제가 대두되었다. 그러자 '전국 레지스탕스 평의회Conseil National de la Resistance(CNR)가 파리 시민들에게 자발적인 궐기를 호소했고 파리도 크게 술렁이기 시작했다. 4년간 나치의 무거운 멍에를 벗어버리기 위해서 노동자, 여성, 성직자들도 레지스탕스 전투원들을 지지했으며, 이제는 평범한 파리 시민들도 여기에 대거 동참했다. 6일 동안 거리 곳곳에는 충돌과 임의적인 공격, 무장 바리케이드가 쳐졌으며 그들은 곧 파리에 입성하는 프랑스와 미국 군인들과 합류했다. 이제 승리는 확정적이었다.

흔히 프랑스 저항운동의 시발점은 드골이 영국 런던으로 망명하여 프랑스 국민에게 보낸 "독일에 맞서 싸우라"라는 항전의 메시지였다고 알려져 있다. "희망은 사라질 수밖에 없는가? 우리의 패배는 최종적인 것인가? 그렇지 않다. 프랑스는 고립하고 있지 않다" 이 메시지는 점령 프랑스를 강타했으나 초기에 비시 프랑스에서의 반향은 그리 크지 않았다. 어쨌든 이곳은 '프랑스인'에 의해 통치되고 있었기 때문이다. 그러나 비시 정부가 공공연히 나치독일과 협력하기 시작하자 프랑스인들의 태도가 바뀌기 시작했다. 더구나 비시 정부와 독일 점령군이 프랑스 청년 64만 명을 강제노동에 동원하자 징용을 피해 '저항'에 가담하는 젊은이들이 늘어났다. 1941년 9월 프랑스 레지스탕스 운동의 전설적 영웅 장 피에르 물랭Jean Pierre Moulin(1899-1943)이 몰래 런던에 잠입해서 드골을 만나고 그동안 정치적 이데올로기에 따라 난립해 있던 레지스탕스를 하나의 조직으로 통합하라는 임무를 수여받는다. 1943년 5월 27일 8개의 정치 계파가 참여한 가운데, 파리에서 열린 전국 레지스탕스 평의회CNR로 물랭의 통합 노력이 드디어 결실을 맺게 되었고 연합군 상륙작전 당시에 든든한 내조의 힘을 발휘할 수가 있었다.

한편 드골은 디데이에 영국의 프랑스 연락장교 170명이 연합군과 함께 출항하는 것을 거절했으나, 미군이 점점 파리에 근접하면서부터 매우 협조적이 되었다. 그는 연합군 총사령관인 아이젠하워의 동의가 필요했기 때문이다. 드골은 아이젠하워에게(미군 보병 4사단의 엄호 하에) 필리프 르클레르 Philippe Leclerc de Hauteclocque(1902-1947) 장군이 이끄는 자유 프랑스군의 장갑

에펠 타워에서 펄럭이는 프랑스 삼색기를
바라보는 미국 병사들

차 2사단이 제일 먼저 파리에 입성할 수 있게 해달라는 요청을 했다.[11] 그래
서 8월 24일 저녁에 프랑스 장갑차가 먼저 파리에 들어가 9시경 시청에 당도
했다. 그러자 "그들이 도착했다. 그들이 여기에 있다!"라면서 이를 보고 흥분
한 파리 시민들은 몹시 열광해 마지않았다. 다음 날 아침 9시 45분경에 르클
레르의 군대가 자전거를 탄 레지스탕스 전투원들을 자랑스럽게 대동하고 공
식적인 입장을 했다. 8월 25일 정오에 마침내 1,500일 동안 파리의 창공에서
펄럭였던 나치기 대신에 프랑스 삼색기가 에펠 탑 위로 높이 게양되었다. 시
민들은 초췌하고 겁에 질린 독일 병사들이 손을 들고 그들의 은신처에서 기
어 나오자 그들에게 마구 침을 뱉고 모욕하거나 공격을 가했다. 유서 깊은
도시 파리를 파괴하라는 히틀러의 끔찍한 명을 어기고 디트리히 폰 콜티츠
Dietrich von Choltitz(1894-1966)장군이 늦은 2시 30분경에 항복한 후에 드디어

---

11 드골의 자유프랑스군은 1944년 중반 40만 이상의 병력을 확보하고, 그해 6월 연합군의 노르망디
    상륙 작전에 참가하여 르클레르 장군의 지휘 아래 8월 25일 연합군과 함께 파리에 입성했다.

위대하지 않은 프랑스는 프랑스일 수
가 없다-드골

파리는 해방되었다. 그러나 제2차 세계대전의 종지부를 찍게 될 독일의 최
종적인 항복을 받기 위해서는 그 후로 9달이 더 걸렸다. 프랑스 측은 1,000명
의 레지스탕스, 600명의 민간인, 156명의 군인이 사망했던 반면에 독일군
은 3,200명이 죽었다. 오후에 도착한 드골은 그 유명한 연설을 하기 위해 시
청으로 향했다. 파리 시청사 연설에서 그는 파리 해방에서 프랑스인의 지대
한 역할을 누누이 강조했으나, 당장에 파리 방어나 샹젤리제에서의 멋진 시
가행진을 위해서는 아이젠하워에게 미군 2사단을 빌리지 않을 수가 없었다.
8월 26일 그는 백만 군중들의 환호를 받으면서 르클레르와 그의 해방군과
함께 샹젤리제를 행진했다. 드골은 샹젤리제에서 다음과 같이 유명한 기념
비적 연설을 했다. "파리! 모욕당한 파리, 산산이 부서진 파리, 박해 당한 파
리! 그러나 파리는 해방되었다! 제 스스로 해방되었다"

　처칠은 "그는 자신을 (남자) 잔 다르크로 여긴다. 그러나 나는 차마 나의 잔
인한 주교들에게 그를 화형 시키라고 말하지는 못 하겠다"라고 독설을 한 적
이 있다. 당시 많은 미국인들이 드골의 인생 목표는 오로지 자신들을 도와
준 미국을 괴롭히는 것이라고 생각했다. 미국인들을 가장 감동시킨 것에 대
해서도 드골은 그들의 '선의'를 의심했다. 드골은 모든 국가가 자국의 이해관

계를 추구하는 것이 지극히 정상적이라고 생각했기 때문에 미국인들이 추구하는 이상주의와 관용을 자기이해 내지는 일종의 사리사욕으로 보았던 것이다. 비시 프랑스, 파시즘 및 유럽을 전문으로 연구하는 미국 학자 로버트 팩스톤Robert Owen Paxton(1932-)은 그것을 의견의 불일치가 아니라 미국에 대한 '도덕적인 모욕'으로 간주했다. 한편 영국의 보수정치가 앤서니 이든Robert Anthony Eden(1897-1977)이 "당신이 우리 유럽 동맹국들 가운데 가장 문제를 초래했다는 사실을 알고 계시오?"라고 물었을 때 드골은 "나는 그것을 의심치 않소. 프랑스는 위대한 강국이라오"라고 천연덕스럽게 응수한 바 있다. 이 일화는 드골 자신의 《전쟁비망록》이나 미국 잡지《디 애틀랜틱The Atlantic》에서도 인용되었다(1960년 11월).

2차대전 내내 루스벨트와 드골은 사이가 안 좋았다. 그러나 과거에 미국도 역시 프랑스에 대하여 배은망덕한 태도를 보인 적이 있었다. 미국독립전쟁(1775-83) 당시에 만일 프랑스의 군사적 지원이 없었다면 아마도 미국은 대영제국을 상대로 승리를 거두기가 어려웠을 것이다. 그러나 프랑스는 1792년에 탄생한 프랑스 신생 공화국이 유럽의 모든 제왕들로부터 공격을 받았을때 (얼마 전에 그들이 도와준) 미국에 도움을 요청했지만, 이미 영국과 비밀조약을 맺고 있었던 미국으로부터 보기 좋게 거절을 당했다. 샤를 보들레르Charles Pierre Baudelaire(1821-1867) 같은 프랑스의 전형적인 반미주의 지식인은 이미 19세기를 "배은망덕한 양키들의 신화의 시대"라고 꼬집었다. "프랑스가 자기들의 독립을 도와준 은혜도 모르고 거만하고 매너도 없으며 오직 돈만을 생각하는, 세계를 제패하기 위한 미국 사업가와 은행가들의 거대한 음모"등을 운운하면서 1950년대에도 장 폴 사르트르를 위시한 프랑스의 좌파 지식인들과 프랑스 공산당은 미국을 반대하고 구소련을 지지했다.

❦

"8월 25일의 파리 해방은 사방에서 대단한 반향을 일으켰다.
이제는 회의주의자들조차도 히틀러의 몰락을 예감하기 시작했다."

- 미국군인·정치가 드와이트 아이젠하워Dwight Eisenhower(1890-1969)

독일의 무조건 항복
(1945년 5월 8일)

그때 세계는 –
1945 8 · 15 광복
1945 일본 항복
1945 독일 항복
　　　 국제연합(UN) 성립
1945 아랍연맹 결성
　　　 베트남 민주공화국 수립

　독일의 무조건 항복은 두 차례에 걸쳐 진행되었다. 첫 번째는 1945년 5월 7일 프랑스 랭스Reims에서 이루어졌고 두 번째는 5월 8일 0시 28분에 베를린에서 보다 공식적인 서명이 이루어졌다. 독일의 항복 선언은 지구촌 곳곳에서 기쁨의 환호성을 지르게 만들었다. 파리, 런던, 뉴욕에서 모든 사람들이 거리로 뛰쳐나와 춤을 추거나 서로 부둥켜안고 승리의 기쁨을 나누었다. 초기에 독일의 상급 대장인 알프레트 요들Alfred Jodl(1899-1946)은 히틀러의 후임자인 카를 되니츠Karl Dönitz(1891-1980)의 특명을 받아 동부전선의 잔류 부대가 서방 연합군에 항복할 시간을 벌도록 휴전을 지연시키는 역할을 맡았으나, 연합군에 의해 간파되어 5월 7일에 프랑스 랭스의 연합군 사령부에서 '무조건' 항복문서에 서명했다. 당시 연합군 총사령관 아이젠하워는 만일 독일이 연합군에게 무조건 항복을 하지 않는다면 모든 협상을 깨뜨리겠다고 협박을 했다. 그러나 이 서명문은 소련 정부의 공식 허가를 얻지 않았다는 이유로 '임시' 항복문서로 취급되었고, 다음날 베를린에서 나치 국방부 원수인 빌헬름 카이텔Wilhelm Keitel(1882-1946)이 서명한 문서가 정식 항복문서로 채택되었다.

프랑스 랭스에서 항복문서에 서명하는 알프레트 요들(1945년 5월 7일)

　5월 8일에 프랑스 서부의 항구 도시 라 로셸La Rochelle, 9일에는 생-나제르 Saint-Nazaire와 로리앙Lorient, 그리고 10일에는 광신적인 독일 제독 프리드리히 프리시우스Friedrich Frisius(1895-1970)의 치하에 있던 덩케르크Dunkerque가 마지막으로 해방되었다. 그 후로 프랑스는 매년 5월 8일에 유럽 전승일을 기념했다. 그러나 우파 대통령 지스카르 데스탱Giscard d'Estaing(1926-)의 재임기에는 프랑스와 독일 양국 간의 '화해'라는 미명하에 국경일이 아니었다가 좌파 대통령 프랑수아 미테랑François Mitterrand(1916-1996)의 시절에는 다시 국경일로 승격되었으며, 오늘날 유럽연합EU의 시대에는 이 전승일의 기념이 점차로 미묘한 정치·외교 문제로 비화되고 있다.

　독일의 항복은 총통 히틀러의 자살과 베를린 전투의 소련의 승리로 이루어졌다. 그렇지만 그동안 히틀러의 리더십 하에 자행된 국가 사회주의의 무자비한 테러에 대하여 여러 가지 인과론적인 질문들이 제기되어왔다. 어떻게 나치 같은 정당이 유럽에서도 가장 문명국 중 하나로 손꼽히던 독일에서 집권할 수 있었을까? 그것은 독일이 가진 유니크한 조건들 때문인가? 다른 국가들은 여기에 대한 책임이 전무한 것인가? 만일 나치즘이란 현상이 또다시 유럽에서 창궐한다면 그것은 또다시 독일인가? 아니면 다른 국가에서도 얼마든지 발생할 소지가 있는 것인가? 과연 1933년에 히틀러가 독일에서 전권을 장악할 수 있었던 근본적인 요인은 무엇인가? 인류 역사상 이 2차대

거리에서 춤을 추면서 승전을 자축하는 사람들

전 만큼 전 세계를 황폐화시킨 전쟁도 없었다. 1차대전보다 5배나 되는 막대한 인명 손실이 따랐고 2차대전은 무엇보다 민간인의 피해가 컸다. 6년간의 전면전이 막을 내린 후 5천만 명이 사망했고 그중에서 5~6백만 명의 유태인들이 강제수용소에서 집단 처형되었다. 일본의 난징 대학살의 만행이나 아우슈비츠 수용소에서 '죽음의 천사'라고 불린 나치 친위대 의사 요제프 멩겔레Josef Mengele(1911-1979)의 유태인 생체실험과 슬라브, 보헤미안 같은 기타 '열등인종'과 동성애자, 장애인과 같은 퇴화자에 대한 파괴행위 등 고귀한 인명이 이처럼 철저하게 유린된 적은 없었다, 독일의 무서운 비밀병기였던 V2 로켓이나 원자탄 등 인간의 최첨단 지성이 대량파괴를 위해 동원된 것도 역사상 유례가 없는 일이었다. 또 인간 이성과 문명이라는 개념이 '천년 독일제국'의 지배를 꿈꾸던 '우월 인종'에 의해 이처럼 심각하게 위협을 받은 적도 없었다. 그렇다면 히틀러의 집권으로 인해 빚어진 이 엄청난 인류의 비극은 독일의 유죄인가 아니면 독일의 숙명인가? 2차대전의 원인 분석을 통해서 이런 질문들에 대하여 간단히 성찰해보자. 2차대전의 근본적인 원인은 대략 6가지로 분류된다. 첫째는 베르사유 조약에 대한 분노, 둘째는 1차대전 후 평화 노력의 실패, 셋째는 파시즘의 성장, 넷째는 히틀러의 목표, 다섯째는 미국과 영국의 고립주의 표방, 여섯째는 유럽의 재무장을 들 수 있다.

2차대전의 첫 번째 원인은 베르사유 조약에 대한 분노였다. 독일은 베르사유 조약의 결과에 따른 영토 실지(失地)에 분노했다. 베르사유 조약에 대해 화를 낸 다른 국가로는 이탈리아와 일본이 있다. 이탈리아는 연합국에 참가한 대가로 받은 영토가 그들이 치른 전쟁비용을 상쇄시키지 못한다는 이유로 불만을 표시했고, 일본도 역시 중국에 대한 지배권을 얻기 위해 참전했으

1945년 4월 30일 히틀러(오른쪽)는 베를린 본부의 지하 벙커에 몸을 숨겼다. 그는 청산칼리 캡슐을 삼킨 다음 스스로 머리에 총구를 겨누었다. 그 후로 독일은 히틀러의 '천년 제국'의 꿈을 끝내고 연합군에 무조건 항복을 했다.

나 뜻대로 되지 않자 앙심을 품었다. 1918년 1월 제1차 세계대전 이후의 새로운 세계질서를 세우기 위해 미국 대통령 윌슨Woodrow Wilson(1856~1924)이 발표한 13번째 조항에 따라[12] 폴란드가 러시아제국과 독일제국으로부터 독립하면서 문제의 '폴란드 회랑Polish corridor'이 [13] 신생국가인 폴란드령이 되었다. 그러나 다음의 지도에서 볼 수 있는 것과 같이 폴란드는 발트 해로의 접근이 용이해졌지만, 독일은 독일 본토와 동프로이센이 분리되어 후일 아돌프 히틀러는 "독일을 향해 들이댄 폴란드 놈들의 단검"이라며 이 폴란드 회랑을 구실로 폴란드를 침공했다. 독일·프랑스 국경지대의 '뜨거운 감자'인 알자스·로렌 지역의 재 양도나 폴란드 회랑은 독일인들을 격노시켰지만 패전국이었기 때문에 그들은 속수무책이었다.

프랑스 역사가인 모리스 보몽Maurice Baumont(1892-1981)도 국제적인 정치상황이 히틀러의 집권에 유리한 환경을 조성했다는 점을 지적한 바 있다. 즉 베르사유 조약을 조인했던 피스메이커peacemaker들이 문제였다는 것이다. 독일에 너무도 가혹했던 베르사유 조약이 히틀러 같은 독재자에게 훌륭

---

12 13개조의 내용은 다음과 같다. 독립된 폴란드인의 국가가 수립되어야 한다. 독립국가 폴란드는 분명하게 폴란드 주민이 거주하는 영토를 소유하며, 해상으로 자유롭고 안전하게 나갈 수 있는 통로를 보장받게 될 것이다. 또한 국제협약에 의해 폴란드의 정치적·경제적 독립과 영토보전을 보장해야한다.

13 원래는 폴란드의 영토였으나 폴란드 분할 당시 프로이센이 폴란드 서부를 차지하게 되면서 자연스레 폴란드 회랑이 있는 지역도 프로이센 령이 되었다.

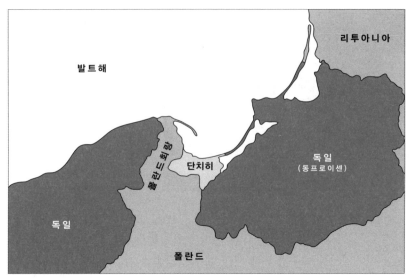

발트 해

리투아니아

폴란드 회랑

단치히

독일
(동프로이센)

독일

폴란드

폴란드 회랑Poland corridor은 제1차 세계대전이 끝난 뒤 독립한 폴란드에게 바다로의 길을 만들어주기 위해 만들어진 발트 해를 잇는 너비 32-112km의 기다란 땅이다.

한 정치적 선전도구를 제공한 셈이다. 당시에 거의 모든 독일인들이 베르사유 조약을 '저주' 내지 '혐오'의 대상으로 생각했고, 심지어 오늘날까지도 나치즘 성장의 주범이 베르사유 조약이라고 주장하는 독일인들이 적지 않다. 가령 독일의 평화주의자인 루트비히 크비데Ludwig Quidde(1858-1941)는 베르사유 조약을 인류의 비극이라면서 "노, 노, 세 번째도 노!"를 선언해서 그는 비록 정적이 많았음에도 불구하고 독일 좌파와 우파로부터 모두 환영을 받았다. 거의 무장해제에 가까운 군사제재에 반발했던 독일의 군국주의자들과는 달리, 그는 패전국에 내려진 너무 가혹한 조항들이 또 다른 전쟁을 야기할 가능성을 경고했고 사실상 그의 예감은 적중했다. 그는 히틀러가 집권하자 스위스로 망명했고 그곳에서 생을 마감했다. 한편 어떤 사가들은 외부적 환경이 아니라, 독일의 내재적인 국민적 특성이 나치의 독재를 가능케 했다고 주장한다. 독일은 유사 이래로 항상 '무력'을 숭상해 왔다는 것이다. 독일의 정치사가인 칼 디트리히 브래처Karl Dietrich Bracher(1922-2016)도 자유주의·민주주의에 대한 독일인의 정치의식의 약체성이 히틀러의 승리를 가져왔다고 비판했다. 영국작가인 자만T.L. Jarman도 역시 "독일인들은 민주주의를 할 만한 좋은 그릇이 못 된다"라고 기술한 바 있다. 1932-33년대 독일 민족의 특성이 히틀러 집권의 중요한 요소임을 주장하는 사가들은 대개 독일 근대사에서 그 뿌리를 찾는다. 가령, 19세기 독일의 낭만주의나 프리드리히 니체Friedrich Nietzsche(1844-1900)를 나치의 선구자로 보는 것이다. 그런데 이러한 견해는 독일의 민족주의와 그 잔인성을 입증하기 위해 프랑스 측이 일부러 지어낸 프로파간다란 설도 있다. 프랑스사가인 에드몽 베르메이Edmond Vermeil(1878-1964)는 나치즘이 독일의 지적 전통의 타락한 형태이며 단순화된 신학이라고 꼬집었다. 그는 1888-1918년 빌헬름의 시대가 히틀러의 비극을 예고하는 나치즘의 요람이자 영원한 위기의 시대였다고 평가했다. 미국 인류학자 유진 앤더슨Eugene N. Anderson도 독일 역사는 민주적 가치를 발전시키는데 실패했다고 결론을 내렸지만 나치즘이 독일의 과거에서 불가피하게 성장했다는 설에 대해서는 이의를 제기했다.

2차대전의 두 번째 원인은 1차대전 이후에 전개된 평화적 노력들의 실패의 결과였다. 평화주의자 윌슨의 주창에 의해 탄생한 국제연맹은 아무런 실질적 권한이 없었다. 국제연맹의 권한은 오직 경제적 제재를 내리는 것에 그쳤으나 이 제재의 효력도 미미하기 짝이 없었다. 그것은 1930년대 이후부터 계속되는 국제분쟁에 무기력한 모습을 보였으며 2차대전을 억제하는 데 아무런 역할도 하지 못했다. 또 다른 평화 노력의 실패는 워싱턴 회담이었는데 어떤 강대국도 '군비축소'의 합의를 지키지 않았으므로 유명무실이었고,[14] 또 프랑스와의 독일 국경선(라인란트)을 준수하도록 하는 로카르노 조약이나 파리강화조약도 역시 독일이 프랑스를 침범함으로써 실패를 거두었다.

2차대전의 세 번째 원인은 파시즘의 성장이었다. 파시즘은 1922년에 베니토 무솔리니Benito Mussolini(1883-1945)가 집권하면서부터 본격적인 정치권력이 되었다. 무솔리니의 체제하에 이탈리아는 노동조합이 폐지되고 정적들은 죽임을 당하거나 거의 묵살되는 전체주의 정부가 되었다. 독일도 이

---

14 워싱턴 회의는 1921년 11월 12일부터 1922년 2월 6일까지 미국의 수도인 워싱턴에서 미국, 영국, 중국, 일본, 프랑스, 이탈리아, 벨기에, 네덜란드, 포르투갈의 9개국 대표단이 모여서 군비축소와 아시아·태평양 지역의 여러 문제를 논의한 국제회의였다.

와 유사한 정부형태를 취했는데 그것은 '국가 사회주의'로 불렸으며 그 지도자는 바로 히틀러였다. 그러나 독일의 나치당은 무솔리니의 국가 파시스트당보다 더욱 인종주의적이고, 완벽한 게르만민족의 지배하의 세계를 만드는 것이 그들의 '숙명'이라고 믿었다는 점에서 약간 차이점이 있었다. 나치 독일은 '우리와 그들'이라는 수사학, 즉 독일 민족이 세계의 어떤 인종보다 우수하다는 '아리안 우월주의'를 표방하는 동시에 슬라브, 로마니(집시), 유태인 같은 열등인종Untermenschen을 경멸해마지않았다. 물론 파시즘의 성장이 2차대전의 직접적인 원인은 아니지만 이 파시즘의 독재자들은 세계를 그들의 전쟁터로 만든 장본인들이었다. 어떻게 이런 가공할 만한 인물들이 정권을 잡을 수가 있었을까? 독일 역사가 프리드리히 마이네케Friedrich Meinecke(1862-1954)는[15] 영웅사관, 즉 대인적인 관점에서 나치 성공의 원인을 히틀러의 개인적인 카리스마 효과로 꼽았다. 물론 나치 혁명의 원인으로 히틀러의 '사악함'을 꼽는 사가도 있다. 그러나 독일 사가·기록 보관가인 루드비히 데히오Ludwig Dehio(1888-1963)는 비대인적인 요소를 들어 나치혁명의 대두가 비단 독일만의 문제가 아니라 '유럽의 문제'라는 포괄적인 논지를 펼쳤다. 독일은 지배욕에 의해 유럽의 헤게모니 장악에 대한 도박을 벌였다. 데히오는 과거에 유럽의 '힘의 균형balance of power'의 원리를 종식시키려 했던 스페인→오스트리아→프랑스의 정복 사업이라는 오랜 계보에서 독일의 도박은 단지 '마지막'이었을 뿐이라고 주장했다. 물론 전범국가인 독일을 위한 옹색한 변론이었지만, 그래도 데히오는 같은 동료 역사가들에게 독일은 쇠퇴하는 늙은 유럽 대륙에서 가장 악마적인 헤게모니를 휘두른 마지막 국가였음을 환기시키는 양심을 보였다.

2차대전의 네 번째 원인은 독재자 히틀러의 야심적인 목표 때문이었다. 히틀러는 게르만 민족이 우월한 지배인종이 되어 전 세계를 지배한다는 나름대로 원대한 비전을 지니고 있었다. 그는 중부 유럽을 통일해서 하나의 거대

---

15 국가자유주의와 반유태주의자인 마이네케는 나치의 폴란드 침공을 지지했던 인물이다. 2차대전 후 그는 오랜 전통의 대표자로서 나치 레짐을 비판했으나 여전히 반유태주의적인 편견을 드러내는 이중적 태도를 보였다.

한 독일제국을 만들기 위한 전략의 일환으로 우선 다른 유럽 열강들의 힘을 테스트하기로 했다. 그는 프랑스에 인접한 독일의 탄광지대에 군대를 투입했지만(베르사유 조약의 위반), 또 다른 전쟁을 원하지 않았던 영국과 프랑스는 히틀러가 폴란드를 침공할 때까지 결국 이를 용인하고 말았다.

2차대전의 다섯 번째 원인은 영국과 미국의 '고립주의' 때문이었다. 1차대전이 끝난 후에 미국은 유럽에 등을 돌리고 국내문제로 돌아갔다. 미국인들은 유럽 문제에 얽히는 것을 원치 않았고 전쟁에 의한 많은 빚이 아직도 상환되지 않은 것에 불만을 가졌다. 대륙 문제에 관여하는 것을 원치 않았던 섬나라 영국도 역시 국내문제에 몰입했다. 만일 이 들 중 한 국가가 히틀러가 처음 집권했을 때 그의 독주를 막으려고 시도했다면, 아마도 그는 총통의 직위를 박탈당했을 것이고 전쟁은 일어나지 않았을 지도 모른다.

그리고 마지막 원인은 앞서 열거한 모든 원인들의 직접적인 결과이다. 히틀러가 유럽 열강들의 힘을 테스트하기 시작하자 갈등이 증폭되어 유럽의 열강들은 서둘러 그들의 육군과 해군력을 증강하기 시작했다. 그것은 각국의 정부 지도자들이 히틀러가 야기한 문제들을 해결하기 위해 '무력'을 사용하겠다는 의지를 나타내는 것이었기 때문에, 결국 전쟁이 임박했음을 보여주는 것이었다. 결론적으로 2차대전은 1차대전의 연장선이 아니라, 1차대전은 2차대전의 커다란 원인 중에 하나였다. 2차대전의 많은 원인들이 베르사유 조약에서 유래했고 모든 이들이 피하고 싶어 했던 새로운 전쟁은 독일이 베르사유 조약파기와 재군비 선언을 하자마자 곧장 수면 위로 폭발되어 올라온 것이다.

❧

"나의 영원한 독일이여 안녕, 나는 그대에게 경의를 표하노라!"

- 독일 군인 알프레트 요들Alfred Jodl(1890-1946)의 유언

제4공화국의 탄생
(1946년 10월 13일)

그때 세계는 —
1946 제차 미·소 공동위원회 개최
1946 중국, 제2차 국공 내전 시작
1947 미국, 트루먼 독트린 발표
　　　 미국, 마셜 계획 발표
1947 인도 연방·파키스탄 자치령 분리 독립

　　정치화된 정치가 또다시 프랑스를 지배했다. 독일이 항복한 후, 1945년에 국가의 미래와 레짐régime(제도)의 구상에 대한 진지한 논의가 이루어졌다. 여기서 두 가지 가능한 해법이 나왔는데 그것은 (제3공화국의) '1875년의 헌법'을 그대로 채택하느냐 아니면 새로운 헌법을 입안하느냐는 것이었다. 1945년 10월 21일 헌법에 관한 국민투표가 실시되었는데 96%의 유권자들이 새로운 헌법을 찬성했던 반면에, 66%의 유권자들은 새로운 의회의 권한을 제한하자는 데 동의했다. 프랑스 시민들은 제3공화국의 '행정권의 약체성'이야말로 1940년 재앙(패전)의 원인이라고 생각했던 만큼 드골의 정치적 견해를 지지했다. 그러나 1945년에 선출된 제헌의회는 드골의 임시정부가 입헌 문제에 개입하는 것을 단호히 거부했다. 1946년 1월 20일 '도당제도régime des partis', 즉 정당의 특수 이해관계에 의해 지배되는 현 체제에 분노한 드골이 사임했고, 그는 향후 12년 동안 이어지게 될 '사막의 횡단 시대traversée du désert'라는 고난의 행군을 시작했다.

　　1946년 5월 5일 새로운 헌법안이 두 번째 국민투표에 부쳐졌다. 좌익 이데올로기적 성향이 강한 이 헌법은 '단일 의회'가 권력의 대부분을 독점하

제4공화국이 출범하기 전 임시정부(1944-1946)의 대통령으로서 셸부르의 시청사의 발코니에서 주민들에게 연설하는 드골(1944년 8월 20일)

고 실질적인 행정부의 수반인 총리와 순전히 의례적인 기능의 대통령을 모두 선출하는 것을 주요 골자로 하고 있다. 그러나 시민들은 10,584,359 대 9,454,034의 표 차이로 이를 거부했는데, 그 주된 이유는 그것이 공산당에게 너무 유리하다는 것이었다. 2차대전 후 프랑스에서는 사회당SFIO과 공산당PS의 좌파 정당, 그리고 우파 정당인 기독교 민주당MRP의 '3당 체제'가 성립되었다. 전쟁 직후에 대중에게 가장 호소력이 강했던 정당은 레지스탕스 운동에서 중요한 역할을 했던 공산당이었고, 이에 비해 사회당은 많이 약화되어 있었다. 페탱 정부에 의해 독일로 압송되었던 '늙은 지도자' 레옹 블룸Léon Blum(1872-1950)이 돌아오면서 "사회주의는 하나의 교리인 동시에 도덕이며 거의 종교에 가깝다"라고 토로했으나 전후 어려운 시기에 온건한 중도의 입장은 국민 대중에게 호소력을 갖지 못했다. 한편 국민공화운동

Mouvement républicain populaire(MRP)[16]이라는 명칭으로 저항운동 출신의 지도자들에 의해 창설된 기독교 민주당이 선두를 차지하면서 정세는 약간 우파 쪽으로 기울었다.

1946년 10월 13일 앞서 언급한 세 개의 주요 정당이 이끄는 제헌의회가 입안한 새로운 헌법이 세 번째 국민투표에 부쳐졌다. 이 헌법에서는 대통령의 권한이 약간 증대되었고, '양원제'를 채택했지만 여전히 대부분의 권력이 의회와 정당들에 의해 행사되었다. 시민들은 9,002,870 대 7,790,856의 표 차이로 헌법을 승인했으나 31%의 유권자들이 기권을 했다. 드골은 이 '1946년의 헌법'을 '9백만의 유권자에 의해 승인되고 다른 8백만의 유권자들이 거부했으며 또 다른 8백만의 유권자들이 무시해버린' 그야말로 '부조리하고 시대에 뒤떨어진'것으로 평가 절하했다. 그리하여 마침내 약체화·분산화된 정부가 특징인 제4공화국(1946-1958)이 출범했다. 또한 1946년의 헌법에 의해 '프랑스 연합Union française'이 만들어졌다. 이제 프랑스 제국Empire colonial français은 프랑스 연합과 해외 식민지들이 되었다.

1947년에 사회주의자 뱅상 오리올Vincent Auriol(1884-1966)이 제4공화국의 초대 대통령으로 선출되었다. 제4공화국은 다당제와 의회 중심의 내각책임제로 인해 정국이 매우 불안정했다. 이 3당 체제의 시대에 주요 은행과 르노 자동차의 국유화, 여성의 투표권 실시, 사회보장제도의 창설, 프랑스 경제부흥을 위한 '모네 플랜'[17] 등 대담한 개혁들이 추진되었다. 그러나 이 같은 경제 재건책의 성공에도 불구하고 제4공화국은 내각의 불안정과 해외 식민지에서의 반제국주의 운동으로 체제의 위기에 직면했다. 마치 '국민 스포츠'로 변질되어버린 프랑스 정치의 약체성은 사실상 그 뿌리가 깊다. 지역주의, 권위에 대한 불신, 정치적 견유주의(犬儒主義), 또 가톨릭 성직자의 교육문제 같

---

16 국민공화운동은 프랑스 제4공화국과 제5공화국 시기에 존재했던 프랑스의 기독교 민주당이다. 제4공화국 시기에 여러 차례 내각에 참여했으며, 로베르 쉬망Maurice Schumann(1944-1949), 조르주 비도Georges Bidault(1949-1952), 피에르 플림랭Pierre Pflimlin(1956-1959)을 총리로 배출했다. 1967년 민주중도로 개편되며 사라졌다.

17 제2차 세계대전 후, 피폐한 프랑스의 경제부흥을 위한, 1947-50년의 프랑스 산업부흥 4개년 계획의 통칭이다.

은 역사적 이슈들이 프랑스인의 뇌리 속에 각인되어 있었기 때문에, 의회주의자나 유권자들의 이러한 회의적 태도는 어떤 구조적 개정 없이는 제대로 바꿔기가 어려웠다.

제3공화국의 몰락을 직접 목도한 드골 장군은 '강한 프랑스'를 그의 최대 정치구호로 삼았다. 1947년에 이미 그는 '프랑스 국민연합Rassemblement du Peple francis'을 창설했다. 이 정당의 창설 목적 중의 하나가 바로 현행 정치제도의 개혁이었다. 1958년 5월 알제리에서 일어난 군사 봉기를 계기로 르네 코티René Coty(1882-1962년) 대통령은 난국 수습을 위해 드골을 제4공화국의 마지막 총리로 임명했다. 알제리 전쟁으로 인한 국민들의 불안은 드골을 필연적으로 재등장 시켰다. 프랑스를 해방시킨 영웅이며 스스로 '국가이성의 체현자'라고 자처하던 드골이야말로 그 임무에 최적임자였다.

⚜

"일이 많아서 죽을 맛이다. 그들은 총리들의 사퇴를 받으라고
나를 밤새껏 침대에서 끌어내곤 했다."

- 프랑스 제4공화국 초대대통령 뱅상 오리올Vincent Auriol(1884-1966)

시몬느 드 보부아르,
제2의 성을 출판하다(1949년 4월)

그때 세계는 –
1948 5 · 10 총선거, 대한민국 정부 수립
1949 중화 인민공화국 수립
1949 동 · 서독 분열

"나는 모든 형태의 억압에 반대한다" 시몬느 드 보부아르Simone de Beauvoir (1908-1986)는 20세기에 '여성해방'을 위해 투쟁했던 페미니스트의 아이콘이다. 물론 그녀가 페미니스트 서적을 집필하지는 않았지만 가히 '페미니스트 운동의 바이블'이라 불리는《제2의 성Le Deuxième Sexe》을 썼기 때문이다. 그녀는 19살 때 소르본에서 문학사 학위를 받고, 1929년 21살 때 철학 교수 자격시험agrégation에 차석이자 최연소로 합격했다. 공식적인 수석은 그녀의 평생 연인이자 학문적 동지인 장-폴 사르트르Jean-Paul Sartre(1905-1980)였지만 당시 심사위원들은 실제로는 보부아르가 더 뛰어나다는 데 동의했던 것으로 알려져 있다. 샤르트르와 함께《근대시간Les Temps modernes》을 창간하여 [18] 주요 멤버로 활동했다. 공산주의, 무신론, 그리고 실존주의를 표방했던 보부아르는 1949년 4월에 문제의《제2의 성》을 출판했다. 여기서 그녀는 지배적인 성의 질서, 즉 '제1의 성'인 남성에게 종속적이고 수동적인 여성성에

---

18 세목은 찰리 채플린Charlie Chaplin(1889-1977)의 무성영화〈모던 타임스Modern times〉(1936)에서 영감을 받았다고 알려져 있다.

대한 진부한 생각들을 예리하게 공격했다. 《제2의 성》은 여성의 억압에 대한 디테일한 분석인 동시에 근대 페미니즘의 기본적인 개념서라고 할 수 있다. 무엇보다 실존주의자로서의 보부아르는 "실존은 본질에 앞선다"라는 사르트르의 핵심 명제를 받아들여 "여성은 태어나는 것이 아니라 만들어지는 것이다"라는 테제를 발전시켰다. 그녀의 분석은 '타자'로서의 여성의 '사회적 구성물'에 맞추어져 있었고, 보부아르는 이것이 바로 여성 억압의 근본이라고 보았다. 여성은 역사적으로 일탈적이거나 비정상적인 존재로 간주되었다. 그래서 초기의 여성의 권리옹호자였던 메리 울스턴크래프트Mary Wollstonecraft(1759-1797)같은 걸출한 여성조차도 남성을 여성들이 열망하는 '이상' 내지는 '전형'으로 간주했다는 것이다. 그녀는 아무런 겉치레 없이 여성의 성(性)을 옹호했고, 당시 중죄 재판소로 송부될 수 있는 '범죄'로 여겨지던 '낙태'의 문제를 거론했다. 당시 20세기 초에 프랑스는 여성의 참정권이 보장되지 않았고 피임과 유산도 불법이었다. 1946년까지도 프랑스에서 여성은 재판관이 될 수가 없었다. 프랑스의 기혼여성들이 남편의 동의 없이도 노동의 권리를 얻게 된 것은 1965년부터였다. 1967년 12월에 산아제한을 허용하는 '뇌비르트 법Loi Neuwirth'이 통과되기 전까지는 프랑스에서 피임약은 판매가 금지되었다. 골리스트Gaullist(드골주의자)의원 루시앵 뇌비르트Lucien Neuwirth(1924-2013)는 이 법안을 통과시킨 후에, 가톨릭교회와 인구 성장론자들로부터 '악인'이라는 비난을 감수해야만 했다.

이처럼 페미니즘이 아직 '소수자 운동'이던 시대에 이 장문의 철학적 에세이에 대한 프랑스의 반응은 매우 격렬하고 논쟁적이었다. 시대의 문제작 《제2의 성》은 보부아르의 독자들을 옹호자와 적들로 크게 양분시켰다. 로마교황청은 이 서적을 '금서목록'으로 지정했고, 프랑스 작가 프랑수아 모리악François Mauriac(1885-1970)은 《피가로Le Figaro》지에서 '어느 젊은 여성의 성 입문식'이라는 제목의 텍스트와 더불어, "이제 생-제르맹-데-프레Saint-Germain-des-Prés의 문학이 그야말로 비열의 극한에 도달했다!"라며 탄식해 마지않았다. 모리악은 아울러 젊은 기독교 남녀들에게 여기에 반항하라고 권고하는 것도 잊지 않았다. 여기서 모리악이 언급했던 '생-제르맹-데-프레

보부아르와 사르트르 (중국 베이징, 1995년)

문학'이란 2차대전 후 파리의 문학 생활이 파리 6구에 위치한 생-제르맹-데-프레라는 문화와 지성의 거리에 온통 집중되어 있었던 것을 일컫는다. 이 지역은 비(非) 체제 순응주의의 분위기가 물씬한 데다 각종 서점이나 출판사들이 몰려있고, 또 대부분의 유명 작가들이 이곳에 작은방이나 아파트에 세 들어 살고 있었기 때문이다. 작가나 예술가들은 '카페 드 플로르 Café de Flore', '브라스리 리프Brasserie Lipp', '레 두 마고Les Deux Magots' 같은 전설적인 카페에 하루 종일 죽치고 앉아서 무언가를 쓰거나 사람들과 사회개조에 대한 논쟁을 벌였다. 당시에 보수적인 문학 비평가들은 보부아르 책에 대한 과열된 찬반 논쟁을 전후 문화 헤게모니를 장악한 사르트르와《근대시간》을 비판하는 도구로 삼았다. 당시로서는 '파격' 그 자체였던 보부아르의 논지에 대하여, 공산주의자나 전통적인 도덕을 지지하는 우익 서클들은 매우 공격적인 비판을 가했던 반면에 진보적인 기독교 주의자나 비(非) 공산주의적인 좌파들은 지지와 환호를 보냈다. 이러한 열띤 논쟁에 힘입어 이 책은 출간 첫 주에 2만 2천 부가 팔리며 베스트셀러가 됐고, 40년 동안 무려 백만 부 이상이 팔려나갔다. 또한 1953년에 나온 영역본은 200만 부 이상 팔린 것으로 집계된다.

"여성은 남성과 마찬가지로 자신의 운명을 자유롭게 선택할 권리가 있으며 자연이나 인습에 의해 지시된 것에 복종해서는 안 된다" 가부장제의 질서나 구태의연한 현상 유지에 대한 그녀의 도전은 하나의 '사건'이었다. 그러나《제2의 성》은 초창기에 가부장제에 대한 정치적 기소나 '여성'의 의미에 대한 현상학적 평가이기보다는, 우선적으로 품위 있는 성(性)에 대한 '모욕'으로 간주되었다. 보부아르와 사르트르는 1929년부터 죽을 때까지 50여 년간 그 전설적인 '계약 결혼' 관계를 유지했기 때문에, 그들은 성적으로 문란하고 부도덕하다는 비난을 수차례 받아야만 했다. 사실상 두 사람은 전후 파리의 라틴 지구에 넘쳐흘렀던 자유사상과 자유연애의 전형이었다. 우아한 올림머리에 실크 터번을 두른 보부아르는 결코 결혼을 하거나 아이를 가진 적도 없었기 때문에 자유롭게 학문 활동에 전념하고 정치적 대의에 적극 참여하는 동시에 '연인'들을 거느릴 수 있는 여유조차도 누릴 수가 있었다. 이 세기의 연인들의 계약 결혼의 조건들을 살펴보면 첫째 서로 사랑하고 관계를 지키는 동시에 다른 사람과 사랑에 빠지는 것을 허락한다. 둘째 상대방에게 거짓말을 하지 않으며, 어떤 것도 숨기지 않는다고 되어있다. 그러나 두 사람의 사후에 출판된 그들의 서신교환 내용을 살펴보면 이 두 연인의 관계가 반드시 '솔직함'과 '평등'이라는 고귀한 이상에 의해 이루어진 것이 아님을 알 수가 있다. 그녀의 편지는 비단 헝가리 작가인 아서 쾨슬러Arthur Koestler(1905-1983)나 미국 작가인 넬슨 앨그렌Nelson Algren(1909-1981)과의 유명한 연애사건뿐만 아니라, 자신의 여제자(철학도)들을 남자친구인 사르트르에게 소개해 주기 전에 그녀들을 먼저 유혹했다는 충격적인 사실을 밝혀 주고 있다. 프랑스의 우익 잡지인《르 푸앵Le Point》은 사르트르가 성(性)적으로 차갑고 '마초'인데다가 권위주의적이며 질투심이 강한 반면에 보부아르도 역시 잔인하고 계산적이며 연인들을 다루는데 기만적이고 능수능란했다고 기술했다. 보부아르는 '양성애자'였고 특히 그녀의 여제자들과의 관계는 상당한 논란의 여지가 있었다. 보부아르의 제자였던 비앙카 램블랭Bianca Lamblin이란 여성도 후일 자신의《비망록》에서 자신이 몰리에르 고등학교 재학 시절에 당시 30대였던 여선생 보부아르에 의해 성적으로 착취를 당했다고 폭로했다. 1943년에 보부아르는 나탈리 소로킨Natalie Sorokine이라는 17세 여학생의 부모에 의해, '미성년자인 딸을 타락시켰다'는 죄목으로 기소되어 교직을 박탈당했다. 그런데도 1977년에 보부아르와 사르트르를 포함해서, 롤랑 바르트Roland Barthes(1915-1980), 미셸 푸코Michel Foucault(1926-1984), 자크 데리다Jacques Derrida(1930-2004) 등 기라성 같은 프랑스의 유명한 좌파 지식인들은 (성관계) 승낙 연령을 폐지하는 청원에 다 같이 서명을 했다! 한편 보부아르는 전시의 나치 점령에 대해서도 현실에 안주하는 태도를 보였다는 비판을 받고 있다. 비록 잠시 동안이기는 했지만 그녀는 '라디오 비시'에서 문화쇼를 담당했고 또한 사르트르와 함께 스탈린이 저지른 범죄와 만행에 침묵했다는 비난을 받았다.

그러나 이러한 여러 가지 과오와 한계에도 불구하고, 보부아르의 연구자들과 그녀를 적극 옹호하는 페미니스트들은 그녀가 남긴 족적들을 함부로 폄하해서는 안 된다고 충고한다. 어쨌든 여성의 '자유'와 '주체성'을 강조하는《제2의 성》은 여성들이 처한 부조리한 상황에 도전하는 일종의 기폭제가 되었기 때문이다. 그러나 보부아르는 페미니스트 운동, 특히 프랑스 여성의 해방운동에 지대한 공헌을 했음에 불구하고 사람들이 자신을 '페미니스트'라고 부르는 것을 원치 않았다. 그녀는 모름지기 사회적 문제를 해결하기 위해서는 '여성운동'이 아니라, 계급투쟁이나 사회주의 혁명이 필요하다고 생각했기 때문이다. 그러나 1960년대 말과 1970년대 초의 페미니스트 운동의 부활을 지켜보면서 그녀는 1972년의 인터뷰에서 공식적으로 자신이 페미니스트임을 선언했다. 또한 다른 마르크스주의 페미니스트들과 함께《페미니스트의 문제들Questions féministes》이라는 저널의 창간에도 합류했다. 그녀는 여성의 생애에서 가장 중요한 것은 '노동'이며 그것을 통해 '독립'을 추구할 수 있다고 주장했다. 물론 노동이 완벽하지도 모든 문제의 해결방안도 아니지만 그것은 여성독립의 첫 번째 조건이라고 명시했다. 그러나 보부아르는 사회주의가 소련이나 중국 여성들의 삶을 서구 자본주의국가 여성들의 삶보다 더 낫게 해주지는 못했다는 현실적 모순점을 지적하기도 했다. 가령 소련의 여성들은 노동과 정부(政府)에 직위(역할)를 갖고 있지만 노동이 끝나면 여전히 가사와 육아를 전담하게 된다. 그것은 여성과 주부의 역할에 대하여 미국의 페미니스트들이 심도 있게 논의한 문제들의 문제점을 반영하는 것이다.

"세상의 모든 여성들이여! 그대들이 지금 누리고 있는 모든 것은 전부 보부아르 덕택이다"자유페미니즘의 지지자인 엘리자베스 바탱테르Elisabeth

Badinter(1944-)가 보부아르의 장례식에서 이처럼 최고의 헌사를 바쳤듯이 시몬느 드 보부아르는 여러 가지 시대적인 한계점에도 불구하고 자신의 철학과 문학 활동을 실제 세계의 정치적 행동(입법)과 연결했던, 매우 혁신적인 참여지식인이자 양성에게 모두 어필했던 매력적인 여성 투사였다.

❦

"여자는 태어나는 것이 아니라 만들어지는 것이다."

- 프랑스 작가 시몬느 드 보부아르Simone de Beauvoir(1908-1986)

드골, 제5공화국의 대통령이 되다
(1958년 12월 21일)

그때 세계는 -
1957 쿠바혁명,
　　　소련, 스푸트니크 1호 발사
1957 제차 아프리카 국가회의
1958 중국, 대약진 운동 시작
1960 4·19 혁명

　　1958년 5월 13일 알제리의 쿠데타는 제4공화국의 몰락을 가져왔다. 1954년부터 알제리의 프랑스인들과 [19] 알제리 '민족해방전선Front de Libération Nationale(FLN)' 간의 [20] 대립이 격화되어 걷잡을 수 없는 유혈 폭력사태로 치달았다. 결국 FNL이 알제리의 '독립'을 선포하고 게릴라전을 감행하기 시작하자 프랑스 정부는 알제리 독립운동을 유혈폭동으로 규정하고 나토NATO에 파견된 정예 사단까지 빼내서는 무력진압을 시작했다. [21] 프랑스는 계속 보복 학살과 고문을 자행했지만 알제리인들도 똑같이 보복 학살과 고문을 자행하는 것으로 맞서 사태는 점점 악화되어갔다. 그런데 새로 들어선 프랑스 기독교 민주당의 피에르 플림랭Pierre Pflimlin(1907-2000)의 정부가 알제리의 민족주의자들(FLN)과 협상할 기미를 보이자, 알제리의 수도(알제)에서 프랑스 장

19　피에-누아르Pied-Noir라고 불리는 알제리 거주 백인들.

20　알제리 민족해방전선은 알제리의 사회주의 정당으로, 1954년 프랑스로부터 독립하기 위해서 다른 작은 집단들이 합병하여 세워졌다.

21　한편 같은 시기에 프랑스의 식민지배를 받던 베트남에서 호치민이 이끄는 북베트남이 디엔비엔푸 전투에서 승리하고 독립을 쟁취하자 이 사실이 알제리인들에게도 커다란 자극을 주었다.

반항하는 프랑스 장군들: 왼쪽에서부터 에드몽 주오Edmond Jouhaud(1905-1995), 라울 살랑Raoul Salan
(1899-1984), 모리스 샬르Maurice Challe(1905-1979)의 순서다.

군들에 의한 우익 군사 쿠데타가 일어났다. 이 쿠데타의 주요 수뇌들은 드골
의 지도하에 공안 정부를 수립할 것을 요구했고 낙하산 공수부대 장군인 자
크 마시Jacques Massu(1908-2002)가 이 공안위원회의 수장이 되었다. 그들은 만
일 드골이 복귀하지 않는다면 프랑스 도시 랑부이예Rambouillet에 배치된 육
군과 낙하산부대를 파리에 투입하겠다고 협박을 가했다. 본국 프랑스에 '내
전'을 선포한 것이다. 파리는 그야말로 패닉 상태에 빠졌다.

　그러자 드골은 임기 7년의 강력한 대통령제를 도입하는 새로운 헌법을 제
정한다는 조건하에 자신의 정계 복귀를 수락했다. 제4공화국의 마지막 대통
령인 르네 코티René Coty(1882-1962)가 만일 드골이 복귀하지 않으면 자신이
사직하겠다고 협박한 지 3일 만에 드골은 마지막 '총리'의 자격으로 국회에
출석했다. 대부분의 프랑스 국민들은 2차대전시에 그가 보여준 리더십과 불
의와 타협하지 않고 본인이 정당하다고 믿는 것에 대한 열정적인 헌신 덕분
에 드골을 높이 평가했다. 프랑스 군대도 역시 드골이 FLN과 알제리의 독립
문제를 타협하지는 않을 것이라고 굳게 믿었다. 프랑스 정부 내의 온건파들
도 그가 모두가 수용할 수 있는 '타협'을 이끌어 낼 수 있는 유일한 인물이라
고 생각했다. 오직 프랑스 공산당과 정치적 극좌파 인물들만이 드골의 귀환

시트로앵Citroën DS를 타고 군중들에게 인사를 보내는 드골 대통령.

을 결사반대했다. 1946년에 정계를 은퇴한 후 처음으로 드골이 국회에 출석하자 공산당 의원들은 주먹으로 책상을 쾅쾅 두드리면서 "파시즘은 결코 통과되지 않는다!"라는 구호를 외쳤다.

드골에 의하면, 제4공화국(1946-1958)의 실패는 바로 대통령 권한의 '약체성'에서 비롯된 것이었다. 1789년 프랑스 혁명이래, 프랑스는 사실상 '행정권'의 문제를 제대로 해결하지 못했다. 제1공화국, 제3공화국, 그리고 제4공화국은 대통령의 권한이 너무 미약해서 비효율적이었던 반면에 나폴레옹 보나파르트나 나폴레옹 3세, 또 2차대전 당시의 필리프 페탱의 비시 정권의 경우에는 '독재정부'로 불리어 질만큼 행정권이 너무 비대했던 것이 탈이었다. 2차대전의 여파로 탄생한 제4공화국은 인상적인 경제성장에도 불구하고 불과 12년간 실권 없는 두 명의 대통령과 21명의 총리를 배출할 정도로 정국이 매우 불안정했다. 그래서 프랑스 국가라는 배는 끊임없는 '도당 정치'로 말미암아 선장이 없는 난파선으로 그만 좌초하기에 이르렀다는 것이 드골의 진단이었다.

드골은 1946년 6월 16일 유명한 바이유Bayeux의 연설에서 정당들의 '경쟁'을 매사를 혼란에 빠뜨리고 국가의 최고 이해를 좌초시키는 프랑스의 고질적인 풍토병으로 간주했다. 그는 법치 존중, 정부의 안정, 또 행정의 효율성과 국가의 권위와 위신을 지키기 위해서는 현행 제도(불안정한 의원내각제)의 문제점을 고찰할 필요가 있다고 주장했다. 드골에 의하면 그 해결책은 반드시 '제도적'인 것이 되어야 하고 정당제도의 밖으로부터 나와야 한다. 국가 원수나 행정부의 수반은 단순히 그의 정당의 '대리자'가 되어서는 안 된다. 그는 독립적이고 강력하며 정당 안팎의 이기적인 엘리트들의 맹공격에 대항해서, 국가의 이해관계를 보호할 수 있는 능력과 권한이 있어야 한다. 드골은 보나파르트식의 전통에 따라서 국민으로부터 직접 지지를 구했고, '국민투표'를 통해 합법적으로 선출된 국가의 지도자만이 국가의 이해를 보호할 수 있다고 믿었다. 드골은 이처럼 정당을 불신하고 그 위에 군림하기를 원했지만 본인도 1958년 10월 1일에 '새로운 공화국 연합Union pour la nouvelle France(UNR)'이란 정당을 창설했다. 그러자 모든 드골주의자Gulliste들이 거기에 우르르 몰려들었고 그는 선거에 압승해서 의회에서 최대다수를 차지했다. '미움받이le mal aimé'라는 별명이 붙을 만큼 불안정했던 제4공화국의 약체화된 이미지와 연결된 좌익이나 중도정당은 그대로 축소되었다. 겨우 10석을 차지한 공산당의 후퇴는 가히 역사적이라 할만했고, 사회당(SFIO)도 역시 40석을 거두었을 뿐이었다. 1958년 12월 21일 76,359명의 대선거인단이 공화국 대통령의 선거를 진행했다. 드골은 78.5%라는 압도적인 지지율로 제5공화국의 초대 대통령에 당선되었고 1959년 1월에 그는 미셸 드브레Michel Debré(1912-1996)를 총리로 임명했다. 이렇게 알제리 전쟁(1954-1962)의 혼란 속에서 탄생한 제5공화국(1958-현재까지)은 강력한 대통령제를 기초로 한다. 대통령은 국가 원수이자 행정부의 수반으로 총리와 내각을 임명하고 의회를 해산할 권리를 갖는 반면 의회의 권한은 법 제정과 관련된 것으로 축소되었다. 그러나 제5공화국의 체제는 대통령이 행정부를 이끈다는 점에서는 대통령제의 속성을 지니지만 내각의 구성에 의회의 다수당이 참여하고 내각의 정책들이 의회의 동의를 얻어야지 실행될 수 있다는 점에서는 의원내각제의 성격을 갖는다. 즉 프랑스 법학자 모리스 뒤베르제Maurice Duverger(1917-2014)의 말마따나, 반(半) 대통령 · 반(半) 의회주의의 '이원집정부제'라고 할 수 있다.

"파시즘으로 가는 길을 막기 위해 이제 작업(노동)을 중단하고 독재를 반대하는 데모에 참가하시오!" 이는 드골의 정계 복귀를 결사반대하여, 1958년 5월 30일자 공산당 기관지 《뤼마니테》에 실렸던 선동적인 기사다. 그러나 공산당의 우려와는 달리 드골은 파시스트도 독재자도 아니었다. 그는 민주주의의 규범들을 존중했고, 또 '위대한 프랑스'에 대한 확고한 신념이 있었는데 그의 위대한 프랑스라는 개념 속에는 '공화주의'가 굳건히 자리 잡고 있었다. 물론 드골은 진보주의자들과는 확연히 다른, 반동주의적이고 제왕적인 스타일의 정치인이었다. 그러나 그의 영웅적인 정치적 생애는 우익의 정치가 반드시 '절대주의'로 흐르지는 않지만, 자유 민주주의의 척추(?)를 어느 정도 경직시킬 수는 있다는 점을 잘 보여주고 있다. 드골은 집권에 성공한 우익 애국자요, 또 근대적 질서를 수용한 입헌적인 보수주의자의 완벽한 표본이었다.

"정치란 정치인들에게만 맡겨놓기엔 너무나 심각한 문제이다."

- 프랑스 대통령 샤를 드골(반면에 클레망소는
"전쟁이란 장군들에게만 맡겨 놓기엔 너무나 심각한 문제다"라는 어록을 남겼다).

알제리 드라마의 종말
(1962년 7월 3일)

그때 세계는 —
1961 제차 비동맹회의
1961 5·16 군사혁명
1962 미국, 쿠바 봉쇄

　1962년 7월 1일 투표에서 알제리인들은 거의 만장일치(99.7%)로 '독립'을 찬성했고, 결국 7월 3일에 프랑스는 알제리의 독립을 승인했다. 그로 인해 백만 이상의 알제리 거주 백인들은 '여행 가방이냐? 아니면 관(棺)이냐?' 둘 중에서 하나를 선택해야만 했고, 대부분은 자신들을 소위 '검은 발', 즉 피에-누아르Pieds-Noirs라고[22] 폄하해서 부르는 본국으로 돌아갔다. 이렇게 장장 130년간의 프랑스의 알제리 지배의 시대는 대단원의 막을 내리게 되었다.

　1830년에 프랑스는 최초로 알제리를 점령했고, 그 이후부터 알제리는 프랑스 본국에 없어서는 안 될 '필수적인 요소'로 간주되었다. 1959년에 백만 정도의 피에-누아르들이 주로 알제리의 대도시(알제, 오랑, 콘스탄틴)에 정착하고 있었고 그들은 전체 인구의 10%를 차지했다. 원래 노동자계급의 출신 배

22　피에-누아르는 불어로 '검은 발'을 의미한다. 로베르 사전에 의하면 이 단어는 배의 연료실(석탄)에서 맨발로 일하는 선원들을 가리키는 용어였다(1901년). 그 후 그것은 알제리 원주민들을 경멸적으로 지칭하다가, 어느 때부터인가 알제리에서 태어난 프랑스인들을 가리키는 용어로 바뀌게 되었다. 일설에 의하면 '맨발'의 알제리인들과 대조적으로 프랑스 선원들이 검은 부츠를 신었던 데서 유래했다고도 하고, 식민지 이주민들이 말을 타거나 늪을 개척할 때 검은 부츠를 신었던 데서 유래했다고도 전해진다.

알제리의 피에-누아르의 상징

경에도 불구하고, 프랑스, 이탈리아, 스페인 태생의 피에-누아르들은 알제리의 원주민들보다 훨씬 높은 사회적 신분과 경제적 지위를 누리고 있었다. 1950년대의 알제리의 수도 알제Algiers는 프랑스에서 두 번째로 인구가 많은 도시였고, 당시 아프리카에서는 가장 모던한 도시이기도 했다. '새로운 캘리포니아'라는 별명이 붙을 정도로 이 도시의 한편은 지중해를 면한 유럽풍의 빌딩들이 즐비하고 화려한 조명과 대로가 펼쳐진 반면에, 또 다른 한편은 알제의 오래된 성채가 있는 카스바Kasbach에 알제리 원주민들이 빈민 판자촌을 형성하고 있었다. 비록 아파르트헤이트(예전 남아공의 인종차별정책)나 격리 현상은 없었지만 심각한 불평등 현상이 알제리 사회를 지배하고 있었다. 극히 소수의 무슬림 아동들이 학교에 다녔고, 대부분의 비숙련 노동자들을 흡수할 만큼 식민지 경제가 튼튼치 않았기 때문에 무엇보다 '실업'문제가 심각했다. 피에-누아르들은 알제리 주민들을 그런 열악한 환경에서 살아가는 데 익숙해진 '길들여진' 사람들로 여겼다. 그렇다면 그들은 프랑스인에 속하는가? 그들은 정확히 말해서 '무슬림 신앙을 가진 프랑스인'들이었다. 그들은 명목상 프랑스인들과 똑같은 권리와 의무를 지니고 있었지만 교육과 보건 면에서 똑같은 혜택을 누리지는 못했다. 그들은 알제리 의회에 대한 투표권을 행사했지만 '이등 시민'으로서 피에-누아르들과는 다른 투표장을 사용해야만 했고 그들의 기권율도 상당히 높았다. 그러나 이를 비판하면 영락없이 '공산주의자'나 최악의 경우에는 (불평 많은) '지식인들'로 낙인 찍히기 일쑤였다. 이러한 식민지주의의 불평등을 고발한 최초의 지식인은 바로 알제리 태생의 피에-누아르 작가인 알베르 카뮈Albert Camus(1913-1960)였다. 그는 《알제리의 연대기Chroniques algériennes》(1958년)에서 선과 악의 대립, 즉 기독교 대 무슬림의 도식적인 이분법을 거부하고 프랑스와 무슬림 양측이 모두 '폭력주의'를 끝낼 것을 호소했다. 카뮈는 알제리 무슬림들의 인권과 자치권의 확대를 주장했지만 생애의 마지막까지도 알제리가 '프랑스의 일부'로 남아있어야 한다고 생각했기 때문에 그는 알제리에서 철저히 '이방인' 취급을 받았다.

당시 파리에서 과거 남아공의 인종격리정책과 유사한 '백인 지배'를 요구하는 피에-누아르들의 로비는 매우 강력했다. 그래서 프랑스 정부는 알제리 민족주의자들의 온건한 요구조차도 호응하려 들지 않았다. 결국 알제리 사회를 관통하는 구조적인 불평등 현상은 크고 작은 폭동들로 이어졌고, 드디어 알제리의 민족해방전선(FLN)을 결성하는 계기가 되었다. 1954년 11월 1일에 소위 '붉은 만성절Toussaint Rouge'이라는 사건이 발생해서 알제리의 도처에서 폭동이 연쇄적으로 일어났다. 프랑스 당국이 너무 보복적인 과잉 대응을 하자, FLN은 이를 오히려 알제리의 민중들로부터 폭넓은 지지를 이끌어내고 '혁명적 상황'을 유도하는 발판으로 삼았다. 이것이 공식적인 알제리 전쟁(1954-1962)의 '서곡'이다. 그러나 이미 9년 전에 알제리의 세티프Setif의 시장에서 프랑스 군경에 의한 학살사건이 발발했는데 이것이 본원적인 갈등의 씨앗이었다고 보는 견해도 있다.

문제의 알제리 전쟁(1954-1962)이 발발하기 이전의 알제리는 비록 빈곤과 사망률이 높기는 해도 기본적으로 관용적이고 평화로운 사회였다. 물론 '수동적 평화'라는 부정적 개념이 훨씬 타당하겠지만 알제리인들은 대체로 이러한 불평등 현상을 거의 기정사실화했다. 그런데 어떻게 관용적이고 평화로웠던 사회가 갑자기 이처럼 참혹한 갈등과 폭력사태로 치닫게 되었을까? 거기에는 여러 가지 인과론적 원인들이 존재하겠지만, 우선적으로 '정체성'의 문제를 거론할 수가 있다. 1945년 5월 8일은 2차대전 중 마지막으로 전투를 계속하던 빌헬름 몽케빌Wilhelm Mohnke(1911-2001)의 독일군들이 항복한 날이었다. 프랑스를 위해 몸소 피를 흘리며 싸웠던 알제리 군대가 '자유'의 상징으로 알제리 국기를 내걸자, 여기에 대한 보복으로 프랑스 군대가 사격을 가했고 여러 명의 알제리 시위자들이 그 자리에서 사망하는 참사가 발생했다. 이것이 바로 위에서 언급한 세티프Setif의 학살사건이다. 그래서 무질서한 5일간의 폭동 끝에 103명의 피에-누아르들이 죽임을 당했고, 이에 대한 프랑스 측의 철저한 응징으로 15,000명의 무슬림들이 살해당했다. 문제

알제리 전쟁(1954~1962). 알제리 입장에선 '독립' 전쟁이고, 프랑스 입장에선 식민지 반란군 진압작전이었는데 1999년 6월에 프랑스 의회는 전쟁이 끝난 지 37년 만에 이것이 '전쟁'이었음을 인정했다.

의 그날 게양된 수제(手製)의 알제리 국기는 무슬림 공동체의 상징인 동시에 민족(국가)의 상징이다. 민족은 공동체이며, 민족이 자신의 국가를 수립해야 한다는 민족자결주의의 당위성은 그 민족의 '정체성'과 밀접한 연관이 있다. 그리고 피에-누아르들도 역시 그들의 '프랑스적 정체성'이 위협을 받고 있다는 사실을 그날 최초로 경험하게 되었다.

프랑스 군대는 소규모의 반란조차도 압도적으로 우세한 병력으로 무자비하게 탄압했기 때문에, 이는 알제리의 무장 폭도들뿐 아니라 일반 시민들의 공포와 분노를 촉발시켜 걷잡을 수 없는 무력 사태로 치달았다. 이제 양 진영 모두 '온건파'의 목소리는 전혀 들리지 않게 되었다. FLN이 프랑스 군대의 거점을 공격하는 동시에 피에-누아르들과 프랑스에 충성하는 알제리 민간인들을 마구 살해하자 프랑스 군대도 역시 도시나 마을을 쥐 잡듯이 수색하면서 폭탄, 체포, 고문 등 강압적인 수단을 총동원했다. 그러자 1957년에 FLN은 작전을 바꾸어 알제리의 수도 알제로 거점을 옮겼다. 민간인들 사이에 숨기도 용이한 데다 프랑스 측에게 커다란 손해를 입힐 수 있다고 판단했기 때문이다. FLN이 도시로 거점을 옮기자 사상자의 숫자는 그야말로 최고치를 기록했다. 그래서 알제리 독립전쟁은 FLN의 '테러주의'와 프랑스의 '무자비'로 특징지어진다. 이 알제리 혁명 내지 독립전쟁에서 비록 단일 지도자는 없었지만, 모두 20대 중반에서 30대 초반의 젊은 지도자들이 강력한 리더십을 구축했다. 가령 알제리 공화국의 초대 총리인 벤 벨라Ben Bella(1912-2012)나 '반혁명의 건축가'라는 별명의 민족주의자 아반 람단Abane Ramdane(1920-1957) 등을 들 수가 있다. 그들은 게릴라전이나 사보타주(태업)만이 유일한 혁명 수단이라고 굳게 믿고 있었다.

이 알제리 사태로 인해 12년간 정치적 '황야'의 시대를 끝내고[23] 복귀하게 된 드골의 첫 번째 행보는 바로 1958년 6월의 알제리 방문이었다. 그는 6월 4일 알제의 수많은 군중들 앞에서 다음과 같은 연설을 했다. "나는 여러분들을 잘 이해하고 있소!Je vous ai compris!" 당시 드골은 엄청 인기가 많았다. 프랑스 국민들은 그를 조국의 '해방자'로 사랑했고, 피에-누아르들도 역시 그를 자신들의 요구를 들어줄 수 있는 유일한 지도자로 신봉했다. 심지어 그에 대한 애정을 표시하는 무슬림들도 있을 정도였다. 제5공화국의 초대 대통령에 당선된 드골은 무슬림 주민들을 위한 사회개혁을 추진하는 동시에 FLN에게도 '명예로운 항복'을 권유했으나 때는 이미 늦었고 절정에 다다른 전쟁은 교착 상태에 빠져있었다. 일 년이 지난 후, 1959년의 TV 연설에서 드골은 최초로 피에-누아르들이 가장 두려워하는 '민족자결주의'라는 말을 언급했다. 드골은 개혁이 너무 늦었다는 것, 또 갈등이 계속 이어진다면 프랑스 경

---

23 전후 프랑스의 임시정부 수반이 된 드골은 주요 경제부분을 국유화하고 대독협력자를 숙청하고 프랑스의 국제적 위상을 높이는데 성공했으나, 강력한 대통령제를 주장하다 1946년 1월 사임했다.

젊은 하르키 전투원(1961년 여름)

제와 안전에도 해가 될뿐더러 이제 세계사의 흐름이 '탈식민지화'의 시대임을 깨달았기 때문이다. 그러자 드골로부터 배신을 당했다고 느낀 프랑스 군대와 피에-누아르들 중 강경론자들이 알제리를 '프랑스 지배하에' 둔다는 목적 하에 비밀 군대 조직인 OAS를 창설했다. 그들은 프랑스 정부와 드골, FLN, 무슬림 민간인들에 대항한 잔인한 테러리스트 공격을 조직했으나 OAS는 체포와 계획 실패 등으로 좌초하고 말았다. 1961년 1월 8일 프랑스는 알제리 독립의 가부를 국민투표에 부쳤는데 75%의 프랑스인들이 알제리의 '독립'에 찬성했다. 그리고 드골 대통령은 FLN과 비밀협상을 벌였다. 1962년에 생수로 유명한 에비앙Evian에서 회담이 진행되었고 3월 18일에 '휴전'이 선포되었다. 이 에비앙 협정을 통해 FLN은 완벽한 자치와 프랑스의 완전 철수를 얻어냈다.

위에서 언급한 대로 1962년 7월 1일 독립을 묻는 투표에서 대다수 알제리 주민들이 "예스"를 외쳤고 이틀 후에 프랑스 정부는 알제리 독립을 공식적으로 승인했다. 그러나 폭력의 '마지막 시대'는 독립 이후 통치세력의 역전과 공백 속에 발생했다. 알제리의 식민지 시대에 프랑스 지배에 공조했던 사람들은 처절한 보복 공격에 시달려야만 했다. 문제의 '하르키Harki'란 알제리 독립전쟁(1954-1962) 당시에 프랑스 군에서 보조 내지 앞잡이 역할을 했던, 프랑스에 충성하는 알제리 무슬림들을 가리키는 용어다. FLN은 알제리 전쟁이 끝난 1962년 이후 수십만 명의 하르키를 '반역' 혐의로 숙청했다.[24] 학살당한 하르키의 숫자는 6만에서 15-20만 명으로 추산되나, 최근의 조사는 대략

---

24 프랑스 정부는 알제리를 탈출한 4만 명의 하르키를 받아들여 피난소에 수용했으나, 하르키는 프랑스 정부의 외면 속에 차별을 받으며 생활했다.

3만 명으로 잡기도 한다. 물론 남아있던 피에-누아르들도 역시 공격의 대상이 되었다.

알제리 전쟁이 끝나고 많은 서적들이 출판되었을 뿐 아니라 영화, TV, 가요 등의 대중매체에서도 2차대전 이후 가장 잔인하고 가장 무자비하며 가장 몰상식한 이 알제리 전쟁에 대한 수많은 해명들이 쏟아져 나왔다. 프랑스가 과거의 과오에 대하여 공식적으로 사과한 것은 60년이 지난 후였다. 2005년에 알제리의 프랑스 대사 위베르 콜랭 드 베르디에르Hubert Colin de Verdière(1941-)는 알제리의 대학살을 "용서할 수 없는 비극"이라 칭했다. 또한 2012년 우파 대통령인 니콜라 사르코지Nicolas Sarközy(1955-)도 알제리 전쟁 때 프랑스 식민통치에 협력한 알제리 무슬림인 하르키를 프랑스 정부가 외면했던 점을 공식적으로 사과했다. 현 대통령 엠마누엘 마크롱Emmanuel Macro도 역시 알제리 독립전쟁 당시에 프랑스 군대가 체계적인 '고문'을 사용했다는 점을 시인했다. 과거의 아픈 상처를 불필요하게 들추어낸다고 이를 공격하는 정적들도 있지만, 감추고 싶은 얼룩진 과거의 역사와 씨름하는 40대 젊은 대통령의 이러한 공식적 시인은 오늘날까지도 이 '더러운 전쟁sale guerre'에 대한 상흔이 얼마나 프랑스 사회에 깊숙이 잔존해 있는가를 잘 보여주는 것이다.

"약한 자는 절대 누군가를 용서할 수 없다. 용서는 강한 자의 특권이다."

- 인도의 지도자 마하트마 간디Mahatma Gandh(1869-1948)

68운동
(1968년 5월 2일-6월 30일)

그때 세계는 -
1965 한일 기본조약(한일협정) 조인
1966 중국, 문화대혁명 시작(~1976)
1967 동남아시아 국가연합ASEAN 결성
1967 유럽 공동체EC 출범
1968 체코슬로바키아, '프라하의 봄'

1968년에 하나의 '사회집단'으로서의 젊은 층이 최초로 역사에 전면적으로 등장했다. "금지하는 것을 금지하노라" "모든 권력을 상상력에게로" "자갈도로 밑에는 해변" "바리케이드는 거리를 막지만 그러나 길을 열어준다" "현실주의자가 되라, 불가능한 것을 요구하면서!" 이는 모두 그 당시에 거리로 쏟아져 나온 유명한 슬로건들이다. 고대의 정치학자 아리스토텔레스가 "빈곤이 혁명과 범죄의 어머니"라며 일찍이 간파했듯이, 반란이나 혁명은 대개 가난하고 사회적으로 억압받는 계층에 의해 촉발된다는 것이 그간의 정설이었는데, 뜻밖에도 문화와 사회적인 특권을 향유하던 마이너리티의 계층으로부터 기성체제의 근간을 뒤흔드는 급진적인 요구들이 최초로 터져 나왔다. 이미 1967년부터 골리즘Gaullism(드골주의)과[25] 드골의 장기집권에 대한 쇠락의 징후들이 나타나기 시작했다. 최초의 시위는 과거 혁명의 진원지인 파리의 중심부가 아니라 북서쪽으로 7마일 정도 떨어진 파리 외곽의 신설 대학

---

25 골리즘(드골주의)은 프랑스 대통령 드골이 제창한 주의·주장의 총칭이다. 프랑스의 영광을 찾는 민족주의 외교와 대통령중심의 강력한 행정우위(行政優位) 체제를 골격으로 하고 있다.

낭테르Nanterre에서 발생했다.

알제리의 위기 이후 프랑스는 1960년대에 안정기에 접어들었다. 과거의 식민지 제국은 사라졌지만 소위 '영광의 30년대(1945-1975)'에 프랑스는 연간 5.1%의 성장률을 기록하면서 경제적인 번영을 구가했다. 이러한 물질적 풍요 속에서 출산율이 급격하게 증가했는데 이 세대를 소위 '베이비붐'세대라고 한다.[26] 그때까지 자녀들에게 고등교육의 기회를 줄 수 없었던 서민층 가족들이 자녀들을 대학에 보내기 시작했다. 그래서 상류층 자녀들의 대학 입학은 거의 고정적이었던 반면에, 중·하층 자녀들의 대학 진학률은 거의 4배나 늘어났다. 1962년에는 20만 명이던 대학생의 수가 1968년에는 50만 명으로 2배 이상 증가했다. 이러한 학생 수의 증가에 따라 대학 교원들의 숫자도 상승했다. 그런데 이 신임 강사들은 기존의 권위적인 교수들에 비해 연령이나 정치 성향 면에서 학생들과 훨씬 가까웠고 그들도 학생운동의 좌경화에 기여했다고 본다. 한편 캠퍼스 내의 여학생의 비율도 늘었다. 1950년에는 30%였는데 1966년에는 50%나 증가했고, 이러한 여학생의 증가는 새로운 성(性)의 문제를 야기했다. 또한 과거에는 학생들이 주로 법과 의대에 몰렸던 것과는 달리, 새로운 학생들은 '철학'을 선호해서 특히 인문대학과 사회과학대학은 포화상태였다. 10년 동안 인문과학 전공은 3.5배, 사회과학 전공은 4배로 늘었다. 그리고 자본주의, 소비주의, 미 제국주의, 권위주의와 전통적인 제도들에 항거하는 68운동이 일어났다.

이처럼 대학생 수가 폭발적으로 증가했다는 것은 이제 대학생이 더 이상 예외적인 특권층이 아님을 의미한다. 과거에 대학생이 누리던 특권과 보상은 사라지고, 오히려 구시대적인 커리큘럼이나 양적 팽창에 따른 부실한 교육 환경, 또 졸업 후의 취업난 등이 분노의 대상으로 남았다. 68운동의 발상지인 낭테르 대학은 이처럼 증가하는 학생들을 수용하기 위해 신설된 학교였지만 '과잉 수용'의 문제를 근본적으로 해결해 주지는 못했다. 1964년에서 1967년까지 낭테르 대학의 학생 수는 입학 정원의 두 배가 넘었다. 즉 2천

---

26   베이비붐 세대는 1946-1964년에 태어난 사람들을 일컫는다.

500명을 수용할 수 있는 대학에 5천 명의 학생들이 몰려든 것이다. 게다가 도심을 벗어난 대학의 주변도 공장과 빈민촌이 자리해서 황량하고 음산하기 이를 데 없었다. 마르크스 사회학자인 앙리 르페브르Henri Lefebvre(1901-1991) 교수는 새로 부임한 낭테르 대학의 모던하고 우중충한 회색 콘크리트 건물을 가리켜 "불행이 매우 구체적인 장소"라고 표현한 바 있다. 그러나 역설적으로 이 낭테르 대학은 불만 많은 젊은 사회 학도들이 모여서 불평등한 사회에 대한 비판을 실천할 수 있는 완벽한 장소이기도 했다. 학생들의 지적 욕구의 불만은 곧 '성적 불만'으로 이어졌다. 그래서 1965-1970년대에 20대였던 이 거대한 젊은 집단 층은 '서로 함께 잘 수 있는 권리'를 요구하면서 그들의 반란을 '정치화'시켰다. 이처럼 사회의 축소판이라고 할 수 있는 대학제도는 베이비붐 세대의 쇄도로 '불통'이 되어버렸고, 반항 내지는 혁명의 완벽한 배양소가 되어버렸다.

사건의 발단은 프랑스의 베트남전쟁 참전에 대한 항의 차원에서 낭테르 대학의 극좌파 학생들이 파리 시내의 미국계 금융기업인 아메리칸 익스프레스 지사를 공격한 것으로부터 시작되었다. 그러자 체포된 '동지camarade'들의 석방을 요구하며 100여 명의 학생들이 낭테르 대학의 행정실을 점거하는 소동이 벌어졌다. 시위를 주도한 세력은 아나키스트(무정부주의자)나 트로츠키주의자[27] 등이 대부분이었는데 나중에 독일로 추방된 68운동의 투사 다니엘 콩-방디Daniel Cohn-Bendit(1945-)도 그중 한 명이었다. 5월 초에 시위가 번질 것을 우려한 낭테르 대학 당국이 캠퍼스를 폐쇄하자, 학생들은 파리의 중심부에 위치한 보수의 아성 소르본 대학으로 이동했다. 산업사회에서는 학생이 유일한 체제 비판세력이라고 주장한 헤르베르트 마르쿠제Herbert Marcuse(1898-1979)의 영향을 받은 이 학생운동은 "대학이 미래의 노동 계급의 탄압자인 경찰 간부들을 만드는 어용 기관으로 전락했다"라고 비판했다.

---

27 트로츠키주의는 레온 트로츠키Leon Trotsky(1879-1940)의 레닌주의 혁명이론이다. 트로츠키가 제창한 '영구혁명'의 입장에서 스탈린의 일국사회주의에 반대하며, 세계혁명 없이는 사회주의의 달성은 불가능하다고 주장했다. 아울러 전투적인 노동자 봉기와 프롤레타리아 독재를 주장하던 혁명적 마르크스주의의 한 분파다.

학생과 노동자들의 시위

　일반적으로 68운동은 다음 세 단계로 나누어진다. 첫 번째 단계는 5월 3-13일에 절정에 달했던 '학생들의 위기'다. 5월 3일 소르본대학의 학장은 경찰에게 소르본 안마당에 모여 있는 학생들을 내쫓아 달라고 요청했다. 공화국 기동 경찰대CRS가 무력으로 개입하자 "우리들의 동무를 해방시키자"라는 구호를 일제히 외치며 학생들의 평화시적 시위가 곧 폭동으로 바뀌었다. 이렇게 시작된 학생들의 결사항쟁은 5월 10일의 그 악명 높은 '바리케이드의 밤'에서 절정을 이루었다. 그것은 학생들의 가공할만한 폭력과 경찰의 극단적인 진압의 결과였다. 총 367명이 부상을 당했는데 경찰 측의 부상 인원은 251명, 학생 측은 102명으로 공권력의 피해가 사실상 두 배나 많았다. 367명의 부상자 가운데 54명이 병원에 입원했는데, 그중 경찰 18명과 학생 4명은 중상이었다. 한편 461명이 체포되었는데, 그중 60명은 외국인이었고 학생이 아닌 자들도 끼어있었다. 물질적인 손실도 심각했다. 60대의 차가 완전히 시커멓게 다 타버렸고 다른 128대의 차량도 많이 파괴되었다. 경찰과 학생들이 이처럼 격렬한 바리케이드의 밤을 보낸 후 노조도 학생들을 지지해서 총파업을 호소했다. 그래서 드골이 권력을 장악한지 10주년이 되는 5월 13일에 학생들과 노동 전사들의 시위 행렬이 거대한 장사진을 이루었다. 또 고등학교, 대학교 및 각 노동 작업장에서 소비사회의 현실주의 또는

프랑스 남부의 파업참가 노동자들. 뒤에는 공장이 노동자들에 의해 점거되었다는 표지판이 붙어있다.

유토피아적 개혁에 대한 논의들이 범람했다.

두 번째 단계는 5월 14~17일의 노동자들의 위기다. 일일 파업이 전국 규모의 총파업으로 이어져 모든 것이 그만 올 스톱되고 말았다. 5월 말 경에는 무려 1,100만 노동자들이 가담(당시 프랑스 인구의 22% 이상)해서, 프랑스는 곧 급진적인 좌익혁명이 일어날 것만 같은 분위기가 고조되었다. 그것은 이제껏 프랑스에서 시도된 가장 커다란 전국적 규모의 총파업이었다. 그런데 노동자들의 파업은 자발적이고 분산화된, 즉 노조의 인정을 받지 않은 비공인된 파업이어서 당시에 기존의 노조나 좌익 정당들 간에는 내부의 갈등이 불거졌다. 오히려 구좌파인 공산당이 지배하는 노동총동맹CGT은[28] 임금인상과 다른 경제적 요구를 위해 파업의 확산을 막으려고 시도했다. 그러나 노동자들은 최저보장임금SMIG의 30% 인상, 노동시간의 단축 등 노동조건의 물질적인 면을 고려한 협상을 거부했다. 그들은 보다 급진적인 정치적 어젠다를 내세워 드골정부의 축출, 노동자의 자율 관리, 직장 내의 권위주의 문화 타파 등을 요구하면서 계속 파업에 나섰다. 당시 68운동에는 프랑스 민주노동연맹CFDT[29], 노동총동맹CGT, 사회당 계열의 노동조합FO[30]에 대항하여 '반-노조적인' 다행증euphorie이 자리하고 있었다.

당시 양대 노조인 프랑스 CFDT과 CGT의 견해차, 파업의 확산을 제어하지 못하는 CGT측의 무능력, 또 사태를 수습하지 못하는 드골 정부의 무기력, 그리고 5월 27일 그르넬Grenelle 협상의[31] 결렬 등은 국가가 마치 해결책을 강구하는 모든 수단을 소진해버린 것 같은 피로감을 안겨주었다. 하지만 계속되는 사회의 혼란에 여론은 서서히 등을 돌리기 시작했다. 정치권의 좌파 진영도 현실적인 대안을 내놓지 못하고 표류하는 학생운동을 놓고 분열했다. 프랑스 공산당PCF은 학생운동을 두고서 '좌익 모험주의'라고 비판했고, 공산당은 지식인과 학생들로부터 드골 정부와 공모를 한다는 비난에 휩싸였다. 기이하게도 이 프랑스 공산당은 처음부터 운동에 반대를 했고, 소위 '혁명당'이란 이름이 무색하게도 68의 위기를 혁명으로 발전시키는데 실패하고 말았다. 급진적 학생들은 공공연히 혁명을 주장했으나 공산당이나 노조 지도부로부터 지지를 얻지는 못했다. 그들은 아나키스트나 트로츠키주의자들에 의한 소위 '신좌파 혁명'의 급류 속에 골리스트(드골주의자)들과 함께 휩쓸려갈 것을 몹시 두려워했기 때문이다. 공권력은 이제 더 이상 상황을 제어하지 못했고 권력의 공백 현상이 나타났다. 28일 야당 지도자 프랑수아 미테랑François Mitterrand(1916-1996)은 만일 드골이 사임하면 대권후보로 나서겠다고 공언을 했다. 드골은 이를 '혁명'으로 간주하여 사태를 몹시 심각하게 받아들였다. 그래서 사태는 가장 짧고, 가장 위태로웠던 5월 27-30일의 '정치적 위기'인 세 번째 단계로 이행한다.

이 마지막 세 번째 단계는 드골의 미스터리한 독일 바덴바덴으로의 여행, 공통된 구심점을 찾지 못하는 좌파들의 분열, '장군'의 궁극적인 귀환, 또 드골의 매직 같은 4분간의 연설, 그를 지지하는 거대한 규모의 반-시위의 물결

---

28 1895년 창립된 주로 '공산당'과 연계된 좌파계열의 프랑스 최대노동조합 단체다. 계급투쟁을 통한 사회변혁을 목표로 한다. 의회주의를 부정하고 노동조합의 직접행동으로 자본주의가 타도될 수 있다는 생디칼리스트들이 주도하고 있다.

29 민주노동연맹CFDT은 생디칼리즘과 공산주의에 반대하는 가톨릭 노동자들에 의해 설립된 프랑스 기독 노동동맹CFTC의 후신으로 1964년 종교적 입장을 버리고 새롭게 태어난 조직이다. 이념적으로는 사회주의에 가까우나 CGT에 비해 실용적이고 현실적인 입장을 취하고 있다.

30 1948년 CGT로부터 분리한 우파계열의 노동조합으로 프랑스 사회당과 연관을 맺고 있다. 이념적으로는 온건하고 개혁적이나 행동전략이나 노동자 권익보호에는 매우 강경한 입장을 취하는 노동자의 권익 향상과 보호를 조직의 목표로 하고 있다.

31 5월 25-27일 당시 총리인 조르주 퐁피두Georges Pompidou(1911-1974)는 노동총동맹CGT과 단독협상을 벌였다.

'프랑스의 마지막 거인'이라는 평을 듣는 드골은 1940년(2차대전), 1958년(알제리 사태), 그리고 1968년(68운동)에 격랑의 역사와 랑데부를 했고, 세 차례 모두 그는 프랑스를 구원했다.

등으로 특징지어진다. 이미 권좌에서 물러날 각오가 되어있었던 드골은 매우 격앙된 상태에서 전용 헬리콥터를 타고 그의 충성스러운 전우인 마시 장군이 있는 바덴바덴으로 자문을 구하러 갔다. 군부의 지지를 확인하고 프랑스에 돌아온 드골 대통령은 "개혁은 예스, 난장판은 노"라고 단호히 선언했다.

그는 일종의 반시위로 샹젤리제에 백만 명의 지지자들을 결집시킨 다음 도전적인 호소를 했다. 이 '침묵하는 다수'의 발흥이야말로 68운동의 막을 내리게 한 사건으로 평가받는다. 5월 30일 드골은 라디오 방송에서 의회 해산과 국민투표를 실시할 것을 발표했다. 이때부터 전세는 역전되었다. 다음 달 실시된 총선에서 드골의 우파는 전체 의석의 70%를 휩쓸어 압승했다. 좌파가 지도력 부재 속에 분열을 거듭한 가운데 무정부 상태를 두려워한 유권자들이 '변혁' 대신 '안정'을 택한 것이다. 그리고 여름철이 다가오자 부르주아 혁명가(학생)들은 바캉스를 떠나버렸고 일은 그렇게 용두사미 격으로 끝나버렸다. 자신감을 되찾은 드골은 이듬해 자신의 신임과 지방개혁안을 국민투표에 부쳤지만 부결되었다. 결국 11년의 집권 만에 드골은 1969년 4월 27일 대통령직을 사임했다. 68운동은 원래 기본적으로 '자본주의'와 '권위주의'의 타파를 선봉으로 내세웠지만, 사회주의 체제로의 변혁은커녕 정권이 야당으로 넘어간 것도 아니었다. 조르주 퐁피두Georges Pompidou(1911-1974)와 발레리 지스카르 데스탱Valéry Giscard d'Estaing(11926-) 등 보수 우파 대통령이 계속 집권했고, 1981년 프랑수아 미테랑의 사회당 정권까지에는 13년이나 더 기다려야 했다.

그렇지만 정부는 68운동의 후유증으로 노동조건의 개선과 임금 인상과 같은 일련의 양보를 했고 고등교육을 근대화시키기 위한 교육개혁 안을 통과시켰다. 68운동이 '대학의 위기'에서 출발한 만큼, 대학교육의 변화도 급격히 이루어졌다. 법 개정으로 교수, 관료, 학생 등을 대표하는 협의체가 대학의 운영을 맡게 됐고 다양한 전공들이 도입됐다. 열악한 도서관과 기숙사 시설이 개선됐고 교수들도 대규모로 충원되었다. 대학들은 '평준화'되었으며 1970년 3월 개혁을 통해 파리의 국립대는 현재와 같은 13개 대학 체제로 개편된다.

자유, 평등, 그리고 성의 혁명

68운동은 프랑스의 문화, 사회, 도덕의 전환점으로 평가를 받는다. 다니엘 콩-방디와 마찬가지로 68운동의 핵심 인물 중 하나인 알랭 게스마르Alain Geismar(1939-)는 68운동을 정치혁명이 아닌, '사회혁명'으로서 성공한 혁명이란 평가를 내렸다. 물론 우파가 다시 집권을 하고 학생들은 다시 그들의 일상으로 돌아갔지만 그들은 실제로 많은 것을 얻었다. 68운동 이후의 세상은 이전의 것과는 상당히 달랐다. 68운동의 성과로 우리는 보다 많은 '자유'와 '평등'을 지향하는 민주주의의 확대 현상을 들 수가 있다. 그러나 68운동의 이념은 원래 민주주의의 성격보다는 '반자본주의'의 성격이 훨씬 더 강했다. 서구의 산업노동자들의 해방운동이나 제3세계에서의 반식민주의 운동도 역시 사회주의 운동에 속한다. 일부 과격한 학생들은 자본주의를 전쟁이나 파시즘과 동일시하면서 사회주의 이데올로기에 강력한 러브콜을 보냈는데, 이는 자유 민주주의 사상에 대한 그들의 오해와 불신에서 비롯된 것이었다. 발터 벤야민Walter Benjamin(1892-1940), 테오도어 아도르노Theodor Adorno(1903-1969), 헤르베르트 마르쿠제, 장 폴 사르트르 같은 68운동가들의 지적인 스승들도 자본주의 비판의 대가들이었고 당시 학생들이 열광했던 체 게바라Ernesto Che Guevara(1928-1967) 같은 낭만적인 정치 아이콘도 역시 공산주의 혁명가였던 반면에,《열린사회와 그 적들》의 저자인 칼 포퍼 Karl Popper(1902-1994)나 자유 시장 경제체제를 옹호한 프리드리히 하이에크 Friedrich Hayek(1899-1992)는 '이방인'에 속했다. 그러나 놀랍게도 자본주의적 민주주의의 우월성은 68운동에 의해 창조된 모멘트를 흡수시키는 능력에 의

프라하의 봄. 불타는 탱크 앞
에서 국기를 흔드는 체코슬로
바키아인들

해 입증되었다. 68운동은 산업, 학교, 가족이라는 자본주의를 지탱하는 세 기
둥과 맞서 싸웠는데, 자본주의의 '개방형 시스템open system'은 오히려 역설적
으로 그 '저항'을 '혁신'으로 맞바꾸어버렸다. 즉 68운동은 민중(대중) 문화의
성장, 여성 해방, 새로운 형태의 참여 민주주의의 발전 등 그 체제 안에서의
'개혁' 내지는 '혁신'의 계기를 제공했던 것이다.

  1968년과 관련해서 상대적으로 등한시되는 사건이 바로 '프라하의 봄'이
다.[32] 그것은 서구의 젊은 세대들이 동경해 마지않던 '진짜 사회주의'를 뒤흔
들었던 민주화운동으로 소련군의 탱크 진압에 의해 무참히 무너졌다. 이 사
건은 프랑스 학생들의 상징적이고 축제 분위기의 시위와는 완전히 차원이
다른 실제 비극이었다. 이처럼 소련군의 프라하 침입은 '인간의 얼굴'을 가진
사회주의의 희망을 무력으로 매장시킨 사건이었다. 그러나 이러한 무자비한
탄압으로 인해, 동유럽에 대한 소련 공산주의의 헤게모니는 더 이상 희망이
나 명분 없는 대의가 되었다. 그래서 1968년(68운동)과 1989년(소련의 몰락) 사
이의 내재적 연관성이란 결국 프라하의 봄의 실패가 소비에트 제국의 붕괴
로 이어졌다는 것이다. 왜냐하면 '개혁'이 불가능한 권위주의적 체제는 이데

---

32 프라하의 봄이란 2차대전 이후 소비에트 연방이 간섭하던 체코슬로바키아에서 일어난 민주화시
  기를 일컫는다. 이 시기는 1968년 1월 5일에 슬로바키아의 개혁파 알렉산데르 둡체크Alexander
  Dubček(1921-1992)가 집권하면서 시작되었으며, 8월 21일 소련과 바르샤바 조약 회원국이 체코슬
  로바키아를 침공, 개혁을 중단시키면서 막을 내렸다.

올로기를 불문하고 궁극적으로 무너질 수밖에 없기 때문이다.

68운동 이후 물론 극적인 체제 전복(혁명)이 이루어진 것은 아니지만 학교와 대학의 민주화, 산업부문에서 노동자들의 경영참가. 또 선거 외에도 대중들이 정치과정에 적극적으로 관여하는 등 밑으로부터의 '풀뿌리 민주주의'가 프랑스 사회에 깊숙이 뿌리박게 되었다. 68운동의 근본적인 변화는 첫째 대중들의 정치의식의 증대, 둘째 민주주의 영역의 확대, 셋째 '사적인 것은 정치적인 것'이라는 1968년의 구호에서도 알 수 있듯이 사적인 영역의 '정치화' 현상을 들 수가 있다. 이로 인해 부모와 자식, 남녀 관계, 성(性)과 소비, 라이프 스타일 같은 사적 영역이 공적인 이슈가 되었다. 이제 가정폭력은 더 이상 터부가 아니며 가부장 주의는 거부되고 개인적 표현의 자유의 길이 열리고 성 소수자들도 평등을 얻게 되었다. 1968년은 여성해방의 기폭제였고 동성애자들은 너 나 할 것 없이 커밍아웃을 했다. 이처럼 사적 영역의 정치화는 예측할 수 없는 방향으로 발전했다.

기성체제에 대항한 68운동은 프랑스 정치의 중요한 이정표였다. 누군가에게 그것은 '해방'이고 누군가에게는 '무정부' 상태의 위험이었다. 전 프랑스 우파 대통령 니콜라스 사르코지Nicolas Sarkozy는 대선 캠페인 때 "1968년의 유산을 모조리 청산하겠다"라는 일련의 비판적인 연설을 했다. 그는 학력저하 현상이나, 고범죄율에서부터 애국주의의 쇠퇴 등 모든 사회병리 현상의 주범으로 68운동을 꼽았다. 그러나 68운동을 찬성하든지 반대하든지 간에, 그것은 1950년대의 사회적·성적인 억압에서 1970년대의 사회적·성적인 자유와 혼란으로 이행하는 거대한 전환점이었다. 당시 20대에 68운동에 참가했던 조제트 프뤼돔Josette Preud'homme이란 여성은 "가정에서부터 매사가 가부장적이었다. (부친이) 말을 하라고 시키지 않는 한 저녁 식탁에서 자유롭게 말을 할 수도 없었다. 친구들, 특히 남자친구와의 외출은 금지되었다. 이렇게 모든 것이 어디에서나 금지되어 있었다. 공장이나 학교에서도 그저 '명령'에 복종하지 않으면 안 되었다. 우리들은 그야말로 질식할 것만 같았다!"라고 그때를 회상했다. 이처럼 68을 전후로 해서 전통적으로 권위주의적이던 인간관계가 보다 자유롭고 평등한 인간관계로 바뀌었고, 소위 '성의 해방'

이 이루어졌다는 것이 거의 정설로 자리 잡게 되었다. 과연 그것은 성혁명의 탄생이었는가?

"방해 없는 클라이맥스!" "나는 섹스를 하면 할수록 더욱 혁명을 원하게 되노라. 혁명을 하면 할수록 나는 더욱 섹스를 원하게 되노라." 68운동 때 파리의 벽들을 달구었던 이와 같은 그라피티(낙서)들도 성혁명에 대한 신화를 구축하는데 크게 일조했다. 즉 1968년의 5월은 근대, 또는 탈근대적인 성혁명의 기원으로 자리매김한 것이다. 실제로 그들의 방에서 섹스를 할 수 있는 권리는 68운동으로 직결되는 낭테르 대학에서 학생들이 요구했던 첫 번째 중요한 의제 중 하나였다. 1968년 1월 사회학도인 다니엘 콩-방디는 새로운 수영장 오픈 기념식에 참가한 체육부 장관 프랑수아 미소프François Missoffe(1919-2003)에게 "교육이 학생들의 성적 좌절을 해결하는 데 실패했다"라는 매우 도전적인 멘트를 날렸다. 당황한 미소프는 수영장을 남녀 모두에게 개방하는 것을 반대하면서, 만일 성적 욕구불만이 있다면 수영장에 뛰어들어 그의 뜨거운 열정을 식히라는 조언을 했다. 그러자 콩-방디는 이를 파시스트 체제에서나 들을 수 있는 얘기라고 맞받아쳤다.[33] 이 장관과의 문답을 통해 콩-방디는 일약 반권위주의적인 선동가로 명성을 날리게 되었고 프랑스 젊은이들 사이에서는 마치 우상처럼 떠받들려졌다. 콩-방디는 이처럼 젊은이들의 성문제를 최초로 공론화시킨 장본인이었지만, 당시에 이 문제는 거의 토론되지 않다가 뒤늦게 신기원적인 이벤트로 부각되었다.

그런데 여성사와 68운동의 전문 사가인 미셸 잔카리니-푸르넬Michelle Zancarini-Fournel(1947-)은 그 시대의 실제 관행과 이미지를 구분해야 한다고 경고하면서 이 신화를 해체시켜버렸다. 잔카리니-푸르넬에 의하면 1968년 이전의 성문제는 오직 낭테르 대학의 사회 학도들의 관심사였지만, 그렇다고 이 문제가 대학 총회에서 집중적으로 토의된 적도 없었다. 그 후 육체와 성에 대한 담론이 점차 활성화되면서 페미니스트들이 성도덕이나 정숙에 대

---

33 콩-방디는 "젊은이들이 직면한 성문제에 대해 단 한 마디도 없다"면서 프랑스 젊은이들에 관한 300페이지의 연구논문으로 장관을 추궁했다.

한 불문의 관행과 규칙들에 도전하는 운동의 선봉에 섰다. 이 운동은 피임이나 유산을 중심으로 이루어졌지만 성에 대한 이슈도 다루었다. 결국 이 운동은 법 부문에서 결실을 거두어 1974년에 미성년자에게까지 피임이 허용되었고, 1975년에는 유산에 대한 권리가 인정되었다. 잔카리니-푸르넬은 이것이 물론 거대한 변동이기는 했지만 하나의 폭포처럼 가시적인 것이 아니라 조금씩 천천히 흐르는 시냇물과도 같은 완만한 변혁이었다고 평가했다. 과연 성혁명이었는가?《사랑의 관행Pratique de l'amour》의 저자인 미셸 보종Michel Bozon도 역시 그것은 여성들이 성의 영역에서 자신들의 행동과 책략의 반경을 조금씩 서서히 넓혀나가는, 매우 완만한 곡선의 운동이었다고 평가했다.

1970년 이래 여성교육 수준의 향상, 여성인력의 노동시장 기여도가 높아지고 가정에서도 가족관계의 수평적인 균형이 이루어지고, 보다 평등주의적인 시나리오에 따른 남녀관계가 확대되면서 여성의 '수동성'이 하나의 규범이나 기준이 되는 것은 종식되었다. 1970년에 프랑스 인구의 2/3이 남성이 성생활을 리드한다고 응답했던 것과는 달리, 2000년에는 4/5의 남녀가 잠자리에서 거의 동등한 주도권을 행사한다고 대답했다. 그러나 이것이 진정한 성혁명이냐는 데 대하여 보종은 회의적이다. 1960년대 이래 발생했던 행동의 변화를 그는 '혁명'이라고 기술하기보다는, 외부의 통제와 규율에 의해 만들어진 성이 내적인 규율에 의한 성으로 바뀌었다는 점을 지적했다. 그것은 성의 해방이 아니라 사회적 요구의 내면화 내지는 심화 현상, 즉 성의 '개인주의화' 현상이라는 것이다. 통제의 내면화에 따라 남녀 커플들은 그들 자신의 기준과 내적인 친밀감에 의해 상호적인 관계를 구축해나간다는 것이다.

"달려라 동지여, 너의 뒤에 구세계가 있다."

- 1968년 5월의 낙서 중에서

퐁피두, 대통령이 되다
(1969년 6월 15일)

그때 세계는 –
1969 중국·소련 국경분쟁
1969 미국, 아폴로 11호 달 착륙
　　　미국, 닉슨 독트린 발표
1970 새마을 운동 시작, 경부 고속 국도 개통

조르주 퐁피두Georges Pompidou는 제5공화국의 초대 총리인 미셸 드브레
Michel Debré(1912-1996)의 뒤를 이어 프랑스 역사상 가장 오랜 기간 총리직
(1962-1968)을 수행했던 정치인이다. 그는 드골이 하야한 후 1969년 6월의 대
선에서 제5공화국의 2대 대통령에 당선되었다. 68운동 당시에 퐁피두는 무
질서를 평화적인 결말로 이끄는 데 결정적인 공헌을 했으나 이를 질투한 드
골 대통령에 의해 해임되었다. 그가 로마를 방문했을 때 한 기자가 "정치적
미래를 가질 의향이 있는가?"라는 질문을 던진 적이 있다. "나는 정치적 미래
를 가지게 되리라고 생각하지는 않으나 정치적 과거는 있다. 그러나 만일 신
이 원한다면 아마 국가의 운명을 짊어질 수 있으리라 생각한다." 그의 답변
이 너무 시기상조라고 판단한 엘리제궁은 불편한 심기를 드러내어 공식적인
훈계를 했다. 그러나 퐁피두는 대선에 출마하여 대통령 대행 직을 수행하던
알랭 포에르Alain Poher(1909-1996)를 제2차 투표전에서 57% 대 42%라는 큰
표차로 누르고 대통령에 당선되었다. 프랑스 중부의 작을 마을에서 시골 교
사의 아들로 태어난 소년, 농부의 손자이기도 한 퐁피두는 이렇게 프랑스 최
고 엘리트의 반열에 올랐다.

퐁피두는 프랑스 중부의 몽부디프 Montboudif라는 작은 마을에서 태어났다. 오늘날 몽부디프는 전체 인구가 겨우 200명 미만이다. 부모가 모두 시골 교사였기 때문에 그도 역시 교사의 길을 선택했다. 파리의 명문 루이-르-그랑Louis-le-Grand 고등학교를 졸업한 후 1931년에 그는 고등사범학교Ecole Normale Superieure에 진학했다. 퐁피두는 프랑스의 오랜 항구도시 마르세유에서 문학을 가르쳤고 파리의 앙리 4세 고등학교에서도 교

조르주 퐁피두

편을 잡았다. 2차대전 때는 프랑스 보병대에 들어갔으나 1940년에 다시 학교로 돌아와 레지스탕스 운동에 참여하는 동시에 프랑스 시 선집의 편찬에도 몰두했다. 1944년 말에 그는 자신의 인생에서 결정적인 인물, 즉 임시정부의 대통령이었던 드골을 처음으로 만났다. 그는 드골의 연설 초고 작성자로 일했는데, 드골은 그가 보통 프랑스인의 심성을 깊이 이해하는 인물임을 알게 되었다. 그는 드골이 갑자기 사임할 때까지 소위 '그림자 내각'의 일원으로 드골을 보필했다. 드골의 사임 후에 그는 은행가로서 정식교육을 받은 적은 없었지만 기 드 로스칠드Guy de Rothschild(1909-2007)에게 발탁되어 성공적인 금융가로 변신했다. 1958년 드골이 다시 정권을 잡은 후에 그는 드골의 개인적인 수석보좌관이 되었고 제5공화국의 헌법 입안에도 조력했다. 그는 1961년에 드골에 의해 알제리에 특파되어 알제리의 민족해방전선(FLN)과도 협상을 했고 알제리 게릴라와 프랑스 군대 간의 휴전을 성공적으로 이끌어내었다.

그의 정치적 경력은 1962년부터 시작되었으나 처음부터 톱에서 출발했다. 드골은 미셸 드브레의 사퇴를 요구했고 그의 사퇴를 수리했다. 대통령이 이처럼 총리를 제거(?)한 것은 프랑스 역사상 처음 있는 일이었다. 이는 드골

과 의회의 관계를 악화시켰다. 드골이 한 술 더 떠서 드브레의 후임으로 그때까지 알려지지 않았던 정치적 신인인 퐁피두를 총리에 임명했을 때 의회는 그만 경악을 금치 못했다. 그는 의원도 아니었고 선출직에 입후보해 본 적도 없었기 때문이다. 드골은 대통령 직선제를 제의했으나 의회는 반대했고 1962년 10월 퐁피두 내각에 대한 불신임 투표를 통과시켜버렸다. 그러나 드골은 오히려 의회를 해산하고 직접 선거에 대한 국민투표를 실시했다. 1965년에 드골은 대통령 선거에서 재선되었고 퐁피두는 총리로서 1968년 7월까지 마티뇽Matignon(총리 관저)에 머무르게 된다. 그러나 드골과의 핑크빛 관계는 68운동 때 깨졌다. 당시 당황한 드골이 질서 회복을 위해 군대를 파견했을 때, 학생들을 다룰 줄 알았던 전직 교사 출신의 퐁피두는 드골보다 훨씬 합리적인 접근을 했고 드골이 정계를 은퇴했을 때 그의 뒤를 이었다.

퐁피두는 대통령으로써 안정적인 국정을 운영했고 경제를 공고히 발전시켰다. 그는 아랍 국가들과의 유대를 개선하고 서독을 제외한 나머지 서구 국가들과 우호적인 관계를 유지했다. 그는 영국이 유럽공동체에 들어오는 것을 도왔고, 민간용 프랑스 핵 프로그램을 추진했으며, 최근에 독립한 프랑스의 구식민지 국가들과도 좋은 관계를 유지했다.

퐁피두의 업적으로는 파리를 근대화시킨 것이다. 퐁피두는 프랑스를 근대화시키려고 결심했다. 그의 신조는 간단했다. 향수? 와인? 그것은 올드한 프랑스를 대표하는 것들이니까 그대로 지켜야 한다. 그러나 2차대전 후 세계는 급속도로 변화하고 있기 때문에 프랑스도 역시 새로운 세계의 선두주자가 될 필요성이 있다. 올드한 파리에 새로운 비즈니스 지역이 추가되어야 한다. 그래서 미국의 도시를 모방한 파리 교외의 신도시 '라 데팡스La Défense'에 역동적인 기업들이 들어서게 된다. 또 철강 산업의 발전을 위해 프랑스의 대표적인 철강그룹인 위지노르Usinor가 덩케르크에 정착했다. 한편 파리 인구의 팽창에 따라 크레테이Créteil나 세르지-퐁투아즈Cergy-Pontoise같은 신도시들이 생겨났고, 센 강을 따라 수도의 교통망도 확장되었고 빠른 고속철 RER 등이 도입되었다. '파리의 복부'라는 별명을 지닌 레알Les Halles의 노천시장을 해체하고 그것을 근대적인 쇼핑몰로 바꾸었고, 파리를 360도 각도에서 바라

볼 수 있는 멋진 파노라마 전경을 선사하는 210m의 56층 건물 몽파르나스 타워도 지었다. 그리고 은행가 출신의 퐁피두는 언제나 프랑스의 세계적인 기업들을 물심양면으로 도왔다. 그의 유산은 한 마디로 경제적 진보와 변화하는 세계에 대한 진보적인 대응으로 대표되는 '영광의 30년대'이다.

끝으로 파리의 중심부에 위치한 퐁피두센터에는 오로지 전적으로 현대아트에만 헌정된 프랑스 최초의 미술관이 자리하고 있다. 퐁피두가 누구인지는 몰라도, 그의 이름을 딴 이 퐁피두센터는 해마다 백만 명 이상의 관광객들이 찾는 파리의 근대적인 명소다. 원래 문학도이며 미술, 음악, 영화 등 현대 예술에도 상당히 조예가 깊었던 퐁피두가 이 퐁피두센터를 건설하는데 선봉에 섰다. 그는 프랑스 산업의 진보와 국가의 보수주의 간에 진정한 문화적 간극이 있다고 생각했으며, 그것이 이른바 '68운동'으로 표출되었다고 믿었다. 그는 자신이 학생들과 지성인, 노동자들과의 전쟁에서 패했다고 여겼기 때문에 이러한 사회·문화적 갈등을 치유할 수 있는 일종의 소생안으로 문화센터의 건립을 적극적으로 추진했다. 그러나 재직 중에 희귀성 질환인 매크로글로브린 혈증으로 쓰러져 사망했고, 결국 그의 후임자인 발레리 지스카르 데스탱 Valéry Giscard d'Estaing(1926-) 대통령이 1977년 1월 31일에 현대 건축의 랜드마크인 퐁피두센터를 공식적으로 오픈했다.

❧

내가 처음 마티뇽에 도착했을 때 나의 소망은 의회와 드골을 화해시키는 것이었다.
그런데 내가 유일하게 잊고 있었던 두 가지가 바로 의회와 드골이었다.

- 조르주 퐁피두Georges Pompidou(1911-1974)

베이유 법
(1975년 1월 17일)

베이유 법loi Veil은 프랑스의 '낙태 합법화'에 관련된 법률로 1975년 1월 17일에 최초로 통과되었다. 당시 보건부 장관인 시몬느 베이유Simone Veil(1927-2017)에 의해 발의되었고 그녀의 이름을 따서 베이유 법이 되었다. 이 법은 '곤경détresse'의 처지에 놓여 있는 모든 임신한 여성들에게 자신의 임신에 대한 종결의 권리를 부여하고 있다.

1927년에 부유한 유태인 집안에서 시몬느 야콥Simone Jacob으로 태어난 베이유는 16세 때 아우슈비츠 수용소에 끌려갔다가 극적으로 생환한 뒤 나중에 유럽의회 의장까지 오른 프랑스의 거목 여성 정치가다.[34] 1970년에 그녀는 여성 최초로 사법관 최고 회의conseil supérieur de la magistrature의 총재가 되었다. 68운동에 대해서도 그녀는 상당히 온정적인 견해를 보였다. "다른 사람들과는 달리 나는 당시 젊은이들이 기만을 당했다고 생각하지는 않는다. 우리들은 정말로 경직된 시대에 살고 있었다." 지스카르 데스탱이 공

---

34 해방 후에 그녀는 파리정치대학Science Po에서 법과 정치학을 공부했고 거기서 미래의 남편인 앙투완 베이유Antoine Veil(1926-2013)를 만났다.

화국의 3대 대통령에 당선된 후에[35] 그녀는 총리 자크 시라크Jacques René Chirac(1932-2019)의 내각에서 보건부 장관으로 임명되었다. 당시 드골주의자인 시라크의 내각에는 그녀를 포함해서 총 6명의 여성이 있었다.

보건부 장관에 취임한 지 얼마 안 된 1974년 11월 베이유는 낙태 합법화 법안을 의회에 제출하면서 다음과 같이 비장한 각오로 말했다. "정부는 세 가지 당면 목표를 지니고 있다. 첫째는 법을 실행하는 것이고, 둘째는 (낙태를) 만류하는 법을 만드는 것이고, 셋째는 보호하는 법을 제정하는 것이다" 베이유는 낙태의 '합법화'가 필요하다고 생각했다. 프랑스는 교회의 영향력이 매우 강했던 '1920년의 법'에 따라서 피임이나 유산을 엄격히 금지하고 있었지만, 전후 시대에 불법 낙태율은 상당히 높았다. 1975년까지만 해도 프랑스에서 낙태는 법에 의해 처벌되는 범죄행위였다. 따라서 연간 수십만 건의 음성적인 임신중절이 이루어졌고 그 와중에 여성 사망자가 적잖이 나오기도 했다.

그러나 베이유는 낙태는 필요하지만 어떤 경우에는 반드시 피해야 할 일종의 '필요악'이 되어야 한다고 주장했다. "어떤 여성도 기꺼이 낙태를 하는 여성은 없다. 그것은 항상 비극이었고, 앞으로도 비극으로 남을 것이다. 이 법의 궁극적인 목적은 그것을 컨트롤하는 것이고, 가능하다면 여성이 그것을 하지 못하도록 만류하는 것이다." 그래서 만류하는 것, 즉 낙태의 예방이나 방지가 이 베이유 법의 중요한 열쇠다. 여성의 자유와 해방을 구체화시킨 이 베이유 법은 그동안 낙태라는 주제를 놓고 열띤 갑론을박을 벌였던 프랑스 여론을 봉합시키고, 프랑스의 '관용'과 '절제'라는 전통 안에서 새로운 '사회적 합의'를 이끌어냈다는 평가를 받고 있다. 그러나 '페미니즘'의 진전과 '세속화'의 이정표인 이 베이유 법은 원래 입법자의 취지와는 상관없이 낙태권의 합법적인 토대가 되어 1975년 이래 8백만 이상의 태아들이 유산되었다.

---

35 1974년 5월 19일 지스카르 데스탱은 만 48세에 대통령 선거 제2차 투표에서 50.8%의 득표율로 야당 후보 프랑수아 미테랑을 누르고 대통령에 당선되었다.

죄악에서 권리로

중세 시대에 유산은 가톨릭교회의 가르침에 따르면 '대죄' 중 하나였다. 프랑스 혁명 당시에 낙태는 잠시 합법화되었다가 1810년의 나폴레옹법전에 의해 다시 불법화되었다. 즉 누구라도 낙태죄를 지으면 감옥에 가야만 했다. 1939년 형법전은 임신한 여성의 목숨을 살리는 경우에는 예외적으로 낙태를 허용했다. 2차대전 당시에 가부장적이고 권위적인 비시 정권은 낙태를 사형에 처할 만한 중죄로 만들었다. 낙태로 인해 기요틴(참수)을 당했던 마지막 인물로 마리-루이즈 지로Marie-Louise Giraud(1903-1943)란 여성을 거론하지만 그녀는 실제로 최후의 인물은 아니었다.[36] 지로는 1940년대 나치 점령기의 프랑스에서 불법 낙태 시술자였다. 그녀는 당시 매춘이 성행했던 셸부르Cherbourg의 지역에서 27번의 낙태 시술을 했다는 죄목으로 1943년 7월 30일에 참수형을 당했다. 그녀가 시술했던 여성 중 한 명은 목숨을 잃었다. 매우 가난한 집안 태생의 그녀가 원치 않는 임신을 한 여성(매춘부)을 위해 그런 것인지, 아니면 가족을 부양하기 위한 생계수단으로 그런 것인지는 알려지지 않고 있다. 그녀의 기구한 인생은 1988년에 영화화되기도 했다. 비록 전후에 낙태죄에 대한 사형은 폐지되었으나 비밀스러운 낙태수술은 계속 줄기차게 시행되었다. 1950년 후반부터 피임약 복용은 충분하지 않은 점, 임신중절을 할 권리는 신체를 자유롭게 사용할 권리에 속한다는 점 등을 이유로 들어 낙태를 합법화하자는 여성들의 주장이 증가하기 시작했다.[37] 그러나 여전히 불법적인 낙태의 문제는 해결되지 않았고 매년 250여 명의 여성들이 이러한 불법 수술로 사망했다. 1971년 4월 시몬느 드 보부아르Simone de Beauvoir(1908-1986), 마르그리트 뒤라스Marguerite Duras(1914-1996), 프랑스 여배우 카트린느 드뇌브Catherine Deneuve(1943-)나 잔느 모로Jeanne Moreau(1928-2017) 등 343명의 여류 저명인사들이 주간지 《누벨 옵세르바퇴르L'Obs》에 임신중절 허용에 대한 공동 설명서를 발표했다. 그리고 마침내

---

36 네 명의 여성이 1947년에서 1949년 사이에 사형을 당했고, 기요틴에 의해 마지막 처형을 받은 여성은 제르멘느 르루아-고드프루아Germaine Leloy-Godefroy라는 인물이다(1949년 4월 21일).

37 1967년에 영국에서 낙태가 합법화되자 많은 여성들이 영국행을 선택했다.

1975년 1월 17일 낙태를 합법화하자는 법률이 채택됨으로써 모든 여성들에게 역사적인 날이 되었다.

오늘날 프랑스 사회에서 낙태권은 여론의 광범위한 지지를 얻고 있다. 프랑스의 여론조사기관 이포프IFOP에 따르면 86% 이상의 여성들이 낙태권을 적극 옹호하고 있는 실정이다. 그래서 가장 취약하고 무고한 연령 집단(20%)이 세상에 나오기도 전에 수술용 메스에 의해 제거된다. 더욱이 '2014년 8월 4일자 법령'은 소위 베이유식의 절제된 어법을 시대에 낡고 뒤떨어진 것으로 간주해서 '곤경'이란 문제의 용어를 아예 삭제해버렸다. "낙태는 어떤 어려운 상황이나 조건에 따라 용인되는 사항이 아니라 그 자체로 권리다!"라고 모로코 태생의 프랑스 전 여성부 장관 나자트 발로벨카셈Najat Vallaud-Belkacem(1977-)은 단호하게 주장했다. 낙태권은 여성의 '자기결정권'에 속하기 때문이다. 그러나 프랑스에서 낙태의 문제는 여전히 논쟁의 중심에 있다. 프랑스의 극우당 국민전선(FN)이나 기독교 민주당의 일부 인사들은 꾸준히 임신중절의 문제점을 제기하고 있으며, 프랑스에서는 2005년 베이유 법의 30주년 이후로 낙태 반대시위인 '생명을 위한 행진'이 해마다 벌어지고 있다.

⚜

"저는 여러분들이 부디 여성의 신념을 함께 공유하기를 기원합니다.
그런데 거의 배타적으로 남성들로만 구성된 의회 앞에서 이런 일을 하게 된 것에 대하여
양해를 구하는 바입니다."

- 프랑스 법률가 · 정치가 시몬느 베이유Simone Veil(1927-2017)

미테랑, 대통령이 되다
(1981년 5월 10일)

그때 세계는 -
1981 프랑스 사형제도의 폐지
1982 이스라엘, 레바논 침공

1981년 5월 10일 사회주의자가 최초로 공화국 대통령에 당선되었다. 미테 랑의 정치경력은 거의 반세기에 이른다. 그는 14년 동안 대통령직을 수행함 으로써 나폴레옹 3세 이후로 역사상 가장 오래 집권한 프랑스 지도자로 남 게 되었다. 미테랑은 프랑스에서 가장 미움을 받는 정치인 중 하나로 권모술 수가 뛰어난 '프랑스의 마키아벨리', '신(神)', 도무지 속을 알 수 없는 '스핑크 스'라는 부정적인 별명을 지닌 반면에, 한편으로는 '조용한 힘', 또는 친애하 는 '아저씨Tonton'라는 애정 어린 별명도 지니고 있다. 20세기 유럽에서 가 장 두각을 나타낸 정치인 중 한 명으로써 그의 파란만장한 정치적 이력은 근 현대 프랑스의 화려한 성공(업적)과 불안정, 즉 그 복잡 미묘한 명암을 동시 에 관찰할 수 있는 하나의 렌즈라고 할 수 있다. 정치적 풍자가들은 그를 가 리켜 '신Dieu'이라 비아냥거렸다. 헌법이 부여한 대통령의 무소불위의 권력 을 행사하면서 그는 마치 자신이 신인 것처럼 거만하게 굴었다. 1994년 12월 31일 새해 전야에 그는 프랑스 국민에게 "나는 정신의 힘을 믿소, 나는 결코 여러분을 떠나지 않을 것이오"라는 신비한 메시지를 전했다. 1996년 1월 8일 그가 전립선암으로 사망했을 때 수백만의 프랑스인들이 그의 죽음을 애도했다. 노트르담 대성당은 장례미사로 만원이었고 그의 출생지이자 매장지인 자르낙Jarnac으로 18만 명의 사람들이 순례 여행을 떠났다.

프랑수아 미테랑

1916년에 그는 샤랑트Charente 도의 작은 마을 자르낙에서 시골 철도의 역장 아들로 태어났다. 그는 어려서부터 두각을 나타냈고 리더가 아니면 어느 그룹에도 끼려고 하지 않았다. 그러나 전쟁은 젊은 청년의 야망을 가차 없이 무너뜨렸고 그는 보병에 입대했다.

그는 전쟁 포로가 되었고 3차례나 탈출을 시도한 끝에 드디어 성공했다. 그의 정치적 이력에는 2차대전 당시의 수상쩍은(?) 행적이 마치 주홍글씨처럼 평생을 따라다니게 된다. 프랑스에 돌아온 그는 초기에 페탱 원수의 친 나치 정권을 위해 일했던 것이다. 그는 비시 정부로부터 프랑시크francisque 훈장을[38] 받았고 수십 년 동안 자신의 친구인 르네 부스케René Bousquet(1909-1993)란 인물을 보호했다. 부스케는 비시 정권의 경찰총장으로 수천 명의 유태인들을 나치의 죽음의 수용소로 보냈던 장본인이었다. 그러나 후일 미테랑은 비시 정권과의 유대를 강력히 부인했고 오직 레지스탕스 운동만을 강조했다. 1960년에 로브세바투아르l'Observatoire거리에서 발생한 암살사건으로부터 자칫 목숨을 잃을 뻔했던 미테랑은 극적으로 자신의 '정치적 생명'을 건졌다. 그러나 당시에는 이 암살 미수 사건이 궁지에 몰린 미테랑이 궁여지책 끝에 스스로 벌인 '자작극'이란 소문이 파다했다. "나의 정치생활은 레지스탕스 운동과 더불어 시작되었고, 나는 거기서 최초로 책임을 맡았다." 그러나 우리는 최근에 발견된 한 사진 속에서 페탱 원수와 나란히 함께 있는 미테랑의 모습을 발견할 수가 있다. 이와 같은 증거는 그의 불편했던 과거의 진실을 암시

---

38 비시 정부가 사용한 도끼 문장(紋章).

해 준다.

미테랑은 자신의 출세와 경력을 위해 극우파에서 극좌파로 전향하는 등 매우 이중적인 정치생활을 했다. 해방 이후 미테랑은 가장 젊은 장관으로 새 정권에 참여했다. 그러나 1958년에 드골이 다시 정권에 복귀하자 그는 정부에서 멀어졌다. 이 정치적인 방랑 시절에 보수주의자였던 그는 사회주의를 발견하게 된다. 미테랑의 정치노선의 180도 전향에 대해 그의 생각이 시대를 앞서간다고 생각하는 사람들도 있었으나 드골은 항상 그의 '개종'을 비웃었다. 결국 누구에게도 지기 싫어하는 성격의 소유자였던 미테랑은 당시에 결코 드골의 우두머리가 될 수는 없었기 때문에 차라리 야당을 택했고 거기서 좌파를 만났다.

그 후 20년간 그의 정치생활은 좌절과 실패의 연속이었다. 68운동 당시에 미테랑은 지나치게 과잉반응을 했다. 공산주의자들의 지지를 받은 미테랑은 드골의 대통령직에 위협을 가하면서 스스로 대통령이나 총리가 되기를 자처했으나 그 어느 자리도 얻지 못했다. 1981년에 미테랑은 3번째 대통령직에 다시 도전을 했으나 실패했고, 이때부터 '패배자'라는 불운한 명성이 따라다녔다. 그러나 지스카르 데스탱 대통령이 점점 인기와 신망을 잃게 되자 그는 드디어 드골이래 장기 집권했던 우파를 누르고 대통령에 당선되었다.

미테랑의 집권은 사회주의적 열망과 더불어 시작되었다. 새로운 대통령의 정책 어젠다는 그가 선거 유세 당시에 그토록 선전했던 '프랑스를 위한 110개의 건의서'에 잘 함축되어 있다. 그는 자본주의와의 급격한 '단절'을 선언하고 '사회주의로의 프랑스 가도'에 주춧돌을 놓겠노라고 호언장담을 했다. 드골이 자본주의와 공산주의 간의 '제3의 길'을 추구했던 것처럼 미테랑 역시 근대화와 사회주의 간의 균형을 모색했다. 강대국으로서의 프랑스의 위대한 사명, 사회정의와 형평성에 대한 인도주의적 사회참여를 시도했으나 사회주의는 많은 문제점을 야기했다. 최저임금 인상(15%), 주 39시간의 노동시간 단축, 연 5주간의 유급휴가, 노동자의 경영 참여 보장, 공공기관의 20만 명 신규채용을 단행했다. 30여 개의 금융기관과 통신 · 항공 등 주요 대기업을 '국유화'하고, 주택수당 · 가족수당 · 노령연금을 대폭 올리며 사회보장도

미테랑의 '1981년의 승리' 후에 이를 축하하는 수천 명의 인파가 바스티유 광장에 몰렸다.

강화했다. 모든 국민에게 생계비를 지원하는 최저통합수당(RMI)과[39] 부자들에게 물리는 '부유세'를 도입한 것도 미테랑이었다.

그러나 정책실험의 결과는 참담했다. 기업 경쟁력이 급격히 떨어지면서 청년실업률은 20%대를 넘었고 과다한 복지지출로 국가 재정은 날로 적자만 쌓였다. 프랑화의 가치는 떨어졌고, 재경장관 자크 들로르Jacques Delors(1925-)는 미테랑의 사회주의 계획이 경제를 무너뜨린다고 경고했다. 그래서 사회주의에 대한 실험은 끝났고 1986년에 우파가 의회를 장악하여 실용주의 노선을 따르는 좌파 대통령과 정권을 공유했다. 미테랑 대통령 시절에 프랑스는 유럽연합을 추진시키는 거대한 발전기였다. 미테랑이 볼 때 유럽연합은 새로 통합된 독일을 통제하는 가장 최선책이었다. 한편 미테랑은 '역사 속에서 자신의 위상'에 매우 집착하는 나르시스적인 인물이었다. 문학적 재능을 지닌 그는 무려 12여 개의 저술을 남겼다. 미테랑 당시에 외무부 장관을 역임한 프랑스 사회주의 정치인 롤랑 뒤마Roland Dumas(1922-)는 "나는 역사의 심판에 확신을 갖고 있다"라고 미테랑이 생전에 수차례나 반복해서 말했던 일을 회고한 바 있다. 그는 자신의 긴 치세기 동안에 마치 루이

---

39 무소득자에게 주어지는 수당.

14세처럼 국고를 급습해서 바스티유 오페라 극장, 라데팡스의 교호, 미테랑 국립도서관, 루브르의 피라미드 등 거대한 건축이나 문예 사업을 많이 추진했다. 물론 그의 수많은 정치적 실책이나 결함, 또 개인적 스캔들에도 불구하고 장장 23년간의 야당 시절을 끝내고 좌파를 권력에 돌려놓은 것은 바로 미테랑이었다. 이미 타계한 프랑스 사가 르네 레몽René Rémond(1918-2007)은 미테랑의 위대한 업적으로 무엇보다 지방분권화 정책, 사형제도의 폐지, 국영 라디오와 TV의 독점 종결, 또 독일과의 화해와 유럽연합의 건설 추진 등을 꼽았다.

❧

"나는 신비한 영혼과 합리적인 두뇌를 지니고 있다오.
그런데 나는 몽테뉴처럼 그 둘 중에 하나를 선택하지 못한다오.
내가 과연 신을 믿는지는 잘 모르겠소, 그러나 자주 믿고 싶다는 유혹을 받는다오."

- 프랑수아 미테랑François Mitterrand, 미테랑의 책《두 목소리의 회고록Memoir in Two Voices》중에서

마크롱, 대통령이 되다
(2017년 5월 7일)

2017년의 프랑스 대선과 총선은 프랑스 정치의 거대한 전환점이라고 할수 있다. 좌도 우도 아닌 이른바 '중도주의centrisme'를 표방한 엠마누엘 마크롱Emmanuel Macron(1977-)이 대통령에 당선되었기 때문이다. 1968년 이후 처음으로 결선투표에서 '공화당 대 사회당'의 양자대결이 깨진 첫 번째 사례로, 기존 정치에 불만을 가진 프랑스 국민들이 비주류 정치신인이던 39세의 마크롱을 대통령으로 선택한 것이다. 마크롱이 프랑스 대중들에게 본격적으로 알려지게 된 것은 2015년 3월에 프랑스 TV 프로 〈말과 행동Des Paroles Et Des Actes〉에 출연하면서부터였다. 프랑수아 올랑드François Hollande(1954-)의 정부에서 재경장관을 했던 마크롱은 올랑드 대통령의 사회주의 노선의 정책들과 관련하여 임기 수행 중에 많은 갈등을 표출했다. 마크롱이 추진했던 정책은 '신자유주의'의 가치에 기반한 중도 보수의 성격이었다. 당시 마크롱은 미디어에 의해 '반-몽트부르'라는 꼬리표가 붙었다. 그의 전임자였던 아르노 몽트부르Arnaud Montebourg(1962-)가 유럽통합에 회의주의적인 좌파였던 반면에, 마크롱은 친-EU성향의 중도파였기 때문이다. 지스카르 데스탱 이래(1962년) 최연소 재경장관이었던 마크롱은 친-비즈니스 정책들을 적극 추

엠마누엘 마크롱 대통령

진했으나 사회노동정책, 유럽연합, 이민, 종교의 세속화 문제 등과 관련하여 마뉘엘 발스Manuel Valls(1962-)총리와도 잦은 갈등을 빚었다. 이처럼 집권당인 사회주의 정권과의 관계가 악화되면서 2016년 4월 6일 마크롱은 아미앵에서 '앙 마르슈En marche'(전진)라는 자유주의적 진보 정당을 창설했다. 당시 대통령 올랑드는 마크롱의 정부에 대한 충성심을 의문시했다. 그러나 주요 언론들이 마크롱과 그의 정당을 집중적으로 조명하자, 극좌와 극우가 모두 언론들의 친-마크롱 성향을 공격하기 시작했다. 한편 오를레앙의 시장 올리비에 카레Olivier Carré는 구국 영웅 잔 다르크를 기리는 축제에 마크롱을 초대했다. 그러자 '프랑스 앵포France Info'와 '라 셴느 앵포La Chaîne Info'같은 매체가 마크롱이 제5공화국의 공화주의 가치를 잔 다르크에 연결했다고 보도했고 마크롱도 역시 연설에서 자신을 남자 잔 다르크에 비유했다. 그가 사회주의정부를 떠난다는 소문이 무성한 가운데, 마크롱은 프랑스 서부의 방데Vendée지역에 있는 역사적인 테마파크 '퓌 드 푸Puy du Fou'에 가서 자신이 '사회주의자'가 아님을 선언했다. 그는 드디어 앙 마르슈 정당에 올인하기 위해 2017년 대선 전에 장관직을 사임했다. 마크롱의 사임 소식을 듣고 올랑드 대통령은 "자신이 배신을 당했다"라고 말했다고 전해진다.

올랑드 대통령은 제5공화국을 통틀어 가장 인기 없는 지도자였다. 실업률과[40] 저조한 경제지표 등으로 인해 나중에는 지지율이 4%까지 급락했다. 그는 2016년 12월에 재선 출마를 포기한다고 선언했다. 한 번의 임기만 치른 현직 대통령이 다음 대선에 출마하지 않은 경우는 프랑스에서 지금까지 없

---

40 2016년 5월에 프랑스의 실업인구는 3백 50만 명이 넘었다.

었던 일이나 그의 대선 포기라는 용단이 선거의 흐름에 어떤 파장을 몰고 오거나 사회당 후보에게 득이 되지도 못했다.

2017년 프랑스 대선의 특징은 1차 투표에서 1950년대 이후 지속적으로 프랑스 정치의 중심이었던 기존 중도 우파(공화당) 및 중도좌파(사회당) 정당들이 1차 투표에서 탈락하고, 결선투표에서 신생정당인 앙 마르슈의 마크롱 후보와 극우 정당인 국민전선Front National의 마린 르펭Marine Le Pen(1968-) 후보가 대결한 점이다. 1차 투표에서 1위는 앙 마르슈의 마크롱, 2위는 국민전선의 마린 르펭, 3위는 공화당의 프랑수아 피용François Fillon(1954-), 4위는 극좌정당의 장-뤽 멜랑숑Jean-Luc Mélenchon(1951-), 5위가 사회당의 후보 브누아 아몽Benoît Hamon(1967-)이었다. 이는 그동안 프랑스 정치를 대변했던 양극적 다당 체제가 해체되었음을 의미한다. 아울러 르펭과 마크롱 후보가 결선에 진출하게 된 것은 프랑스 정치지형의 지각 변동을 의미한다. 그러나 더 놀라운 사실은 극우정당의 약진이다. 1972년에 장-마리 르펭Jean-Marie Le Pen(1928-)이 몇몇 우익 계열의 행동단체들을 규합해서 국민전선(FN)을 창당했지만 1980년대까지만 해도 프랑스 좌파나 우파 모두 프랑스 정치에서 '극우의 귀환'을 예측했던 정당은 하나도 없었다. 그러나 그의 딸 마린 르펭은 대망의 2017년의 1차 투표에서는 21.30%를 얻어 2위를 기록했고, 결선 투표에서는 마크롱과 대결하는 이변을 일으켰다. 그동안 좌파 문화가 지배적이었던 프랑스에서, 과연 무엇이 그동안 변방의 신세였던 프랑스 극우를 이토록 성장하게 만들었을까? 과거 수십 년 동안 프랑스의 정치적 엘리트들은 만성적인 경제침체, 고실업률, 이민 통제나 이민통합 같은 국가의 중대한 현안들을 해결하는 데 실패를 했다. 좌익과 우익정당 모두 탈진한 상태이며, 프랑스 시민들도 더 이상 정치를 신뢰하지 않는다. 이러한 상황의 유일한 수혜자는 바로 프랑스 정치생활에 깊숙이 파고든 포퓰리스트 극우 정당인 국민전선이다. 최근 후버연구소의 설문조사에 따르면, 31%의 프랑스 응답자가 국민전선과 매우 가깝게 느껴진다고 응답했고, 24%가 공화당과 사회당을 지지한다고 각각 응답했다. 2017년 대선 전에 프랑스도시 오베르빌리에Aubervilliers의 한 주민은 인터뷰에서 "만일 그녀가 대선에서 이긴다면 그것은 좋은 일이 될 것이다. 좌파나 우파나 모두 후레자식들이다. 그들은 모두 약속을 하고 도통 지키지를 않는다. 자, 르팽에게 한 표를 행사하고 과연 무슨 일이 생기는지를 지켜보자"라고 응수했다. 이처럼 국민전선은 우파뿐만 아니라 좌파로부터도 많은 지지자들을 끌어온 셈이다.

좌파들이 주장하는 것처럼 극우정당FN은 인종차별주의적인 파시스트 정당인가? 장-마리 르팽은 반공주의자, 반(反)드골주의자이며 비시 정권의 옹호자였다. 그는 "드골 장군이 점령군 지역에 있었던 페탱보다 훨씬 더 용감했다고 단언할 수 있는가?"라고 의문을 제기하면서, 프랑스에서 나치 군에게 저항하는 것보다는 런던에서 하는 편이 훨씬 더 수월했을 것이라며 드골을 비꼬았다. 그는 이처럼 페탱을 두둔한 반면에, "홀로코스트는[41] 단지 역사의 디테일에 지나지 않는다"라는 망발을 한 적도 있다. 사실상 FN의 이러한 극우 이데올로기는 정당 정체성의 핸디캡이 되었을 뿐 아니라 미래 성장에도 방해요소가 되었다. 그래서 FN의 새로운 지도자인 마린 르팽은 반유태주의 같은 낡은 이데올로기와 결별을 선언하는 동시에, 자기 아버지도 제명시켜 버렸다. 그러나 이러한 이미지 변신에도 불구하고 그녀의 정적들의 평가에 의하면, 스스로 프랑스 챔피언임을 자처하는 마린 르팽이 생각하는 진정한 프랑스란 "성난 백인들과 농촌의 독실한 기독교인들"로만 구성된 매우 편협한 나라다. 아닌 게 아니라 그녀는 마지막 대선 토론에서 갈팡질팡하다가 자신의 극우 파시스트 성향을 드러내는 우를 범하는 정치적 자살골을 넣었다. 마린 르팽은 결선에서 거의 재앙적인 수준의 토론으로 마크롱에게 패했으나 그녀 자신의 고유 브랜드인 민족주의, 반이민주의 정책으로 무려 33.9%의 지지율을 얻었다. 비록 마크롱이 66%의 지지를 얻어 대통령에 당선되었지만, 그 후로 프랑스의 정치지형도는 급진적으로 변형된 셈이다. 즉 전통적인 좌우 대립의 구도가 무너지는 바람에, 누가 과연 나의 '반대편'인지를 정확히 알기가 어려워진 아이러니한 상황이 된 것이다.

즉, 좌우 패러다임을 바꾼 마크롱 주의Macronisme 또는 마크롱 현상이란 불

---

41 1930-40년대 나치에 의한 유대인 대학살

투명한 EU의 미래와 '유로 아메리칸 제국주의'의 진전으로 인해 더욱 가속화된, 프랑스의 정치적 위기(좌우 정당의 몰락)의 증후군이라고 할 수 있다.[42] 마크롱의 정당 '전진하는 공화국République En Marche'의 이데올로기적인 지향점은 좌파 계열의 사회적 자유주의다. 즉, 경제적으로는 시장경제중심의 자유주의를 표방하면서, 사회적으로는 불평등 해소와 사회정의 구현을 중시하는 것이다. 그러나 비평가들은 마크롱이 "중도주의라는 양의 탈을 쓴 신자유주의의 늑대"라며 날선 공격을 가하고 있다. 한편 결선에서 마크롱과 싸웠던 마린 르펜은 마크롱을 '좌파'라고 불렀다. 그녀 자신은 도널드 트럼프처럼 '국민의 목소리'를 대변하지만, 마크롱은 힐러리 클린턴처럼 "은행가, 문화적 엘리트, 국제적인 부호들의 꼭두각시"에 불과하다고 주장한다. 어쨌든 40세의 중도주의자 마크롱은 소위 고분고분해진 의회와 좌우 정당의 약체화로 인해 가능해진 '권력의 중앙집권화'를 통해서, 친기업적인 개혁들을 매우 빠른 속도로 진행하고 있다. 포퓰리스트적인 극우의 성장이나, 최근 유류세 인상으로 인한 노란 조끼의 폭력적 시위사 태에도 불구하고, 마크롱은 프랑스의 대외적 이미지를 '유럽의 환자'에서 기업가들의 행복한 도피처로 갱신하기 위해 자유주의적 행동주의와 드골주의가 혼합된 개혁의 의지를 열정적으로 실행하고 있는 중이다.

⚜

"나는 신참자이다. 그리고 나는 신참자로 남기를 원한다. 그것이 바로 나의 DNA다."

- 프랑스 대통령 엠마누엘 마크롱Emmanuel Macron(1977-)

---

42 최근에 진보성향의 브루킹스Brookings연구소의 테드 라이너트Ted Reinert와 셀리아 블랭Célia Belin은 유럽에서 전통적인 좌우이데올로기의 대립이 쇠퇴하고, 그것이 이제는 '민족주의자와 포퓰리스트' 대(對) '친(親)EU적인 중도'의 대립 양상으로 바뀌었다고 주장했다. 그런데 여기서 우리가 주목할 점은 좌우 진영의 쇠퇴 중에서도, 특히 '좌파의 몰락'이 두드러진다는 점이다.

18
프랑스역사
다이제스트100